WILL

WILL

WILL SMITH

COM MARK MANSON

Tradução de
Jim Anotsu

1ª edição

BestSeller

Rio de Janeiro | 2021

EDITORA-EXECUTIVA
Raïssa Castro

SUBGERENTE EDITORIAL
Rayana Faria

EQUIPE EDITORIAL
Beatriz Ramalho
Mariana Gonçalves

ADAPTAÇÃO DE CAPA
Leticia Quintilhano

REVISÃO
Guilherme Bernardo

LEITURA SENSÍVEL
Daiane Cardoso

DIAGRAMAÇÃO
Abreu's System

TÍTULO ORIGINAL
Will

CIP-BRASIL. CATALOGAÇÃO NA PUBLICAÇÃO
SINDICATO NACIONAL DOS EDITORES DE LIVROS, RJ

Smith, Will, 1968-
S649w Will / Will Smith, Mark Manson; tradução Jim Anotsu. – 1. ed. – Rio de Janeiro: BestSeller, 2021.

Tradução de: Will
ISBN 978-65-5712-186-3

1. Smith, Will, 1968-. 2. Músicos de rap – Estados Unidos – Biografia. 3. Atores e atrizes de cinema – Estados Unidos – Biografia. I. Manson, Mark. II. Anotsu, Jim. III. Título.

21-73025 CDD: 791.4092
CDU: 929:791

Meri Gleice Rodrigues de Souza – Bibliotecária – CRB-7/6439

Alguns nomes e características foram alterados para proteger a privacidade de pessoas envolvidas.

Direitos exclusivos de publicação em língua portuguesa para o Brasil adquiridos pela
EDITORA BEST SELLER LTDA.
Rua Argentina, 171, parte, São Cristóvão
Rio de Janeiro, RJ – 20921-380
que se reserva a propriedade literária desta tradução

Impresso no Brasil

ISBN 978-65-5712-186-3

Seja um leitor preferencial Record.
Cadastre-se no site www.record.com.br e receba informações sobre nossos lançamentos e nossas promoções.

Atendimento e venda direta ao leitor:
sac@record.com.br

SUMÁRIO

O MURO

Quando eu tinha 11 anos, meu pai decidiu que precisava de um muro novo na frente da loja dele. Seria um muro grande: cerca de três metros de altura e seis de comprimento. O muro antigo estava desmoronando e meu pai não "*guentava* mais olhar praquilo". No entanto, em vez de contratar um empreiteiro ou uma construtora, ele achou que seria um bom projeto para Harry, meu irmão mais novo, e eu.

Papa só cuidou da demolição. Eu me lembro de olhar para aquele grande vazio e sentir uma incredulidade absurda. Eu tinha certeza de que nunca mais haveria um muro ali.

Todos os dias, por quase um ano, meu irmão mais novo e eu íamos à loja do meu pai depois da escola para trabalhar no muro. Fizemos tudo sozinhos. Cavamos a fundação, misturamos o cimento e carregamos os baldes. Eu ainda me lembro da composição: duas porções de cimento, uma de areia, uma de cal. Harry ficava com a mangueira. Nós misturávamos os ingredientes na calçada usando pás e então enchíamos baldes de 8 litros e colocávamos os tijolos. Fazíamos isso sem nenhum tipo de vergalhão ou moldura de madeira, só usávamos um nível, daqueles com uma bolha de ar no meio.

Se você tem uma noção *mínima* de construção, sabe que esse é um jeito bizarro de construir. Se formos francos, isso é tipo trabalho forçado. Hoje em dia apenas chamaríamos o Conselho Tutelar. Era um trabalho tão chato e desnecessariamente longo que o que levou quase um ano para ser feito por duas crianças teria levado, no máximo, uns poucos dias para uma equipe de adultos.

Meu irmão e eu trabalhamos em fins de semana, feriados, férias. Trabalhamos o verão todo daquele ano. Não importava. Meu pai nunca folgava, então também não podíamos. Eu me lembro de muitas vezes olhar sem nenhuma esperança para aquele espaço vazio. Não conseguia ver como aquilo um dia iria acabar. As dimensões se tornavam incrivelmente grandes na minha cabeça. Parecia que estávamos construindo a Grande Muralha da Filadélfia — bilhões de tijolos vermelhos se estendendo infinitamente até um longínquo nada. Tinha certeza de que envelheceria e morreria virando concreto e carregando aqueles baldes. Eu simplesmente sabia.

Mas Papa não nos deixava parar. Todo dia, tínhamos que estar lá, virando concreto, carregando baldes, empilhando tijolos. Não importava se estivesse chovendo, se estivesse quente pra burro, se eu estivesse com raiva, triste, doente, se eu tivesse uma prova no dia seguinte — não havia desculpa. Meu irmão e eu tentamos reclamar e argumentar, mas não fez a menor diferença para ele; estávamos fadados àquilo. O muro era uma constante; era permanência. As estações mudavam, amigos iam e vinham, professores se aposentavam — mas o muro continuava ali. O muro sempre continuava ali.

Um dia, Harry e eu estávamos num mau humor pra lá de especial. Nos arrastávamos resmungando "impossível isso" pra cá e "ridículo aquilo" pra lá.

— Pra que a gente precisa construir um muro, pra começo de conversa? Isso é impossível. Nunca vai acabar.

Papa nos ouviu, jogou as ferramentas no chão e veio resmungando até onde estávamos. Ele tirou o tijolo da minha mão e o segurou na nossa frente.

— Parem de pensar na porcaria do muro! — ralhou. — Não *tem* muro. Existem apenas *tijolos*. O trabalho de vocês é alinhar *este tijolo* perfeitamente. Depois pegar o tijolo seguinte. E então alinhar *aquele* tijolo de forma perfeita. E então o próximo. Não se preocupem com o muro. A única preocupação de vocês é com *um tijolo*.

Ele foi para dentro da loja. Harry e eu nos entreolhamos, sacudimos a cabeça — *esse cara é maluco* — e voltamos a virar cimento.

Algumas das lições mais impactantes que já recebi eu precisei aprender contra a minha vontade. Eu resistia a elas, eu as evitava, mas, no fim, o peso da verdade prevalecia. O muro do meu pai foi uma dessas lições.

Os dias se arrastavam e, por mais que eu detestasse admitir, comecei a entender do que ele estava falando. Quando eu pensava naquele *muro*, o trabalho parecia impossível. Infinito. Mas quando eu me concentrava em *um tijolo*, tudo ficava mais fácil — eu *sabia* que poderia alinhar a porcaria de um tijolo direito...

Com o passar das semanas, os tijolos foram tomando forma, e o espaço vazio ficou um pouquinho menor. Comecei a notar que a diferença entre a tarefa que parece impossível e a que parece executável é só uma questão de perspectiva. Você está prestando atenção no muro ou no tijolo? Fosse tirar notas boas nas provas para entrar na faculdade, fazer sucesso como um dos primeiros artistas globais de hip-hop ou construir uma das carreiras mais bem-sucedidas na história de Hollywood, em todos esses casos os objetivos que pareciam impossivelmente colossais podiam ser divididos em tarefas executáveis — muros intransponíveis eram feitos de uma série de tijolos factivelmente empilháveis.

Durante toda a minha carreira, tenho sido absolutamente implacável. Sou comprometido com uma ética de trabalho muito firme e intransigente. E o segredo do meu sucesso é tão tedioso quanto previsível: você se compromete a colocar outro tijolo. Está irritado? Coloque mais um tijolo. Pouca bilheteria no primeiro fim de semana de estreia? Coloque outro tijolo. As vendas dos álbuns estão caindo? Levante-se e acrescente outro tijolo. Casamento em crise? Outro tijolo.

Nos últimos trinta anos, assim como todo mundo, tenho lidado com fracassos, perdas, humilhação, divórcio e morte. Tive a minha vida ameaçada, meu dinheiro roubado, minha privacidade invadida, minha família desfeita — e todos os dias, mesmo assim, eu me levantei, virei concreto e coloquei mais um tijolo. Não importa pelo que você está passando, *sempre* há outro tijolo bem ali na sua frente, esperando para ser assentado. A única pergunta é: você vai se levantar e cuidar disso?

Já ouvi dizer que a personalidade de uma criança é influenciada pelo significado do nome dado a ela. Bom, o meu pai me deu o *meu* nome, me deu o nome *dele* e me deu a minha maior vantagem na vida: minha habilidade de suportar adversidades.

Ele me chamou de Will.[1]

Era um dia frio, nublado, quase um ano depois de o meu irmão e eu termos começado. A essa altura o muro já tinha se tornado tamanha obsessão na minha vida que os pensamentos de terminá-lo pareciam até um delírio. Se a gente algum dia *terminasse*, tragicamente apareceria um outro espaço vazio, logo atrás dele, que logo precisaria ser preenchido. Mas naquela manhã congelante de setembro, viramos a porção final de cimento, enchemos o último balde e colocamos o último tijolo.

Papa estava bem ali, assistindo ao término da obra. Com o cigarro na mão, ele ficou em silêncio, admirando nosso trabalho. Harry e eu colocamos e nivelamos o tijolo derradeiro, e depois, silêncio. Harry meio que deu de ombros — *O que a gente faz agora? A gente pula, grita "viva", comemora?* Demos um cauteloso passo para trás e ficamos um de cada lado de Papa.

Nós três inspecionamos o novo muro da família.

Papa jogou o cigarro no chão, o apagou com um pisão da bota, expirou a última tragada de fumaça e, sem tirar os olhos do muro, falou:

— Agora, vocês *nunca mais* me digam que *não* conseguem fazer algo.

E então voltou para dentro da loja e para o trabalho.

1 Além de ser um nome próprio, *will* em inglês significa "vontade". [*N. da E.*]

Capítulo 1

MEDO

Sempre pensei em mim mesmo como um covarde. A maior parte das minhas memórias de infância tem a ver comigo sentindo algum tipo de medo — medo de outras crianças, medo de me machucar ou de me sentir constrangido, medo de ser visto como fraco.

Mas, na maior parte das vezes, eu sentia medo do meu pai.

Quando eu tinha 9 anos, vi meu pai socar a minha mãe na lateral da cabeça com tanta força que ela desmaiou. Eu a vi cuspir sangue. Aquele momento, naquele quarto, mais do que qualquer outro da minha vida, provavelmente definiu quem eu sou hoje.

Em tudo o que tenho feito desde então — os prêmios e reconhecimentos, os holofotes e a atenção, os personagens e as risadas — há uma série de pedidos sutis de desculpa à minha mãe pela minha falta de ação naquele dia. Por ter falhado com ela naquele momento. Por ter falhado em enfrentar o meu pai.

Por ser um covarde.

O que você veio a conhecer como "Will Smith", o protagonista aniquilador de alienígenas, o grande astro do cinema, é, na maior parte do tempo, uma construção — um personagem cuidadosamente criado e dilapidado — feita para me proteger. Para me esconder do mundo. Para esconder o covarde.

* * *

Meu pai era o meu herói.

O nome dele era Willard Carroll Smith, mas a gente o chamava de "Papa".

Papa nasceu e foi criado nas ruas perigosas e precária de North Philadelphia nos anos 1940. Seu pai, meu avô, era dono de um mercadinho de peixes. Tinha que trabalhar das quatro da manhã até tarde da noite todos os dias. Minha avó era enfermeira e costumava trabalhar no turno da noite no hospital. Dessa forma, Papa passou a maior parte da infância sozinho, sem ninguém para tomar conta dele. As ruas de North Philly tinham esse jeito de endurecer as pessoas. Ou você se transformava num filho da puta, ou a quebrada te quebrava. Papa já fumava aos 11 anos e bebia aos 14. Desenvolveu uma atitude desafiadora e agressiva que perduraria pelo resto da vida.

Quando tinha 14 anos, meus avós, temendo o rumo que sua vida estava tomando, juntaram todo o dinheiro que tinham e o mandaram para um colégio interno agrícola no interior da Pensilvânia, onde os jovens aprendiam técnicas de cultivo e reparos domésticos básicos. Era um lugar rigoroso e tradicional, e, ao enviá-lo para lá, esperavam introduzir nele um pouco da disciplina e estrutura de que precisava.

Mas ninguém ousava dizer ao meu pai o que ele deveria fazer. Com exceção de consertar motores de tratores, ele não dava a mínima para o que descreveu como "enganação caipira". Ele matava aulas, fumava e continuava a beber.

Aos 16 anos Papa já estava cheio da escola e pronto para voltar para casa. Decidiu que seria expulso. Começou a atrapalhar as aulas, ignorar todas as regras e desrespeitar qualquer um em posição de autoridade. Mas, quando os administradores tentaram mandá-lo para casa, meus avós se recusaram a recebê-lo de volta. "Pagamos pelo ano inteiro", disseram eles. "Vocês estão sendo pagos para lidar com ele, então *lidem* com ele." Papa teria que ficar.

Mas ele era malandro — iria encontrar um jeito de sair: em seu aniversário de 17 anos, ele fugiu do campus, caminhou por nove quilômetros até o posto de recrutamento mais próximo e se alistou na Força Aérea dos Estados Unidos. Essa foi uma atitude típica de Papa

— ele estava tão decidido a desafiar a autoridade e a se rebelar contra os pais e a escola que saiu da frigideira de um colégio interno agrícola e pulou direto no fogo das Forças Armadas norte-americanas. Ele acabou na exata estrutura disciplinar que os meus avós tanto queriam instigar nele.

Mas, no fim das contas, Papa *amou* aquilo. Foi no serviço militar que descobriu o poder transformador da ordem e da disciplina, dois valores que passou a considerar grades de proteção que o resguardavam das piores partes de si mesmo. Acordar às quatro, treinar a manhã inteira, trabalhar o dia todo, estudar a noite toda — ele encontrou seu caminho. Descobriu que era mais resistente do que todo mundo e passou a se orgulhar disso. Era outro aspecto da sua atitude desafiadora. Ninguém poderia forçá-lo a acordar cedo com uma corneta porque ele *já estava* acordado.

Com a sua ética de trabalho apaixonada, energia ilimitada e inteligência inegável, deveria ter subido as fileiras rapidamente. Mas havia dois problemas.

Primeiro, ele tinha um temperamento terrível e, fosse um oficial de patente superior ou não, se você estivesse errado, ele faria o que lhe foi pedido. Segundo, a bebida. Vou contar uma coisa: meu pai era uma das pessoas mais inteligentes que já conheci, mas, quando estava irritado ou bêbado, ele virava um idiota. Quebrava as próprias regras, subvertia os próprios objetivos, destruía o que tinha.

Depois de mais ou menos dois anos no serviço militar, essa veia autodestrutiva saltou por baixo do véu da ordem e acabou com sua carreira militar.

Certa noite, ele e os caras do regimento a que ele pertencia estavam apostando. (Papa era habilidoso com um par de dados.) Ele arrancou quase mil dólares daqueles caras. Assim que guardou os ganhos no armário ele saiu para comer alguma coisa, mas, ao voltar do refeitório, os caras tinham roubado o dinheiro. Em um acesso de fúria, ele se embebedou até um estado de frenesi, sacou a pistola de serviço e saiu atirando pelo quartel. Ninguém se feriu, mas foi o bastante para que a

Força Aérea o expulsasse. Ele teve sorte de não ter sido levado à corte marcial — em vez disso, eles o dispensaram, o colocaram num ônibus e o convidaram a nunca mais voltar.

Essa foi uma característica que reverberou por toda a vida do meu pai — ele exigia uma perfeição rigorosa de si mesmo e das pessoas ao seu redor, mas, mesmo assim, quando bebia ou ficava irritado demais, era capaz de tacar fogo em tudo.

Papa voltou para Philly. Mais disposto, arrumou um trabalho numa siderúrgica e passou a estudar à noite. Ele fez um curso técnico e tinha grande aptidão tanto para a área elétrica quanto para a ciência da refrigeração. Um dia, depois de não conseguir uma promoção na siderúrgica pela terceira ou quarta vez por ser negro, ele simplesmente foi embora e nunca mais voltou. Como já tinha conhecimentos de refrigeração, decidiu começar o próprio negócio.

Papa era brilhante. Eu o idolatrava, como ocorre com muitos filhos, mas ele também me aterrorizava. Ele era uma das maiores bênçãos da minha vida, e também uma das maiores fontes de dor.

Minha mãe nasceu Carolyn Elaine Bright. Ela é uma garota de Pittsburgh, nascida e criada em Homewood, um bairro predominantemente negro na parte leste da cidade.

Também conhecida na família como "Mãe-Mãe", ela é eloquente e sofisticada. Tem uma estrutura mignon, com longos e elegantes dedos de pianista, do tamanho perfeito para tocar uma versão maravilhosa de "Für Elise". Ela foi uma aluna de destaque no Colégio Westinghouse e uma das primeiras mulheres negras a estudar na Universidade Carnegie Mellon. Mãe-Mãe sempre disse que o conhecimento era a única coisa que o mundo não podia tirar de você. E ela só se importava com três coisas: estudo, estudo, estudo.

Ela amava o mundo dos negócios: bancos, finanças, vendas, contratos. Mãe-Mãe sempre teve o próprio dinheiro.

A vida andou depressa para minha mãe, como acontecia frequentemente naqueles tempos. Ela se casou com o primeiro marido aos 20 anos, teve uma filha e se divorciou menos de três anos depois. Aos 25, mãe solo e passando por dificuldades, era provavelmente uma das mulheres afro-americanas com o maior grau de instrução em toda a Pittsburgh, e ainda assim trabalhava em empregos abaixo do seu verdadeiro potencial. Sentindo-se em um beco sem saída e desejando oportunidades maiores, pegou a filha e foi morar com a mãe, minha avó Gigi, na Filadélfia.

Meus pais se conheceram no verão de 1964. Mãe-Mãe trabalhava como tabeliã no banco Fidelity, em Philly. Ela estava indo com algumas amigas para uma festa, e uma delas falou que ela *tinha* que conhecer um homem. O nome dele era Will Smith.

De muitas formas, Mãe-Mãe é o oposto do meu pai. Enquanto meu pai era barulhento, carismático e o centro das atenções, Mãe-Mãe é quieta e reservada; não porque seja tímida ou medrosa, mas porque ela "só fala quando tem algo melhor a dizer do que o silêncio". Ela ama palavras e sempre as escolheu com cuidado — conversa com uma sofisticação quase acadêmica. Papa, por outro lado, era animado, soltando o linguajar de um malaco de North Philly dos anos 1950. Ele amava a poesia dos seus xingamentos — certa vez o ouvi chamar um cara de "ratazana podre, chupa-rola, asqueroso, fodedor de porco sarnento".

Mãe-Mãe não fala palavrões.

É importante dizer aqui que naquela época Papa era *o cara*. Um metro e oitenta e oito, inteligente, bonito, o dono orgulhoso de um Pontiac conversível vermelho-bombeiro. Ele era engraçado; sabia cantar; tocava violão. Conseguia *fisgar* as pessoas — era sempre o cara no meio de uma festa com uma bebida em uma das mãos e um cigarro na outra, um contador de histórias virtuoso que mantinha o ambiente agitado.

Quando Mãe-Mãe viu Papa pela primeira vez, ele parecia uma versão mais alta do Marvin Gaye. Ele era sagaz e sabia lidar com as pessoas. Entrava em festas, descolava bebidas grátis e uma mesa bem na frente, tudo usando sua lábia. Papa sempre teve esse jeito de ser no mundo, como se tudo estivesse sob controle, como se tudo estivesse bem. Isso era reconfortante para a minha mãe.

A memória dela dos seus primeiros dias juntos é como uma colcha de retalhos de restaurantes e boates, costurada com uma linha de piadas e risos. Mãe-Mãe amava o lado divertido do meu pai, no entanto, o fato de ele ser ambicioso era o que mais importava. Ele tinha o próprio negócio. Tinha funcionários. Queria trabalhar em bairros brancos, com gente branca trabalhando *para ele*.

Papa tinha futuro.

Meu pai não estava acostumado a interagir com mulheres com o grau de instrução da minha mãe — *Cara, essa pombinha é esperta pra caralho*, ele deve ter pensado. Papa tinha a sabedoria das *ruas*, enquanto a minha mãe tinha a sabedoria dos *livros*.

Meus pais tinham muito em comum também. Os dois eram apaixonados por música. Ambos amavam jazz, blues e, mais tarde, funk e R&B. Viveram a gloriosa era da Motown e passaram a maior parte dela dançando juntos em festas em porões úmidos e clubes de jazz.

Além disso havia estranhas semelhanças — o tipo de coisa que choca e faz pensar, *Isso só pode ser o plano de Deus*. Meus pais tinham mães que eram enfermeiras e trabalhavam no turno da noite (uma era Helen; a outra, Ellen). Ambos tiveram casamentos curtos aos vinte e poucos anos e tiveram filhas. E talvez a mais estranha das coincidências: ambos tinham dado o nome Pam para as filhas.

Meus pais se casaram numa pequena cerimônia nas Cataratas do Niágara, em 1966. Pouco depois, Papa se mudou para a casa da minha avó Gigi, na North Fifty-Fourth Street de West Philadelphia. Não demorou muito para que juntassem suas habilidades e seus talentos tão diferentes e se transformassem numa dupla eficiente. Mãe-Mãe gerenciava o negócio do Papa: folhas de pagamento, contratos, impostos, contabilidade, licenças. E Papa fazia o que sabia fazer melhor: trabalhar duro e ganhar dinheiro.

Mais tarde os dois falariam com carinho desses primeiros anos. Eram jovens, apaixonados, ambiciosos e estavam subindo na vida.

* * *

Meu nome completo é Willard Carroll Smith II — *não Junior*. Papa sempre corrigia as pessoas: "Ele não é porra nenhuma de Junior." Ele achava que me chamar de "Junior" diminuía a nós dois.

Nasci em 25 de setembro de 1968. Minha mãe diz que, assim que nasci, já estava falando. Sempre sorrindo, matraqueando e balbuciando por aí; feliz por estar simplesmente fazendo barulho.

Gigi trabalhava no turno da noite no Hospital Jefferson, em Center City, Filadélfia, por isso cuidava de mim na parte da manhã, enquanto meus pais trabalhavam. Sua casa tinha uma varanda enorme, que era meu lugar na primeira fila para o teatro da North Fifty-Fourth Street e também palco, no qual eu podia participar da cena. Ela me colocava naquela varanda e observava enquanto eu tagarelava com qualquer um que passasse. Mesmo naquela idade eu já amava ter uma plateia.

Meus irmãos que são gêmeos, Harry e Ellen, nasceram no dia 5 de maio de 1971. E contando a Pam de Mãe-Mãe, passamos a ser seis pessoas debaixo do mesmo teto.

Felizmente, o empreendedor de North Philly que havia dentro de Papa estava em sua melhor forma. Ele tinha deixado de consertar refrigeradores para instalar e fazer a manutenção de geladeiras e freezers em grandes supermercados. Os negócios estavam indo de vento em popa — estavam expandindo para os bairros residenciais vizinhos, além de Philly. Meu pai montou uma frota de vans e contratou uma equipe de técnicos de refrigeração e eletricistas. Alugou também um pequeno prédio para usar como base de operações.

Papa estava sempre na atividade. Eu me lembro de um inverno particularmente gelado, quando a grana começou a apertar e ele resolveu aprender, por conta própria, a consertar aquecedores movidos a querosene, que estavam bombando em Philly naquela época. Então meu pai espalhou um monte de cartazes anunciando seus serviços, e as pessoas começaram a trazer aquecedores quebrados. Papa acreditava que, assim que consertasse um aquecedor, precisaria testá-lo por alguns dias, para garantir que estava funcionando. A qualquer hora em nossa casa você encontrava cerca de dez ou 12 aquecedores movidos a querosene "sendo testados pela qualidade do serviço". Tantos aquecedores facilmente dariam conta de esquentar uma casa de três andares, mesmo no mais frio dos invernos. Por isso, Papa cancelou o nosso fornecimento de gás, manteve a família aquecida durante o inverno *e ainda foi pago por isso*.

Quando eu tinha uns 2 anos, os negócios de Papa estavam indo bem e ele comprou um imóvel a dois quilômetros da casa de Gigi, num bairro de classe média em West Philly chamado Wynnefield.

Cresci na avenida Woodcrest, nº 5.943, uma rua arborizada com trinta casas de tijolos num tom terroso, todas geminadas. A proximidade física das casas cultivava um forte sentimento de comunidade. (O que também significava que, se o seu vizinho tivesse baratas, você também teria.) Todo mundo se conhecia. Para uma jovem família negra dos anos 1970, esse era o ápice do sonho americano.

Do outro lado da rua ficava a Escola de Ensino Fundamental Beeber e a sua majestosa área de lazer de concreto. Basquete, beisebol, meninas pulando corda. Os mais velhos saindo no tapa. E assim que começava o verão lá se ia a tampa do hidrante. Nosso bairro tinha muitas crianças, e passávamos o tempo todo brincando na rua. Numa distância de noventa metros da minha casa viviam quase quarenta crianças da minha idade. Stacey, David, Reecie, Cheri, Michael, Teddy, Shawn, Omarr e assim por diante — e nem estou contando os irmãos ou as crianças dos outros quarteirões. (Stacey Brooks é minha amiga mais antiga no mundo. Nos conhecemos no dia em que minha família se mudou para a Woodcrest. Eu tinha 2 anos e ela 3. Nossas mães empurraram nossos carrinhos na direção um do outro e nos apresentaram. Aos 7 anos eu estava apaixonado por ela. Mas ela estava apaixonada por David Brandon, de 9 anos.)

Os tempos eram bons e o povo evidentemente estava transando... e muito.

Minha criação de classe média contribuiu para as críticas que recebi no início da minha carreira no rap. Eu não estava no mundo do crime e não vendia drogas. Cresci numa rua legal e meus pais eram casados. Frequentei até os meus 14 anos uma escola católica na qual a maioria dos alunos era branca. Minha mãe tinha ensino superior. E, apesar de todos os seus defeitos, meu pai sempre colocava comida na mesa e teria preferido morrer a abandonar os filhos.

Minha história era muito diferente daquelas contadas pelos jovens negros que estavam lançando o fenômeno que mais tarde se tornaria o hip-hop. Na cabeça deles, eu não era um artista legítimo; me chamavam de "fraco", "tosco", "brega", um "rapper modinha", críticas que me enfureciam violentamente. Olhando para trás, me dou conta de que talvez estivesse exagerando um pouco, mas a razão de eu odiar tanto aquelas críticas era porque eles, sem saber, estavam cutucando aquilo que eu mais odiava em mim mesmo — a sensação de ser um covarde.

Papa via o mundo como se fosse organizado em comandantes e missões, uma mentalidade militarista que norteava cada aspecto da sua vida. Comandava a nossa família como se fôssemos um regimento num campo de batalha, e como se a casa na Woodcrest fosse o nosso quartel. Não pedia para limparmos o quarto ou arrumarmos a cama — ele dava comandos: "Policie a sua área."

No seu mundo não havia nada que fosse "pouca coisa". Fazer o dever de casa era uma missão. Limpar o banheiro era uma missão. Fazer as compras no supermercado era uma missão. E esfregar o chão? Não era apenas esfregar o chão — tinha a ver com a capacidade de seguir ordens, demonstrar autodisciplina e completar uma missão com a mais absoluta perfeição. "Noventa e nove por cento é o mesmo que zero" era uma das frases que ele mais gostava de dizer.

Se um soldado falhasse em sua missão, ela precisava ser repetida até a perfeição. Desobedecer a um comando significava enfrentar a corte marcial, e a punição geralmente vinha na forma de um cinto no traseiro sem roupa. (Ele dizia: "Tire as calças, eu não vou bater nas roupas que comprei.")

Na cabeça do meu pai, tudo era questão de vida ou morte. Ele estava preparando os filhos para que prosperassem num mundo cruel — um mundo que ele via como caótico e brutal. Educar pelo medo era — e ainda é, até certo ponto — uma tática parental frequente na comunidade negra. O medo é abraçado como necessário para a sobrevivência. É uma crença amplamente aceita para proteger as crianças negras, elas precisam temer a autoridade parental. Educar pelo medo é visto como um ato de amor.

No dia 13 de maio de 1985, Papa foi até nossos quartos e nos mandou ficar abaixados no chão. A alguns quilômetros da Woodcrest, o Departamento de Polícia da Filadélfia tinha acabado de jogar duas bombas num bairro residencial. Dava para ouvir o fraco *ra-tá-tá-tááá-ra-tá-tá-tááá* dos disparos automáticos. Cinco crianças e seis adultos morreriam naquele dia, que ficou conhecido como o Bombardeio do MOVE. Dois quarteirões inteiros — 65 casas — foram completamente queimados e destruídos.

Os noticiários pareciam sempre reforçar o ponto de vista do Papa. Sua metodologia era baseada em nos treinar física e mentalmente para lidar com as inevitáveis adversidades da vida, mas o que ele criou sem se dar conta foi um ambiente de tensão e ansiedade constantes.

Eu me lembro de uma tarde de domingo, Papa estava tirando um raro dia de folga e sentado na sala assistindo à TV. Ele me chamou:

— Ei, Will!

Respondendo com atenção e rapidez, falei:

— Sim, papai?

— Corre lá no Sr. Bryant e pegue um maço de Tareyton 100 pra mim.

— Sim, senhor!

Ele me deu cinco dólares e fui para a lojinha da esquina. Eu devia ter uns 10 anos na época, mas isso foi nos anos 1970, quando os pais podiam mandar os filhos comprar cigarros.

Corri direto até a loja do Sr. Bryant sem parar. Totalmente sem fôlego, um soldado perfeito.

— Oi, Sr. Bryant, meu pai me mandou pegar os cigarros dele.

— Como você está, Will? — cumprimentou o Sr. Bryant. — Eles não chegaram hoje… fala pro Papa que devem chegar amanhã. Vou guardar um maço pra ele.

— Certo, obrigado, Sr. Bryant. Vou avisar.

Ainda um bom soldado, fui para casa. No caminho de volta, encontrei David e Danny Brandon, que tinham arranjado um negócio esquisito chamado bola de futebol americano Nerf. Era uma bola de futebol americano, só que macia.

Qualquer soldado teria parado.

Aquele negócio era *incrível* — eu me perdi na engenhosidade daquele objeto. *Você pode arremessá-la no inverno, e não vai machucar os dedos se você pegá-la! Você poderia perder o lance, ela poderia até bater na sua cara, e ficaria tudo bem!* Um minuto virou cinco, e então cinco se tornaram dez, dez se tornaram vinte… De repente, David e Danny congelaram. Os olhos deles travaram por cima do meu ombro.

Eu me virei e senti o estômago apertar. Papa, sem camisa, andando no meio da rua vindo na minha direção.

— QUE DIABOS VOCÊ TÁ FAZENDO?

Danny e David evaporaram. Tentei me explicar depressa.

— Papai, o Sr. Bryant falouqueoscigarrosnãochegarame…

— O QUE EU TE MANDEI FAZER?

— Eu sei, papai, mas eu…

— QUEM ESTÁ NO COMANDO?!

— O quê...?

— QUEM ESTÁ NO COMANDO?! VOCÊ? OU EU?

Meu coração batia forte no peito, minha voz tremia:

— Você, papai…

— PORQUE SE DUAS PESSOAS ESTIVEREM NO COMANDO, *TODO MUNDO MORRE!* ENTÃO, SE VOCÊ ESTIVER NO COMANDO, ME AVISE, PORQUE EU VOU SEGUIR A SUA LIDERANÇA!

As narinas dele estavam dilatadas, a veia na têmpora esquerda pulsando loucamente, os olhos dele incendiando a minha frágil inocência de 10 anos de idade.

— Quando eu te mandar numa missão, há duas possibilidades... primeira, você completa a missão. Ou a segunda: VOCÊ. ESTÁ. MORTO. Você entendeu?

— Sim, papai.

Papa me segurou pela nuca e me arrastou para casa.

Eu não achei que merecesse uma sova por causa daquilo. Na maior parte das vezes que apanhei na infância não achei que merecesse. Parecia injustiça. Não era o tipo de criança que precisava apanhar. Sempre queria agradar. David Brandon precisava de uma sova. Matt Brown precisava de uma sova. Quando eu me metia em encrenca, geralmente era porque estava distraído — me esquecia de alguma coisa ou minha mente viajava. Acho que a punição física na minha infância só me convencia de que eu era uma pessoa ruim.

O medo constante que sentia durante a infância aguçou a minha sensibilidade para todos os detalhes ao meu redor. Desde muito cedo desenvolvi uma intuição afiada, uma habilidade para me conectar com as emoções à minha volta. Eu aprendi a perceber raiva, prever alegria e entender tristeza melhor do que a maioria das crianças.

Reconhecer essas emoções era crucial e determinante para a minha segurança pessoal: um tom na voz do Papa, uma pergunta direta da minha mãe, um espasmo no olho da minha irmã. Eu processava essas coisas de modo rápido e intenso — um olhar perdido ou palavra mal interpretada poderia logo se transformar num cinto na bunda ou num soco na cara da minha mãe.

Papa tinha um porta-chaves de couro preto preso ao seu cinto de utilidades com cerca de trinta chaves, o que para mim servia como um alarme. No segundo em que ele passava pela porta, era possível ouvir as chaves balançando e perceber quando as guardava na bolsinha delas e as devolvia à cintura. Eu fiquei tão antenado que podia adivinhar o humor dele pelo ritmo e intensidade com que ele mexia nas chaves.

Meu quarto ficava no topo da escada, de frente para a porta de entrada. Quando ele estava de bom humor, as chaves sacudiam sem esforço, como se fossem mais leves que o normal. Quando ele estava irritado, eu podia perceber a pressão que ele colocava ao reatá-las na cintura.

E quando estava bêbado as chaves não faziam diferença.

Essa prontidão emocional ficou comigo pelo resto da vida. Paradoxalmente, ela me ajudou bastante como ator e artista. Eu conseguia reconhecer, compreender e emular emoções complexas com facilidade, bem antes de saber que poderia ser pago para fazer isso.

Meu pai nasceu pouco depois da Grande Depressão. Era uma criança negra e pobre que vivia nas ruas de North Philly, na década de 1940. Estudou basicamente até o ensino médio. Ainda assim, ao longo da vida, construiu um negócio com uma dúzia de funcionários e sete vans, vendendo 14 toneladas de gelo todos os dias para mercearias e supermercados em três estados. Passava semanas sem tirar um dia de folga, décadas sem tirar férias. Minha mãe se lembra de Papa voltando para casa no meio da noite, largando milhares de dólares em dinheiro em cima da cama e dizendo “Conta isso”; e então imediatamente saindo noite afora para voltar ao trabalho.

Meu pai me atormentava. E também era um dos homens mais incríveis que já conheci. Meu pai era violento, mas estava presente em todos os jogos, peças e recitais. Era alcoólatra, mas estava sóbrio na estreia de cada um dos meus filmes. Ouvia todos os discos. Visitava todos os estúdios. O mesmo perfeccionismo obsessivo que aterrorizava a família colocava comida na mesa toda noite. Muitos dos meus amigos cresceram sem conhecer os pais ou sem os ter por perto. Mas o Papa me apoiou e nunca abandonou o posto, nem uma vez.

E ainda que nunca tenha aprendido a derrotar os seus demônios, ele cultivaria em mim as ferramentas necessárias para enfrentar os meus.

* * *

Ainda que todos nós tenhamos sofrido com a abordagem militarista de Papa, ninguém sofreu mais do que a minha mãe. Se ter duas pessoas no comando queria dizer que todo mundo morreria, isso significava que ela jamais poderia estar no comando.

O problema era que a minha mãe não era o tipo de mulher que se deixaria ser comandada. Era instruída, orgulhosa e teimosa, e por mais que a gente implorasse para que ela ficasse em silêncio, ela se recusava.

Certa vez, quando Papa deu um tapa nela, ela o provocou.

— Ah, você é tão machão! Acha que bater em mulher faz de você mais homem, não é?

Ele bateu nela de novo, dessa vez derrubando-a no chão.

Ela se levantou imediatamente, olhou bem nos olhos dele e falou bem calma:

— Você pode me bater o quanto quiser, mas jamais vai me ferir.

Eu nunca me esqueci disso. A ideia de que ele poderia bater no corpo dela, mas que *ela* tinha o controle do que a "feria"? Eu queria ser forte assim.

Todo mundo na minha casa sabia brigar.

Menos eu.

Minha irmã mais velha, Pam, era forte como a nossa mãe. Ela era seis anos mais velha que eu, e era meio que a minha guarda-costas na infância. Enfrentava qualquer um a qualquer momento. Várias vezes, quando alguém pegava o meu dinheiro ou fazia bullying comigo, ou quando eu voltava para casa chorando, Pam me pegava pela mão, caminhava comigo até o lado de fora e gritava: "QUEM FEZ ISSO? É só apontar, Will!" Então lá ia ela chutar o traseiro da infeliz criança para quem eu apontasse. Foi um dia triste quando ela foi embora para a faculdade.

Harry acabou se mostrando bem forte também. Enquanto eu tomava um cuidado redobrado para agradar meu pai em toda oportunidade que tinha, Harry imitava o comportamento da minha mãe. Desde cedo, preferia enfrentar e aceitar pancadas. Uma vez gritou para o meu pai: "Você pode me bater, mas não pode me fazer chorar. [*Tapa*.] Eu não estou chorando! [*Tapa*] Eu não estou chorando." Por fim, vendo que não conseguiria dominá-lo, Papa deixou Harry pra lá. Desde sempre, a coragem de Harry — o fato de que o meu irmãozinho conseguia enfrentar "o monstro" — apenas reforçava a minha vergonha. Numa família de lutadores, eu era o fracote. Eu era o covarde.

Na atuação, entender os medos de um personagem é crucial para entender a psique dele. Medos criam desejos, e desejos motivam ações. Ações repetitivas e reações previsíveis são os componentes que forjam os grandes personagens cinematográficos.

É basicamente a mesma coisa na vida real. Algo ruim acontece e decidimos que jamais vamos deixar aquilo acontecer outra vez. Mas, para prevenir isso, precisamos *ser* de determinada forma. Escolhemos os comportamentos que acreditamos que resultarão em segurança, estabilidade e amor. E nós os repetimos de novo e de novo. Nos filmes, chamamos isso de caracterização; na vida real chamamos de personalidade.

Como decidimos reagir aos nossos medos, *essa* é a pessoa que nos tornamos.

Eu decidi ser engraçado.

Meus irmãos se lembram daquela noite no quarto com a nossa mãe. Estávamos incrivelmente assustados, mas cada um reagiu de forma diferente, de formas que iriam definir quem éramos durante grande parte da nossa vida.

Harry, apesar de ter apenas 6 anos, tentou intervir e proteger a nossa mãe — ele faria isso muitas vezes nos anos seguintes, algumas delas com sucesso. Mas naquela noite Papa apenas o empurrou para longe.

Meu irmão instintivamente aprendeu a lição da minha mãe sobre a dor: descobriu aquele lugar intocável dentro dele, no qual alguém poderia socá-lo o quanto quisesse, sem jamais conseguir feri-lo. Eu me lembro dele certa vez gritando para o meu pai: "Você vai ter que me matar pra me fazer parar."

Naquela mesma noite, a minha irmã Ellen reagiu correndo para o quarto, se encolhendo na cama, cobrindo as orelhas e chorando. Mais tarde, ela se lembraria de Papa passando perto do quarto dela e, ao ouvi-la chorar, perguntando friamente: "E por que caralhos *você* está chorando?"

Ellen se desligou. Não apenas de Papa, mas do resto da família. Anos mais tarde a reclusão dela se transformaria em rebelião. Passando noites fora bebendo e fumando, sem se preocupar em ligar para dizer onde estava.

Se Harry era "lutar", Ellen era "fugir", e eu me tornei aquele que agradava. Ao longo da nossa infância, meus irmãos e eu julgamos uns aos outros pelas nossas diferentes reações, e esses julgamentos se cristalizaram como ressentimento. Ellen sentia que Harry e eu não a apoiávamos; Harry achava que, como irmão mais velho, eu deveria ter sido mais forte, deveria ter tomado alguma atitude. E eu achava que as reações deles apenas inflamavam as situações e as pioravam para todo mundo. Queria que todos calassem a boca e fizessem do meu jeito.

Queria agradá-lo e acalmá-lo, porque se Papa estivesse gargalhando e sorrindo, eu acreditava que *estaríamos a salvo*. Eu era o entretenimento da família. Sempre queria deixar tudo leve, divertido e alegre. E ainda que essa resposta psicológica mais tarde fosse gerar frutos artísticos e financeiros, isso também significava que o meu cérebro de 9 anos de idade processava os episódios abusivos do Papa como *culpa minha, de alguma forma*.

Eu *deveria* ter encontrado uma forma de manter meu pai satisfeito. Eu *deveria* ter sido capaz de proteger a minha mãe. Eu *deveria* ter sido capaz de tornar a minha família estável e feliz. Eu *deveria* ter sido capaz de deixar tudo bem.

E é desse desejo compulsivo de constantemente agradar os outros, de fazê-los rir e sorrir o tempo todo, de redirecionar toda a atenção daquilo que é feio e desconfortável, para aquilo que é alegre e belo — é daí que nasce um artista.

Mas naquela noite, naquele quarto, comigo parado no batente, vendo o punho do meu pai ir de encontro à mulher que eu mais amava no mundo, vendo-a cair no chão, indefesa, eu apenas fiquei ali parado. Congelado.

Passei a minha infância inteira assustado, mas essa foi a primeira vez que tive consciência da minha própria inação. Eu era o filho mais velho da minha mãe. Estava a menos de nove metros deles. Era a única chance de ajuda que minha mãe tinha.

Ainda assim, eu não fiz nada.

Foi então que a minha identidade jovem se solidificou na mente. Ficou envolta num sedimento duro, numa sensação inabalável de que não importava o que eu fizesse, não importava o quão bem-sucedido me tornasse, não importava quanto dinheiro ganhasse, quantos hits no topo das paradas tivesse ou quantos recordes tivesse quebrado, existiria aquela sensação sutil e silenciosa sempre pulsando na minha mente: de que eu sou um covarde; de que falhei; de que sinto muito, Mãe-Mãe, sinto muito mesmo.

Você sabe o que acontece quando duas pessoas estão no comando? Quando duas pessoas estão no comando, todo mundo morre!

Naquela noite, naquele quarto, aos 9 anos, assistindo à destruição da minha família enquanto a minha mãe caía no chão — naquele momento eu decidi. Fiz uma promessa silenciosa. Para a minha mãe, para a minha família, para mim mesmo:

Um dia eu estaria no comando.

E aquilo nunca, *jamais*, aconteceria de novo.

Capítulo 2

FANTASIA

Então, eu sei que todos vocês estavam achando que eu começaria este livro com "Iiiiiin West Philadelphia, born and raised..."[2] e não com histórias de abuso e violência domésticos.

Fiquei tentado a fazer isso, quer dizer, como não ficaria? Eu sou um mestre do faz de conta. E não qualquer mestre do faz de conta, sou a Lenda, um Bad Boy, um Homem de Preto, esse tipo de mestre do faz de conta. Sou um astro do *cinema*. Meu primeiro impulso é sempre transformar a realidade em algo melhor para que a verdade não me machuque tanto. Eu a redesenho e a substituo por algo adequado para mim. Ou, na verdade, por algo adequado para *você*: gosto de agradar todo mundo. É o meu *trabalho*. A "verdade" é aquilo em que decido fazer você acreditar, e *vou* fazer você acreditar. É o que eu faço.

Sou um mestre contador de histórias. Pensei em mostrar a você só o meu lado bom, um vencedor confiante e inabalável. A imagem fantasiosa de um ser humano de sucesso. Estou *sempre* tentando fazer de conta. Vivo numa guerra constante com a realidade.

Evidentemente, existe o "Will Smith" do tapete vermelho, dos carros maneiros, do corte de cabelo massa, dos recordes de bilheteria, do casamento com uma gostosona, das flexões de *Eu sou a lenda* e da coreografia de "Gettin Jiggy Wit It"...

---

2 *Em West Philadelphia, nascido e criado.*

E também existe eu. E este livro é sobre mim.

Iiiiin West Philadelphia, born and raised
On the playground is where I spent most of my days
Chilling out, maxing, relaxing all cool
I got my ass beat and bullied every day after school...[3]

É assim que a música *deveria* ter sido. Mas ok... admito que eu era uma criança esquisita. Um tanto quanto magricela, meio bobão, com um gosto extravagante para roupas. Também era o infeliz proprietário de um proeminente par de orelhas que fizeram David Brandon certa vez comentar que eu parecia até um troféu.

Pensando bem, eu provavelmente também teria zoado de mim. Não ajudava muito o fato de gostar de matemática e ciências; eram as minhas matérias favoritas na escola. Acho que gosto de matemática porque é exata; gosto quando as coisas fazem sentido. Números não ficam de brincadeira, não têm mudanças de humor nem opiniões.

E eu falava *muito* — provavelmente até demais. Contudo, o mais importante é que eu tinha uma imaginação vívida e fértil, uma vida de fantasia que era muito mais ampla e durava mais do que a de muitas crianças. Enquanto a maioria brincava com soldadinhos de plástico, bolas e armas de brinquedo, eu construía cenários elaborados e fictícios e me perdia neles.

Quando tinha 8 ou 9 anos, Mãe-Mãe mandou Pam e eu para a colônia de férias Sayre Morris, no sudoeste da Filadélfia. Era a típica colônia de férias de baixo custo: espaço para recreação, piscina, clube de artes. Voltei para casa depois do primeiro dia e entrei correndo na cozinha, onde a minha mãe estava sentada com a nossa vizinha de porta, a Srta. Freda.

— Ei, querido, como foi na colônia de férias? — perguntou Mãe-Mãe.

— Ah, mãe, eu *amei*. Eles tinham uma banda de jazz enorme com trompetes e violinos, cantores e tambores, e tinham um negócio de sopro que fazia assim.

Imitei o movimento de um trombone para a frente e para trás.

---

3 *Em West Philadelphia, nascido e criado / No parquinho era onde passava a maior parte dos dias / Curtindo, relaxando e levando de boa, / Apanhava e era zoado todo dia à toa...*

— E então tivemos uma competição de dança, e, tipo, cinquenta pessoas estavam fazendo uma coreografia juntas...

A Srta. Freda olhou para a minha mãe — *Uma banda de jazz completa? Cinquenta dançarinos coreografados? Numa colônia de férias infantil?*

O que a Srta. Freda não sabia era que ela tinha sido pega no fogo cruzado de um jogo divertido entre a minha mãe e eu, que continua até hoje. As regras são: eu descrevo a cena mais criativa, vívida, louca que puder conceber, e então sobreponho à realidade da minha experiência, e o trabalho de Mãe-Mãe é identificar o quanto disso é verdade e quanto precisa ser investigado.

Minha mãe hesitou e encostou o nariz dela no meu. Seu olhar funcionava como um tipo de detector de mentiras materno das antigas, procurando pela menor hesitação no meu comprometimento com a história. Eu nem pisquei nessa hora.

Ela já tinha ouvido o bastante.

— Willard, pare de brincar. Não tinha banda de jazz nenhuma na colônia de férias Sayre.

— Não, mãe, estou te falando... foi *louco*.

A Srta. Freda, confusa, disse:

— Mas, Carolyn, ele nem conhecia a palavra trombone... ele precisaria ter visto um, não?

— Que nada. Ele faz esse tipo de brincadeira o tempo todo.

Foi aí que Pam entrou na cozinha e a minha mãe falou:

— Pam, tinha uma banda completa de jazz, um concurso de dança e um trombone na colônia de férias hoje?

Pam revirou os olhos.

— O quê? Não. Era um *jukebox*, mãe. Will ficou parado lá, ouvindo música o dia inteiro... Ele nem entrou na piscina.

Mãe-Mãe olhou para a Srta. Freda.

— Eu te *falei*.

Eu caí na risada. Mãe-Mãe ganhou dessa vez, mas pelo menos eu tinha pegado a Srta. Freda.

* * *

Minha imaginação é o meu dom, e quando adiciono a ela a minha ética de trabalho, consigo fazer chover dinheiro.

Minha imaginação sempre foi a parte de mim da qual minha mãe mais gostava. (Bom, isso e quando eu tirava boas notas.) O amor que ela tem por mim é uma mistura estranha. Ela ama o meu lado brincalhão, mas exige que eu seja inteligente.

Em algum momento da vida, ela decidiu que só falaria sobre coisas importantes: reforma educacional, riqueza geracional, as novas e enganosas diretrizes nacionais de saúde. Ela não "tolera tolices". Ela e Papa debatiam *sobre tudo*.

— A integração foi a pior coisa que já aconteceu para os pretos[4] — dizia Papa enfaticamente.

— Você não acredita nisso, Will, só está dizendo para me irritar — dizia Mãe-Mãe sem dar importância.

— Me escuta, Carolyn! Antes da integração a gente se sustentava. As empresas negras tinham sucesso porque os pretos tinham que ser clientes de outros pretos. A tinturaria, o restaurante, a loja de ferramentas, todo mundo precisava de todo mundo. Assim que deixaram os pretos comerem no McDonald's, toda a nossa estrutura econômica ruiu.

— Então está me dizendo que preferia ter criado essas crianças na escravidão, ou em estados com as leis Jim Crow? — respondeu Mãe-Mãe.

— Estou dizendo que se tivesse um chafariz para os pretos só eles seriam contratados para consertá-lo.

Mãe-Mãe nunca falou isso para o Papa, mas ela repetia o tempo todo: "Nunca discuta com um tolo, porque de longe não dá pra saber

4 As palavras *nigga* ou *nigger* em inglês, também conhecidas como "n-word" devido à recusa política de pessoas em escrevê-las ou pronunciá-las, são insultos raciais de forte potencial ofensivo e seu uso pejorativo é altamente condenável. Tais palavras também são utilizadas por pessoas negras informalmente, como é o caso da maior parte das ocorrências neste livro. Na edição brasileira essas palavras foram livremente traduzidas e adaptadas a fim de transmitir ao leitor brasileiro contexto da especificidade de seus usos na comunidade afro-americana. Embora tenha havido um esforço em utilizar palavras análogas, o Brasil é um país continental e com dinâmicas raciais diversas, portanto, as escolhas também passaram pelo respeito às opções literárias e aos recursos artísticos do tradutor. [N. da R.]

quem é quem." Por isso, quando ela parava de discutir com você, você sabia o que ela achava do seu ponto de vista.

Quando digo coisas bobas, isso deixa o mundo mais *leve* para ela. Mas ela também precisa que eu fale coisas inteligentes. Isso a faz se sentir segura. Ela acha que minha única chance de sobreviver é se eu for inteligente. Gosta de uma proporção de sessenta por quarenta entre inteligência e besteirol. Ela é a minha melhor plateia. É como se houvesse uma parte escondida, desconhecida para ela, que está sempre me incentivando.

Vamos, Will: mais bobo, mais inteligente, mais bobo, mais inteligente...

Gosto de surpreendê-la com esse tipo de coisa que a princípio parece muito boba, e escondo a parte inteligente para ver se ela consegue encontrar. Gosto da expressão que ela adota, quando acha que eu disse alguma burrice, e então a parte inteligente a surpreende. (Essa também é a *minha* parte favorita.)

A comédia é uma extensão da inteligência. É difícil ser engraçado de verdade se você não for inteligente de verdade. E o riso é o remédio de Mãe-Mãe. De certa forma, sou o doutorzinho dela, e, quanto mais ela ri, mais coisas bobas, inteligentes e espetaculares eu faço.

Quando criança, eu costumava desaparecer na minha imaginação. Conseguia sonhar acordado sem parar — não havia nada mais atraente para mim do que os meus mundos de fantasia. *Havia* bandas de jazz na colônia de férias; eu *ouvia* os trompetes; eu *via* o trombone, os ternos Zoot, a grande cena de dança. Os mundos que a minha mente criava e nos quais habitava eram tão reais para mim quanto a "vida real", e até mais, de vez em quando.

O fluxo constante de imagens, cores, ideias e besteirol se tornou meu porto seguro. E ser capaz de compartilhar aquele espaço, de transportar alguém para lá, se tornou a maior das recompensas. Eu amo o êxtase de capturar a atenção de outra pessoa, levando-a por uma montanha-russa de emoções em harmonia com a obra da minha fantasia.

Para mim, o limite entre a ficção e a realidade sempre foi bem tênue, e eu sempre tive a capacidade de entrar e sair de uma ou de outra sem esforço.

O problema é que a fantasia de uma pessoa é a mentira de outra. Ganhei uma reputação no bairro de mentiroso compulsivo. Meus amigos achavam que nunca podiam confiar no que eu dizia.

Essa é uma peculiaridade minha e é algo que me persegue até hoje. É uma piada recorrente entre os meus amigos e familiares a de que você precisa dar um desconto nas minhas histórias para saber o que *realmente* aconteceu. Às vezes conto uma história e um amigo olha para Jada e fala: "Certo, mas o que *realmente* aconteceu?"

Mas, quando eu era criança, o que as outras crianças não entendiam era que eu não mentia sobre as minhas percepções, minhas percepções é que mentiam *para mim*. Eu me perdia; de vez em quando perdia a noção do que era real e do que eu tinha inventado. Isso se tornou um mecanismo de defesa — minha mente sequer ponderava sobre o que era ou não verdade. Eu pensava: *O que eles precisam ouvir para se sentir bem?*

Mas a Mãe-Mãe me entendia — se *esbaldava* com as minhas peculiaridades. Ela abriu espaço para que eu fosse o mais bobo e criativo que precisasse ser.

Por exemplo, durante a maior parte da minha infância tive um amigo imaginário chamado Mágico. Muitas crianças passam pela fase do amigo imaginário — geralmente entre os 4 e 6 anos de idade. Esses amigos imaginários são identidades amorfas que não possuem corpo ou personalidade. O amigo imaginário quer aquilo que a criança quer, odeia o que a criança odeia, e assim por diante. Ele é criado para afirmar os pensamentos e sentimentos da criança.

Mas o Mágico era diferente; mesmo enquanto escrevo este livro, a memória do Mágico é vívida e ressoante como qualquer outra experiência da minha infância. Ele era uma *pessoa* completa.

O Mágico era um garotinho branco de cabelo ruivo, pele clara e sardas. Ele sempre usava um pequeno terno azul de poliéster, com uma gravata-borboleta vermelha. As calças dele ficavam pescando, expondo a péssima escolha de meias brancas.

Enquanto a maior parte dos amigos imaginários servia como projeções e afirmações, o Mágico tinha gostos distintos dos meus e opiniões sobre quais jogos deveríamos jogar e aonde deveríamos ir. De vez em quando ele discordava de mim; outras vezes ele me fazia sair de casa quando eu não queria. Ele tinha opiniões fortes sobre determinados tipos de comida e pessoas na minha vida. Mesmo agora, relembrando a nossa relação, eu me pego pensando: *Caramba, Mágico, essa é a* minha *imaginação!*

O Mágico era uma presença tão significativa na minha infância que a minha mãe de vez em quando separava um prato para ele na mesa do jantar. E quando ela não recebia uma resposta minha, ela falava com o Mágico.

— Certo, Mágico, pronto para ir dormir?

Felizmente, essa era a única coisa na qual eu e Mágico sempre concordávamos — a gente nunca estava pronto para ir para a cama.

Uma consequência de ficar perdido numa vida de fantasia era que eu tinha muitas ideias excêntricas sobre o que era estiloso, legal ou engraçado. Por exemplo, não sei como começou, mas teve uma época em que fiquei apaixonado por botas de caubói. Cara, eu *amava* botas de caubói; na verdade, me recusava a calçar qualquer outra coisa. Eu sempre as usava com moletom — eu as usava até com jeans.

Eu as usava até mesmo com bermudas!

Só que um moleque preto em West Philly com botas de caubói era o mesmo que colocar um alvo nas costas. As crianças zombavam sem dó, mas eu não entendia *o motivo*. "Essas botas são legais!" E quanto mais elas riam, maior se tornava o meu comprometimento com as botas.

Sempre fui meio excêntrico. As coisas que pareciam normais para mim poderiam ser estranhas para os outros, e as coisas que os outros celebravam às vezes não me inspiravam nem um pouco.

Naquela época, as bicicletas Huffy de trilha estavam bombando — toda criança queria uma. Certo Natal, todos os meus amigos do quarteirão se reuniram e combinamos de pedir bicicletas Huffy aos nossos pais naquele ano. O plano era que iríamos todos pedalar nossas bicicletas idênticas pelo Merion Park, um parquezinho que ficava longe o bastante do nosso bairro para sentirmos que estávamos numa aventura.

Bom, o Natal chegou, e o Papai Noel entregou mesmo dez bicicletas Huffy novinhas em folha. Ao meio-dia todo mundo já estava na rua.

Todo mundo, quer dizer, menos eu.

Vejam bem, eu não pedi uma Huffy. Huffy era para perdedores. E estavam todos prestes a testemunhar como era uma *verdadeira* bicicleta. Porque, enquanto todos eles tinham pedido bicicletas Huffy idênticas, saídas da mesma fôrma, eu não era como os outros. Pedi uma... Raleigh Chopper vermelha brilhante. As Choppers eram bicicletas rebaixadas, com uma roda grande atrás e uma minúscula na frente, com guidão que ficava virado para cima, câmbio de três marchas e um selim em L, também conhecido como selim banana. Eram como as Harley Davidson das bicicletas infantis. A sensação era de estar numa *moto*. Sem dúvida, era a bicicleta mais legal do mundo.

Não consegui dormir na noite anterior, imaginando a minha entrada. Tinha planejado a minha revelação: esperaria até que todos se alinhassem na rua, prontos para sair, e então eu sairia pelos *fundos*, mantendo o elemento-surpresa. Até planejei e pratiquei o que iria dizer quando me vissem na Chopper. "E aí, vacilões, o que estão esperando? Vamos!" E então eu passaria por eles para que tivessem que me alcançar: Will Smith, o líder do bando, o rei do bairro.

O momento chegou. Eu os observava por trás da cortina na minha sala de estar; sabia que estavam todos esperando e se perguntando: *Cadê o Will?* E bem nesse momento eu saí pela lateral da casa, o guidão tocando o céu, pedalando suave com minhas botas de caubói — aquela primeira marcha da Raleigh Chopper era *macia*.

Eu era *o cara*.

Eu passei. Todos os olhos em mim. Fiz um aceno de cabeça, então soltei a frase:

— E aí, vacilões, o que estão esperando? Vamos!

Silêncio por alguns segundos. Achei que os tivesse chocado.

Então quase fui derrubado da minha Chopper pelo rugido de risadas que irrompeu atrás de mim. Teddy Allison literalmente estava no chão de tanto rir.

Por entre lágrimas ele conseguiu dizer:

— Que *porra* é essa?

Apertei os freios e me virei para observar o resto da galera para ver se Teddy estava apenas zoando ou se falava por todos.

— Mano, você entrou pra uma gangue de motociclistas? — disse Danny Brandon. — Nem dá pra ver nada atrás do guidão!

Michael Barr falou baixinho:

— É isso que acontece quando você vai pra escola de branco.

Mas não fazia diferença o que eles pensavam, porque, para mim, eu parecia *descolado*. Essa é uma das vantagens de se ter uma imaginação hiperativa: eu podia fazer a minha mente acreditar em *qualquer coisa*. Eu era capaz de cultivar uma autoconfiança quase delirante.

E ainda que essa percepção torta de mim mesmo pudesse de vez em quando terminar comigo sendo ridicularizado ou levando uma surra quando era mais novo, em muitas ocasiões ao longo da vida isso serviu como um superpoder. Quando você não sabe que não deveria ser capaz de fazer algo, você simplesmente faz. Quando os meus pais me falaram que eu não poderia ser rapper porque não havia carreira no hip-hop, isso não me parou, porque eu sabia que *pais não entendem*. Quando produtores de televisão me perguntaram se eu sabia atuar, respondi, "Com certeza", ainda que nunca tivesse atuado na vida — eu pensei: *Não deve ser tão difícil*. Quando os estúdios de cinema falaram que não podiam me contratar porque protagonistas negros não vendem para o público internacional, não fiquei necessariamente ofendido, só não entendia como um filho da puta *tão* ignorante poderia ter um emprego *daquele*. Não era só o racismo que me incomodava, era também a *burrice*. As pessoas me diziam como eu deveria ser, e isso não fazia sentido. Eu sentia que as regras delas não se aplicavam a mim.

Viver no seu próprio mundinho, com suas próprias regras, pode ser uma vantagem de vez em quando, mas é preciso tomar cuidado. Você não pode se desapegar *demais* da realidade. Porque existem consequências.

Minha consciência era um parquinho infinito que eu adorava explorar.

Mas quando eu era criança os benefícios dos meus delírios fantásticos ainda estavam num futuro distante, enquanto as repercussões eram reais e imediatas. Tolerância e cabeça aberta não eram as virtudes mais comuns em West Philly. Crianças podiam ser cruéis. E quanto mais diferente você fosse, menos pena de você elas tinham.

A área de lazer é um campo de batalha onde todo garoto está testando os limites de sua masculinidade que floresce, tentando se provar forte e dominante, constantemente se mostrando e desafiando outros garotos, competindo com eles e punindo aqueles que são mais fracos do que ele.

Eu era magricela e nada atlético. Meus membros e tronco tinham um relacionamento disfuncional bem infeliz. Além disso, eu tinha uma imaginação hiperativa e, até onde as outras crianças sabiam, eu mentia compulsivamente. Tudo isso queria dizer que eu era apontado pelos outros como um alvo fácil e justificável sobre o qual podiam impor dominância. Eu era empurrado, escolhido por último nas brincadeiras, apanhava e levava cusparadas — fui alvo de todo tipo de humilhação que puderem imaginar.

Um dia, quando tinha uns 12 ou 13 anos, estávamos eu e um grupo de garotos jogando basquete no pátio da escola. Eu estava muito maneiro com o meu short verdes limão e as minhas botas de caubói favoritas. Na *minha cabeça*, eu era o Magic Johnson, mas na realidade mais parecia um patinador na quadra — botas de caubói não oferecem a tração necessária ou o suporte para tornozelos que você encontraria num tênis de basquete comum.

Basicamente, eu tropeçava o tempo todo.

Em determinado momento, chegou aquela hora universal de exibicionismo, todos tentando mostrar que sabiam imitar os movimentos de seus jogadores favoritos. Um cara gritou "KAREEM!" ao fazer um gancho. Outro gritou "BIRD" ao lançar uma cesta de três pontos. Mas estamos falando da Filadélfia no início dos anos 1980 — como ousavam desrespeitar as ruas de Philly? Só existe um nome que pode ser gritado nessas quadras: Dr. J, Julius Erving.

Então falei:

— Cuidado! Aí vem o Doc! Saiam da frente, eu vou dar uma enterrada!

Matt Brown explodiu de rir.

— Tá doido, você não consegue enterrar.

A verdade é que eu nunca tinha enterrado, mas, assim que falei isso, acreditei que podia. Fui caminhando até o meio da quadra, lambi os dedos e limpei a sola das botas para aumentar a tração. Enquanto me preparava para começar a correr, juro pelo Senhor Todo Poderoso que não tinha dúvida de que estava prestes a enterrar aquela bola.

Quando comecei a alongar os ombros para fazer a jogada, os garotos passaram a fazer apostas.

— Três dólares que você não consegue, Will!

— Apostado! — respondi. — Separa o meu dinheiro!

— Eu entro com cinco! — falou alguém.

— Vou sair daqui com o dinheiro todinho de vocês! Bora!

E fui concordando com as apostas porque, na minha cabeça, aquela bola já estava enterrada. Todos abriram espaço. Houve um momento de ansiedade; eu me aprumei, e os murmúrios cessaram. E então, *bum*! Disparei pela quadra. Eu via a enterrada de Julius Erving ao estilo "Rock the Baby" na final contra os Lakers, em 1983. Botas de caubói batendo, os pés agitando, peguei ritmo. Prestes a subir, me vi no alto, voando, as câmeras disparando, a multidão indo à loucura.

E então... silêncio.

E, de alguma forma, eu estava caindo. Para trás? Algo deu errado.

BLAM! — A realidade me acertou com a força do asfalto pavimentado.

Eu não era Julius Erving.

Eu estava fora. Apagado.

Quanto maior a fantasia que você vive, mais dolorida é a inevitável colisão com a realidade. Se você cultiva a fantasia de que seu casamento será sempre alegre e fácil, a realidade vai pegá-lo numa proporção igual à sua ilusão. Se vive a fantasia de que dinheiro vai trazer amor para sua vida, o universo vai acordá-lo na base do tapa, na forma de mil vozes raivosas.

E se você acha que pode enterrar como Julius Erving usando botas de caubói, a realidade gravitacional invocará uma retribuição perfeitamente divina e dolorosa.

Vamos voltar um pouco e ver o que de fato aconteceu:

Eu tinha avançado metade da quadra pisando duro; tudo ainda ia bem enquanto eu acelerava pela linha de lance livre. Dei o meu último passo; a decolagem foi de boa — não perfeita —, mas eu já estava no ar. Enquanto subia, cheguei alto o suficiente para bater no aro com a bola, parando completamente o meu impulso, logo, fazendo as minhas pernas voarem para a frente. (O jargão para esse tipo de erro é "se enforcar no aro".) Pensando nisso hoje, talvez o peso das botas de caubói tenha exacerbado o movimento de torque.

Caí com força, batendo a parte de trás da cabeça e o pescoço, ficando inconsciente.

Quando acordei, meu amigo Omarr estava acima de mim. Pude ver as luzes piscantes de uma ambulância, tinha sangue no meu cabelo, e eu não fazia a menor ideia de onde estava o pé esquerdo da minha bota.

Consegui ouvir a voz de Omarr.

— Ele acordou! Ele acordou!

Omarr é o meu amigo mais antigo — bem, tirando a Stacey Brooks. Quando ele era pequeno, tinha os pés tão tortos que vivia tropeçando e caindo ou se atrapalhando quando brincávamos. Seus pais decidiram que ele precisava de uma cirurgia corretiva. Aos 5 anos, os médicos quebraram as duas pernas dele e as consertaram. Omarr usou aparelho ortopédico nas pernas durante todo o verão, mas, quando chegou a época de ir para a escola, de repente ele era o garoto mais rápido do quarteirão *e* ainda o melhor dançarino. Isso fez com que todos quiséssemos a cirurgia mágica!

Conforme minha visão lentamente ganhava foco, o rosto de Omarr ficou mais nítido. Pude ver nos olhos dele que a minha queda devia ter sido bem feia. Ele não estava rindo; estava assustado.

— E aí, cara, você tá bem?

Fiz uma verificação rápida — conseguia mexer as mãos, os braços, as pernas e os pés. Nada quebrado. Fiz que sim com a cabeça.

Enquanto me afivelavam na maca e me deslizavam ambulância adentro, tive um último vislumbre de Omarr e perguntei:

— E aí, O! Ela entrou, né?

Fazer de conta é parte do desenvolvimento psicológico. Mas, conforme crescemos, começamos a abandonar a vida de fantasia simplesmente porque descobrimos que viver no mundo *real* é mais valioso para nós do que nos apegarmos à imaginação. Precisamos aprender a lidar com os outros, a ser bem-sucedidos na escola e no trabalho, a sobreviver no mundo material. E é difícil fazer isso quando não se é capaz de encarar a realidade corretamente.

Todos precisamos aprender a distinguir entre o que é real e o que não é. E algumas pessoas fazem essa distinção tão bem que, quando adultos, infelizmente perdem a habilidade de abraçar qualquer coisa que não seja a realidade concreta, material.

Mas, por algum motivo, eu não passei por esse processo. Ou talvez tenha me *recusado* a passar por ele. Isso porque a vida de fantasia foi o que me protegeu do mundo. Ofereceu uma escolha entre o parquinho infinito da minha imaginação e a realidade cheia de ameaças constantes. A minha mente escolheu a fantasia.

Todos nós nos enganamos um pouquinho com relação às coisas que nos assustam. Temos medo de não sermos aceitos pelas pessoas no trabalho, na escola, no Twitter, por isso nos convencemos de que os outros são babacas, ignorantes ou cruéis. Criamos narrativas sobre a vida das outras pessoas, quando na verdade não fazemos ideia do que pensam, sentem ou contra o que estão lutando. Inventamos histórias para nos proteger. Imaginamos que são verdadeiras as mais diversas afirmações sobre o mundo ou sobre nós mesmos, não por termos alguma evidência disso, mas porque é a única coisa que nos impede de entrar em pânico outra vez.

Às vezes preferimos nos vendar a encarar o que o mundo *realmente* é.

O problema é que a ilusão age feito mel envenenado — tem um gosto bom no início, mas, no fim, acaba em tristeza e sofrimento. As histórias que contamos a nós mesmos, feitas sob medida para a nossa proteção, são as mesmas que criam paredes que impedem as conexões que tanto buscamos. Convenci a mim mesmo de que tinha um amigo chamado Mágico porque isso me fazia sentir menos sozinho. Mas aquela fantasia também foi um dos motivos pelos quais eu estava desconectado das outras crianças no bairro. Mais tarde, inventaria a fantasia de que me tornar rico e famoso resolveria todos os problemas da minha vida. Mas perseguir e manter aquela fantasia só serviu para afastar as pessoas que eu amava.

Quando criança, eu disse a mim mesmo que se mantivesse o Papa entretido e o fizesse rir, ele não machucaria a minha mãe. Mas aquela fantasia só serviu para me fazer sentir um covarde, um filho sem valor, apesar de nada daquilo ser culpa minha.

Minha vida de fantasia, ainda que me protegesse, também fez com que eu sentisse mais culpa e vergonha, e mais aversão a mim mesmo. Todas as fantasias em algum momento fracassam. Não importa o quanto você lute, a verdade é imbatível; a realidade permanece a campeã invicta.

Papa só tirou um verão de férias em toda a minha infância. Quando a sua família vende gelo, você está preso no trabalho da primeira semana de junho, quando sai de férias da escola, até pouco depois do Dia do Trabalho, em setembro, quando voltam as aulas. Mas no verão de 1976 Papa decidiu tirar dois meses de férias, alugar uma van e levar a família em uma viagem pelo país. Houve em encontro da família pelo lado de Gigi em Los Angeles. Pegamos a rota norte saindo de Los Angeles e a rota sul de volta para Philly.

Vi cada canto dos Estados Unidos. Saímos de Philly e fomos para o oeste em Pittsburgh ver a casa de infância de Mãe-Mãe. O pai dela — a gente o chamava de Pai-Pai — ainda vivia lá. Ele parecia uma versão bem mais velha do Papa. Diz a lenda que o Pai-Pai ficava tão nervoso às vezes que o nariz dele começava a sangrar — e que isso acontecia só de assistir aos Steelers jogando.

Próxima parada: Cleveland, para ver a tia Tootie e o tio Walt. Então seguimos para Chicago, para os Grandes Lagos, e de lá para Mineápolis e as Dakotas. Vimos cães-da-pradaria, mas não sei por que são chamados assim — parecem hamsters altos que ficam de pé nas duas patas — pense no Timão de *O Rei Leão*. Harry comprou um tambor feito à mão de um líder Sioux na Dakota do Sul. Ele ficou batucando aquele negócio até o Monte Rushmore, a Torre do Diabo e o Parque Nacional Yellowstone. Vimos o gêiser Old Faithful — eu não conseguia acreditar que eram capazes de dizer o segundo exato em que aquilo entraria em erupção. O guarda apontava a direção e então *abracadabra*! Enormes jatos de água fervente subindo do chão. O cheiro era horrível — Papa falou que era enxofre (fiquei aliviado em saber disso porque, por um segundo, pensei que fosse a Ellen).

Mãe-Mãe nos acordou ao nascer do sol no topo de uma montanha em Wyoming. Estávamos *acima* das nuvens. *O paraíso deve ser assim.* Mas então ficamos presos por uma hora porque um urso-negro entrou no meio da estrada e foi direto até a nossa van. Era uma regra do parque que você tinha que desligar o motor se houvesse um urso a 15m do seu veículo. Papa fechou as janelas com as duas mãos — é a minha única lembrança de vê-lo com medo de qualquer coisa.

Cerca de duas semanas depois, Papa começou a comentar que aquele era o maior período de tempo na vida dele sem ver gente preta.

(Além de nós, obviamente — nós somos pretos.) Papa estava sofrendo de SAP, a Síndrome de Abstinência Preta, mas, certo dia, numa parada em Wyoming, ele viu um casal negro dirigindo e os seguiu e os fez parar só para apertar a mão deles e dizer oi. O casal o achou engraçado.

Papa dirigiu o dia inteiro até o Monumento e Reserva Nacional das Crateras da Lua em Idaho — é igualzinho à Lua, e você se *sente* como se estivesse nela. Ele estava exausto, mas Mãe-Mãe não queria parar na Lua — não se sentiu confortável lá —, então não chegamos a ficar no hotel, e Mãe-Mãe assumiu o volante e nos levou para o sul, para Salt Lake City. Quando Papa acordou, ele nos levou para o Grande Lago Salgado. Ele nos explicou como a flutuabilidade funciona na água salgada e na água doce dos Grandes Lagos; mostrou como era fácil boiar. Ele fazia gelo, por isso entendia tudo de água.

Mas a coisa mais incrível que vi na minha juventude foi o Grand Canyon. "Esse cânion inteiro foi esculpido por água", disse Mãe-Mãe.

Fiquei maravilhado, mas estava com medo demais para me aproximar da borda. Eu me lembrei de Peter Brady em *A Família Brady* também ficando encantado com a forma como a água poderia ter feito esse cânion. "Uau!", disse ele em um episódio. "Não me surpreende que você não goste que a gente deixe as torneiras abertas."

E bem quando não achava que o dia pudesse melhorar, Harry sem querer deixou o tambor dele cair dentro do cânion. A queda pareceu durar três dias. Eu estava tão cansado de ouvi-lo batucar aquele negócio que pareceu que os céus tinham atendido as minhas preces.

Essa viagem expandiu e deu um gás na minha imaginação. Toda pessoa que encontrávamos parecia um personagem novo e fascinante; todo destino era uma terra dos sonhos; e eu tinha a impressão de que a vida estava só esperando que eu inventasse uma história. A paisagem americana era tão diversa e bela — havia montanhas, pradarias, vales, rios de água branca, desertos comuns e desertos pintados, florestas verdes e florestas petrificadas e milho a perder de vista, sequoias tocando o céu, que estava ensolarado às vezes, com tornados ao longe, nuvens engraçadas e nuvens assustadoras e todos os outros tipos de nuvens.

Foram as melhores oito semanas da minha infância — todo mundo estava feliz.

Éramos a família perfeita.

A cerca de um quarteirão da Woodcrest, no fim da rua Graham, havia um agressor sexual conhecido. Todas as crianças do bairro sabiam quem ele era, e nossos pais falavam para nunca nos aproximarmos da casa dele. Nós raramente o víamos — ele era como um fantasma ou uma lenda urbana.

Um dia, vi uma garotinha subindo os degraus na frente da casa dele — ele estava parado perto da porta aberta, convidando-a para entrar. Meu coração começou a bater forte; pensei em chamar a menina, mas congelei — ela estava muito longe, e eu podia *vê-lo*. Eu estava apavorado.

Corri para casa, subi os degraus até o meu quarto e bati a porta. Ninguém deveria ir naquela casa. Aquela era a casa do Homem Mau. *Será que ele me viu? Será que vai vir atrás de mim?*

No desespero de me afastar o máximo possível, me escondi no armário, tremendo. Podia sentir Mágico ali comigo.

Você precisa contar a um adulto, Will.

— Mas eu não posso. E se o homem descobrir que fui eu? E se ele quiser me pegar por ter dedurado ele?

Will, conta para os seus pais agora.

— Eu não posso eu não posso eu não posso.

Will. Vai. Agora.

Mas tudo o que consegui fazer foi me encolher no chão do armário e chorar.

WILL! LEVANTA! Você precisa contar para os seus pais!

Mágico estava furioso. Ele nunca ficava irritado.

Você precisa contar para alguém! Você precisa se levantar, AGORA!

Fechei os olhos e afundei as mãos na cabeça.

— Eu não posso.

Assim como eu não podia enfrentar o meu pai. Assim como não podia enfrentar os valentões do bairro. Eu nem podia *contar* a alguém que outra pessoa devia estar em perigo. O que havia de errado comigo? Por que eu sentia tanto medo o tempo todo? Por que eu era tão covarde?

Fiquei ali, tremendo. Envergonhado. Fraco. Alguns minutos se passaram. Então tirei as mãos dos olhos.

O Mágico tinha ido embora.

Há momentos em que a fantasia recua, e você se dá conta de que ainda é *você*. Amigos imaginários ou enterrar bolas na cesta de basquete não farão o medo desaparecer. Eles podem ajudá-lo a esquecer por um momento, mas a realidade permanece imbatível. Felizmente outra pessoa tinha visto a garota entrar na casa e agiu. Mas e se não tivesse feito isso?

Eu nunca mais vi o Mágico.

CAPÍTULO 3

PERFORMANCE

Domingo de manhã na Igreja Batista da Ressurreição, a voz monótona do reverendo Claudis Amaker ecoava pelo teto de madeira velho e frágil, fazendo chover a infalível palavra divina sobre nós.

Minha avó Gigi sempre se vestia bem para ir à igreja. Para ela, a forma como alguém se vestia no domingo era um ato intencional de devoção ao Senhor. Ela usava um daqueles vestidos florais que as senhoras usam para ir à igreja, perfeitamente enfeitada com pérolas e um chapéu com uma gigantesca flor de cetim presa nele. Durante os sermões ela se abanava, os olhos fechados, balançando a cabeça em concordância e dizendo "É verdade, pastor!" ou um simples "u-huuum!". De vez em quando ela baixava o olhar para mim, para ter certeza de que eu estava prestando atenção.

Mas eu tinha apenas 9 anos. As pessoas batiam palmas, se balançavam, choravam e oravam, tudo isso enquanto a minha mente de 9 anos de idade não conseguia deixar de se perguntar se aquele culto algum dia iria acabar.

Tirando o terceiro domingo do mês, quando o reverendo visitante, Ronald West, tomava o púlpito.

O reverendo Amaker era o *nosso* pastor, e ele *falava* sobre o poder de Deus, mas tudo o que eu ouvia era a voz dos adultos em *Charlie Brown*: "Wah, waaah, wah, wah." O reverendo West, no entanto, nos *mostrava* o poder de Deus. Ele usava óculos vermelhos estilosos de armação grossa da marca CAZAL, um terno completo e o tradicional lenço de bolso batista branquíssimo — ele tinha 1,90m e 95kg da mais pura glória de Deus.

E que ele não se aproximasse do seu piano, porque depois que o reverendo West tocava, era mais fácil jogar o instrumento destruído no lixo.

O reverendo West conduzia o coral. Ele sempre começava sentado, tocando o piano com a mão esquerda, regendo o coral com a direita, entrando calmamente num hino ao estilo Mahalia Jackson para aquecer os mais velhos.

Era a bonança antes da tempestade.

Lentamente, ele se transformava, permitindo que a música o colocasse num transe. Lágrimas enchiam seus olhos, o suor se amontoando na testa, enquanto ele usava o lenço para limpar os óculos embaçados. A bateria, o baixo, as vozes, tudo subindo a seu comando, como se implorando ao Espírito Santo que se manifestasse. E então, como um relógio, um crescendo transcendental, e... *BUM!* O Espírito Santo tomava conta do salão. O reverendo West levantava de forma explosiva, chutando o banquinho, as mãos possuídas, batendo no piano em louvor. Então, com um rugido gutural, ele cruzava o palco até o órgão elétrico com três teclados, exigindo que o instrumento fizesse aquilo que Deus queria que ele fizesse, executando grandes acordes orquestrais batistas, tudo isso enquanto o suor voava do corpo dele; a congregação em ebulição: cantando, dançando; velhinhas desmaiando nos bancos, chorando; o reverendo West apontando, dirigindo, sem perder o controle do coral e da banda em nenhum momento... até o corpo dele desabar, tamanha a entrega e gratidão pela abençoada graça do amor de Deus.

Conforme a música se acalmava, Gigi voltava para o banco, secando lágrimas dos olhos, e o meu coraçãozinho batia forte — sem saber muito bem o que era aquela vibração suave dentro de mim — tudo no que eu conseguia pensar era: *Eu quero fazer ISSO. Eu quero fazer as pessoas sentirem ISSO.*

Agora eu me deito para dormir,
Rogo ao Senhor para minha alma cobrir
Se eu morrer antes de acordar
Rogo ao Senhor para minha alma levar

Acho engraçado que a primeira oração que a minha avó me ensinou era na verdade um rap.

Gigi era amigona de Jesus. Já conheci muitas pessoas que diziam ser religiosas. Mas nunca encontrei ninguém que vivesse o Evangelho de Cristo da maneira que a minha avó fazia. Ela *personificava* o exemplo de Cristo em todas as atitudes. Não era um programa de domingo para ela. Eram 24 horas por dia, 7 dias por semana, 365 dias por ano. Tudo o que ela falava, tudo o que ela fazia, tudo o que ela *pensava* era para glorificar a Deus.

Gigi trabalhava no turno da madrugada no hospital, conhecido como "turno do cemitério", e isso permitia que meus pais trabalhassem durante o dia. Ela cuidava de mim e dos meus irmãos e trabalhava à noite. Aos 4 ou 5 anos, ouvir a expressão "turno do cemitério" me enchia de imagens de assombrações e demônios — e a minha avó, como uma super-heroína, era aquela que lutava contra criaturas malvadas só para conseguir me dar de comer, enquanto eu ficava deitado na cama, são e salvo, acariciando as bordas macias do meu cobertor felpudo bege.

Eu costumava implorar a ela: "Por favor, não vai, Gigi! Por favor, fica aqui comigo!" Eu me sentia tão culpado! Minha mente impressionável transformou a situação num sentimento de fracasso e fraqueza. Eu pensava: *Que tipo de criança fica na cama enquanto a avó luta contra monstros num cemitério à meia-noite?*

Para mim, era como se ela estivesse arriscando a vida para me proteger. E, de certa forma, ela estava — não a *vida* dela, mas certamente sacrificava uma grande parte dela por mim, meus irmãos e meus pais.

— Um dia eu vou tomar conta de você, Gigi — eu prometia.

— Ah, obrigada, meu Amorzinho.

Esse era o apelido dela para mim.

Certo dia, estávamos sentados na varanda de Gigi. Ela estava fazendo um suéter de crochê — que em algum momento eu seria obrigado a usar — quando uma mulher sem-teto passou pela rua. As roupas dela eram nojentas; o rosto estava escurecido e sujo, uma mistura de sujeira e queimadura de sol. Alguns de seus dentes da frente estavam faltando. E ainda que ela estivesse lá longe na rua, dava para sentir o cheiro forte de urina. Nunca tinha visto uma pessoa sem-teto antes. Ela parecia uma bruxa para mim, e rezei para que ela continuasse andando.

Mas Gigi a parou.

— Com licença, moça, qual é seu nome?

Eu fiquei horrorizado. Pensei: *Gigi, o que você tá fazendo? Deixa a mulher ir embora!*

Aquela mulher evidentemente não estava acostumada a ter alguém interessado em saber o nome dela, pelo menos não recentemente. Ela quase parecia não se *lembrar* do próprio nome.

Após uma longa pausa, enquanto analisava a minha vó, ela respondeu:

— Clara.

— Will, esta é a Srta. Clara — disse Gigi, como se fossem velhas amigas.

Com isso, Gigi caminhou até a varanda e botou o braço no ombro de Clara.

— Eu sou Helen — falou Gigi, e *a convidou para entrar.*

Minha mente estava alternando furiosamente entre nojo e terror. E a coisa estava prestes a piorar.

Primeiro, elas foram até a cozinha. Gigi não deu à Srta. Clara uma comida que já estava pronta na geladeira; ela preparou uma refeição do zero. Enquanto Clara comia, Gigi lhe deu um robe, pegou todas as roupas dela, as lavou e dobrou.

— Will? — chamou Gigi.

O que ela quer comigo?, pensei.

— Sim, Gigi?

— Vá preparar um banho para a Srta. Clara.

Quando penso nisso, acho que esse foi o momento em que um dos meus bordões cinematográficos nasceu: *Ah, de jeito nenhum!*, pensei.

Eu preparei o banho.

Gigi então levou a Srta. Clara para o andar de cima, deu banho nela com as próprias mãos, escovou os dentes dela e lavou seu cabelo.

Eu queria gritar: *Gigi! Para de tocar nessa mulher suja! Ela vai deixar o nosso banheiro todo fedido!* Mas eu não me atreveria a dizer uma coisa dessas.

As duas eram mais ou menos do mesmo tamanho, por isso Gigi levou Clara até o armário e começou a segurar suas roupas na frente da mulher diante do espelho para ver qual serviria.

A Srta. Clara estava boquiaberta de gratidão. Por entre lágrimas ela ficava dizendo:

— Isso é demais, Helen, é demais. Por favor, pare. Eu não mereço isso.

Mas Gigi não queria nem saber. Ela segurou as mãos de Clara, sacudindo-as gentilmente para fazer com que Clara olhasse nos olhos dela.

— Jesus te ama, e eu também — falou Gigi.

Esse foi o fim da discussão.

Gigi não fazia distinção entre o sofrimento dos outros e o dela. Ela realmente acreditava na mensagem do Evangelho. Ela via amar e servir aos outros não como uma responsabilidade, mas como uma honra. Nunca a ouvi reclamar sobre ter que trabalhar no turno da noite. Nunca a ouvi falar nada de negativo sobre o meu pai, ainda que ele tivesse batido na filha dela. Com a Bíblia na mão, os braços dela estavam sempre abertos não apenas para nós, mas para todos. Ela sentia alegria em ser a cuidadora de seus irmãos e irmãs em Cristo.

Gigi era a bússola moral que guiou a minha vida inteira. Ela era a minha ligação com Deus. Se *Gigi* estivesse satisfeita comigo, isso queria dizer que *Deus* estava satisfeito comigo; mas se ela estivesse triste comigo, isso queria dizer que o Universo estava insatisfeito. A aprovação de Gigi significava que o Universo aprovava o que quer que eu estivesse fazendo. Na minha cabeça, ela tinha uma ligação direta com o divino. Quando falava, eu tinha a impressão de estar recebendo instruções explícitas *de Deus*. Por isso sua aprovação não era simplesmente a adoração de uma avó gentil e amorosa — era como eu acessava e ganhava o poder e a atenção do Senhor.

Gigi personificava o meu entendimento de santidade e divindade. Até hoje, quando me pergunto *O que torna uma pessoa boa?*, a minha mente imediatamente imagina a minha avó. Quando eu me sentava naqueles bancos duros de madeira da Igreja Batista da Ressurreição, durante a minha infância, não entendia o significado dos sermões ou a complexidade das Escrituras. Mas entendia Gigi. Ela vivia do jeito que Cristo nos ensinou a viver. Ela seguia o bom caminho. E por meio dela, eu via o amor de Deus. Eu *sentia* o amor de Deus. E aquele amor me dava um sentimento de esperança. Gigi era luz. Ela iluminava a possibilidade de a vida ser bela.

Quando me lembro da minha infância, visualizo meu pai, minha mãe e Gigi dispostos feito um triângulo filosófico.

Meu pai era um lado do triângulo: disciplina. Ele me ensinou a trabalhar, a ser incansável. Ele plantou em mim a ética de que "é melhor morrer a desistir".

Minha mãe: estudo. Ela acreditava que o conhecimento era a chave irrevogável para uma vida bem-sucedida. Queria que eu estudasse, aprendesse, amadurecesse e cultivasse um conhecimento amplo e profundo; para "saber do que estou falando ou ficar calado".

Gigi: amor (Deus). Enquanto eu tentava agradar ao meu pai e à minha mãe para não ter problemas, eu queria agradar a Gigi para me banhar naquele êxtase transcendente de amor divino.

Esses três conceitos — disciplina, estudo e amor — disputariam minha atenção ao longo de toda a minha vida.

* * *

Gigi era obcecada por uma peça da Broadway dos anos 1960 chamada *Purlie Victorious,* que foi transformada no musical *Purlie* na década de 1970. Escrita por Ossie Davis, era a história de um pregador negro chamado Purlie que ia para a Geórgia, fundava uma igreja e começava a salvar pessoas escravizadas de um maligno dono de uma *plantation*. Em determinado ano, Gigi decidiu que todas as crianças da igreja teriam que encenar *Purlie*. Tivemos que aprender todas as falas e todas as canções, de trás para a frente e de frente para trás. Ela fazia com que eu e meus irmãos ensaiássemos na sala de estar, o toca-discos no último volume, enquanto dançávamos e cantávamos.

Quarenta anos depois, ainda sei cantar todas as músicas de *Purlie*.

Gigi sempre me encorajou a atuar. Ela se autodesignava chefe de eventos especiais da Igreja Batista da Ressurreição e organizava todos os recitais de Páscoa, peças de Natal, a refeição beneficente para os mais pobres no Dia de Ação de Graças, shows de talentos em datas especiais, festas pós-batismo, em que cada pessoa levava um prato de doce ou salgado, e assim por diante — pense num evento, ela planejava. Assim que eu e meu irmão e minhas irmãs começamos a falar, Gigi nos colocou na frente da congregação para que interpretássemos alguma coisa bíblica e todos pudessem ver e "apreciar".

Os meus pais também incentivavam nosso gosto pela música. Todos fizemos aulas de piano quando éramos crianças porque Mãe-Mãe tocava. Meu irmão, Harry, "tocou" saxofone sofrivelmente por um tempo, e eu tive algumas aulas de bateria no ensino médio, incluindo um curto período, felizmente esquecível, maltratando uma caixa de bateria na bandinha da escola Nossa Senhora de Lourdes. Mas o piano era o único instrumento que realmente gostava de mim.

Um dos momentos mais famosos de *Um maluco no pedaço* é a cena final do episódio piloto, em que, após uma briga com Tio Phil, ele sai da sala e eu me sento no banquinho do piano. Os produtores tinham planejado que eu me sentasse de costas para o piano, para que pudessem dar zoom no meu rosto enquanto eu pesava a profundidade das palavras finais de Tio Phil. Mas, quando me sentei, fiquei *de frente* para o piano e comecei a tocar a música favorita de Mãe-Mãe, "Für Elise", de

Beethoven. James Avery, surpreso, voltou do corredor. O set ficou em silêncio enquanto todos se davam conta de que aquele seriado estava prestes a se tornar algo especial. O objetivo da cena era mostrar que nunca devemos julgar um livro pela capa. Os produtores ficaram tão inspirados por aquele momento de improviso que o mantiveram no episódio, e essa se tornou a premissa que definiu o tom da série.

Mas a minha maior performance ao piano aconteceu uma década antes.

Eu tinha 11 anos e Gigi havia organizado um show de talentos mirins, seguido por uma caça aos ovos de Páscoa no Salão da Ressurreição. Eu vinha ensaiando a canção "Feelings" de Morris Albert como parte das minhas aulas de piano. Gigi tinha me feito tocá-la todas as noites durante um mês. Então ela soltou a bomba em cima de mim.

— Meu Amorzinho, eu quero que você toque essa música para todo mundo na igreja na Páscoa.

Naquela época, era a única música que eu sabia tocar, e nunca tinha tocado piano na frente de ninguém, tirando a minha família.

— Espera, Gigi, não, eu não consigo, não estou pronto — falei. — Eu vou errar as notas.

Ela sorriu.

— Ah, querido — disse ela, acariciando a minha bochecha gentilmente. — Deus não liga se você erra as notas.

Gigi tinha um poder mágico, invisível; nunca forçava nada, e mesmo assim ninguém conseguia resistir à sua energia avassaladora.

E foi assim que, duas semanas depois, eu me vi num terno risca de giz de três peças bege, sentado ao piano do Salão da Ressurreição. Gigi exultante nos bastidores. Minhas mãos tremiam. Duzentos rostos me encaravam. Silêncio. Ansiedade. Meu coração batendo forte no peito — ele parecia querer sair dali de dentro contra a minha vontade. Então Gigi me deu um aceno de cabeça.

Respirei fundo, de alguma forma encontrei um fá e comecei a tocar.

Da forma como o piano foi posicionado no palco, eu tinha contato visual com Gigi o tempo inteiro. "Feelings" de Morris Albert ressoava pelo Salão da Ressurreição para um público de duzentas pessoas. Mas eu estava tocando apenas para uma. E a expressão no rosto dela... ainda é difícil descrever. As palavras "orgulho" e "aprovação" são fracas e inadequadas. Só posso dizer que busco aquele olhar nos olhos de toda mulher que amei desde então. Nunca me senti mais certo da adoração de alguém. Toda a minha carreira, minhas apresentações, meus discos — tudo — têm sido uma busca implacável, sem fim, para reviver aquela pureza deliciosa que senti quando toquei "Feelings" no Salão da Ressurreição para a minha Gigi.

Não precisei *fazer* nada diferente; não precisei *ser* nada diferente. Naquele momento, do jeitinho que eu era, com notas erradas e tudo, eu era bom o suficiente.

Comecei a me apresentar o tempo todo.

Estivesse criando esquetes para os meus pais, reencenando filmes para os meus amigos ou cantando na igreja para Gigi, me apresentar se tornou meu pequeno oásis secreto de amor. Isso aquecia meu coração, mas por trás da proteção de uma máscara. Era perfeito: eu podia me esconder *e* ser amado ao mesmo tempo, diminuindo o risco da vulnerabilidade, mas ganhando todo o resto.

Eu estava viciado.

Mas eu levaria quarenta anos para entender que não tinha compreendido de verdade a lição mais profunda da minha avó. Se eu tivesse entendido o que ela *realmente* estava tentando me ensinar, este livro acabaria bem aqui. Mas, como você pode ver, há outros 19 capítulos.

Um ano, durante o culto da véspera de Natal — o Salão da Ressurreição decorado da entrada até o altar, de um jeito que até Jesus acharia um pouco exagerado —, Gigi estava se balançando pacificamente no embalo de uma versão suave de "Blessed Assurance". Eu a observava se mexer e cantarolar e me vi hipnotizado pela tranquilidade dela. Ela não estava exatamente sorrindo, mas os cantos da boca levemente elevados deixavam transparecer uma serenidade inabalável. Mais tarde eu reconheceria essa expressão como aquela que as pessoas têm quando sabem de alguma coisa que o restante de nós não sabe.

Ela me pegou a encarando.

— Sim, Amorzinho?

— Gigi, por que você é tão feliz o tempo todo? — sussurrei.

Agora ela estava sorrindo mesmo. Fez uma pausa, como um jardineiro se preparando para semear sementes essenciais, inclinou-se e sussurrou no meu ouvindo:

— Eu confio em Deus. E agradeço *tanto* a graça dele na minha vida. Sei que cada respiração minha é um presente. E é impossível ser infeliz quando se está tão grata. Ele colocou o sol no firmamento e a lua também. Ele me deu *você*. E toda a nossa família. E, em troca de *tudo* isso, Ele só me deu uma missão.

— Qual é a sua missão, Gigi?

— Amar e cuidar de todos os filhos dele — disse ela. — Por isso, não importa aonde vou, tento melhorar tudo aquilo que toco.

Ela então esticou a mão e encostou na ponta do meu nariz.

— *Boop*... viu só?

Fui chamado de "crioulo" na minha cara umas cinco ou seis vezes na vida — duas vezes por policiais, algumas vezes por estranhos aleatórios, uma vez por um "amigo" branco, mas nunca por ninguém que eu considerasse *inteligente* ou *forte*. Certa vez, escutei alguns garotos brancos da escola "fazendo piada" sobre o dia de "pegar e matar um crioulo", uma "festividade" aparentemente bem conhecida no bairro deles. No início dos anos 1900, alguns membros da comunidade branca de Philly escolhiam um dia para agredir qualquer pessoa negra que vissem andando pelo bairro. Setenta anos depois, alguns dos meus colegas católicos ainda achavam engraçado brincar com isso. Mas todo encontro que tive com o racismo declarado foi com pessoas que eu no máximo considerava oponentes fracas. Elas sempre pareciam burras, enraivecidas e, para mim, fáceis de serem ignoradas ou vencidas. Por isso, o racismo *declarado* — ainda que perigoso e sempre presente como ameaça externa — nunca me fez sentir inferior.

Fui criado para acreditar que sou inerentemente capaz de lidar com qualquer problema que surja na minha vida, incluindo o racismo. Uma combinação de trabalho duro, estudo e Deus derrotaria todo e qualquer obstáculo ou inimigos. A única variável seria meu grau de comprometimento com a luta.

Mas, conforme fui crescendo, comecei a me tornar mais consciente das formas mais silenciosas, veladas e traiçoeiras de preconceito se espreitando ao meu redor. Eu tinha mais dificuldade ao tentar fazer as mesmas coisas que os meus colegas brancos faziam. Meu nome era chamado menos vezes e eu tinha a impressão de que os professores não me levavam tão a sério.

Passei a maior parte da minha infância vivenciando por duas culturas: o mundo negro da minha casa e do bairro, da Igreja Batista da Ressurreição e da loja do Papa; e o mundo branco da escola, da igreja católica e da cultura predominante dos Estados Unidos. Eu frequentava uma igreja só de negros, vivia numa rua só de negros e cresci brincando, na maioria das vezes, com outras crianças negras. Mas, ao mesmo tempo, eu era uma das únicas três crianças negras na Nossa Senhora de Lourdes, a escolinha infantil católica da região.

Na escola, era impossível não me sentir diferente. Eu não me vestia como as crianças brancas. Eu não ouvia Led Zeppelin nem AC/DC, e eu *nunca* consegui gostar de lacrosse. Eu simplesmente não me encaixava lá. Mas também não me encaixava muito bem no meu bairro. Eu não falava como as outras crianças nem usava as mesmas gírias que elas — minha mãe exigia que usássemos a língua culta perfeita mesmo em casa. Mãe-Mãe trabalhava no Secretária de Educação da Filadélfia, e ela era bem exigente com as palavras. Certo dia ela me ouviu gritar para os meus amigos:

— Ei, onde cês vão?

Ela virou a cabeça incrédula, parecendo aquela menina de *O exorcista*.

— Espero que estejam indo atrás de uma preposição — disse Mãe--Mãe.

Na escola católica, não importava se eu me expressasse bem ou se fosse inteligente, eu ainda era o aluno negro. Em Wynnefield, não importava o quanto eu estivesse por dentro das músicas do momento ou da moda, eu nunca era "preto o suficiente". Eu me tornei um dos primeiros artistas de hip-hop a serem considerados "aceitáveis" para o público branco. Mas, para o público negro, eu era considerado "fraco", porque não estava fazendo rap sobre umas paradas de criminosos barra-pesada. Essa dinâmica racial foi algo que me atormentou de várias formas ao longo da vida.

Mas, assim como em casa, a performance e o humor se tornaram minhas armas. Eu era o típico palhaço da turma, contando piadas, fazendo barulhos engraçados, sendo completamente ridículo. Desde que fosse o "garoto engraçado", isso significava que não era só o "menino preto".

O humor não enxerga cores; a comédia desarma toda negatividade. É impossível para alguém ser raivoso, odioso ou violento quando está se dobrando de tanto rir.

Mas comecei a notar que uma piada que fazia sucesso na Nossa Senhora de Lourdes receberia olhares indiferentes em Wynnefield — e vice-versa. Eu me dei conta de que as pessoas brancas e negras reagiam de maneiras diferentes ao humor.

Meus amigos brancos costumavam gostar dos meus momentos mais expansivos, quando eu era alegre e bobo e tinha uma linguagem corporal cartunesca. Um dos garotos brancos da Lourdes uma vez tentou botar fogo no próprio peido no banheiro; achei aquilo um pouco extremo demais para ser engraçado, mas funcionou. Eles também gostavam de trocadilhos e jogos de palavras, sarcasmo, e *exigiam* um final feliz — todo mundo tinha que se sair bem.

Meus amigos negros preferiam piadas mais reais e cruas e preferiam um pouco da dura realidade na comédia. Eles enxergavam o meu jeito bobo como fraqueza — eu apanharia na rua se tentasse botar fogo em um peido em Wynnefield. Eles reagiam melhor quando o meu humor vinha da força, mais de uma mentalidade de batalha — esculacho, insultos, críticas ácidas, e nada era melhor do que acabar com alguém que estivesse falando merda. Eles amavam quando alguém recebia o que merecia — justiça cármica — mesmo que fossem *eles mesmos*. Como pessoas negras, amamos rir de nós mesmos. Quando podemos fazer piada de alguma coisa — de nossas dores, nossos problemas, nossas tragédias —, isso deixa tudo mais tolerável.

Aprendi a andar pelos dois mundos. Se estivesse fazendo as crianças da esquina rirem, eu não apanharia. Se fizesse as crianças brancas na escola rirem, eu não era chamado de crioulo. Se fizesse o Papa rir, isso queria dizer que a minha família estava segura. Comecei a considerar o riso sinônimo de segurança.

O pequeno cientista na minha cabeça passou a procurar por aquilo que eu chamava de "Resposta Número Um". A "Resposta Número Um" é a piada perfeita, mítica, que acaba com todos que a escutam, não importando raça, crença, cor, idade, nacionalidade, orientação sexual — ninguém estaria a salvo do poder dessa piada. Ao longo da minha carreira e, aliás, ao longo da minha vida inteira, esta tem sido a minha obsessão. Estou sempre buscando a frase perfeita, o tom de voz perfeito, a entonação perfeita, a linguagem corporal perfeita, o *gingado* perfeito, tudo o que pode resultar num momento perfeito de nirvana cômico e pura harmonia humana.

No entanto, apesar das minhas grandes aspirações, a vida na Nossa Senhora de Lourdes ficava cada vez mais difícil. Sempre relutei em atribuir os problemas crescentes que eu tinha na escola ao racismo. As formas sutis de desrespeito, as várias suspensões da sétima e oitava séries, ser excluído de festas e eventos escolares... com frequência eu me perguntava se tinha mais a ver com o fato de ser batista numa escola católica do que ser negro em um mundo branco. A escola queria que meus pais me batizassem no catolicismo, mas eles se recusaram, embora aquilo fosse representar um desconto de 20% na mensalidade. Eles sabiam que a Lourdes era academicamente muito superior às escolas públicas locais, então insistiram para que eu aguentasse.

A gota d'água aconteceu na metade da oitava série. Eu jogava no time de futebol americano do ensino fundamental, e naquele ano fui o melhor *defensive back* da temporada — com 17 interceptações em dez jogos.

Todo ano, no fim da temporada, o time de futebol americano fazia um banquete no qual jogadores, pais e treinadores realizavam um jantar em homenagem ao time. Os garotos que ganhavam prêmios deveriam se sentar na frente e então subir ao palco para serem homenageados. Como eu tinha feito a maior quantidade de interceptações do time, estava pronto para receber meu troféu de Jogador Defensivo do Ano. Mas, uma semana antes do banquete, fui informado pela irmã Agnes que, por eu ter sido suspenso da escola (antes de a temporada de futebol americano sequer começar), não teria permissão para me sentar na frente ou ganhar um prêmio no palco. Fiquei decepcionado, mas achei justo — era uma regra, e de qualquer forma todos sabiam que eu havia ganhado.

Mas na noite do banquete vi o meu amigo branco Ross Dempsey sentado lá na frente, se preparando para receber o troféu, apesar de nós dois termos sido suspensos juntos.

Essa injustiça me *enfureceu*. Eu me inclinei na direção de Mãe-Mãe e Papa e contei o que estava acontecendo. Sem dar uma palavra, eles trocaram olhares e, num momento de rara, porém potente concordância, eles se levantaram e nós fomos embora.

Naquela noite, fomos o caminho inteiro para casa em silêncio. Alguns dias depois, no jantar, sem tirar os olhos do prato, Papa disse:

— Já chega daquela escola.

E fim de papo.

Aquele verão estava quente.

Os negócios estavam bombando e o dinheiro estava entrando, então Papa se presenteou com uma filmadora Super 8 da Kodak e um projetor. Aquilo era maneiro pra caramba. Ela tinha um daqueles trecos grandes de borracha para o olho e uma faixa de couro para o punho, para que ninguém derrubasse aquela máquina milionária no chão do quintal.

Se Papa tivesse nascido em outro tempo ou lugar, ele definitivamente teria sido artista. Quando era adolescente, um de seus professores lhe emprestou uma máquina fotográfica e ele se apaixonou por fotografia. Percorreu toda North Philly tirando fotos, e depois aprendeu a revelar filmes em uma câmara escura.

Mas quando aquilo começou a consumir todo o tempo e a atenção dele, seus pais e professores o lembraram de que ele precisava trabalhar e ganhar dinheiro. A fotografia era um passatempo caro, então, quando ele foi enviado para o internato, eles o fizeram devolver a máquina. O coração dele ficou partido, mas Papa nunca se esqueceu do amor que tinha pela fotografia.

Sua nova filmadora Super 8 o transformou em um "daqueles" pais, o tipo que, em festas de aniversário e churrascos, saía atrás das crianças filmando tudo o que elas aprontavam, nos fazendo sorrir, realizar truques ou fazer graça. Como a câmera não tinha som, ele nos encorajava a exagerar nossos movimentos — no estilo Charlie Chaplin — para comunicar a narrativa dele sem usar palavras.

Papa se soltava atrás da câmera. Quando tinha trabalho a ser feito, era todo ordem e disciplina. Mas, quando a câmera estava ligada, ele queria me ver pulando e fazendo palhaçada. Eu roubava a cena — nada podia me tirar do enquadramento, mesmo quando ele não estava tentando me filmar. (Eu inventei o papagaio de pirata!)

Depois das gravações, Papa corria para o porão, jogava um lençol na parede e cuidadosamente alimentava o projetor com as delicadas bobinas de filme. Depois de uma série de falhas e complicações frustrantes, o lençol se iluminava de repente... com a gente! Uma viagem de carro aqui, uma festa de aniversário ali. Aqueles eram os pontos altos da nossa família.

Às vezes Papa tocava violão também. Um copo de Chivas Regal na mesa de canto, um cigarro Tareyton 100 no canto da boca, os olhos dele se apertando com a fumaça dançante. Ele tocava os acordes de "The Shadow of Your Smile" de Andy Williams, ou tentava tocar algum riff complexo de jazz, mas suas mãos de trabalhador eram grosseiras demais para executar com perfeição. Ele tocava, dedilhava e até cantava. Era sempre algo romântico; músicas românticas pareciam deixá-lo de bom humor. Minha mãe também.

As músicas e os filmes caseiros traziam paz para nossa casa. Acho que nossos filmes caseiros retratavam o sonho da família perfeita e feliz do Papa. E como uma alquimia estranha, o que era verdadeiro na tela se tornava verdadeiro no porão quando assistíamos aos filmes juntos. Em todas as imagens aparecíamos sorrindo, dando risadas, nos divertindo. Não havia medo, tensão, violência. Por aqueles breves momentos, a vida de Papa imitava sua arte, enquanto todos sorríamos e ríamos e cantávamos juntos.

Psicólogos já escreveram sobre como o relacionamento que temos com nossos pais durante a infância e no início da adolescência cria nosso "mapa" para entender o amor na vida adulta. Quando interagimos com nossos pais na infância, alguns comportamentos e atitudes angariam atenção e afeição, e outros nos fazem sentir abandonados, inseguros e não amados. Esses comportamentos e atitudes que despertam afeição com frequência definem o que entendemos como amor.

Papa gostava quando eu trabalhava duro e obedecia às suas ordens com empenho e precisão. Ele valorizava quando eu era disciplinado e assentava um tijolo para construir um muro perfeito. Mãe-Mãe adorava quando eu colocava o cérebro para funcionar — ela valorizava o pensador dentro de mim, quando minha inteligência e meu intelecto se sobressaíam. Minha mãe é o meu protótipo: paciente, brilhante, formidável, carinhosa. Ela preferia fazer as coisas acompanhada, mas também ficaria bem com ou sem você. Mãe-Mãe poderia dar conta de tudo por um tempo se você precisasse fazer uma pausa.

Com Gigi, havia algo majestoso e empoderador na forma como ela me amava. Sempre que eu me apresentava para ela, sentia que estava conectado à *Força*, como se não fosse possível perder. Ela era como o sol para mim. Se eu conseguisse fazer o mundo me ver como Gigi me via quando eu toquei "Feelings", então eu estaria feito. Aquele era o auge.

Os conceitos de amor e performance se fundiram na minha mente. O amor se tornou algo que se conquistava ao se dizer e fazer as coisas certas. Na minha cabeça, boas performances garantiam amor; más performances deixavam você largado e sozinho. Uma performance extraordinária garantiria afeição. Mas, se você fosse ruim, seria ruim sozinho.

Eu fazia performances para aplacar a raiva do meu pai e sufocar os seus humores mais abomináveis. Eu fazia performances para distrair minha família da tensão e do ressentimento que consumiam nosso lar. Eu fazia performances para que as crianças do bairro gostassem de mim. Assim, comecei a ver a felicidade para mim mesmo e para as pessoas que eu amava em função da minha capacidade de fazer performances. Se eu fosse bem, todos estaríamos seguros e felizes. Se a minha performance falhasse, estaríamos em apuros.

Papa era mais amável atrás de sua câmera ou de seu projetor. Dessa forma, eu sempre queria estar na frente da câmera dele, e ele sempre me queria na frente dela. Durante minha infância, eram poucas as vezes em que ele e eu estávamos perfeitamente alinhados. Eu amava estar nos filmes caseiros do meu pai. Aquilo me aproximava dele. E aquele profundo anseio por seu amor e aceitação certamente teve um papel no meu desejo de atuar em filmes anos mais tarde.

Ao longo da minha vida, fui assombrado pela sensação desesperadora de estar falhando com as mulheres que amo. Com o passar dos anos, nos meus relacionamentos românticos, sempre exagerava. Mimava, protegia demais, tentando desesperadamente agradá-las, mesmo quando estavam perfeitamente bem. Esse desejo insaciável por agradar se manifestava como uma carência exaustiva.

Para mim, amor era uma performance, então, se você não estava batendo palmas, eu me sentia falhando. Para ter sucesso no amor, aqueles de quem você gosta precisam constantemente aplaudi-lo. Pois fiquem sabendo: essa não é uma forma de ter relacionamentos saudáveis.

* * *

Quando eu tinha 13 anos, Papa bateu na Mãe-Mãe pela última vez. Ela se cansou. Mãe-Mãe saiu para o trabalho na manhã seguinte e não voltou para casa. Ela não foi muito longe — apenas alguns quarteirões, até a casa de Gigi —, mas a mensagem era óbvia: ela estava cansada. Essa foi a primeira das duas vezes na vida que pensei em suicídio. Pensei em usar remédios; eu sabia onde um garoto tinha perdido as pernas nos trilhos do trem; vi algumas pessoas cortarem os pulsos em banheiras na TV. Mas o que ficava ressoando na minha mente era uma vaga memória de Gigi dizendo que suicídio era pecado.

Papa retomou totalmente os protocolos militares. Agora estava em controle absoluto. Ia fazer tudo sozinho. Acordou às quatro da manhã no dia seguinte para preparar o café da manhã. Estava determinado a provar que não precisava de Mãe-Mãe.

Às 5h30, os pratos estavam na mesa: meia maçã, ovos fritos e uma fatia de *pannhaas*. Uma jarra de suco de laranja e uma jarra de leite. Mãe-Mãe nunca usava jarras.

Às seis, Ellen e eu estávamos sentados à mesa. Harry sabia que deveria descer até as seis. Acho que 6h04 foi uma forma de protesto silencioso da parte do meu irmão. Papa deixou para lá (normalmente ele não teria deixado; 6h04 geralmente teria significado que Harry ficaria sem café da manhã). A comida tinha ficado na mesa por trinta minutos, então os ovos estavam frios e a metade da maçã já escurecida. Ellen e eu comemos em silêncio.

— Os ovos estão duros — disse Harry.

Papa pareceu nem ouvi-lo; estava lavando os pratos. *Comece limpo, permaneça limpo* era uma das máximas do Papa. Ele a usava para cozinhar e no trabalho. Você limpa enquanto cozinha ou trabalha, sem deixar uma sujeira grande para o final.

Harry cheirou a comida.

— A maçã está marrom — disse Harry.

Por favor, Harry, deixa ele em paz...

— E que gororoba é essa? — disse Harry, cutucando o *pannhaas*.

Sem dar uma palavra, Papa ergueu Harry da cadeira e o carregou até a porta da frente, abriu-a e depositou Harry do lado de fora. Ele então entregou a Harry sua mochila e bateu a porta na cara dele.

Harry não voltou para casa naquele dia depois da escola. Foi para a casa de Gigi morar com a Mãe-Mãe.

Quando Harry saiu de casa, foi tão doloroso para mim quanto quando Mãe-Mãe partiu. Eu queria estar com ela também, mas tinha muito medo de ir embora. Isso apenas solidificou a minha insegurança mais profunda. Eu não conseguia mais negar a verdade: eu era um covarde.

Mãe-Mãe morou na casa de Gigi por três anos. Nós a víamos todos os dias. Ela nos trazia almoço, e a gente parava na casa de Gigi, algumas vezes passávamos a noite lá. As casas eram próximas o suficiente para que mantivéssemos a proximidade externa, mas por dentro a nossa família estava quebrada.

Foi durante essa época que comecei a usar a televisão como fuga. Encontrei abrigo e alegria nas narrativas perfeitamente elaboradas das famílias dos meus sitcoms favoritos: *Dias felizes*, *Good Times*, *A família Brady*, *Laverne & Shirley*, *Mork & Mindy* — e o Jack Tripper de *Um é pouco, dois é bom e três é demais* era o cara. Eu idealizava as famílias que via na TV. Elas faziam exatamente o que eu vinha tentando fazer — eles tinham um problema, o Sr. Cunningham ficava irritado; Richie ficava com medo; tudo pareceria ruim por um minuto, mas então o Fonz dizia alguma coisa engraçada, batia no jukebox, todo mundo ria e todos viviam felizes para sempre.

Sim. Exatamente. Não é tão difícil, caralho!

Eu queria ser o adolescente alegre que sempre se dava bem com os pais. Queria ter pais que se amassem. Queria viver com duas belas garotas indo contra as regras do Sr. Roper. No mínimo, achava que merecia um alienígena esquisito que viria do planeta Ork e resolveria todos os meus problemas.

Em vez disso, eu estava preso no caos.

No entanto, a minha *maior* obsessão quando criança era o seriado *Dallas*. Os Ewing eram uma grande e rica família texana do ramo do petróleo, liderados por J.R., o patriarca durão. Ele comandava o clã Ewing assim como o Papa comandava os Smith. Com a exceção de que J.R. Ewing era rico pacas. As pessoas lhe dão muito mais liberdade quando a propriedade da sua família tem um *nome*. Isso me deixou *de cara*. A casa deles tinha um *nome*! "Southfork" era um rancho de 1.200 metros quadrados no norte do Texas. Toda a família Ewing — irmãos, irmãs, pais, avós, cunhados, tias, tios, sobrinhas, sobrinhos — morava em Southfork. Eu queria que a *minha* família vivesse junta daquele jeito.

Nunca esquecerei a cena que mudou a minha vida. Pensando bem, foi apenas um momento. A família Ewing estava se reunindo para a obrigatória refeição em família. Há um corte para uma tomada externa da mansão palaciana, e Sue Ellen, esposa de J.R., chega para o café da manhã montada num *cavalo*. Minha mente jovem jamais seria a mesma. Ela saiu da casa *dela* na propriedade para a casa da *família* na *porra de um cavalo*? Para mim, Southfork era o paraíso: uma propriedade na qual todos moravam juntos e a minha esposa poderia vir para o café da manhã montada na porra de um cavalo.

Enquanto isso, no mundo real, eu enterrava as minhas dificuldades sob camadas e mais camadas de performances. Adotei uma personalidade incansavelmente alegre, otimista e positiva. Reagia à dissonância do meu mundo ao permanecer perfeitamente constante; eu estava sempre sorrindo. Era sempre engraçado e estava pronto para rir. *Nada de errado no meu mundo.*

Um dia eu estaria no comando, e tudo seria perfeito. *Vamos ter uma casa grande numa propriedade enorme e todo mundo vai morar junto, e eu vou cuidar de todo mundo.*

Eu seria o filho de ouro. O salvador da minha mãe. O usurpador do meu pai. Seria a maior performance de todas. E, pelos quarenta anos seguintes, eu não sairia daquele personagem. Nem uma vez.

CAPÍTULO 4

PODER

Paul estava em apuros. Estava se metendo em brigas, ficando na rua até altas horas, indo da sua casa em Jersey para Nova York às escondidas e andando com "a turma errada" — ouvi Mãe-Mãe dizer até que ele tinha nocauteado um policial. Ele estava com 18 anos e minha tia Barbara não conseguia mais dar conta dele. Desesperada, ligou para a única pessoa que ela sabia que poderia ajudar: Papa.

Já fazia alguns anos que tínhamos visto meu primo Paul. Todos nos lembrávamos dele como um garoto legal, mas sério. Quando apareceu em Philly no verão de 1983, ele já era um homem.

Paul agora estava alto, seus ombros eram largos e ele estava *trincado*. O cara era um armário. Suas mãos tinham arranhões, cortes e cicatrizes que ele definitivamente não tinha arrumado cozinhando. Ostentava um afro *enorme*, com um pente garfo adornado com o punho do movimento Black Power no topo. Mas o pente garfo *dele* era uma edição especial, com o sinal da paz esculpido no cabo. E como se isso não bastasse para atrair a atenção, Paul também ia para todo lado com um pastor alemão chamado Duke, treinado para atacar.

Recentemente, Paul havia conquistado sua faixa-preta de primeiro grau no kung fu, e andava orgulhoso por West Philly com o traje completo. Estava engajado em sua fase militante Black Power. Era uma versão real e pra valer de Bruce Leeroy, de *O último dragão*.

Paul não falava muito, mas, quando abria a boca, era sempre educado — fazia a reverência das artes marciais o tempo todo e terminava toda frase com "sim, senhor" ou "não, senhora". Ficava na dele e não incomodava ninguém, mas se o sacaneassem e o tirassem do sério... em duas palavras: Destruição. Total.

Nessa época, o negócio do Papa, a ACRAC (Ar-Condicionado, Refrigeração, Ar Comprimido), estava bombando. A empresa tinha expandido e agora fazia outros serviços além do conserto de geladeiras. Quando ele entregava novos equipamentos de refrigeração para seus clientes, eles *pagavam* para que retirasse os antigos de suas lojas. A oficina se tornou uma espécie de cemitério de geladeiras e máquinas de gelo. Mas, em vez de mandá-las para o lixão, Papa trabalhava dia e noite para consertá-las e remontá-las. Quando viu, tinha a capacidade de produzir toneladas de gelo todos os dias a partir das máquinas descartadas pelos clientes. E, de repente, nossa família foi parar no ramo de comércio de gelo, produzindo, embalando e entregando sacos e mais sacos, da Filadélfia até Jersey, e mesmo em lugares mais afastados como Delaware.

O problema era que ensacar toneladas de gelo diariamente dava trabalho. *Muito* trabalho. E como gelo se vende barato, você precisa que a mão de obra seja barata. Começou comigo, Harry e Ellen e minhas duas irmãs Pam, e em seguida incluiu todos os nossos amigos. Depois, Papa passou a recrutar nossos parentes e todos os amigos *deles*. As leis de trabalho infantil eram bem diferentes naquela época, por isso em pouco tempo toda criança do bairro estava ensacando gelo. A ACRAC era uma forma de elas ficarem fora das ruas e ganharem um dinheirinho durante o verão. Papa se tornou uma espécie de encantador de crianças em Wynnefield. Ele tinha uma mentalidade tão militar que acabava incentivando a estrutura e a disciplina de um jeito que a maioria daquelas crianças jamais havia experimentado. E ele pagava em dinheiro vivo! Se uma criança chegasse atrasada, ele a mandava para casa. Se alguém falasse palavrão ou arrumasse briga, estava demitido. Os pais das crianças adoravam — os filhos estavam ganhando dinheiro e aprendendo respeito e disciplina. Papa estava no habitat natural dele.

Por isso é que, quando Paul começou a causar problemas, minha tia Barbara o despachou para Philly na esperança de que a estrutura (e o dinheiro) do negócio de gelo de Papa mudassem a trajetória de vida do meu primo.

Mas era a *minha* trajetória que acabaria sendo transformada para sempre.

Paul foi morar com a gente no fim de maio, logo antes do auge da procura por gelo no verão. Ele me fez andar com ele pelo bairro. Mostrei onde ficava a loja do Sr. Bryant e o apresentei aos meus amigos — estava exibindo o meu primo maneiro. Paul amava andar comigo, ele me achava *hilário*. Começou a me mostrar como falar com Duke, até me ensinou uns comandos secretos de ataque — que eram em *alemão* (um pastor alemão, treinado em *alemão,* achei aquilo demais). E, o melhor de tudo, ele começou a me ensinar kung fu. Naquele verão, Paul se tornou meio que o irmão mais velho que nunca tive.

Papa administrava a ACRAC da mesma forma que agia em casa: como um comandante. Gritava, falava palavrão e praguejava; todos nós ficávamos com medo, pisando em ovos, esperando que não explodisse. Mas Paul foi a primeira pessoa que conheci que não se incomodava nem um pouco com a raiva ou as explosões dele. A linguagem corporal de Paul era muito nítida: *Você pode falar o que quiser, velhote, desde que fale pra lá. Mas, se chegar perto, duas palavras... Destruição. Total.*

Eu estava encantado — Paul e meu pai se davam muito bem. A ideia de que alguém pudesse ser confrontado pelo ogro Papa, encarar a tempestade de fúria e raiva dele... e desarmá-lo com apenas um olhar e uma risada era um tipo de poder que eu nunca tinha experimentado. O treinamento em artes marciais de Paul permitia que ele se submetesse à autoridade de Papa. Paul o respeitava, mas não tinha medo dele, porque, bem lá no fundo, sabia que se fosse necessário poderia acabar com ele.

E Papa também sabia disso.

Pela primeira vez na minha infância, Paul me fez sentir seguro na minha própria casa. Ele era poderoso. Se Paul estivesse por perto, ninguém mexeria comigo. Nem as crianças do bairro. Nem os garotos brancos da escola. Nem mesmo Papa.

E justamente quando eu achava que seria impossível o meu primo se tornar ainda mais legal, ele me apresentou ao mundo do hip-hop.

Naquela época, o hip-hop não era o que é agora. Havia alguns hits, mas de modo geral ainda era uma cena bem underground. O gênero não produzia álbuns ou singles, não tocava nas rádios, não havia videoclipes — você precisava conhecer alguém que conhecia alguém que pudesse arrumar uma fita cassete de uma das apresentações ao vivo no epicentro do hip-hop: a cidade de Nova York. As pessoas literalmente ficavam no meio da plateia numa festa segurando um rádio acima da cabeça para gravar os artistas. Foi assim que as mixtapes foram criadas — as pessoas iam às festas e seguravam um rádio enorme durante uma, duas horas, e então faziam cópias das fitas e entregavam para os amigos. As pessoas em Nova York montavam uma fita com alguns de seus artistas favoritos, faziam uma cópia e depois a levavam para um amigo em Boston, enviavam para um chegado deles em Los Angeles ou tocavam para um priminho em Philly. Essas fitas eram trocadas, vendidas, copiadas e trocadas de novo. Essa troca de mão em mão pelo país foi o que serviu de combustível para a expansão a jato do hip-hop. Era um negócio de raiz. Viralizou muito antes de qualquer um saber o que seria "viralizar". Ia das ruas direto para o coração.

Na Nova York dos anos 1970, as comunidades negras faziam festas de rua. Fechavam um quarteirão inteiro, e um DJ — sigla para "disc jockey" — levava um toca-discos, uma caixa cheia de vinis e tocava na rua para todo mundo dançar. Considerando que estamos falando dos anos 1970, a maior parte do que tocavam era funk e disco.

As músicas, tanto funk quanto disco, sempre tinham alguma parte só instrumental. A canção estava tocando, então aumentava a intensidade, até chegar num crescendo rasgante com todos os instrumentos bombando, e então *BOOM!* Só o baterista. Isso ficou conhecido como "break". As batidas de break eram feitas para dar um pouco mais de *tchan* nas músicas. Era o momento para que artistas como James Brown exibissem seus passos de dança, mas, no fim das contas, o break se tornou a parte mais badalada da música e incendiava as festas.

Como todo mundo amava dançar as partes de break, certo dia numa festa do Bronx um DJ chamado Kool Herc teve a ideia de levar *dois* toca-discos e *duas* cópias do mesmo vinil. Dessa forma ele poderia alternar entre os dois, tocando apenas o break em um dos toca-discos indefinidamente. Dois toca-discos e um mixer também permitiam que ele fosse de James Brown para os Winstons, de volta para Brown e então para Sly and the Family Stone — indo de um break para o outro e então para um outro, tocando apenas os dez segundos favoritos dos discos que todo mundo amava. Isso criou um estilo de festa novo e frenético. E o jeito moderno de ser DJ nasceu ali.

Tendo o DJ agora dois toca-discos e um mixer, outra invenção surgiu: o scratching. Feito ao se mover um disco para a frente e para trás, ele criava um som completamente novo na música. Um dos discos podia ser girado enquanto o outro tocava o break. O disco sendo girado era então liberado, se encaixando perfeitamente na batida, e então o processo era invertido para que o break continuasse pelo tempo que as pessoas quisessem ouvir.

A única coisa que estava faltando nessa equação para criar o hip-hop como gênero musical era o rap.

Os DJs ficaram com dois toca-discos e duas vezes mais vinis. A demanda do ofício consumia cada vez mais a atenção deles, impedindo que interagissem com o público como costumavam fazer. Por isso começaram a trazer um irmão ou algum amigo para ficar no microfone interagindo com a plateia. Esses "mestres de cerimônia" conversavam com o público, levantavam o astral, contavam vantagem sobre o DJ e prendiam a atenção geral. "Gatinhas, quero escutar vocês!", "Quem aí tem cem dólares no bolso?", "Cadê a galera do Brooklyn?".

De repente os MCs mais criativos passaram a falar rimando no ritmo das batidas de break — uma prática importada dos imigrantes jamaicanos —, o que ficou conhecido como rap.

As festas de quarteirão pegaram *fogo*. Ainda mais quando as rimas eram boas, engraçadas, poéticas ou, melhor ainda, falavam do seu bairro.

A equação agora estava completa: DJ + MC = hip-hop.

E o mundo *não estava* pronto para isso.

As escapadas "problemáticas" de Paul para Nova York tinham dado a ele acesso a *todas* as mixtapes. Ele conhecia um pessoal que andava com uma galera chamada Zulu Nation, inicialmente um coletivo de grandes entusiastas de hip-hop na área de Nova York/Nova Jersey. Ele conseguia me arrumar qualquer fita: Grandmaster Flash; Melle Mel and the Furious Five; os Treacherous Three; Kool Moe Dee batalhando com Busy Bee Starski; e os meus favoritos, Grandmaster Caz e os Cold Crush Brothers.

O Grandmaster Caz foi sozinho, inegavelmente, a maior influência que tive no hip-hop. Ele foi o protótipo do Fresh Prince. Foi um dos primeiros contadores de história no hip-hop. Caz era inteligente, espirituoso, os versos dele contavam uma história; você ficava ansioso enquanto o ouvia fazer rap, sempre imaginando o que aconteceria a seguir. E, acima de tudo, o cara sabia como achar o melhor *punch line*. Eu queria ser igual a Caz. Na verdade, meu primeiro single, "Girls Ain't Nothing but Trouble" foi inspirado — espera, não, *influenciado* por... tudo bem, basicamente eu estudei cada verso de uma mixtape freestyle do Grandmaster Caz chamada "Yvette", então escrevi minha própria versão. Acho que me conectei tanto com ele por ter passado por uma experiência parecida com a que ele descreve em "Yvette", mas eu nunca tinha pensado em escrever uma rima sobre aquilo. De certa forma, Caz validou e libertou uma parte criativa minha que nunca pensei que alguém escutaria. Ele me fez ver que não havia problema em ser eu mesmo.

It was a long time ago, but I'll never forget
I got caught in the bed with this girl named Yvette
I was scared like hell, but I got away
That's why I'm here talking to you today . . .
I was outside of my school, shootin' up the rock
A crowd of people gathered round listenin' to my box
It was me, the L, the A, and the Al'
And then I slipped away to make a phone call
And to this very day it was a move I regret
But I didn't know it then, so I called Yvette

— Grandmaster Caz, "Yvette"[1]

Provavelmente não preciso apontar as semelhanças, mas pra deixar bem evidente: sempre amei o fato de que Caz estava numa quadra de *basquete* quando ligou para Yvette. Foi por isso que, na abertura de *Um maluco no pedaço*, coloquei o meu personagem numa quadra de basquete também — uma homenagem silenciosa para a lenda.

* * *

1 *Foi muito tempo atrás, jamais vou esquecer / Pego na cama com a Yvette, mandando ver / Foi um susto do cão, mas consegui fugir / Por isso estou hoje falando aqui... / Na quadra da minha escola eu mandava um tom / O pessoal juntou em volta pra ouvir meu som / Eu e o L, o A e o Al bem ali / Pra dar uma ligada foi que escapuli / E até hoje o remorso disso se repete / Mas eu não tinha noção, então liguei pra Yvette.*

Não tenho certeza de quando me tornei um "rapper". Naquela época, o hip-hop não era algo que *fazíamos* — era o que *éramos*. Hip-hop não era apenas a nossa música — era dança, moda, arte de rua, política, justiça social. Era tudo, era vida, era a gente. As pessoas de fora não enxergavam o hip-hop como um gênero musical legítimo ao qual alguém podia se dedicar para se aperfeiçoar, mas nem estávamos pensando nisso dessa forma. Era algo novo, divertido e animado, que crescia ao nosso redor e dentro da gente. Nenhum de nós pensou que iria estourar e dominar o mundo do jeito que acontece hoje, e se alguém tivesse perguntado:

— Onde você acha que o hip-hop vai estar daqui a quarenta anos?

Eu provavelmente *não teria* respondido:

— Ah, vai ser uma das formas mais impactantes de música na história da humanidade.

Nós simplesmente amávamos o que estávamos fazendo, por isso continuávamos.

Eu ainda me lembro dos primeiros versos que escrevi, aos 12 anos:

At the age of one, I had just begun, on my journey to the T-O-P
And at age two, everybody knew, that I was a hellafied [huh] MC
At age three, any sure shot could see, I was a bona fide lover at heart.
I got an IQ of 142 and, like my name, I'm a work of art[2]

Felizmente melhorei. Com as fitas e o incentivo de Paul, fiquei obcecado. Já era obcecado por falar e fazer performances. Mas agora andava por aí *o dia inteiro* murmurando e fazendo rap para mim mesmo, criando novos versos, recitando os meus favoritos, tentando improvisar sobre qualquer coisa ao meu redor. Saí e comprei um daqueles cadernos de redação de capa preta e branca e comecei a escrever meus versos e ensaiá-los no meu quarto na frente do espelho.

---

2 *Com um ano comecei a minha jornada até o TO-PO / Com dois anos, todo mundo já sabia que eu era um MC de respeito / Com três anos, todo mundo podia ver que eu era um amante de verdade / Meu QI é 142 e assim como o meu nome, eu sou uma obra de arte.*

Minha mente, sempre guiada pela fantasia, se expandia por todas aquelas páginas, às vezes surpreendendo até a mim mesmo com o que surgia. Meu rio de criatividade estava fluindo. Fazer rap era a coisa mais natural do mundo para mim.

E do casulo de uma criança esquisita que sofria bullying saiu um MC nato, pronto para matar.

O colégio Overbrook ficava a menos de dois quilômetros da Nossa Senhora de Lourdes. Mas podia muito bem estar em outro planeta. O ambiente não poderia ser mais diferente. Enquanto a Lourdes margeava o bairro branco e rico de Lower Merion, o Overbrook ficava no centro de uma parte chamada Hilltop, que ancorava os bairros negros mais pobres de West Philadelphia.

Nossa Senhora de Lourdes era uma escola católica pequena, intimista, com apenas algumas dúzias de alunos por série, a maior parte formada por brancos. Eu tinha sido um dos três ou quatro alunos negros na escola inteira.

Mas Overbrook tinha o apelido de "Castelo na Colina". Era uma estrutura gigante, monstruosa. Construída em 1924, na época em que usavam materiais *de verdade* para construir prédios, ocupava quase dois quarteirões e pairava acima do bairro feito uma fortaleza de pedra. Era preciso subir uma montanha de trinta degraus só para ir da calçada até a porta de entrada e, se sobrevivesse à subida, o que você encontrava lá dentro eram quase 1.200 alunos, 99% deles negros.

Multidões de jovens enchiam os corredores do tamanho de quarteirões. Na Lourdes, todo mundo sabia quem eu era, mas no meu primeiro dia no Overbrook eu era um completo anônimo.

Estava intimidado e aterrorizado. Ao relembrar aquela época, com o entendimento que tenho hoje, acredito que eu provavelmente estava à beira de um ataque de pânico. Meu coração estava disparado, minhas mãos tremiam, mas a essa altura eu já tinha desenvolvido uma estratégia infalível para lidar com o medo: performance. Se eu conseguisse fazê-los rir, estaria a salvo.

Ainda não sei o motivo de ter feito aquilo no primeiro dia. Foi um reflexo, algum tipo bizarro de mecanismo de defesa, como se o meu sistema imunológico emocional tivesse entrado em ação e tomado o controle da minha boca.

Eu estava falando antes de saber o que iria dizer e, assim, comecei o meu ensino médio com talvez a coisa mais idiota que eu já tinha feito na vida.

Pouco antes das 8h, algumas centenas de jovens se reuniram no refeitório enorme para a palestra de orientação. Nós éramos os novatos, estávamos lá para nos enturmarmos, saber nossas atribuições e receber as boas-vindas oficiais do colégio Overbrook. Ao entrar no refeitório, a pressão crescente causada pela ansiedade acabou se tornando insuportável. Ergui as mãos para o alto e gritei:

— *Licença, licença, posso ter a atenção de todo mundo, por favor?*

O ambiente ficou silencioso; duzentos alunos se viraram e olharam — para *mim.*

— *Ele tá aqui* — falei, apontando para mim mesmo. — *Pode todo mundo relaxar, porque ele tá aqui... De nada. Vamos, podem voltar para o que estavam fazendo... vou estar aqui se precisarem de mim.*

Houve um silêncio estranho — evidentemente aquele tinha sido um acontecimento inédito para a maior parte dos alunos. Alguns deles riram, e a maioria apenas voltou a fazer o que estava fazendo antes de ser interrompida de forma tão bizarra. Não tenho certeza de qual reação eu esperava daquela multidão, mas aquele rompante pelo menos me livrou de boa parte da minha ansiedade e tensão.

Enquanto eu avançava mais para dentro do salão, passei perto de um cara que obviamente não tinha se impressionado com o meu anúncio. Sem erguer o olhar ele falou:

— Cara, ninguém *liga a mínima* se você tá aqui.

Sem titubear, eu me inclinei na direção dele e falei:

— Ei, me dá dez minutos que a *sua garota* vai ligar.

Aaaaaaaahhhh! As vozes ao nosso redor se elevaram; houve até algumas palmas.

O moleque olhou para mim por um segundo, mas não falou nada. Ele fez que sim com a cabeça, empinando o queixo — não como se concordasse comigo, e sim como se dissesse, mas um aceno do tipo *Então é assim que vai ser.*

Segui adiante vitorioso, pensando: *Talvez esse negócio de ensino médio não seja assim tão ruim.* Às 8h31 a orientação terminou, e os alunos foram liberados para os corredores do Overbrook para andar, se atrapalhar e vagar até encontrar a sala de aula.

Minha sala era a 315, e, quando eu estava subindo a escada entre o segundo e o terceiro andar, vi o cara do refeitório pelo canto do olho, espreitando atrás de mim. Houve um clarão rápido, uma dor aguda na lateral direita da minha cabeça... e então, nada.

A próxima coisa da qual me lembro é do gosto de sangue, depois um clamor de vozes, meu lábio superior inchado e os dentes da frente bambos, e eu sentindo a pior das dores de cabeça. O cara tinha conseguido um daqueles velhos cadeados de combinação — o tipo que todo mundo usava nos armários do colégio. Ele tinha colocado o cadeado na palma da mão e o gancho de metal ao redor do dedo médio dele, criando uma forma improvisada de soco-inglês. Ao passar, ele socou a lateral direita da minha cabeça. Eu caí na mesma hora, batendo com a boca nos degraus da escada. Sangue para todo o lado, crianças gritando, professores correndo, todos tentando descobrir se eu tinha morrido.

As luzes na sala do diretor machucavam meus olhos. Eu segurava uma toalha na boca quando Papa entrou. Logo a polícia chegou e eu balbuciei o que lembrava. Papa estava furioso; a polícia estava falando com o diretor sobre prestar queixa. Confuso, tudo o que conseguia pensar era *Espera, espera aí, pessoal, vamos com calma. Tudo está acontecendo depressa demais.*

Eu só queria apertar o *pause* e rebobinar. Queria voltar no tempo e refazer tudo. Não queria estar ali; não queria que nada daquilo fosse verdade.

— Vamos — disse Papa. — Vamos embora.

Ele me colocou de pé.

Os corredores estavam vazios agora. Papa parecia um leão que não consegue encontrar nada para matar. Saímos pela porta lateral. Fiquei no Overbrook por apenas uma hora e meia. É estranho estar fora da escola no meio do dia. A loja de conveniência Sugar Bowl ficava do outro lado da rua. Eu só queria um sorvete e um pretzel. Papa não parecia estar de bom humor, então nem pedi.

Enquanto íamos embora de carro, vi o garoto ser levado algemado em seu primeiro dia de aula no ensino médio e colocado na traseira do camburão. Ele acabou sendo expulso, e eu nunca nem soube o nome dele.

Noite. O luar banhava meus lábios inchados e cobertos de vaselina. O primeiro momento de alívio em um dia de total e completa loucura. Ao me deitar na cama (virado para o lado esquerdo), me perguntei: *O que diabos aconteceu? Como vim parar aqui?*

Só então Gigi veio ver como eu estava. Ela trocou o saco de gelo, ajeitou meus travesseiros e trocou o curativo na minha cabeça. Preciso dizer, não é nada mau ter uma avó enfermeira.

Contei a ela toda a história. Ela não me passou sermão nem brigou comigo. Apenas disse: "Sabe, se você não falasse tanto, talvez tivesse visto aquele golpe chegando."

Então ela me beijou e saiu.

Não conseguia parar de pensar nas palavras de Gigi. Ela estava certa. Eu *estava* sempre falando, sempre contando piadas. Nunca calava a boca. Eu falava, não porque tinha alguma coisa importante a dizer, mas porque estava com medo. Fui me dando conta de que todo o meu exagero e minhas falsas provocações eram, na verdade, apenas mais uma manifestação traiçoeira da covardia.

Meus pensamentos não paravam de surgir. Minha mente divagou para aquela vez que Gigi achou meu caderno de rap.

Assim como a maioria dos jovens imitando seus ídolos do hip-hop, eu estava escrevendo versos cheios de palavrões e gírias vulgares e sagazes e tinha acidentalmente deixado o caderno na cozinha.

Gigi achou e leu. Ela nunca me disse nada, mas escreveu um bilhete no verso da capa.

Querido Willard,

Pessoas verdadeiramente inteligentes não precisam usar esse tipo de linguagem para se expressar. Deus o abençoou com o dom das palavras. Tenha o cuidado de usar seus dons para edificar os outros. Por favor, mostre ao mundo que você é tão inteligente quanto nós achamos que é.

Com amor,
Gigi

Deitado na cama, fui tomado pela vergonha. Será que eu havia usado minhas palavras para edificar os outros? Pensei naquele garoto sentado em uma cela de prisão em algum lugar — *o que a avó dele estaria fazendo agora?* Era possível que ele tivesse jogado sua vida fora, um fim talvez não causado, mas certamente incentivado pelas minhas palavras. Eu tinha certeza de que não queria ser *aquele* tipo de pessoa.

Mas a culpa que eu sentia começou a dar lugar a uma surpreendente compreensão do poder das palavras. Eu sabia que tinha, de forma inconsciente, provocado os acontecimentos do meu dia. Eu não sabia exatamente como, mas tinha certeza absoluta daquilo. Percebi, pela primeira vez, que eu não era fraco; na verdade, eu era *infinitamente* poderoso — só não tinha controle do meu poder. Minha imaginação viajava com as possibilidades. Deus havia mesmo me abençoado com o dom das palavras. E naquela noite estava me dando conta do poder daquelas palavras de alterar e moldar minha realidade.

E então me perguntei: *Se eu tenho todo esse poder, não deveria usá-lo para o bem?* As palavras podem afetar como as pessoas se veem, como elas tratam umas às outras, como elas se relacionam com o mundo. Palavras podem erguer as pessoas ou podem derrubá-las. Naquela noite decidi que queria usar minhas palavras para empoderar os outros, ajudar em vez de ferir.

Nunca mais usei palavrões nos meus versos. Fui criticado e massacrado durante anos por essa decisão. Mas a pressão dos colegas nem chegava perto de superar a de Gigi.

Aqueles primeiros meses de ensino médio foram difíceis, mas eu certamente não era mais anônimo. E da mesma forma que o poder das minhas palavras quase tinha me destruído, eu estava começando a ver o poder delas pincelando meus sonhos.

Na metade daquele ano letivo, o hip-hop começou a se popularizar de verdade em Philly, e de repente todos tinham um primo Paul — alguém que eles conheciam em Nova York que poderia lhes fornecer mixtapes. O sucesso de "Rapper's Delight", da Sugarhill Gang, estava abrindo caminho entre as barreiras da música popular. Aquela música tocava o tempo todo.

Andar pelos corredores do Overbrook aquele ano foi como andar por um campo de batalhas de hip-hop. Ele poderia não estar na televisão ou nas rádios, mas no colégio Overbrook todos estavam fazendo rap. Ninguém sabia ainda, mas eu vinha escrevendo versos todos os dias pelos últimos oito meses. Tinha páginas e mais páginas com diferentes conceitos, *punch lines* e histórias. Passei a memorizar alguns, deixando-os prontos para usar. Ia até grupos de alunos fazendo rap e me juntava a eles e, assim, lentamente fui construindo minha reputação como um bom rapper.

A novidade era o freestyle. Alguém fazia beatbox e então um rapper improvisava na hora sobre qualquer coisa que estivesse ao redor: os tênis engraçados de algum garoto, a prova de matemática na qual você tinha tirado nota baixa, a garota de quem gostava, qualquer coisa.

Esse sempre foi meu ponto forte. Passei a minha vida fazendo piadas. Agora, tudo o que tinha a fazer era pôr as piadas em versos, e as pessoas adoravam.

O melhor beatboxer da escola era um cara chamado Clarence Holmes, mas todos o chamavam de Clate. Ele não apenas gerava os melhores graves vocais, como também conseguia imitar os sons de breakbeats mais conhecidos. E além de *tudo aquilo*, Clate conseguia fazer efeitos sonoros — ele fazia um canto tão realista de passarinho que as pessoas viravam a cabeça para olhar quem tinha deixado a ave entrar no corredor. Logo percebi que sempre que Clate fazia o beatbox para mim, eu soava melhor. Comecei a ir atrás dele todos os dias depois da aula. Chegava nele e fazia o cumprimento de sempre:

— E aí, C, pronto pra agitar?

— Você sabe que sim.

Clate sempre estava pronto pra agitar. *Sempre*. Tanto que começamos a chamá-lo de "Ready Rock C" (C Pronto Pra Agitar).

Pouco tempo depois, o que começou como sessões informais de freestyle — rimando e fazendo flows e tentando ser melhor que o outro — se transformou no que viria a ser conhecido como batalhas de rap. Eu tomava a frente e falava um verso, e em seguida outro garoto tentava fazer um melhor que o meu. Talvez ele fizesse piada com o meu cabelo ou as minhas roupas. Então, depois do verso dele, eu teria que voltar e improvisar uma resposta. O critério para escolher que "ganhava" era principalmente quem havia conseguido arrancar mais risadas ou aplausos do público. Se você ganhasse o público, ganhava a batalha.

Eu era *invencível*. Em duas palavras: Destruição. Total.

Alguns caras eram mais espertos que eu, tinham um flow mais pesado ou vozes melhores, ou senso poético mais elevado. Mas *ninguém* era mais engraçado que eu. Ninguém conseguia agitar o público com uma frase de efeito como eu. O que ninguém entendia era que não dá para *derrotar alguém engraçado*. Você pode disparar quanta merda de membro de gangue durão quiser — pode falar sobre todo o dinheiro e todas as mulheres do mundo —, mas sabe o que acontece se suas calças estiverem um pouquinho acima demais dos sapatos e alguém disser:

Olha só pra você, chegado, fingindo ser o estiloso das quebradas
parece que os sapatos tavam indo pr'uma festa e as calças ficaram alteradas

... e daí quarenta pessoas começarem a rir? Você está acabado. É o fim.

O rap mudou tudo para mim. Pela primeira vez na vida eu era popular. Estava ganhando atenção e respeito. Ready Rock e eu éramos de Wynnefield, mas o Overbrook ficava em Hilltop. Muitas vezes, nessas batalhas, nós representávamos Wynnefield. Então, muitos dos caras do bairro que pegavam no meu pé e me zoavam passaram a ficar empolgados quando *eu* aparecia. Estava fazendo novos amigos; garotas estavam começando a se interessar por mim. Ready Rock e eu nos tornamos inseparáveis.

O outro motivo de eu nunca ter perdido uma batalha de rap foi porque eu tinha sido criado na casa do Papa, moldado e esculpido pela sua implacável ética de trabalho. Ensaiava direto. Diferentemente dos outros garotos que estavam começando a fumar maconha e matar aulas, eu passava horas e mais horas preenchendo cadernos com versos todos os dias. Ficava na frente do espelho e ensaiava minha performance, me certificando de que o meu rosto e a minha linguagem corporal combinassem perfeitamente para reforçar e pontuar as *punch lines*. Estava aperfeiçoando meu delivery e tentando aprofundar meu timbre. Em todo intervalo entre aulas, e antes e depois da escola, eu caçava algum idiota desavisado. Batalhava com qualquer um que aparecesse: no refeitório, no estacionamento, no Tustin Playground ou na área de lazer Beeber. Na sala de aula, comecei a me divertir com os professores, rimando as respostas quando me faziam alguma pergunta. Eu rimava para os meus pais. Atendia o telefone com rimas. Muitos adultos fingiam odiar aquilo, mas eu sabia que eles amavam.

A combinação de hip-hop e humor fez de mim um ser intocável. Eu havia encontrado a minha voz. Estava escolhendo minhas palavras de forma poética e cômica. E agora, pela primeira vez, estava experimentando ter poder sobre a minha vida. Meus professores me adoravam. Eu me atrasava para a aula, esquecia o dever de casa ou era pego fazendo gracinha no fundo da sala. Mas eles não conseguiam gritar comigo porque também estavam rindo.

Comecei a reparar que nunca me metia em apuros. Uma das minhas professoras favoritas era a Srta. Brown. Ela dava aula de álgebra II, funções e trigonometria. Sua pele era de uma cor de chocolate perfeita e tinha olhos castanhos grandes e atentos. Tinha pouco menos de 1,52m, mas por dentro era como se tivesse mais de dois metros. Sabia exatamente o que eu estava fazendo. A essa altura, eu tinha pelo menos trinta centímetros a mais que ela, e, quando eu fazia algo pelo qual ela precisava que a levava a me chamar atenção, ela chegava bem no meu peito e dizia: "Desça aqui para eu falar com você."

Aprender é bem fácil quando você se sente amado pelos professores. A Srta. Brown começou a me chamar de "Príncipe Encantado" de brincadeira. Ela dizia sarcasticamente coisas do tipo: "Olha só, o Príncipe Encantado decidiu nos agraciar com o dever de casa nesta manhã de segunda-feira. Quanta gentileza."

O pessoal ria e eu entrava na onda. Desde que todo mundo estivesse rindo, tudo bem para mim.

Nos anos 1980, a palavra *fresh*, fresco, era a mais nova gíria do hip-hop. Todo mundo falava essa palavra o tempo todo — que nem "do barulho" nos anos 1970 ou "radical" nos anos 1990; nos anos 1980, se algo fosse legal, você diria: "Cara, isso é fresco demais." Um dia, cheguei correndo na aula da Srta. Brown literalmente quarenta e cinco segundos depois do sinal, e, olhando para o relógio, ela falou:

— Vossa alteza, o Príncipe, dois minutos atrasado...

Eu rapidamente a corrigi.

— Não, Srta. Brown, nós dois sabemos que só estou uns trinta segundos atrasado. E se a senhora não se importar, de agora em diante, eu exijo ser chamado de *Fresh Prince*.

A sala inteira caiu na risada.

O nome pegou.

Para se sentir confiante e seguro, você precisa de *algo* que o faça se sentir confiante e seguro. Todo mundo quer se sentir bem consigo mesmo, mas muita gente não reconhece quanto esforço isso *realmente* exige.

Força interior e confiança são fruto da percepção e da proficiência. Quando você entende de algo, ou é bom em alguma coisa, você se sente forte, e isso o faz sentir como alguém que tem algo a oferecer. Depois de cultivar da melhor maneira suas habilidades e dons, você fica empolgado para sair do quarto e interagir com o resto do mundo. E o que aprendi com Paul foi que, quando você é bom em alguma coisa, consegue se manter calmo em meio à tempestade, sabendo que pode lidar com o que vier. Existe um grande ensinamento de Bruce Lee com o qual me identifico. Um de seus alunos certa vez perguntou:

— Mestre, você sempre fala de *paz*. Ainda assim, todos os dias você nos treina para *lutar*. Como lidar com esses dois conceitos conflitantes?

E Bruce Lee respondeu:

— É melhor ser um guerreiro num jardim do que ser um jardineiro numa guerra.

Fazer rap não apenas me dava a aprovação que eu desesperadamente desejava receber dos que me rodeavam; me dava também uma sensação de poder. Mas eu sabia que era algo fugaz; manter esse poder exigia a minha atenção constante e dedicação. Eu sabia que era bom, mas sabia também que precisava me esforçar.

Nada *viria* até mim. Eu teria que ir buscar.

Eu continuava a vê-la nos corredores — tinha até sonhado com ela —, mas éramos de grupos diferentes. Eu estava fazendo rap, por isso andava com o pessoal descolado, enquanto ela usava óculos enormes, e estava com os amigos no curso de artes. Eles andavam para todo lado carregando aquelas bolsas portfólios enormes.

Mas Melanie Parker era bonita. Ela me notou pouco depois do infeliz incidente com o cadeado. Ela era uma belezinha de pele marrom-clara — tinha aquele jeito meio nerd-atrapalhada-deslumbrante, uma mistura convidativa de insegurança e originalidade orbitando um núcleo irradiante de brilhantismo artístico.

Vínhamos nos cercando fazia algumas semanas, e eu sabia que ela era muito tímida para tomar qualquer iniciativa. Ela tinha lindos olhos castanho-escuros e um sorriso primaveril, o qual eu viria a descobrir que estava pintado sobre camadas de tristeza. Melanie era um anjo de asas quebradas, e, desde o momento em que a vi, só queria poder cuidar dela.

Por isso cheguei junto.

— E aí, gatinha. Eu sou o Prince.

Ela sorriu educadamente e falou:

— Do que a *sua mãe* te chama?

Pensei: *Eita... minha mãe me chama pelo nome na certidão de nascimento.*

— Bom, ela me chama de Willard — respondi —, mas você pode me chamar de...

— Willard — interrompeu ela. — Prazer em te conhecer, *Willard*. Eu sou Melanie.

Ela nunca me chamou de *Will*, nunca me chamou de *Prince* — ela me chamou de *babaca* algumas vezes. Mas até hoje ela me chama de Willard.

— Olha, essa bolsa de arte aí é enorme — falei. — Posso carregar pra você até a próxima aula?

Melanie hesitou; eu tinha a impressão de que ela já gostava de mim, mas achava que precisava dificultar as coisas. Ela me entregou a bolsa sem dizer uma palavra e saiu andando para a sala. Eu a segui, já completamente apaixonado. Quando chegamos à sala dela, eu devolvi a bolsa.

— Acho que você deveria me deixar carregar a bolsa até a sua casa hoje à tarde — sugeri. — Você deveria descansar os seus músculos artísticos.

Eu caminhava do Overbrook até a casa de Melanie todo dia. Era fácil impressioná-la e encantá-la — tudo era interessante para ela. Era uma dessas pessoas que podiam parar e ficar olhando uma árvore por dez minutos. Melanie morava na direção oposta da Woodcrest, por isso eu andava dez minutos até a casa dela — carregando a bolsa portfólio gigantesca até lá —, então outros vinte minutos até a minha casa, pensando naqueles olhos durante o caminho inteiro.

Melanie era nascida e criada em Mineápolis. Seu lar foi pontuado pela violência, até chegar a uma tragédia extrema: a mãe dela acabou matando o pai e foi presa por isso. Com a mãe encarcerada, Melanie se mudou para Philly para morar com a tia, uma muçulmana rigorosa que abriu a casa para a sobrinha, mas que tinha opiniões muito fortes sobre como uma adolescente deveria se comportar.

Nunca soube da história completa, mas certa vez Melanie e a tia tiveram um grande desentendimento sobre algo, o que se agravou a ponto de a tia a expulsar de casa. Legalmente sem um lugar para ficar, Melanie poderia ter sido mandada de volta para Mineápolis e colocada num abrigo de acolhimento. Entrei em pânico. Contei a história para Mãe-Mãe e implorei que deixasse Melanie ficar com a gente.

— Mãe, vai ser só por um tempinho — jurei. — Eu arrumo um emprego, faço o que for preciso pra ganhar muito dinheiro, e eu e Melanie vamos arrumar um lugar só nosso. Eu a amo, mamãe. Por favor, ela pode ficar com a gente até eu resolver isso?

Os olhos de Mãe-Mãe se encheram de lágrimas, uma mistura complexa de emoções. Por um lado, este era *exatamente* o tipo de filho que ela esperava ter criado: amável, responsável, engajado. Mas, por outro lado, ela sabia por experiência própria as frágeis realidades do amor juvenil.

— Ah, mas nem pensar! — protestou Papa. — Carolyn, você sabe exatamente o que eles vão fazer.

Mas eu já tinha prometido para a minha mãe: nada de sexo. Melanie ficaria no porão; eu dormiria no meu quarto, dois andares acima.

Era apenas temporário. Papa protestou, mas Mãe-Mãe venceu daquela vez.

Ainda não tenho muita certeza de por que eu fiz o que fiz naquela noite. Até hoje, não faço a menor ideia do que se passava na minha cabeça. De todas as experiências que estou compartilhando neste livro, esse é o momento em que a minha atitude não fez o menor sentido para mim.

Antes de revelar o que aconteceu, gostaria de começar as minhas observações ressaltando que eu estava profunda e totalmente apaixonado por Melanie Parker. Iríamos nos casar; teríamos quatro lindas crianças negras de pele marrom-clara; e a nossa união seria colocada ao lado de contos épicos de amor: Romeu e Julieta, Tristão e Isolda, Tupac e Janet, até mesmo Eddie e Halle em *O príncipe das mulheres*.

Mas, às 4h, com menos de três meses do nosso amor proibido, Mãe-Mãe, que deveria estar dormindo, resolveu tragicamente que queria um café. E com chinelos que não faziam barulho suficiente para defender as sensibilidades dela, ela se aproximou da soleira da cozinha. Ainda inocente, acendeu a luz como tinha feito tantas vezes antes. Mas dessa vez os olhos dela pousaram no filho mais velho e na namorada dele engajados na agonia de uma transa imprudente. Para um adolescente, com exceção da dor física, *nada* é pior do que sua mãe pegar você e sua namorada de quatro no ato no chão da cozinha.

— *Ai, Willard*! — gritou Mãe-Mãe, apagando a luz.

Pisando furiosamente escada acima, a batida da porta dela funcionou como um desastroso ponto de exclamação.

Agora ela decide fazer barulho!

Pela graça divina, aqueles poucos dias na Woodcrest permitiram que a tia de Melanie se acalmasse e a deixasse voltar para casa. Eu só tinha 16 anos, mas estava completamente comprometido — mais determinado que nunca a conseguir um lugar só nosso para que Melanie e eu pudéssemos construir uma vida juntos.

* * *

Eu tinha tirado a minha carteira de motorista pouco antes do meu aniversário de 16 anos. Ready Rock e eu amávamos dirigir por West Philly todo dia depois da aula, procurando algum lugar para batalhar. Era fácil achar esses lugares naquela época. Era só ver um bando de caras numa esquina formando uma roda, um deles com a mão cobrindo a boca, sacudindo a cabeça para a frente e para trás — o gesto universal do beatbox humano.

Nós estacionávamos, saíamos do carro, fazíamos a pose dos B-Boys, e o jogo tinha início. Não demorava muito para eu começar a dar lições em alguns manés. Eu soltava *punch lines*, as pessoas acenavam e gritavam:

— *Aaaahhhh, caralho*! *Você ouviu o que ele falou*?

Os caras inteligentes simplesmente desistiam quando notavam que eu tinha ganhado o público, porque assim que o público se vira contra você, qualquer coisa que diga só vai fazer você parecer mais burrão. Mas alguns idiotas não faziam isso — eles tentavam continuar, e então, duas palavras: Destruição. Total.

No terceiro ano, eu já tinha criado uma reputação em West Philly. Eu me juntei a um grupo de caras um pouco mais velhos e nos chamávamos de “Hypnotic MCs”. A composição do grupo era inspirada no Grandmaster Caz e nos Crush Brothers: tínhamos um DJ e quatro MCs. DJ Groove nas picapes; Jamie Fresh; Sheihkie-D; meu amigo Mark Forrest, também conhecido como Lord Supreme; e eu, o Fresh Prince. (Ready Rock aparecia e sumia, não estava botando muita fé naqueles caras.)

Levei o meu papel no Hypnotic MCs muito a sério. Atacava aquilo com a disciplina que Papa tinha plantado em mim. Mas, naquela época, eu ainda não tinha aprendido que a maior parte das pessoas não tem a mesma ética de trabalho que eu.

Eu queria ensaiar todo dia, seguindo uma agenda específica. Eles viam aquilo de forma mais informal. De vez em quando os caras chegavam atrasados para os ensaios, e outras vezes nem apareciam. Eu queria que a gente se apresentasse em todas as festas de quarteirão e juntasse dinheiro para comprar equipamentos, distribuir panfletos para divulgar o grupo, criar nossas fitas cassetes. Como eu era o mais novo, eles meio que sempre riam e faziam pouco caso das minhas ideias. Por fim convenci todo mundo a investir duzentos dólares cada para que pudéssemos comprar uma máquina de beatbox SP-12. Trabalhei por algumas semanas na fábrica de gelo e consegui a minha parte. Nós agora tínhamos uma beatbox, quatro microfones, duas picapes e todos os discos de que precisaríamos. Como Groove era o DJ, concordamos em guardar todos os equipamentos na casa dele.

Fizemos alguns bons shows juntos num período de seis meses, mas, na maior parte do tempo, o equipamento ficava parado no porão do Groove, sem uso. Eu estava começando a ficar frustrado — ninguém queria ensaiar e correr atrás. Minha ética de trabalho e a pressão constante que eu fazia estavam começando a criar uma divisão entre mim e o grupo. Eles se ressentiam de mim por estar sempre incomodando e tirando a graça do que para eles era um hobby divertido. E eu me ressentia deles por não se esforçarem para deixar as coisas tão boas quanto podiam ser.

Eu me lembro de estar nos ensaios com eles e me ver latindo um dos dizeres de Papa:

— Noventa e nove por cento é o mesmo que zero!

Começamos a discutir e brigar por tudo: letras, qual break beat combinava mais com qual harmonia, quem diria cada verso — cada decisão se tornava uma tarefa árdua. Sabendo o que sei agora, posso ver que não tinha como funcionar, mas naquela época minha mentalidade era de que *tudo* poderia ser resolvido.

Por fim, depois de meses sem progresso na gravação de qualquer coisa, fui até a casa do Groove e falei para os caras que eu estava saindo do grupo. Para eles, eu era a criança chata que estava estragando o clima. Eles meio que deram de ombros, riram entre si e mostraram o dedo do meio para mim.

Peguei meu microfone e meus fones e, por uma questão de honra, eu me ofereci para comprar a SP-12 deles.

— Não está à venda — disse Groove.

Havia uma nova camada de frieza na voz dele.

— Qual é, cara, vocês nem estão usando isso — argumentei. — Meu pai vai me ajudar com a grana...

Eles apenas me ignoraram e continuaram a conversar. Não tinha a ver com a SP-12, nem com ressentimento. Tinha a ver com poder — eles estavam me desrespeitando simplesmente porque podiam fazer isso. E sabiam que eu não poderia fazer nada.

— Tá bom, legal — insisti. — Então me devolvam os meus duzentos dólares e vocês podem ficar com ela.

Eles meio que riram uns para os outros, e então Groove falou:

— Não.

Sem discussão. Ninguém ergueu a voz. Apenas não e não.

Por fora eu fiquei de boa, mas uma fúria estava começando a queimar dentro de mim. Tinha sofrido bullying e abuso em casa e ao longo de toda a minha vida. E estava cansado daquela merda.

— Tudo bem — falei calmamente. — Vejo vocês por aí.

Mas, quando comecei a sair, percebi que a SP-12 estava bem ali. Então fui até perto dela, hesitei por um momento, depois a peguei, arrancando violentamente os cabos da parede, e a ergui bem alto acima da cabeça, com os botões virados para baixo. Então *BANG!* Eu a atirei no chão do porão. O negócio se *desintegrou* — botões, plástico e transistores espalhados para todos os lados.

— O que caralho você tá *fazendo*? — gritou Groove.

Eu saí correndo pela escada do porão até a rua. Eles estavam bem atrás de mim no início, mas eu era o mais novo. Naquela época, o jeito como corri era chamado de "sebo nas canelas". Abaixei a cabeça e corri sem olhar para trás por oito quarteirões. Quando finalmente diminuí a velocidade, não havia ninguém atrás de mim. Eu estava sozinho.

Todos os vidros da van Chevy novinha em folha do meu pai foram quebrados. O rádio e as ferramentas dele também foram levados.

Paul estava com a van quando isso aconteceu. E ele estava quase chorando quando pediu desculpas pro Papa. Papa tentava acalmá-lo:

— Essas merdas acontecem, cara… é por isso que temos seguro.

Mas alguma coisa no código de ética pessoal de Paul tornava aquilo imperdoável. Na cabeça dele, a van estava sob seus cuidados, e ela tinha sido confiada a ele. Nunca o vi daquele jeito. Paul achava que, de alguma forma, tinha desonrado Papa e falhado com ele. Papa conseguia ver *aquela coisa* crescendo dentro de Paul. O que o tinha levado a West Philly para início de conversa.

— Ei, Paul, olha pra mim — falou Papa. — Você sabe quantas vezes uns caras já entraram e roubaram as minhas coisas?

— Eu sei exatamente quem fez isso, tio Will.

— Fodam-se eles, Paul — falou Papa. — A gente tem muita coisa pra fazer. Deixa isso pra lá.

Mas Paul não podia deixar pra lá. Ele estava de rolo com uma menina chamada Shelley e que antes teve um rolo com um cara chamado Black. Black mandava em Wynnefield. Ele estava sempre na esquina em frente à loja do Sr. Bryant com mais sete ou oito amigos. Black tinha 1,93m e estava sempre sem camisa. Ele não dava a *mínima*. Fumava maconha *na rua* e em *plena luz do dia*.

Paul foi para o meio da galera e andou até Black.

— Você botou a mão na van do meu tio? — quis saber Paul.

Todo mundo na esquina riu.

— Botei. E aí, vai fazer o quê?

BLOOP.

Em alguns segundos o nariz de Black estava quebrado. Mas ele ainda não sabia. Ele só descobriria mais tarde, quando recobrasse a consciência.

Nunca tinha visto uma luta daquelas, a não ser em filmes. Paul bateu em todo mundo. Cada um dos caras na esquina ficou ou sangrando, ou desmaiado ou saiu correndo.

Paul não voltou para casa naquela noite. Nem na seguinte. Ele tinha desobedecido ao Papa. Acho que foi demais para ele suportar.

Levaria 35 anos até que eu o visse novamente.

CAPÍTULO 5

ESPERANÇA

Mãe-Mãe e Harry voltaram para a Woodcrest. Minha família não era do tipo que conversava sobre as coisas. Eu nunca soube o que ela e Papa tinham decidido — eu não perguntei, eles não contaram. Mas, o que quer que tenha sido, ele nunca mais encostou nela.

Eu estava na metade do meu último ano. Tinha acabado de receber as minhas notas do SAT: meros 1.200 pontos. Estava bem longe de uma nota perfeita, mas para um jovem negro de um bairro no interior da Filadélfia aquela pontuação era mais do que suficiente para conseguir ser aceito em algumas boas faculdades. Mãe-Mãe estava em êxtase. Ela dançava pela casa, ligava para todos os amigos na Carnegie Mellon e no MIT — parecia que *ela* estava voltando para a faculdade.

As matérias nas quais eu me dava melhor eram matemática e ciências. Em 1986, cada vez mais escolas começavam a oferecer cursos de ciência da computação e engenharia. Mãe-Mãe montou uma verdadeira sala de guerra. Ela tinha um mapa dos Estados Unidos; fazia referências cruzadas de "faculdades de engenharia" com "cidades nas quais temos parentes", "custo de vida" e "distância da Filadélfia". Com aquelas informações em mãos, ela reduziu minhas opções para as cinco ou seis faculdades da preferência dela, organizadas por ordem de ingresso mais ou menos possíveis. Em seguida ela preencheu todos os formulários de inscrição, entregou todos os pedidos de moradia e calculou os custos de viagem e auxílio financeiro. Naquela época ela trabalhava para a Secretaria de Educação da Filadélfia, então, quando o assunto era educação, sua organização e empenho faziam até mesmo Papa aplaudir.

Como tínhamos amigos em Wisconsin, Mãe-Mãe de repente decidiu que iríamos fazer uma rápida viagem em família para visitá-los. (O patriarca, Walter McCallum [nós o chamávamos de tio Comochamamesmo], era amigo do diretor de admissões da Faculdade de Engenharia.) Ela já tinha colocado minha irmã Pam na Universidade Hampton e eu seria o próximo. Os maiores sonhos dela como mãe estavam se concretizando — todos os seus filhos entrariam para a universidade.

Mãe-Mãe era a comandante encarregada da missão "Colocar Will na Faculdade". Subitamente, ela ficou muito confortável com a ideia de que, *se duas pessoas estão no comando, todos morrem.*

Era noite de sexta, e minha amiga Judy Stewart ia dar uma festa de aniversário no quarteirão. Encontrei Ready Rock depois da escola.

— E aí, vai na festa da Judy mais tarde? — perguntou ele.

— Não, cara, ela me passou pra trás. Eu toquei nas festas dela por dois anos e agora ela arrumou outra pessoa e nem me disse nada.

— Mas ela não arrumou *qualquer* um, cara. Ela chamou o Jazzy Jeff.

— Sério?! Já ouvi falar dele, mas nunca vi ele tocar.

— É, cara, ele é *massa* — comentou Ready. — Mas ele é de Southwest e tá vindo pra *nossa* quebrada. A gente vai deixar?

Ready Rock sempre sabia como me deixar empolgado para uma batalha. Não que eu precisasse de muito incentivo.

— Cara, qual o nome do rapper dele? — perguntei.

— MC Ice. Mas ele não chega nem perto de *você*.

— *Ninguém* chega perto de mim.

Ready Rock adorava quando eu falava essas besteiras. Trocamos um cumprimento de mãos. Minha mente estava fervilhando com rimas de batalha, se organizando para o massacre daquela noite.

— Sabe de uma coisa? Nós vamos pra essa festa hoje e vamos *acabar* com aqueles idiotas — declarei. — Vamos representar Wynnefield.

— Pode apostar! Ready Rock C e o Fresh Prince contra Jazzy Jeff e MC Ice! Te encontro lá às oito.

— Valeu! Te vejo lá.

Jeffrey Allen Townes cresceu na rua Rodman no sudoeste de Philly, a uns seis ou oito quilômetros de Wynnefield. Jeff vinha de uma família de músicos. O pai dele tinha sido o mestre de cerimônias da lenda do jazz Count Basie. Seus irmãos mais velhos tocavam em bandas de funk e fusion, e suas irmãs estavam sempre cantando músicas da Motown. Ele era o caçula da família e uma esponja musical, absorvendo e aprendendo com o incrível talento que rolava ao seu redor.

Aos 15 anos, Jeff foi diagnosticado com câncer, linfoma não-Hodgkin. Depois de muitos tratamentos difíceis e dolorosos, ele conseguiu vencer a doença, mas a mãe dele, compreensivelmente, se tornou superprotetora, e Jeff passava o tempo no porão de casa, rodeado por centenas de discos de jazz, funk e blues do pai e dos irmãos. Jeff passava o dia explorando os discos, ouvindo todos de John Coltrane e Charlie Mingus a Stevie Wonder e James Brown, reparando nos diferentes estilos, na musicalidade, nos instrumentais.

Quando tinha 10 anos, Jeff começou a discotecar. Seu conhecimento enciclopédico fez dele uma maravilha da música. Todos o chamavam de "Jazz" pela sua habilidade de misturar jazz com funk moderno, disco ou hip-hop perfeitamente. Com o tempo, o nome cresceu para "Jazzy Jeff".

Os mais jovens talvez não saibam disso, mas antigamente os DJs eram mais famosos que os MCs. O rap ainda era rudimentar. Não tínhamos desenvolvido até aquele momento o talento rítmico e linguístico que temos hoje. Então, a *discotecagem* era o centro inovador e empolgante das atenções.

É difícil explicar para pessoas que não estão familiarizadas com o estilo de cortes das antigas, mas a habilidade de Jeff de criar ritmos e misturar sons era, e ainda é, basicamente, inigualável. Ele foi pioneiro, quando adolescente, naquelas festas em porões de Philly, criando técnicas e estilos que são utilizados até hoje por milhares de DJs mundo afora. Sabia manipular discos de formas que ninguém tinha visto ou ouvido antes. Conseguia moldar chaves musicais e compassos e alterar sons, um dos quais eu mais tarde batizei de "Scratch do Transformer", porque me lembrava do efeito sonoro do desenho dos Transformers. Ele conseguia fazer as linhas vocais de duas gravações "conversarem" uma com a outra, criando "diálogos" entre duas canções completamente diferentes.

Eu poderia continuar falando por muito tempo. Mas vou parar e apenas dizer que existe um motivo pelo qual muitos, incluindo eu, consideram Jeff O CARA entre os DJs de hip-hop. Mesmo hoje, trinta anos depois, ele é reverenciado por DJs renomados como um dos melhores do mundo.

O lance é: eu sei que eu sou o famosão do cinema, mas nos anos 1980 *Jazzy Jeff era o astro. Eu* era o apoio *dele*.

Cheguei cedo aquela noite na casa da Judy. Fiz a minha entrada triunfal no porão dela: jeans Lee bicolores, preto atrás, branco na frente, com "Fresh Prince" escrito na perna esquerda em letras vermelhas e uma jaqueta Lee bicolor combinando. Tinha arrancado a etiqueta da Lee da cintura da calça e prendido numa corrente prateada ao redor do pescoço.

Eu estava quase descolado demais para aquela festa.

Assim que entrei no porão, minha mente voltou para a última vez que tinha estado ali. Os acontecimentos tenebrosos narrados em "Girls Ain't Nothing but Trouble", meu primeiro single, aconteceram bem ali, no porão da Judy. Eu estava com uma das amigas dela no porão certa noite, quando o pai de Judy acordou por volta das duas da manhã, com os sons inconfundíveis de alguém fazendo amor (sons meus, não dela). Lá de baixo pude ouvi-lo berrando e descendo a escada.

— QUEM DIABOS TÁ NA MINHA CASA?

Eu me levantei de um pulo, saí correndo pelado pelo corredor estreito e abri a porta que dava para os fundos da casa — que, para o meu horror, tinha desaparecido debaixo de trinta centímetros de neve.

A temperatura estava abaixo de zero e eu tinha que tomar uma decisão.

— Cadê ele? CADÊ ELE? — rugia o pai de Judy.

A decisão estava tomada.

Corri por um quarteirão inteiro na neve, completamente nu, até chegar em casa. Fiquei do lado de fora por cerca de dez minutos, fazendo bolas de neve, tentando acertar a janela do quarto de Harry. Por fim, a janela subiu, e Harry olhou para baixo.

Nunca ouvi o meu irmão rir tanto antes disso, e nem depois.

Por acaso também foi no porão de Judy que conheci Jeff. Seja lá qual for a mágica que tinha o porão da Judy nos anos 1980, parece que eu e Jeff devemos nossas carreiras a ele. Valeu, Judy.

Quando cheguei, Jeff ainda estava montando seus equipamentos. Judy nos apresentou.

— E aí, cara? Eu sou o Jeff.

— Prince — disse eu, apontando para minha perna.

Eu fiquei pensando: *Esse é o Jazzy Jeff*? Ele usava uns óculos enormes e não tinha o próprio nome escrito em nenhuma peça de roupa — como alguém saberia que ele era o Jazzy Jeff? Havia um curativo adesivo ao redor do dedo médio esquerdo, normalmente usado para fazer scratches. Aparentemente ele tinha feito tantos scratches que a junta superior do dedo dele agora tinha uma dobra. As pessoas não paravam de falar do cara, mas eu não estava *nada* impressionado. *Se esse palhaço é o melhor DJ da cidade, lamento por Philly*. Muitos dos DJs famosos naquela época eram extravagantes, davam saltos mortais e pulavam nas mesas controladoras e coisas do tipo. Jeff era na dele, magricela, tinha fala mansa e parecia mais um nerd do que um samurai dos toca-discos.

Eu me sentei e fiquei de boa com Jeff enquanto ele continuava montando os equipamentos. É sempre bom chegar mais cedo antes de uma batalha para preparar o material. Eu estava planejando todas as frases de efeito que iria usar sobre os óculos dele e o curativo, mas na verdade iria duelar contra Ice. Alguns minutos se passaram e eu disse:

— Aí, Jazz, cadê o Ice?

Jeff nem ergueu o olhar. Percebi que aquele era um assunto espinhoso.

— Boa pergunta. Já liguei pra ele umas cinco vezes. Mas ele não deu sinal.

Naquela época não tínhamos celulares — não dava para entrar em contato com as pessoas como hoje. Os convidados de Judy já estavam chegando a essa altura, mas não havia o menor sinal de Ready Rock. A festa estava começando. Eu podia ver que Judy já estava ficando nervosa e que Jeff também não estava lá muito bem. Meu lado que ama "agradar" entrou em ação, com força total.

— Ei, se você quiser, agito com você até o Ice chegar — propus.

Jeff, aliviado, respondeu:

— Ah, isso seria massa. Valeu. Eu *odeio* falar no microfone.

— Tranquilo. Não tem *nada* de que eu goste mais do que falar no microfone.

Nós dois rimos. Judy deu um gritinho e bateu palmas.

Há alguns momentos raros como artista os quais não consegue quantificar ou mensurar. Por mais que tente, raramente será capaz de reproduzi-los e é quase impossível descrevê-los. Mas todo artista sabe do que estou falando — aqueles momentos de inspiração divina nos quais a criatividade flui de forma tão genial e sem esforço que de algum jeito você se torna melhor do que já foi antes.

Aquela noite com Jeff foi a primeira vez que tive essa experiência, o estado de espírito que os atletas chamam de estar "no fluxo". Parecia que já existíamos como um grupo e só tivemos que colocar o papo em dia: natural, confortável, como estar em casa.

Jeff conseguia sentir o meu estilo de rima. Ele conseguia identificar quando as minhas piadas estavam vindo, quando tirar a música para que as pessoas pudessem ouvir bem a frase de efeito, e eu sabia pelo movimento de mão que ele fazia qual scratch viria em seguida. Ele dava preferência a scratches diferenciados com a mão esquerda em vez da direita. Sentindo isso, eu podia atrair a atenção do público para qual scratch estava chegando pela troca de mãos dele. Ele foi escolhendo as músicas e ajustando o ritmo de acordo com o que achava que melhor acentuava a estrutura da narrativa e o flow das minhas rimas. E, conforme a música aumentava em intensidade, eu lançava um verso matador e Jeff soltava o batidão mais funk, animado e potente que aquela molecada de Philly já tinha visto.

Aquela noite foi louca. Quando a festa terminou, eu e Jeff ficamos na entrada da casa de Judy, recuperando o fôlego e descansando. Ainda estávamos pilhados.

— Aí, aquele eco de Track Turner que você fez foi *louco* — comentei.

— O seu flow casa *perfeitamente* com aquela linha de baixo do Chic! — respondeu Jeff. — Da próxima vez a gente usa “Bounce Rock Skate Roll” e *então* faz a transição pro Chic...

— Fechou! Fechou!

As ideias simplesmente jorravam como jatos de água de um carro de bombeiro, a criatividade ricocheteando entre nós. Tudo o que *ele* falava gerava *três* ideias novas na minha mente, e as minhas respostas o faziam segurar a cabeça e andar em círculos.

Nunca conversamos sobre isso, na verdade, nunca oficializamos nada, mas naquela noite louca de novembro, no porão de Judy Stewart, ele se tornou o meu DJ e eu me tornei o rapper dele. Dali em diante, nós éramos DJ Jazzy Jeff and the Fresh Prince, apenas dois moleques de West Philly — parceiros, amigos, irmãos.

E somos até hoje.

* * *

Ao longo dos dois meses seguintes, Jeff e eu fomos *com tudo*. Ensaiamos todos os dias e nos apresentamos todos os fins de semana. Ele morava no porão da mãe. Era o santuário dele, sua oficina mágica. Quando você entrava lá, parecia que estava tendo a chance de espiar por trás da cortina do mago.

Jeff foi o primeiro amigo que tive que, pura e simplesmente, se dedicava mais do que eu. Acho que não seria justo dizer que ele "ensaiava muito". Não é que ele *ensaiava* — a questão é que ele *não fazia mais nada*. Você nunca veria o Jeff na cozinha ou vendo TV. Você nunca chegaria na casa dele e o veria entrando com as compras do mercado. Ele não ia ao mercado; acho que magos não fazem as próprias compras. Jeff ficava na frente dos toca-discos cerca de 14 a 18 horas por dia, sete dias por semana, 365 dias por ano. É literalmente a única imagem de Jeff de que consigo me lembrar na sua casa.

Jeff era um cientista maluco e amava tecnologia. Estava sempre esperando alguma engenhoca chegar pelo correio, alguma coisa que você só conseguia graças a um *luthier* questionável de 75 anos que morava em Viena. Jeff estava evoluindo de ser um simples DJ para criar e gravar batidas. Arranjou um gravador TASCAM de quatro trilhas e testava criar as próprias gravações. De repente ele tinha um pequeno estúdio.

Jeff é três anos mais velho que eu, então naquela época já tinha terminado o colégio, mas eu ainda tinha que ir para a escola e trabalhar na fábrica de gelo. Por isso, quando chegava para o ensaio, por volta das 16h, Jeff já tinha treinado por dez horas. Ele me dava duas músicas para escrever as letras; eu chegava no dia seguinte com apenas uma letra pronta, e ele me dava mais seis músicas. Foi assim pelos primeiros meses da nossa parceria. DJ Jazzy Jeff era um exterminador do hip-hop. *Ele não comia, ele não dormia, e ele sem dúvida não iria parar até que você estivesse morto.*

Tentei acompanhar — ficava lá até o mais tarde que podia, até que Mãe-Mãe ou Papa ligavam perguntando se eu sabia que horas eram. Aqueles primeiros meses no porão de Jeff estão entre os períodos mais criativos que já tive. Tudo era de primeira linha, tudo era intenso; era experimental e inspirador. Nunca queria ir embora. Estávamos procurando o nosso som, mas encontramos a nós mesmos.

Certa noite, estávamos ensaiando no porão de Jeff quando um cara aleatório de camisa polo Lacoste, calças cáqui novinhas em folha e tênis Adidas se contorceu porão adentro pela janela. Ele avançou com toda a calma e se sentou no que evidentemente considerava o canto *dele*. A música tocava e Jeff e eu estávamos entregues à nossa arte, então acho que ele não quis interromper. Jeff não reagiu nem um pouco à sua presença. Isso continuou por alguns minutos, até que tentei acabar com a estranheza que obviamente apenas eu estava sentindo.

— Ei, cara, cuidado ao usar esses tênis com essas calças. Se a calça cáqui encostar nesses Adidas pode acabar explodindo os seus tornozelos.

Eu estava só tentando quebrar o gelo, mas o cara me encarou, enxergando um desafio, e falou:

— Ah, é assim que vai ser? A gente vai tretar? Porque se for assim a gente pode começar falando que você mais parece um fusca de porta aberta...

— Tem nada disso não, cara, tô zoando contigo. Eu sou o Will. Mais conhecido como Fresh Prince.

Jeff finalmente saiu do seu transe de cientista maluco e tirou os fones de ouvido.

— Ah, caramba! E aí, JL? — disse Jeff. — Quando foi que você *chegou aqui*?

James Lassiter era o melhor amigo de infância de Jeff. JL cresceu um quarteirão acima, na avenida Hazel. Durante o tempo em que Jeff esteve doente, quando criança, a mãe dele não o deixava passar da varanda, então JL vinha e ficava horas e mais horas sentado com Jeff, fazendo companhia. Essa rotina continuou mesmo depois da recuperação de Jeff e também depois de adultos.

JL era um cara sério. Quando o conheci, ele cursava Direito na Temple. Estudava durante o dia e trabalhava no hospital da Universidade da Pensilvânia à noite. Ele parava na casa de Jeff nas últimas duas horas de seu dia, meio que por hábito, meio que para relaxar, meio que para ver de perto a evolução do maior DJ que já existiu.

Nossa ascensão na cena hip-hop de Philly foi meteórica. Nos apresentamos em todo tipo de evento: festas de rua, bailes de escola, formaturas, festas em porões, aniversários, arrecadações de fundos em estacionamentos de igrejas — fizemos de tudo. Ganhamos fama de agitadores de festa divertidos, criativos e fascinantes. No início de 1986, finalmente conseguimos nosso primeiro show de verdade num lugar de destaque, o famoso Wynne Ballroom. "Wynne" era diminutivo de Wynnefield — minha quebrada, meu povo, com o meu novo DJ. E a gente detonou. Éramos o duo de hip-hop mais badalado das ruas de Philly.

Mas a nossa grande oportunidade veio em setembro de 1986, quando Jeff foi convidado para competir na Batalha pela Supremacia Mundial da New Music Seminar.

A Batalha pela Supremacia Mundial era um duelo das antigas de DJs e MCs que acontecia anualmente na cidade de Nova York. Todas as lendas do hip-hop se apresentaram e competiram lá: Grandmaster Flash, Busy Bee, Mantronix, Melle Mel e assim por diante. Eram as Olimpíadas do hip-hop no início dos anos 1980.

A DJ da rádio local, Lady B, era uma pioneira icônica do hip-hop em Philly. Ela já tocava rap muito antes de qualquer outra pessoa na cidade, quando o gênero só tocava na rádio WHAT AM. Lady B ligou para Dave "Funken" Klein, um dos coordenadores do evento, e falou para ele que tinha um DJ em Philly que estava mudando a cara do hip-hop local. Lady B insistiu para que Funken Klein colocasse Jeff na competição.

Ainda que ficasse a apenas duas horas de carro, a viagem pareceu uma peregrinação. Nova York era a meca do hip-hop. Eu nunca tinha estado lá. Para mim, a ideia de que a música pudesse ser o meu passaporte para novos mundos me animava e inspirava. Ali estava eu, andando por Nova York, indo para o evento mais legal do planeta. E tudo por causa do rap.

A Batalha acontecia no salão principal do Marriott Marquis, na Times Square. Chegamos num grupão, cheios de estilo; bonés vermelhos de Philly enchiam o salão. Ficamos intimidados e deslumbrados, mas não dava para perceber por causa de todo o barulho que fazíamos — Philly tinha entrado oficialmente com tudo no prédio.

Jeff se aproximou da mesa de inscrição. Eu estava parado atrás dele, braços cruzados, queixo erguido, a postura inflada de intimidação dos B-boys. Melle Mel passou à minha esquerda, entrando no salão. A minha pose murchou de leve. Grandmaster Flash entrou, logo em seguida. Para ficar mais confortável, descruzei os braços e fiquei normal. E então escutei um barulho atrás de mim, aquela explosão que você escuta quando velhos amigos se reencontram depois de tanto tempo. Reconheci ligeiramente uma das vozes. *De onde eu conheço essa voz?*

Foi quando me dei conta. Eu nunca o tinha visto pessoalmente, mas sabia que era ele. Ele não estava fazendo pose de B-boy, não usava roupas chamativas, não andava com uma galera, mas a multidão abriu caminho para ele passar. O grande favorito da competição de MCs: Grandmaster Caz.

Enquanto ele passava, precisei me controlar para não dar um gritinho de "Eu te amo, Caz!". Felizmente ele passou bem depressa e eu não fiz papel de bobo, mas não tenho certeza de por quanto tempo mais eu teria me segurado. Jeff terminou de se inscrever, enfiei as mãos nos bolsos e saí quietinho em busca de um lugar para sentar.

Havia dois segmentos na Batalha pela Supremacia Mundial — a competição de MCs e a de DJs. Oito competidores em cada; três rodadas eliminatórias; quem avançasse em todas vencia. A batalha era feita de forma que cada competidor tivesse três períodos de trinta segundos em cada rodada para se apresentar. Eles iam e se revezavam nas rimas e, no final, os juízes davam notas, em parte baseadas nas técnicas e no desempenho geral, mas também na reação da plateia.

Os MCs foram primeiro, e nem foi uma luta justa: rodada atrás de rodada, todos os rappers eram derrotados pela perspicácia e carisma do meu ídolo. Grandmaster Caz foi coroado o MC Supremo do Mundo, e eu não consegui mais segurar:

— Eu te amo, Caz!

Os DJs vieram em seguida. Naquele tempo, essa era a batalha que as pessoas *realmente* vinham assistir.

Como Jeff era um novato, na primeira rodada ele foi colocado contra o DJ Cheese, campeão do ano anterior. A maior parte dos DJs tinha criado duas ou quatro apresentações e elas eram repetidas ao longo da competição. Mas Jeff tinha passado a semana anterior preparando nove números distintos de trinta segundos. Ele se deu conta de que, se fossem três rodadas, cada uma com três períodos, ele poderia ir até o fim do torneio sem repetir nenhuma apresentação. Mas foi além: cada apresentação foi cronometrada perfeitamente para terminar dentro de trinta segundos. Por isso, enquanto os outros DJs pareciam desleixados quando eram interrompidos pela corneta ou faziam introduções de vinte segundos e nem avançavam na apresentação deles direito, os números cronometrados de Jeff tinham encerramentos precisos aos 29 segundos — o efeito disso foi que a corneta de Jeff se tornou um sinal para que a plateia explodisse.

A primeira rodada estava para começar. Jeff caminhou até o palco, talvez um pouco sedento demais, um pouco feliz demais por estar ali, e esticou a mão para cumprimentar o DJ Cheese. Cheese olhou Jeff de cima a baixo e o deixou no vácuo. Enquanto Jeff voltava para a sua mesa de DJ, a aparência contente desapareceu e seus olhos se transformaram em gelo. Se Cheese soubesse o que estava por vir, teria simplesmente apertado a mão de Jeff, ou melhor, teria tentado quebrá-la.

Cheese foi primeiro — ele começou forte. Mas Jeff respondeu com um dos golpes favoritos de Philly, um difícil *rhythm scratch*. As pessoas olhavam umas para as outras e murmuravam, incertas do que tinham acabado de presenciar. DJ Cheese estava encarando Jeff, sentindo que era só o começo. Ninguém tinha visto cortes assim antes. O público estava fascinado.

DJ Cheese soltou o segundo número dele e mais uma vez matou a pau. O povo *fez barulho* — notas altas de todos os juízes. E então o público se ajeitou para ver que outra arma o moleque de Philly teria trazido para aquela batalha. E sem nenhum anúncio ou fanfarra, Jeff apresentou para o mundo o "Scratch do Transformer". Em 1986, aquela era a coisa mais louca que qualquer pessoa já tinha ouvido. E foram só os dez primeiros segundos. Ele terminou o número fazendo um *slice* de "Pump Me Up" de Grandmaster Flash and The Furious Five. Tem um verso no fim da música que é assim:

I'm the bow-legged brother, there'll never be another
I bought a mansion for my mother[1]

Jeff fez uma quebra, dividindo a última frase:

And I bought
a
man-
sion,
for
my

E então ele segurou, deixando o relógio correr, e na marca dos 29 segundos, bem antes da corneta, ele soltou a última palavra:

mother

1 *Sou um irmão de pernas curvas, outro desses não tem / Eu comprei uma mansão pra minha mãe.*

A corneta soou, e a multidão enlouqueceu. Os juízes estavam pulando dos seus assentos e andando com as mãos na cabeça. Os scratches de Jeff eram tão limpos, precisos e bem-calculados que as pessoas se deram conta de que estavam assistindo à evolução daquela forma de arte. DJ Jazzy Jeff estava anunciando que a estrada para a Supremacia Mundial agora passava por Philly.

Jeff foi impecável naquela noite. E, quando tudo acabou, o DJ Supremo do Mundo do ano de 1986 era um moleque que tinha passado a maior parte da vida num porão de Southwest Philly: *meu* DJ, DJ Jazzy Jeff.

Mais tarde, nos amontoamos no quarto de solteiro do Marriott Marquis. Sabíamos que algo grande tinha acabado de acontecer — Eric B. & Rakim foram até o nosso quarto para parabenizar Jeff. Não tínhamos muita certeza de para onde tudo aquilo levaria, mas tínhamos a impressão de que algo importante tinha começado bem ali.

Ficamos acordados a noite toda rindo, sonhando, fazendo planos. Aquela noite foi a primeira vez em que me dei conta de que as possibilidades que o hip-hop me apresentava iam muito além de qualquer sonho que eu já tivesse ousado ter. Durante minha vida inteira, as esperanças dos meus pais para mim tinham se baseado em estudo e trabalho duro. Eu deveria ir para a faculdade. Eu deveria arrumar um bom trabalho. Eu deveria subir na vida. E, como eu tinha me comprometido a ser um bom filho, sempre fiz de tudo para seguir os sonhos e as esperanças que meus pais tinham para mim. Não conseguia imaginar outra alternativa.

Mas no trajeto de carro voltando para casa, na manhã seguinte, com Nova York desaparecendo atrás da gente, fui atingido por uma forte convicção: *eu não vou pra faculdade*.

Dana Goodman tinha dinheiro.

Ele tinha 1,75m e era parrudo, não gordo, mas grande de uma forma que poderia machucar caso fosse preciso. Chegando aos quarenta, ele era o maioral em Wynnefield. Se você o visse parado numa esquina, era só por pouco tempo, porque ele estava *acima* de todos aqueles idiotas — ele estava fazendo coisas *de verdade*.

Dana era o irmão mais novo de *Lawrence* Goodman, fundador da Pop Art Records, um dos primeiros selos de hip-hop de Nova York. Lawrence era de Philly, mas estava mandando ver em Nova York.

Naqueles primeiros meses de volta a Philly, eu e Jeff estávamos com tudo. Jeff agora passava 80% do tempo gravando e 20% tocando. Tínhamos terminado seis ou sete músicas usando o TASCAM de quatro trilhas de Jeff. Ele as tinha mixado do melhor jeito que pôde, mas Jeff estava ficando cada vez mais frustrado com o fato de seus equipamentos não terem a capacidade de reproduzir os sons aprisionados na cabeça dele.

Eu tinha acabado de comprar um Sharp 777, o boom box original do hip-hop. Foi uma das primeiras vezes que reparei que uma grande empresa estava levando em conta as demandas da nossa crescente forma de arte. O 777 era um rádio barulhento, pesado pra burro. Era preciso ser forte para carregar aquilo de um lado para o outro, porque, por algum motivo, se você o colocasse no chão, as dez caríssimas pilhas tipo D acabavam muito mais rápido. O melhor de tudo era que o 777 tinha capacidade para copiar o som de uma fita para outra em alta velocidade, por isso eu levava as fitas que eu e Jeff fazíamos para casa e passava a noite inteira acordado copiando tudo. Isso era antigamente, quando você precisava copiar uma fita por vez. Era chato e monótono — sabe, tipo construir a porra de um muro, tijolo por tijolo, aos 9 anos — mas precisava ser feito, então eu fazia.

Depois eu dava aquelas fitas para *todo mundo*. Não ligava se você sabia o que era hip-hop; se você tivesse duas orelhas e um toca-fitas, então o meu nome é Fresh Prince — está escrito aqui, nas minhas calças — e eu tenho uma fita que você precisa ouvir.

O colégio Overbrook ficava em Hilltop, e Hilltop era comandado por uns trinta caras que se chamavam de "os Manos de Hilltop". Um dos rappers principais daquele grupo era Steady B, e Stead' era sobrinho de Lawrence Goodman. O boato que corria era que o tio tinha assinado um contrato com ele e que Steady B lançaria músicas no fim daquele ano. Eu queria que Stead' levasse uma das nossas fitas para Lawrence — o problema era que eu tinha vindo do outro lado da ponte em Wynnefield e, se tinha uma coisa que um Mano de Hilltop *nunca* faria, seria ajudar um mano de Wynnefield.

Mas então eu caí em mim: Dana Goodman morava em *Wynnefield*! Talvez ele pudesse entregar a nossa fita para Lawrence.

Dana e Lawrence, assim como muitos irmãos, tinham uma rivalidade fraterna. Dana via o dinheiro que o irmão estava ganhando com a gravadora e tinha esperança de fundar o próprio selo. Ele ligou e disse que queria se encontrar comigo e com Jeff. Então o convidamos para ir um dia à casa de Jeff assistir a uma apresentação nossa.

Dana estava com um moletom de veludo azul-marinho da Sergio Tacchini, aquele com o punho do casaco e da calça em elástico vermelho e branco. O zíper do moletom estava aberto o suficiente para mostrar as sete ou oito correntes de ouro finas sacudindo sobre o afro saindo do peito dele. Ele era aquele cara mais velho que *quase* conseguia se safar usando roupas jovens, tirando o fato de que usava meias. Dana sempre estava de óculos escuros — dentro de casa, fora de casa, meio-dia, meia-noite, na quadra de basquete, na igreja. Você nunca via Dana sem os óculos escuros.

Naquele dia, Dana estacionou seu Audi 4000 CS Quattro azul-metálico com cinco cilindros e quatro portas novinho em folha na frente da casa de Jeff, e pela primeira vez na vida vi um telefone em um carro. Foi o primeiro carro a ter telefone — era um telefone residencial com discagem giratória que de alguma forma funcionava no carro dele. Dana desceu do carro na rua Rodman; ele era um *chefão*. Falava alto, era um showman, e o sol refletia no anel de ouro no seu mindinho. Eu e Jeff estávamos parados na varanda; Dana viu a gente, abriu os braços e, com a sua voz baixa e madura de barítono, gritou para as crianças brincando e os vizinhos que passavam:

— AÊÊÊ! Aí estão eles! — Apontando para Jeff e para mim. — Esses são os *caras*, pessoal! É melhor vocês pedirem autógrafos *agora*! DJ Jazzy Jeff and the Fresh Prince! Esses moleques estão prestes a *estourar*!

Ele chamou Jeff e a mim.

— Venham até aqui, manos. Demonstrem aqui um pouco de amor.

Eu e Jeff pisamos na calçada, e Dana nos abraçou feito um pai orgulhoso.

— Incrível o que vocês fizeram lá em Nova York, metendo a banca por *Philly*!

Jeff e eu sorrimos.

— Bem, é isso aí, é isso que nós *fazemos* — falei.

Nesse exato momento, um dos vizinhos de Jeff, um cara alguns anos mais velho chamado Keith, gritou:

— Eeei! Dana! É tu mesmo, mano?! Ah, caralho, é o Dana Goodman... O que você *manda*, cara?

Keith e Dana trocaram um aperto de mãos — um daqueles cumprimentos demorados, elaborados, com várias partes, vindos de uma geração anterior, o que também não combinava nada com o moletom de Dana.

— O que tá fazendo aqui, cara? — indagou Keith.

— Ah, você sabe. Vim falar de negócios com esses garotos — contou Dana.

— *Negócios*?

Keith olhou para mim e para Jeff. A energia dele mudou ligeiramente, mas nossa juventude e animação nos cegaram para as sutilezas daquele momento.

Keith puxou Dana para um canto, colocou o braço no ombro dele.

— Sabe que esse aí é o irmão mais novo do Jimmy Townes, né?

Dana olhou para Jeff.

— Irmão do Jimmy Townes?

Keith chegou bem perto de Dana e sussurrou algo que não conseguimos escutar no ouvido dele.

Dana olhou para baixo, então começou a balançar a cabeça.

— Tá, tá, entendi, mano, são só negócios. *Eu* estou tentando ajudar *eles*.

— *Família* — disse Keith, alto o suficiente para que ouvíssemos dessa vez.

Ele então se despediu e seguiu pela rua.

Dana desceu até o porão. Eu e Jeff tocamos tudo o que tínhamos para ele. Dana escolheu as duas faixas de que mais gostou: a primeira era chamada "Just One of Those Days". Ela tem uma levada lenta, de 92 BPM, na qual eu faço um rap sobre um desses dias em que tudo dá errado. No refrão, Jeff fez um sample de "Puttin' on the Ritz" de Irving Berlin, um ragtime de 1928 que foi a primeira canção a ser executada num filme por uma banda inter-racial. Era puro Jazzy Jeff, misturando música antiga, de respeito, com scratches e a batida do hip-hop. Aquilo cristalizou a nossa dinâmica musical: a sofisticação musical e o conhecimento profundo de Jeff casaram com a minha habilidade natural de contar histórias e com o meu humor.

A segunda faixa foi "Girls Ain't Nothing but Trouble", aquela inspirada pela "Yvette" de Grandmaster Caz. Dessa vez, Jeff fez um sample da música tema do famoso sitcom dos anos 1960 *Jeannie é um gênio*. Ele usou a novíssima bateria eletrônica Roland 909 e desafinou os tom-tons para fazê-los soar como uma linha de baixo. Contei a história da minha noite no porão de Judy Stewart, quando o meu ato requintado de fazer amor quase me deixou congelado. Dana amou aquilo; ele estava rachando de rir.

— Aí, isso aconteceu mesmo? Fala a verdade: aconteceu real?

— Aconteceu, cara — eu falei —, foi uma noite cabulosa.

Ele explodiu de rir.

— Moleques, cês são uns pretos talentosos e muito engraçados — disse ele.

O hip-hop evoluiu tanto nas últimas décadas que, ao ouvir essas músicas agora, sinto um pouco de vergonha alheia — elas soam tão simples e repetitivas. Mas, naquela época, o que estávamos fazendo era revolucionário. Jeff e eu brincávamos com a estrutura das músicas de uma forma que ninguém mais no hip-hop tinha feito até então. Tínhamos refrões sem letra; versos que eram metade samples e metade raps. Eu fazia versos que contavam uma história — cada verso levando ao próximo, implorando ao ouvinte que terminasse de escutar a canção para descobrir o que acontecia no final. Era uma coisa nova — ouso dizer que... era algo *fresco*.

Dana balançava a cabeça ao ritmo das batidas, batendo as mãos e os pés. E então, por fim, agindo como se não aguentasse mais, falou:

— Chega, chega, desliga!

Jeff apertou o botão de *pause* no gravador de quatro trilhas.

Se estivéssemos num desenho animado, Dana teria cifrões nos olhos. Mas, na vida real, ele colocou o polegar nas correntes de ouro no peito e falou:

— Ah, cara! O que vocês acham de a gente gravar um *disco*?

Eu e Jeff enlouquecemos — estávamos *em êxtase*. Pulando, batendo as mãos, gritando — éramos tão ingênuos que achamos que as coisas funcionavam *assim*. Você convida um cara para a sua casa, ele fala "Vamos gravar um disco!" e bum, você é um astro!

Não nos demos conta de que Dana nem tinha uma empresa ainda. Ele não contava com distribuição, tinha poucos contatos no rádio e na TV.

E que DJ Jazzy Jeff and the Fresh Prince eram a primeira investida dele no ramo musical.

Uma semana depois a gente entrou no Studio 4, um estúdio de gravação profissional que Dana encontrou no centro de Philly.

É difícil descrever a expressão no rosto de Jeff ao entrar na sala de controle principal. Era como se ele fosse um virgem de 17 anos entrando no set de um filme pornô e descobrindo que ele era o astro. Dana nos deu um contrato de gravação e nós o assinamos.

Nunca tínhamos estado num estúdio de verdade antes, por isso não tínhamos muita certeza do que fazer ou de como as coisas funcionavam. Dana pelo menos tinha estado ao lado do irmão durante as gravações de muitos dos hits da Pop Art. Ele tinha ideias de como deveria ser e do que queria ouvir. O contrato ditava que Dana era o produtor e coautor das nossas músicas. Ele começou a falar para Jeff mudar os ritmos, os tons, adicionar cortes ou ajustar sons. Jeff discordava de muitas das decisões criativas de Dana, mas na cabeça de Dana, já que ele pagou pelas horas de estúdio, ele estava no comando. Jeff estava furioso, mas essa era a nossa grande oportunidade, nossa única chance, por isso a gente não queria estragar as coisas.

"Just One of Those Days" foi mutilada naquela sessão de gravação. Os andamentos entre os versos e o refrão eram diferentes. A música inexplicavelmente mudava de tom. A mixagem era horrível. Jeff até hoje odeia aquela faixa, ainda que a gente tenha regravado mais tarde.

Mas "Girls" passou pelas sessões de gravação praticamente incólume e se manteve íntegra. Apesar dos protestos de Jeff, foi decidido que "Girls" seria o nosso primeiro single, e "Just One of Those Days" seria o lado B. Iríamos lançá-las para gerar um burburinho enquanto gravávamos nosso primeiro disco.

O single "Girls Ain't Nothing but Trouble" foi "lançado" em março de 1986, ainda que ninguém soubesse, porque estava no novo selo de Dana, Word-Up Records. Sem escritórios, sem funcionários, sem distribuição — o single nem estava nas lojas; Dana vendia o vinil no porta-malas do carro dele. Nada estava acontecendo. Para ser justo com Dana, preciso dizer que ele estava fazendo tudo o que sabia fazer. Ele era incansável — gastava do próprio bolso e acreditava totalmente no duo DJ Jazzy Jeff and the Fresh Prince.

Ainda que ninguém soubesse que tínhamos lançado um single, a vitória de Jeff na Batalha pela Supremacia Mundial significava que os promoters começaram a ligar para agendar shows, e eu ia junto como parte do pacote. Começamos a nos apresentar nas melhores boates de Philly; tocamos em Delaware e Atlantic City.

Os shows estavam começando a ficar grandes o bastante para que tivéssemos que assinar contratos e, numa ocasião, precisamos assinar e enviar por fax um contrato às 17h do mesmo dia ou perderíamos o trabalho. Jeff e eu estávamos perdidos — quem a gente conhecia que tinha uma máquina de fax?

JL estava sentado no "Canto do JL", no porão de Jeff, no seu mundinho, "lendo" a parte de trás da capa de um disco dos Ohio Players, aquela com uma garota nua no lado de dentro, banhada em mel. Jeff e eu estávamos ficando cada vez mais desesperados, tentando impedir que 1.500 dólares evaporassem conforme as 17h se aproximavam.

Nenhum de *nós* tinha uma máquina de fax; eu imaginei que Mãe-Mãe pudesse ter acesso a uma no trabalho, mas já estava tarde e era sexta-feira. Papa não gostava daquelas "porcarias modernosas". E a Word-Up Records só tinha um telefone automotivo em seu escritório móvel.

JL estava sentado ali, quietinho, enquanto eu e Jeff ficávamos cada vez mais irritados um com o outro.

— Você tem toda essa porcaria tecnológica aqui mas não tem a porra de uma máquina de fax? — falei. — Você consegue comprar um pedal de samples de guitarra com um nazista em Viena e não tem como mandar a porcaria de um contrato por fax?

— Como assim isso é o *meu* trabalho? O que *você* faz pelo grupo?

JL sequer ergueu o olhar; e num tom de voz monótono e entediado falou tanto para a garota dos Ohio Players quanto pra gente:

— Eu tenho uma máquina de fax...

E foi assim que James Lassiter se tornou nosso agente.

Existe um conceito excelente de Jim Rohn que diz: "Olhe para as cinco pessoas com as quais você passa mais tempo; elas são você."

Essa é uma ideia que eu sempre compreendi de maneira inata. No fundo sempre soube que os meus sonhos seriam alcançados ou destruídos pelas pessoas com as quais eu escolhia me cercar. Confúcio estava certo: é quase impossível que a qualidade da sua *vida* seja maior do que a qualidade dos seus *amigos*. E, pela graça de Deus, nunca houve um único momento na minha vida em que eu tenha olhado para a esquerda ou para a direita e não tenha visto um amigo extraordinário, alguém que acreditasse em mim e topasse qualquer parada.

JL estava no último ano da faculdade de Direito, e, embora tenha sido um ato fortuito de conveniência para Jeff e para mim o contratarmos como nosso agente, logo notamos que JL não era um cara que lida com as coisas de forma descompromissada. Ele começou a entrar em contato com todos os nossos locais de apresentação e promotores de eventos e a requisitar documentações e relatórios financeiros das vendas de disco e custos de estúdio de Dana. E, quando não ficou satisfeito com as respostas, contratou um advogado de Nova York para averiguar todas as nossas transações profissionais. JL era um desses caras que não ligavam para fama ou dinheiro; ele não era extravagante e não queria roupas chiques ou joias. Ele se orgulhava de defender as pessoas que amava.

JL leu o contrato de gravação que assinamos com Dana. Ele destacou, circulou e riscou cláusulas, o que na real não importava, porque já tínhamos assinado. Empoleirado no "Canto do JL", com uma expressão perplexa no rosto, perguntou:

— Vocês *leram* esse contrato?

Jeff e eu meio que olhamos um para o outro.

— Eu não li, você leu? — falei.

Jeff sacudiu a cabeça, e então disse a JL:

— Nah. O que diz aí?

Essa não era a resposta que JL estava esperando.

— Diz aqui que vocês são dois *burros*.

Dana parecia sempre empolgado, dizendo quanto estava trabalhando e quanto dinheiro estava gastando para promover o single. Jeff tinha escutado nossa música algumas vezes na WHAT, por volta da meia-noite, e alguns amigos e membros da família tinham escutado, mas só tocava de vez em quando, na melhor das hipóteses. "É preciso subornar as estações de rádio; você precisa amaciar o povo, levar pra jantar. Sabe, é *competitivo*. Eles tão fazendo jogo duro! Mas a música tá tocando, vocês que não tão pegando na hora! Esperem um pouco, você vão ser ENORMES!"

Desde que eu tinha secretamente decidido que não iria mais para a faculdade, tinha parado de fazer o dever de casa, não estudava para as provas nem comparecia a muitas das minhas aulas. No que dizia respeito ao Papa, se eu fosse disciplinado na fábrica de gelo, executasse as minhas tarefas de forma impecável e não fosse preso ou morto, tudo bem por ele. Mas Mãe-Mãe era amiga de todos os meus professores no Overbrook, e ela pirou.

A maior missão parental de Mãe-Mãe para comigo e para com todos os filhos era que fôssemos para a faculdade. Para ela, a faculdade era *tudo*. Era o motivo de ter escolhido morar em Philly. Era a razão de tolerar a violência e a bebedeira do Papa. Era grande parte do motivo pelo qual ela tinha voltado para a Woodcrest. Para ela, uma formação universitária era a pedra fundamental de uma vida de sucesso. E sem isso eu estava perdido.

A esperança sustenta a vida. A esperança é o elixir da sobrevivência em nossas horas mais sombrias. A habilidade de enxergar e imaginar um dia melhor dá significado ao nosso sofrimento e o torna mais tolerável. Quando perdemos a esperança, perdemos a nossa fonte principal de força e resiliência.

A esperança que minha mãe tinha para o futuro dos filhos a sustentara durante os anos mais sombrios do casamento dela. Mas agora eu tinha desenvolvido as minhas próprias esperanças. Eu tinha esperança no hip-hop. Eu tinha a esperança de lançar discos e de estar num palco diante de 50 mil pessoas gritando "Hooooo!!" quando eu mandasse. Essas esperanças agora me empoderavam e *me* sustentavam. Eu *morreria* se tivesse que desistir delas. Eu não podia, eu não iria desistir.

A situação chegou ao limite no fim do meu último ano. Eu não tinha voltado para casa depois da aula; fui direto para a casa de Jeff ensaiar. Já eram 22h quando finalmente cheguei em casa. Pude sentir a presença de Mãe-Mãe antes mesmo de colocar a chave na porta.

Tinha certeza de que Mãe-Mãe estava na cozinha, esperando por mim.

— Ei, Mãe! — falei num tom exageradamente alegre.

— Você está com algum problema? — perguntou ela sem se alterar.

— Nah, estou de boa, mãe.

— Não, aparentemente você está com um *problemão*. Ou, pelo menos, prestes a ter um.

— Qual é, mãe, o que aconteceu?

— Eu acabei de conversar com a Sra. Stubbs. Depois de quatro anos você esqueceu o caminho da sua sala?

— Não, mãe. É só que eu estou fazendo muita coisa.

— O que você está fazendo que é mais importante do que entrar na faculdade? Você sabia que as faculdades vão olhar as suas notas do último ano? Já chegamos longe demais para você desperdiçar a vida agora. Qual é o seu *problema*?

A voz de Mãe-Mãe e a postura dela demonstravam raiva, mas eu vi outra coisa por baixo daquilo: ela estava aterrorizada. Aquilo partiu meu coração.

— Mãe, eu estou trabalhando com Jeff há quase um ano. As pessoas dizem que ele é o melhor DJ do mundo. O rap está bombando. Está nas rádios, está na MTV, e o Run-DMC acabou de ir para o *Japão*. Estou te dizendo, mãe, estamos fazendo músicas tão boas quanto as de qualquer outra pessoa. Toda vez que a gente se apresenta o pessoal vai à *loucura*. Encontramos um produtor musical que está investindo dinheiro; temos um agente. Ninguém em Philly faz raps tão bons quanto eu. Todo mundo diz que vamos ser astros. Eu só preciso de um pouco mais de tempo para tornar isso realidade.

— Não, você não pode ser rapper — cortou ela bruscamente.

— O quê? Por que não?

— Porque eu não sei o que é isso. Você me escute agora. Você não vai mais matar aula; não vai perder outra prova. Vai fazer todo e qualquer dever de casa que for passado. Você vai para a faculdade no outono. Ponto-final.

— Mãe, só ouve a minha *música*...

— Eu te escuto balbuciando por aí a sua vida inteira! Isso é um *hobby*; não é uma *carreira*. Boa noite.

Ela se levantou, se virou para ir embora, e eu a detive com, provavelmente, a pior coisa que eu já disse para a minha mãe.

— Mãe, eu não vou pra faculdade.

* * *

Tinha chegado até ali nos ombros de gerações que lutaram contra dificuldades e fizeram sacrifícios — o abençoado beneficiário em uma longa linhagem de afro-americanos empenhados em ter uma vida estável, instruída e de classe média nos Estados Unidos. A geração de Mãe-Mãe e Papa cresceu em meio às agruras da segregação e imensa pobreza. A família de Gigi tinha fugido do sul de Jim Crow. Minha mãe tinha lutado contra décadas de burocracias escolares distritais, incerteza financeira e as merdas do Papa para me fazer chegar até ali. E só por cima do cadáver dela eu não iria para a faculdade por causa da música que eu estava fazendo em festas de porões com moleques chamados Jazz e Ready Rock.

Nossas esperanças finalmente tinham colidido. E essas esperanças eram inerentemente incompatíveis. Alguém teria que ceder. Um de nós teria o coração partido.

Uma coisa que aprendi ao longo dos anos sobre *conselhos* é que ninguém pode prever o futuro de forma exata, mas todos nós achamos que podemos. Por isso, um conselho, na melhor das hipóteses, é a perspectiva limitada de alguém sobre as infinitas possibilidades diante de você. O conselho das pessoas é baseado nos medos, experiências e preconceitos delas, e, no fim das contas, o conselho delas é apenas isso: *delas*, não seu. Quando as pessoas dão conselhos, elas se baseiam no que *elas* fariam. Na percepção *delas*, o que *elas* acham que *você* pode fazer. Mas a realidade é que embora *seja* verdade que todos nós estamos sujeitos a uma série de leis universais, padrões, marés e correntes — tudo de certa forma previsível —, esta é a primeira vez que *você* aconteceu. VOCÊ e AGORA são ocorrências únicas, das quais você é a medida mais confiável entre todas as possibilidades.

Sempre amei a cena da quadra de basquete em *À procura da felicidade*, na qual o personagem de Jaden joga a bola e grita: "Eu vou ser profissional."

Meu personagem, Chris Gardner, o desencoraja de seguir uma carreira no basquete, mas se detém: "Nunca deixe ninguém te dizer que *não pode* fazer alguma coisa, nem mesmo eu... Se você tem um sonho... tem que correr atrás dele. As pessoas não conseguem vencer e falam que você não vai vencer. Se você quer uma coisa, corra atrás. Ponto."

A formação universitária da minha mãe salvou a vida dela, o que solidificou nela uma crença fundamental: a formação universitária é a única armadura que existe contra a brutalidade do mundo. E sem uma formação universitária, eu estaria condenado à destruição. Isso não era o *conselho* dela para mim — isso era a "verdade". Para ela, ser rapper era algo impossível.

Mas eu não sou a minha mãe. Assim como a formação dela a salvou e protegeu das dificuldades no início da sua vida, a arte e o hip-hop salvaram a *minha* vida. Isso fica evidente quando olho para trás. Ainda que estivéssemos batendo cabeça, discordando e discutindo, a verdade era que as duas coisas eram verdadeiras — uma era a verdade *dela*, e a outra era a *minha*.

Mas, naquela época, nenhum de nós daria o braço a torcer porque isso significaria destruir tudo aquilo em que acreditávamos.

Papa ficou no meio daquela situação. Mãe-Mãe *exigia* que ele me obrigasse a ir para a faculdade, e eu implorava para que ele entendesse o que *eu* estava dizendo.

Ficou evidente que ele teria a última palavra. Papa seria o juiz, o júri e o executor das esperanças e sonhos de sua esposa ou de seu filho.

Papa ponderou por uma semana. Ele me levou para dar uma volta, Mãe-Mãe para uma caminhada; ele fez perguntas e ouviu o que tínhamos a dizer. Enquanto isso, a Woodcrest estava tão fria quanto a fábrica de gelo. Minha mãe e eu éramos cordiais — ficamos na base do "oi" e "tchau". E então, certa noite, Papa chamou os dois na cozinha. Minha mãe e eu nos sentamos à mesa, e Papa encostou no fogão.

Papa já estivera naquela posição antes, só que da última vez ele estava no *meu* lugar, quando ouviu dos pais dele o que podia ou não fazer, quando ouviu que sua tão amada máquina fotográfica era apenas um hobby, não uma carreira. Em seu coração, Papa era um artista que tivera os sonhos e paixões roubados porque eram "irreais" e "impraticáveis". Mas ele também conhecia muito bem a crueldade do mundo para com um jovem negro sem estudo. Para tudo que Papa tinha feito, alguém tinha falado que ele não conseguiria. Ele deveria ter arrumado um emprego porque não havia a menor chance de ele abrir o próprio negócio; as pessoas diziam a ele que não havia a menor chance de gente branca trabalhar para *ele*; não havia a menor chance de supermercados de verdade comprarem gelo de um homem negro. Ele passou a vida lutando contra um vento contrário feroz de dúvida e desencorajamento, mas fez tudo mesmo assim.

— Então, isso é o que vamos fazer — começou Papa. — Você tem um ano. Sua mãe falou que consegue fazer as faculdades segurarem a vaga até setembro do ano que vem. Nós vamos te ajudar e apoiar com tudo o que você achar que precisa para ter sucesso. Mas, se dentro de um ano isso não der resultados, você vai para a faculdade que a sua mãe escolher. Isso funciona para você?

Na minha mente um ano era uma eternidade. Eu estava incrédulo.

Ele se virou para Mãe-Mãe.

— Isso funciona para você?

Mãe-Mãe evidentemente não amava a ideia, mas era uma concessão que mantinha os sonhos dela vivos. Ela só disse uma palavra.

— Sim.

E então Papa voltou ao trabalho.

Minhas experiências com o meu pai são agridoces, para dizer o mínimo. Mas, naquela noite, na cozinha da avenida Woodcrest, nº 5.943, ele mostrou as habilidades de liderança mais sofisticadas que já vi.

Aquilo era o que um pai deveria ser.

Algumas semanas depois, Mãe-Mãe ligou para o reitor da Universidade de Wisconsin, uma faculdade que tinha aceitado a minha inscrição. Ela contou tudo ao reitor.

— É terrível — disse ela. — O meu filho quer ficar um ano sem estudar. Ele está fazendo um negócio chamado "rap". Ele tem um agente e uma empresa está pagando a ele para gravar um disco. Tudo soa muito suspeito para mim, mas gostaríamos de saber se você poderia segurar a vaga dele até setembro de 1987.

O reitor escutou pacientemente.

— Eu acho que isso é incrível, Sra. Smith.

— O quê? — disse Mãe-Mãe.

— Para um jovem dessa idade? Ele *nunca* teria esse tipo de experiência de vida aqui. Ele *definitivamente* deveria fazer isso.

Minha mãe ficou chocada.

— E certamente guardaremos uma vaga para ele. Se o disco dele não der certo, ele pode frequentar a universidade ano que vem. Sem problemas.

Algumas semanas depois, no início de maio, cerca de um mês antes da minha formatura, eu estava ensacando gelo na ACRAC. Caso você esteja se perguntando, ensacar gelo é tão chato e monótono quanto parece. E você *sempre* fica com dor nas costas. A pá de alumínio aguentava quase dois quilos de gelo; duas pás e meia cabiam num saco de quatro quilos, que você então precisava rodar para torcer a parte de cima e então largava na máquina de fechamento e jogava o saco num carrinho de compras. Se você os empilhasse corretamente, dava para colocar 24 sacos num carrinho. Então você precisava empurrar o carrinho até o freezer, tirar os sacos um de cada vez do carrinho e empilhá-los. Em dois turnos de quatro horas, uma pessoa conseguia encher de duzentos a quinhentos sacos. É repetitivo e você meio que desliga depois de algumas horas fazendo isso.

Sempre gostei de fazer esse trabalho durante a noite por ser quando a rádio Power 99 tocava hip-hop. Eu ouvia a contagem regressiva do programa "Top 9 às 9", me perdendo em meu próprio mundo e me mantendo em dia com as novidades do hip-hop. Eu cantava junto, memorizando minhas músicas favoritas, trabalhando no ritmo da música, inventando minhas próprias rimas.

Mas, naquela noite, eu estava quieto. Pela primeira vez entendia o velho ditado "Cuidado com o que deseja, porque pode se tornar verdade". Havia defendido meu ponto de vista para os meus pais e eles tinham cedido. Mas agora precisava provar que estava certo.

"Número cinco-cinco-cinco-*cinco*! Estamos com a novíssima música de Kool Moe Dee, 'Go See the Doctor'."

I . . . was . . . walking down the street, rocking my beat,
clapping my hands and stomping my feet.
I saw a little lady, so neat and petite,
she was so sweet, yes, I wanted to meet[2]

Ou seja, eu sou tão bom quanto Kool Moe Dee, pensei, tentando me animar. Mas Mãe-Mãe tinha invadido a minha cabeça. *E se ela estiver certa? E se ser rapper realmente não for uma carreira? E só um ano? Seria o bastante? Esse último ano passou voando. Talvez eu devesse ir para a faculdade. Eu fiz tudo isso com Jeff enquanto frequentava o ensino médio... Talvez eu possa ir pra faculdade e continuar fazendo música.*

Pá, saco. Pá, saco. Pá, saco.

Não quero morar na casa dos meus pais. Preciso do meu próprio canto, do meu próprio dinheiro, meu próprio carro...

"Número QUAAATROOOOOOOO!!! Os Beastie Boys estão de volta com 'Hold It Now, Hit it'."

Now I chill real ill when I start to chill,
When I fill my pockets with a knot of dollar bills
Sippin' pints of ale outta da windowsill
When I get my fill I'm chilly chill[3]

Pá, saco. Pá, saco. Pá, saco.

Cara, eu definitivamente sou tão bom quanto os Beastie Boys. Mas eles estão tocando na rádio, e eu estou ensacando gelo. Talvez ensacar gelo seja o meu destino. Mas, cara, se eu estiver preso aqui com Papa em dez anos vou cortar minha cabeça fora com o fio cego dessa pá de gelo.

---

2 *Eu... estava... andando pela rua, balançando no meu ritmo, / batendo palmas e batendo os pés. / Eu vi uma jovem senhorita, tão arrumada e pequena, / ela era tão doce, sim, eu queria conhecê-la.*

3 *Agora eu fico arrepiado quando começo a relaxar, / Quando encho os meus bolsos com um maço de dólar / Bebendo cerveja na janela / Quando pego a minha caneca cheia, fico de boa com ela.*

Quer dizer, Run-DMC e os Beastie Boys devem ter tido suas próprias versões de ensacamento de gelo, né? Ou talvez sejam frutos do acaso, um em um milhão...

"Número-número-número TRÊS!!! Ouçam essa, pessoal — quentinho, direto das prensas do álbum de estreia do Stetsasonic, o disco *On Fire*, essa é nova, vocês têm pedido por ela, que se chama 'My Rhyme'."

Mas eu sou um em um milhão. Jeff é um em um milhão. Mãe-Mãe não é meu público-alvo. Como ela saberia dizer se um rapper é bom ou não? Ela tá julgando algo que nem entende. E a Melanie? Não dá pra continuar com uma namorada se você tá indo embora pra faculdade. Ela vai achar outro cara em duas semanas.

Pá, saco. Pá, saco. Pá, saco.

"E estamos de volta com o número DOOOOOOOIIIIS!! É uma das velhas favoritas de vocês, isso mesmo, 'My Adidas' do RUN! D! M! C!"

Essa era a minha música; isso me tirou do meu devaneio. Voltei a trabalhar no ritmo da música, cantando junto.

My Ahhhh-didas walk through concert doors
And roam all over coliseum floors
I stepped on stage, at Live Aid
All the people gave, and the poor got paid[4]

Minha pá ficou mais veloz de forma involuntária.

Esse *é o poder do hip-hop*, pensei.

My Adidas touch the sand of a foreign land
With mic in hand
I cold took command[5]

Mas a minha fantasia durou pouco. Não conseguia tirar Mãe-Mãe da cabeça. Eu falhei em protegê-la de Papa. Não tive coragem para ir

4 *Meus Ahhhh-didas passando pelas portas do show / E perambulando por todo o piso do Coliseu / E no palco do Live Aid eu subi / Todo mundo doou, e os pobres ganharam dinheiro, eu vi.*

5 *Meus Adidas tocaram a areia de uma terra estrangeira / Com um microfone na mão / Eu controlo a coisa inteira.*

junto quando ela foi embora. E agora toda a esperança que ela tinha em mim, os sonhos que tinham dado força a ela apesar de todas as suas dores e problemas, eu desprezava. Não conseguia me livrar da sensação de que a estava decepcionando de novo.

"My Adidas" chegou ao fim e a rádio Power 99 foi para os comerciais. Percebi que tinha perdido o final da música.

Caramba, pensei. *Nem mesmo "My Adidas" conseguiu me dar um gás dessa vez.*

Levei o último carrinho até o freezer. Tinha terminado por aquela noite. Contei os sacos enquanto os comerciais tocavam — promoções de colchões, "bota-fora".

Talvez eu possa vender colchões, pensei. *Não deve ser difícil fazer essa merda. Eu poderia fazer raps de colchão.*

Portas abertas para uma boa noite de sono,
Temos camas de todos os tipos, ofertas do dono

Joguei a pá em um canto, fechei as máquinas.

"E estamos de volta, com a contagem regressiva 'Top 9 às 9'! Esta noite, temos um novato na contagem..."

Ao desligar as luzes, percebi que não estava encontrando as minhas chaves. Já tinha perdido as chaves algumas vezes, e Papa tinha ido me buscar. Eu estava apavorado com a ideia de ter que ligar para ele me buscar. Aqui estava eu, exigindo a minha independência, mas prestes a ligar para que o meu papaizinho viesse me buscar porque não encontrava a porcaria das minhas chaves.

"Os telefones não pararam de tocar o dia todo por causa de vocês pedindo pra ouvir esses caras, então se preparem para os nossos vizinhos, direto de Philly, *DJ Jazzy Jeff and the Fresh Prince*. Essa é... 'Girls Ain't Nothing but...'"

Eu congelei. Meu queixo caiu, e, por algum motivo, meu coração batia com força. Eu queria gritar, eu queria pular, mas, ao mesmo tempo, não queria fazer nada que atrapalhasse o universo, correndo o risco de a música parar de tocar na rádio. Então aquelas palavras vieram.

Aquelas palavras que eu conhecia tão bem e já havia repetido centenas de vezes, talvez milhares de vezes antes, começaram a sair do rádio.

Listen, homeboys, don't mean to bust your bubble
But girls of the world ain't nothin' but trouble![6]

Era a minha voz. Aquele era eu. Na rádio. *Eu. Minhas rimas. Minha voz*! Eu queria ligar para as pessoas, mas não queria perder a música.

Just last week when I was walking down the street
I observed this lovely lady that I wanted to meet[7]

Corri para fora; queria agarrar alguém, contar a alguém: "ESSE CARA SOU EU, PESSOAL, SOU EU."

Mas eram dez da noite, não havia ninguém lá fora. Comecei a dar risinhos, uma reação automática que tenho até hoje quando me vejo em situações extremamente emotivas. Não conseguia parar de rir. Uma risada feliz, cheia de alegria. O prazer de uma criança ao acordar na manhã de Natal. A alegria da descoberta. Da esperança renovada. De uma nova vida.

A felicidade de estar certo sobre mim mesmo.

---

6 *Escuta, rapaziada, não quero causar dilemas / Mas as garotas só trazem problemas!*
7 *Na semana passada quando desci a rua pra espairecer / Vi essa moça que eu logo quis conhecer.*

Capítulo 6

IGNORÂNCIA

A gente não sabia merda nenhuma.

O ônibus da turnê parou na Woodcrest. Concordamos em nos encontrar na minha casa porque a minha rua era a mais larga. Minha família inteira compareceu para despachar a gente. Mãe-Mãe, Papa, Gigi, Ellen, Harry; Pam também estava em casa naquela época. Mas Melanie falou que não aguentaria me ver partindo — nos despedimos na noite anterior.

O pessoal da vizinhança nunca tinha visto um ônibus de turnê antes, por isso todos se amontoaram em volta, olhando os pneus, espiando o compartimento de bagagens e conversando com o motorista.

De alguma forma, Dana tinha conseguido. "Girls Ain't Nothing but Trouble" bombou na rádio local em maio de 1986 — finalmente. Quando foi lançada em março, ela não recebeu muito destaque, mas no fim de maio pegou fogo. Ouvimos dizer que estava sendo tocada em Delaware, Nova Jersey e até mesmo em Nova York.

Eu me formei no colégio em junho, o que quer dizer que por um mês inteiro como graduando tive um hit tocando no rádio (isso é poder demais para um garoto de 17 anos). Ao descer apressado do palco com beca e chapéu de formatura e acenando com o meu diploma, corri para abraçar Mãe-Mãe. Mas ela de zoeira se recusou a me abraçar, pegou o diploma da minha mão e falou:

— Moleque, isso aqui é MEU.

Por volta de julho, Dana me trancou junto com Jeff no Studio 4 no centro da Filadélfia para gravar o nosso primeiro álbum, *Rock the*

House. Como Jeff e eu vínhamos trabalhando em músicas desde o dia em que nos conhecemos, terminamos o disco na velocidade da luz. Mas Dana ficava mexendo nas músicas, remixando, fazendo reengenharia e, por fim, arruinando toda a produção. Nosso relacionamento já vinha azedando, mas não tínhamos tempo para pensar nisso. Tínhamos um hit e precisávamos descobrir como ganhar dinheiro com isso.

Fizemos alguns shows pela Costa Leste com LL Cool J e Whodini, incluindo algumas bilheterias esgotadas em Nova York. Daí, fechamos nossa primeira turnê completa: abriríamos para o Public Enemy e 2 Live Crew, dois dos maiores grupos de hip-hop do país na época.

Enchemos nosso ônibus de turnê com as nossas bagagens. Minha família biológica me passou para a minha nova família do hip-hop de forma quase cerimonial. JL era meu novo "pai" — ele era o mais maduro, o adulto do grupo. Deu a Mãe-Mãe e Papa o nosso itinerário, incluindo a rota do ônibus, os nomes dos hotéis e os números de telefone, os endereços dos locais de apresentação e as datas, os nomes dos agentes e as informações de contato.

JL tinha 21 anos, quase 22. Era o mais velho, e Mãe-Mãe e Papa ficaram aliviados por ele estar no comando. Omarr era o mais novo — tinha só 16, e mesmo nessa idade o estilo dele já era demais. Sempre estava com as roupas mais legais e até hoje é a única pessoa que conheci que viajava com um ferro de passar. A maioria dos grupos tinha pelo menos dois dançarinos por questão de simetria no palco, mas a cirurgia na perna de Omarr foi tão boa que só precisávamos dele. Nós dois tínhamos crescido a dez casas de distância um do outro; ele tinha testemunhado a maior parte da minha vida até então. Omarr me viu passar pela fase da bicicleta Raleigh Choppers e as botas de caubói; ensacou gelo para o Papa; até tinha mentido para mim enquanto eu era enfiado em uma ambulância. "Ah, sim, cara, definitivamente, você *definitivamente* enterrou aquela bola."

Ele se formaria no ensino médio no ano seguinte, por isso JL precisou ir até sua casa para prometer à sua mãe que ele continuaria fazendo o dever de casa e manteria o seu status de aluno exemplar (foi o que a Srta. Brown — que já tinha desempenhado um papel fundamental na criação do nome Fresh Prince — exigiu para deixar que Omarr saísse em turnê com a gente).

— Sra. Rambert, a senhora não precisa se preocupar — disse JL para a mãe de Omarr. — *Eu* me formei em Overbrook; *Will* se formou em Overbrook; e eu te dou a minha palavra: vou garantir que *Omarr* se forme lá também.

Ao longo do ano seguinte, JL ajudou Omarr com o dever de casa em quartos de hotel, ônibus da turnê, paradas, e eles até perderam um dia no parque Six Flags Over Georgia por culpa de Pitágoras.

Ready Rock tinha caído na gandaia na noite anterior; ele estava exausto. Jogou as malas no ônibus e apagou na cama antes mesmo de sairmos.

Jeff tinha arrumado estojos Anvil novinhos para transportar os toca-discos, vinis e beatboxes. Com toda a minha empolgação, eu não notei, mas Jeff estava quieto e ensimesmado naquele dia. Anos mais tarde ele nos contaria que, por conta da infância que tivera, toda vez que saía de Philly sofria violentos ataques de pânico, entre outras reações físicas. Tinha crises de vômito que duravam de trinta a quarenta minutos, mas nunca comentava nada.

Decidimos que, se íamos viajar por todas aquelas cidades estranhas, não seria sensato ir sem um segurança. E naqueles primórdios do hip-hop, "um segurança" era aquele seu amigo mais alto e incapaz de sorrir. O nosso era Charles Alston, também conhecido como Charlie Mack.

Charlie Mack tinha sido criado em South Philly, uma das partes mais barra-pesada da cidade. Seus pais eram separados e ele morava com a mãe. Eles se mudaram muito nos primeiros anos da infância de Charlie, até que o caos doméstico o empurrou para as ruas.

Charlie começou a vender drogas nas esquinas quando tinha apenas 11 anos. Não muito tempo depois passou a andar armado e a vender drogas mais pesadas. Quando o conhecemos, Charlie tinha 2m de altura, uns 135kg e ninguém mexia com ele.

Naquele dia ele apareceu com um saco de lixo verde cheio de notas de um e cinco — evidentemente os lucros da noite anterior, obtidos com o fornecimento de produtos farmacêuticos à vizinhança. Ele estava com o saco de lixo pendurado por cima do ombro feito um Papai Noel do gueto.

— Charlie. Você *não pode* andar por aí carregando uma bolsa cheia de dinheiro — disse JL.

— Como assim, como assim, do que você tá falando? Não vou pra canto nenhum sem minha grana — resmungou Charlie.

A voz de Charlie é muito grave, e ele fala rápido *demais* para alguém de 2m. E quando se empolga, não tem problema algum em repetir a mesma palavra ou frase quantas vezes forem necessárias até você ceder. "Cara cara cara cara, e de novo, e de novo, peraí peraí peraí peraí peraí." Isso faz *qualquer um* parar na hora — o timbre e a velocidade da repetição não ajudam a entender as palavras, mas magicamente fazem o ouvinte concordar.

Por isso deixamos ele se acalmar — eu, Jeff e JL conversamos com ele mais tarde. Falamos sobre os nossos sonhos e o que esperávamos construir juntos. Oferecemos a Charlie uma escolha: ele poderia continuar sendo traficante, ou poderia tentar a sorte com a gente e construir uma vida de verdade. Não podíamos pagar a ele o mesmo que ele ganhava nas ruas, mas, quando pudéssemos, prometemos que assim o faríamos.

Charlie fez uma pausa; estava visivelmente colocando a vida inteira na balança. Ele também tinha sonhos. E em algum recanto profundo, escondido em sua alma, sabia que estava vivendo abaixo do próprio potencial — só precisava que alguém lhe desse esse toque.

— Acho que posso colar com vocês — disse ele.

No fim ele devotou a vida a DJ Jazzy Jeff and the Fresh Prince. Mais tarde, esse compromisso se provaria um tanto conturbado. Mas uma coisa mudou daquele dia em diante: ele nunca mais vendeu drogas.

* * *

As malas finalmente estavam todas no bagageiro. Todo mundo já tinha se despedido. O grupo estava pronto. Abracei a minha família e entrei pela porta do ônibus. Três degraus emborrachados sujos, o limiar para a minha nova vida, um portal estelar, que me transportava da minha infância para o infinitamente desconhecido — sozinho, onde Papa não poderia mais me machucar, mas onde também não poderia mais me proteger. Longe da vergonha de falhar com a minha mãe, longe do medo nos olhos dela que pareciam dizer *Ele está arruinando a própria vida.*

Conforme as portas se fechavam, vislumbrei os olhos de Gigi. Ela deu aquele sorriso que vi na Igreja Batista da Ressurreição em cada domingo da minha vida.

— Apenas lembre-se, Amorzinho — disse ela —, seja bom com todos que encontrar no caminho para o topo, porque você pode passar por eles de novo no caminho para baixo.

O sol se punha enquanto nosso ônibus chacoalhava pela ponte da Baía de Chesapeake. A Pensilvânia deu lugar a Delaware, Delaware deu lugar a Maryland, e o sentimento inicial de animação se aquietou. O murmúrio da estrada ninou meu coração até um estado de devaneio.

Um pensamento tomou conta de mim: *Eu estou no comando agora.*

Nunca tinha me apaixonado como tinha acontecido com Melanie Parker. Queria construir uma vida para nós, protegê-la do caos no mundo. Queria fazer as coisas do jeito certo.

Desde os meus 5 anos, sempre quis me casar. Queria ter uma família. Mesmo nas brincadeiras de infância com os meus irmãos. Costumávamos brincar de "Família Branca". Ellen era "Kathy", Harry era "Dickie" e eu era "Junior".

Mais tarde, as minhas fantasias adolescentes nunca envolviam muitas namoradas ou orgias selvagens. Minhas fantasias sempre envolviam *uma* mulher. Queria cobri-la com a minha devoção e completa e indivisível afeição. Queria ser o melhor homem que ela já conheceu — queria realizar todos os seus sonhos, resolver todos os problemas, fazer toda a dor desaparecer. Queria que ela me *idolatrasse*. Queria ser tão confiável e verdadeiro emocionalmente que até mudaria a opinião dela a respeito de *todos* os homens. E se eu pudesse matar um dragão por ela, escalar seus cabelos, entrar no castelo fortemente protegido e então fazer o meu beijo funcionar como antídoto para o veneno que ela tivesse ingerido, isso teria sido a cereja no meu bolo de amor.

Eu tinha 18 anos.

Desde o dia em que a conheci, Melanie tinha sido o centro da minha vida. Curar a dor do trauma dela se tornou a minha constante preocupação. O sentimento no olhar de Melanie substituiu a aprovação de Gigi. Sempre precisei ter uma mulher para agradar. Quando me apresentava em algum show, me apresentava para Melanie. Quando comecei a ganhar dinheiro fazendo rap, na minha cabeça estava ganhando dinheiro para ela. Limitei a minha autoestima à escala de sua felicidade. Se ela estivesse feliz, isso queria dizer que eu era uma boa pessoa. Se ela estivesse infeliz, isso queria dizer que eu era um monstro.

Chegamos em Tallahassee na primeira parte da turnê pelo Sul. Os outros caras iam cedo para o local do show para montar os equipamentos e testar o som, e como tudo o que eu tinha que fazer era cantar rap, eu podia chegar 45 minutos antes da apresentação. Naquela primeira noite, entrei no camarim e me deparei com a turma toda sentada ao redor de seis ou sete garotas. Jeans da Jordache e brincos de argola para onde se olhasse. O camarim tinha o cheiro da seção de perfumes da loja Merry-Go-Round.

Eu educadamente pedi a Keisha, Mercedes, Cinnamon e as outras que saíssem. E convoquei uma reunião em grupo.

— Precisamos definir regras — falei. — Não quero garotas no camarim; nada de garotas no ônibus; e também não quero garota nenhuma em nenhum andar do hotel em que estivermos hospedados. Não quero sentir cheiro de perfume nenhum nem escutar risadinha nenhuma. Estou apaixonado por Melanie, estamos num *relacionamento*, e não estou aqui de fuleiragem.

Os caras todos meio que se entreolharam como se estivessem dizendo *Ele não pode estar falando sério*. Ready Rock levantou a mão, e eu apontei para ele.

— Que foi, cara?

Ready Rock, um pouco confuso, falou:

— Então a gente traça as groupies aonde?

— Espero que faça isso no mesmo lugar onde vai se livrar dessa preposição — respondi.

— Will, isso é loucura, cara — disse Charlie Mack. — Você não veio aqui sozinho. Isso envolve todos nós. Como é que vai tomar decisões unilaterais?

— Olha, cara, eu vou pedir essa menina *em casamento*; a gente vai se *casar*. E eu *não vou* colocar tudo a perder por umas hienas taradas do gueto.

— Irmão, eu respeito você estar apaixonado e tudo mais — rebateu Omarr —, mas isso não faz de mim hiena nenhuma.

Eu estava agindo feito um coroinha. E os caras não gostaram *nem um pouco* disso. Mas, quando a minha mente cisma com uma ideia — e quando me comprometo com ela — só restam duas opções: ou eu completo a minha missão...

Ou eu morro.

A gente não sabia merda nenhuma.

Não sabíamos que você mesmo precisava pagar o motorista do ônibus, caso contrário ele poderia simplesmente ir embora. Não sabíamos que algumas casas de show ficavam com a maior parte do dinheiro — mentindo sobre o número de ingressos vendidos naquela noite. Não sabíamos que uma plateia descontrolada atiraria coisas se não gostasse de você — moedas, garrafas, pilhas, sapatos e até mesmo um explosivo M-80, numa apresentação em Oakland. Não sabíamos que existia todo tipo de leis de toque de recolher e regras sindicais em diferentes estados, o que queria dizer que seu show seria sumariamente interrompido se você não calasse a boca e saísse logo do palco. Não sabíamos que você precisava molhar a mão dos caras da segurança se não quisesse que as suas coisas sumissem. Não nos tocamos que um centímetro no mapa equivalia a 12 horas num ônibus de turnê.

Dizem que a *ignorância é uma benção*.

E talvez seja... até *não ser* mais.

Em geral nos punimos por não saber das coisas. Sempre reclamamos sobre o que poderíamos ou deveríamos ter feito, e como *aquilo* que fizemos foi um erro tremendo, aquela coisa *imperdoável*. Nos julgamos por sermos *tão* idiotas, nos arrependendo de escolhas e lamentando as decisões terríveis que tomamos.

Mas a realidade é uma só: *a vida é assim*. Viver é a jornada que vai do não saber até o saber. Do não entendimento ao entendimento. Da confusão à compreensão. Pela forma como o próprio mundo existe, você nasce numa situação desconcertante, desnorteado, e tem uma tarefa como ser humano: desvendar essa merda toda.

A vida é aprendizado. Ponto-final. Superar a ignorância é o grande objetivo da jornada. *Não se espera* que você saiba tudo no começo. O grande objetivo de se aventurar pela incerteza é trazer luz à escuridão da nossa ignorância. Escutei uma frase muito boa uma vez: a vida é uma escola, só que com uma diferença — na escola você aprende a lição e faz uma prova. Na vida você passa primeiro pela prova, e seu trabalho é aprender a lição.

Esperamos ter muito conhecimento, sabedoria e a sensação de certeza antes de nos aventurarmos. Mas essa visão está equivocada: é nos aventurando que adquirimos conhecimento.

Nos anos seguintes, nossa ignorância fez chover um dilúvio de dor e sofrimento. Mas quando olho para trás, vejo que não poderia ter sido de outra forma. A vida só ensina por meio da experiência.

Por isso, mesmo quando você não faz a menor ideia do que está fazendo, só precisa respirar fundo e entrar na porcaria do ônibus.

Você não encontraria três artistas mais diferentes para colocar num palco do que DJ Jazzy Jeff and the Fresh Prince, Public Enemy e 2 Live Crew. Mas o hip-hop era assim naquela época.

Eu me vi estudando mais o público do que os artistas. Estávamos tocando diferentes aspectos do espírito humano.

O Public Enemy despertava a consciência social — as pessoas batiam os pés, gritavam e berravam, dando vazão à insatisfação com as autoridades. Percebi como a necessidade de segurança no local — especialmente no Sul — se acentuava quando Chuck D instigava o público a protestar contra o nosso sentimento geral de injustiça.

Como parte do show eles tinham um dublê vestido de membro da Ku Klux Klan. Eles faziam uma encenação na qual esse homem era condenado por seus crimes contra a humanidade, até que, no momento mais chocante, eles colocavam uma corda em seu pescoço e o enforcavam no palco. Por trinta segundos o corpo sacudia e convulsionava no ar, enquanto a multidão assistia até o último tremor. E então, silêncio, o corpo sem vida pendurado no meio do palco... e no fim:

SIM! O ritmo, o rebelde![8]

Chuck D começava a cantar "Rebel Without a Pause" enquanto o *caos* e o *pandemônio* se instalavam. E, embora eu tenha presenciado outras apresentações que se *igualassem* em intensidade, *nunca* vi uma que ultrapassasse o que o Public Enemy despertava.

O 2 Live Crew dialogava com um tipo diferente de energia. Luther Campbell, também conhecido como Luke Skyywalker ou Uncle Luke, chegava no palco e gritava para o público: "Eeeeeeeiiii!?" E 15

8 *YES! The rhythm, the rebel!*

mil pessoas gritavam: "QUEREMOS BUCETA!!" Incluindo, provavelmente, as oito mil mulheres presentes. (Ainda não consigo entender isso até hoje.) Nunca tínhamos ouvido falar no 2 Live Crew, mas, ainda assim, na Flórida eles eram a atração principal. O single de sucesso deles se chamava "We Want Some Pussy". Eles davam permissão ao público para soltar sua luxúria, pelo menos verbalmente. Isso era ainda mais amplificado pela simulação de atos sexuais inclusa em suas apresentações. E se eu for falar a real, em algumas noites eles simplesmente deixavam de fora a parte da *simulação*.

Mas o que realmente prendeu a minha atenção foi quão inteligente todo mundo era. Aquela era uma época na qual as "autoridades" — fosse o governo, os empresários, a polícia, e mesmo muitos pais — viam com desdém e temor a crescente influência do hip-hop e seus artistas. Os shows de rap foram submetidos a críticas pesadas, principalmente quando viajamos pelos estados do Sul. Quando se está em turnê com Public Enemy e 2 Live Crew pela Geórgia, Carolina do Sul, pelo Mississippi e Alabama, pode ter certeza de que o seu traseiro será submetido a críticas pesadas.

Antes dos shows no Sul, sempre havia reuniões com xerifes e chefes de polícia para nos informarmos das leis locais e dos estatutos que regiam a conduta tolerável no palco. Fomos informados de que qualquer infração acarretaria no encerramento imediato da apresentação, e seríamos retirados do palco à força e presos. Nem preciso dizer que tanto a demonstração de atos sexuais quanto o falso enforcamento de um membro da Ku Klux Klan eram vistos com maus olhos no Mississippi.

Dado o alto risco, as reuniões inevitavelmente descambavam para o debate social e a interpretação jurídica. Chuck D conhecia a lei — ele conhecia as associações de moradores, os líderes comunitários e acadêmicos da lei armando-o com contra-argumentos e as informações necessárias para defender seu direito à liberdade de expressão. E quando todo o resto falhava, ele tinha o dinheiro da fiança já separado. Mas o que *não aconteceria* era algum xerife local dizendo que ele não poderia fazer a sua apresentação como bem entendesse. Ele "enforcou" um membro da Klan em todos os shows daquela turnê.

Luke Skyywalker, por outro lado, *queria* ser preso. Ele via isso como uma publicidade extremamente eficaz. Uncle Luke era um homem de negócios brilhante; era dono da própria gravadora, distribuidora, agência e grupo de merchandising, sem contar barbearias, supermercados e boates. Ele ainda não tinha descoberto como expandir o seu negócio para além do cerco regional. Mas sabia que, se fosse preso em Macon, Geórgia, os ingressos em Baton Rouge e Shreveport, Louisiana, esgotariam 24 horas após a manchete ser publicada. (E, de quebra, ele se divertia bastante no palco.) Também estava bem ciente do holofote nacional e internacional que havia sobre a questão da arte *versus* moralidade. Tipper Gore, então esposa do senador Al Gore, liderava o ataque contra o uso de profanidades no entretenimento. As regras da Comissão Federal de Comunicações proibiam a reprodução de profanidade, e o 2 Live Crew não tinha uma única música *sem* profanidade. (Até donos de lojas estavam sendo presos por crime de obscenidade por venderem os discos deles.) Então, Uncle Luke comprou um barco, montou uma estação de rádio nele e o manteve em águas internacionais, onde poderia transmitir suas músicas legalmente para todo o país. Luke enxergou o 2 Live Crew como estando no epicentro daquela batalha e decidiu usar isso como combustível para expandir seu negócio globalmente.

Mais tarde, o Tribunal de Apelações dos Estados Unidos decidiu que o rap estava protegido pela Primeira Emenda. (Mais de vinte anos depois, Luther Campbell acabou se candidatando a prefeito do condado de Miami-Dade.)

Eu me lembro de sentar nessas reuniões cheio de vontade de levantar a mão e dizer: "Com licença, Sr. Xerife Policial, o senhor não precisa olhar pra mim, porque a minha avó concorda com o senhor. Mas, para ser sincero, o senhor provavelmente já pode prendê-los agora mesmo. Porque o Chuck definitivamente vai fingir que enforca um membro da Klan hoje, e o Luke nunca que vai passar do primeiro refrão sem deixar as próprias bolas de fora.

"Já o nosso show, caro Sr. Policial, é de boa, sadio, diversão pra toda a família. Jeff é o melhor DJ do planeta. Ready Rock C consegue fazer a música-tema de Sanford & Son soar como se estivesse debaixo d'água!

Omarr não conseguia nem andar quando tinha 6 anos, mas agora ele é o melhor dançarino desde... Quem você conheceria?... Quem é um bom dançarino branco?... Desde Fred Astaire! E se já houve na Terra um moleque preto que você desejou que a sua filha, Becky Sue, levasse para casa, eu te prometo que sou eu. Você não vai ter problema algum com a gente. Já podemos sair daqui?"

Eu não me lembro de JL sequer abrindo a boca em alguma dessas reuniões. Em vez disso, enchia páginas e páginas de anotações. Estudava cada palavra; mais tarde voltava para reler os estatutos; ele se encontrou com os agentes do Public Enemy; fez amizade com os promotores da turnê; inquiriu Luke Skyywalker sobre as vantagens e desvantagens entre grandes gravadoras e autodistribuição. JL passou a ir cada vez menos com a gente dar uma de turista em boates ou parques de diversões, e mais e mais tempo estudando cada aspecto da indústria musical.

Sair em turnê abriu os nossos olhos para a indústria musical e os detalhes complexos de seu funcionamento. O Public Enemy tinha uma empresa de agenciamento, contadores, representantes de artistas e repertório e gerentes de turnê. Nós só tínhamos o JL. A Word-Up Records, o selo de Dana, ainda não tinha assinado com nenhum outro artista; Dana não nos dizia quantos discos tínhamos vendido. Nosso disco ainda não estava disponível em nenhuma loja fora de Philly.

Mas a última gota para mim aconteceu quando descobrimos que Dana não estava retornando as ligações de Russell Simmons.

Naquela época, Russell Simmons era, talvez, a pessoa mais importante no mundo do hip-hop. Ele vinha representando artistas e produzindo discos desde 1977. Era cofundador da Def Jam Records, o maior selo de hip-hop dos anos 1980. E tinha preparado, gerenciado e produzido todos os grandes nomes, como os Beastie Boys, Run-DMC, LL Cool J e Whodini.

Aparentemente, Russell vinha tentando entrar em contato com a gente havia meses, mas nenhuma das mensagens dele chegava até nós porque Dana estava no meio.

Ficamos putos.

Russell simplesmente *amava* DJ Jazzy Jeff and the Fresh Prince. Ficava elogiando a primeira estrofe de "Girls Ain't Nothing but Trouble", na qual eu digo: *"Aw my eye, my eye / man this guy just walked to me and punched me in my eye, man / He said I was just trying to talk to his girl / I don't even know her, man!"*[9] "Essa é a coisa mais doida que já ouvi", disse Russell. "Que rapper admite que levou um soco no olho?"

Russell reconhecia a nossa franqueza, vulnerabilidade e humor autodepreciativo — coisas que não se ouviam no hip-hop daquela época — como um passaporte para lugares nos quais os rappers nunca tinham chegado. Russell queria trabalhar conosco; infelizmente, Dana se recusava a falar com ele.

Sempre me surpreendi com as reações opostas de JL e Dana ao entusiasmo de Russell. Enquanto Dana se sentia ameaçado pelo interesse de Russell, JL via Russ como um possível professor e um portal para novas oportunidades.

E JL tinha um plano: ainda que Dana controlasse a gravação da nossa música, JL controlava a nossa carreira. Ele concordou em entregar o gerenciamento de DJ Jazzy Jeff and the Fresh Prince para Russell Simmons e Lyor Cohens na Rush Management sob três condições: (1) que colocassem Jazzy Jeff and the Fresh Prince em turnê com o maior artista deles; (2) que contratassem JL para cuidar da nossa conta; e (3) que ensinassem a JL sobre a indústria musical.

Russell concordou.

É doloroso quando pessoas com as quais me importo perdem a oportunidade de se elevarem. Eu já estive nesse tipo de situação umas cinquenta vezes na minha carreira. Estou tentando subir e voar o mais alto que for humanamente possível, e quero levar as pessoas que amo junto comigo. Mas invariavelmente, em momentos críticos, quando a necessidade de ascender se apresenta, algumas pessoas — como JL —, chamam a responsabilidade para si enquanto outras desistem. Seja porque não enxergam o todo, ou porque não conseguem dar conta do novo desafio, ou porque estão aprisionadas em alguma narrativa der-

9 *Ai, meu olho, meu olho / Mano /, Esse cara chegou aqui e sentou a mão no meu olho, mano / Ele falou que eu tava de olho na mina dele / Eu nem conheço ela, mano!*

rotista, várias vezes sofri a dor de dar adeus da proa de um novo navio enquanto essas pessoas ficavam para trás, paradas na enseada.

— Você precisa tirar a gente desse contrato com Dana — apelei para JL.

— Não funciona assim.

— Então ele pode simplesmente segurar a gente e não tem nada que possamos fazer? Ele não tem nenhum tipo de responsabilidade legal?

— Ele tem um *contrato* — disse JL. — Vocês foquem em gravar músicas. Eu vou achar uma saída.

O hip-hop tinha se tornado um negócio global, e o duo DJ Jazzy Jeff and the Fresh Prince estava pronto para ser embalado e vendido para o mundo. Precisávamos de distribuição nacional e global.

A gravadora Jive Records ficava em Londres. (A Jive mais tarde ficaria famosa por agenciar as carreiras de Britney Spears, *NSYNC e Backstreet Boys, mas lá nos anos 1980 ela era o maior selo de hip-hop da Europa.) Com Dana controlando a nossa gravação nos Estados Unidos, JL orquestrou um acordo de distribuição com a Jive para vender *Rock The House* no exterior. A Jive contratou a Word-Up Records de Dana para ser a distribuidora oficial de DJ Jazzy Jeff and the Fresh Prince nos Estados Unidos.

A princípio, pareceu uma vitória fácil para Dana. Ele continuaria vendendo as nossas gravações nos Estados Unidos, enquanto ganhávamos uma exposição maior no resto do mundo e entrávamos em estúdio por conta da Jive. Basicamente, a Jive cobriria todos os custos, e Dana ainda assim receberia um fluxo de lucros nos Estados Unidos. Dana mal podia esperar para assinar *aquele* contrato. Ele recebeu uma boa grana e vendeu os nossos direitos internacionais para a Jive.

A Jive imediatamente remasterizou e relançou *Rock The House* em março de 1987, com uma nova capa e uma nova injeção de energia, e ele se tornou um grande hit mundial. Ela também conseguiu vender essa nova versão nos Estados Unidos como se fosse uma importação. Dana se deu conta de que tinha optado por um pagamento único em vez do pagamento de royalties, e não tinha nada que pudesse fazer sobre as importações. Por isso exigiu mais dinheiro e ameaçou parar de cooperar com a Jive.

Uma briga na justiça se iniciou. Assim que os advogados analisaram a nossa papelada, viram que eu tinha 17 anos quando assinei o contrato com Dana. Sob a lei da Pensilvânia, ninguém com menos de 18 anos pode assinar um contrato sem um dos pais ou um responsável legal presente. Eu tinha assinado o meu contrato no lobby de um estúdio antes da sessão de gravação, logo, em termos legais, o nosso contrato com Dana nunca tinha existido.

E assim Dana Goodman estava fora dos negócios de DJ Jazzy Jeff and the Fresh Prince.

Dana ficou furioso. Primeiro, culpou a Jive e Russell Simmons. Mas, sem os advogados e o dinheiro para ir atrás deles, decidiu exercer sua vingança na próxima opção disponível: eu.

O pessoal na vizinhança começou a me parar para dizer: "Ei, cara, o Dana tá bem puto. É melhor tomar cuidado."

Então, numa noite, ele chegou na frente da nossa casa, parou o carro, e ficou sentado ali. Eu estava apavorado, mas Papa nem pestanejou. Sem dizer uma palavra, ele abriu a porta, andou até o carro de Dana e se inclinou na janela aberta do lado do passageiro. Papa viu uma arma no painel.

— Posso ajudar? — disse Papa.

— Cadê aquele filho da puta? — respondeu Dana de forma áspera.

— Bem, se o filho da puta que você está procurando for o Will, ele está dentro de casa. Você está convidado a entrar e matá-lo agora mesmo. E a família inteira está em casa também, porque se você encostar no Will, vai ter que matar todo mundo... mas a gente não vai aceitar porra nenhuma de ameaça sua.

Papa imediatamente virou as costas para um homem que poderia facilmente ter atirado nele bem ali e voltou para casa. Não tenho certeza se foi o treinamento militar ou a criação nas ruas de North Philly, mas ele me ensinou uma lição valiosa naquele dia: é melhor morrer do que andar por aí com medo.

Eu estava na sala, espiando pela cortina. Vi Dana engatar o carro e ir embora.

CAPÍTULO 7

AVENTURA

Se este livro fosse um filme, estaríamos chegando na cena em que a música começa a tocar ("For the Love of Money", dos O'Jays) e tudo corre bem.

Nosso herói é incapaz de falhar, ele está subindo com tudo. Cada lance que ele faz é um acerto; todo beijo queima com a paixão de mil sóis; ele não consegue ir ao banco rápido o bastante para sacar cada novo cheque. O nome dele dança nos lábios e ressoa nos ouvidos dos grandes e poderosos — não mais pintado nas laterais das calças, o apelido dele agora salta do peito numa corrente de ouro de 24 quilates decorada com diamantes de origem ética.

Ficou bem evidente naquele ano que ele *nunca* iria para a faculdade.

Nosso disco de estreia, *Rock the House* — liderado por "Girls Ain't Nothing but Trouble" como primeiro single e agora inserido no sistema internacional de distribuição da Jive Records — acabou se tornando disco de ouro (vendendo mais de 500 mil cópias) e depois chegaria à 83ª posição da Billboard 200. E, ainda que isso não fosse considerado um sucesso tremendo na época, a Cinderela tinha chegado ao baile.

Não quero ser o velhote no fundo do bar matraqueando sobre como a música era melhor no tempo *dele*. Sobre como esses jovens não sabem nada sobre o rap *de verdade*. Na realidade, existem estudos científicos sobre o cérebro que teorizam que as canções que escutamos em nossa adolescência ficam gravadas em nossa memória emocional, aumentando o poder nostálgico delas para além de qualquer outro período da vida.

Não é o que está acontecendo aqui. Eu entendo que isso aconteça com outras pessoas. Mas esta não é uma opinião motivada pela dopamina, nascida das memórias saudosas de uma adolescência de conto de fadas. Não! O que *eu* estou dizendo é *objetivamente* e ***factualmente verdade***: o fim dos anos 1980 foi a melhor época na história do hip-hop, ponto-final, fim de papo, amém.

Por favor, permaneçam sentados; permitam-me apresentar o meu ponto de vista.

Desde o momento em que Jeff e eu pisamos naquele ônibus de turnê, no fim de 1986, até o verão de 1988, fizemos quase duzentos shows. E eu gostaria de listar apenas alguns dos ícones do hip-hop com os quais dividimos o palco (leia isso na minha voz "tentando não ser um babaca"):

Run-DMC
LL Cool J
Whodini
Public Enemy
2 Live Crew
Salt-N-Pepa
Eric B. & Rakim
N.W.A
EPMD
UTFO
J.J. Fad
Beastie Boys
The Geto Boys
Heavy D and the Boyz
Sir Mix-A-Lot
Kid 'N Play

MC Lyte
Queen Latifah
Grandmaster Flash
Ice-T
Mantronix and Just Ice
Eazy-E
Too Short
MC Hammer
Doug E. Fresh and Slick Rick
Big Daddy Kane
Biz Markie
Roxanne Shante
MC Shan e a Juice Crew
A Tribe Called Quest
Leaders of the New School
Naughty by Nature

Preciso continuar ou está bom?

Essa foi uma das melhores épocas da minha vida. Tudo era novo — estávamos definindo a cultura. Éramos parte da onda, o tsunami que estava carregando o hip-hop pelo mundo. Cada artista era único — em todo show acontecia algo ainda inédito no hip-hop. Estávamos tocando para plateias em que metade nunca tinha visto alguém fazendo rap antes. Todos ficavam fascinados. Havia uma energia inebriante de descoberta e aventura.

Essa foi uma época rica em primeiros encontros e novas experiências que expandiram a minha mente. A executiva que cuidava da nossa conta na Jive era uma japonesa chamada Ann Carli. De início, Jeff e eu ficamos um pouco confusos com a forma como ela iria guiar as nossas carreiras, e então ela começou a falar. Ann tinha estado no coração da explosão inicial do hip-hop em Nova York. Ela alimentou a mim e Jeff com uma dieta global de diferentes estilos de hip-hop. Eu podia sentir o meu espírito de aventura despertando. Descobri a importância vital de viajar — isso nos dá distanciamento crítico. Coisas que tinham sido problemas debilitantes na minha mente nas ruas de West Philly mal existiam numa arena de rodeio em Omaha, Nebraska. Prometi a mim mesmo que iria comer o que os locais comessem onde quer que eu fosse. Já comi carne de crocodilo frita; lesmas do mar, camelo e grilos cobertos de chocolate. (Tudo tem gosto de frango. Não, na verdade não tem — eu só queria soltar essa frase.) Queria ver e fazer tudo.

Na trilha do sucesso moderado porém inegável de *Rock the House*, a Jive Records estava ansiosa para que gravássemos o próximo álbum o quanto antes. No outono de 1987, nossa primeira viagem para fora dos Estados Unidos foi marcada — seis semanas em Londres, onde ficava a sede da Jive, para gravar nos estúdios da empresa.

Mas duas semanas antes da nossa partida fui acordado com aquele tipo de ligação à uma da manhã na qual até o tom do toque do telefone faz o coração disparar. Era JL.

— Jeff sofreu um acidente de carro — disse ele.

Desorientado, respondi:

— O que aconteceu? Cadê ele? Ele tá bem?

— Não sei; estou indo para o hospital; te ligo de volta.

Naquela época não existia mensagem, não dava para se comunicar com as pessoas do carro, com informações em tempo real de como estavam aqueles que amamos. Você apenas cuidava para que ninguém usasse o telefone fixo, checava o aparelho para ver se estava dando linha e esperava ligarem. E, quanto mais você esperava, mais violentas e perturbadoras eram as imagens que a sua mente criava — até que você já tinha certeza absoluta de que nunca mais as veria de novo.

Por volta das 3h15 o telefone tocou de novo. Dessa vez o toque pareceu mais alto do que o esperado, como se fosse específico para *mim*.

Atendi.

— Oi.

— Ele está bem — disse JL. — A perna direita está quebrada, e ele está engessado da cintura até o tornozelo. Fora isso, tudo bem. Mas o médico falou que ele não deveria viajar de avião. Vamos ter que adiar a viagem por umas oito semanas.

No fundo eu podia escutar Jeff gritando:

— Estou pouco me fodendo pro que o médico falou. Em duas semanas vou estar num avião pra Londres.

E, fiel ao seu espírito determinado, duas semanas depois a gente estava fazendo o check-in no Holiday Inn, Swiss Cottage. Éramos eu e Charlie num quartinho de hotel apertado, e JL, Ready Rock, Jeff e seu gesso em outro. Apenas cinco moleques de Philly, dias ingleses lúgubres e noites inglesas frias e úmidas, mas um estúdio particular de gravação separado só para *nós* por conta da Jive.

Passamos mais de um mês em Londres, e eu não saberia dizer uma única coisa sobre a cidade após essa viagem. Não andamos pelo Hyde Park nem visitamos a Abadia de Westminster. Não vimos o Palácio de Buckingham nem subimos na Torre de Londres. Não nos sentamos em nenhum pub com mais de mil anos nem comemos *fish and chips*. E pode crer que não fomos a nenhuma partida de futebol.

Nós sequer nos ajustamos ao horário pós-jet lag. Acordávamos às 16h todo dia, íamos para o estúdio às 18h, trabalhávamos até as 6h, pegávamos o café da manhã no bufê do Swiss Cottage e íamos para a cama por volta das 7h. Mantivemos essa rotina por quase seis semanas.

E foi *incrível*.

Bom, exceto pela noite em que Jeff decidiu que queria tirar o gesso. A consulta dele para retirar o gesso após seis semanas caiu numa data em que ainda estávamos em Londres, e a perna dele estava começando a coçar, mas Jeff não confiava no Sistema Nacional de Saúde da Grã-Bretanha para tirar aquilo. Ele se sentia mais confortável com Charlie Mack e eu fazendo isso.

Como regra geral, se alguém me pergunta se consigo fazer alguma coisa, a resposta é sempre sim, um traço delirante que Charlie Mack e eu compartilhávamos.

— É só um gesso, tô te falando. Vamos só tirar de uma vez — sugeriu Charlie com indiferença.

Eu também me sentia confiante em relação à simplicidade do procedimento. Era só um gesso.

Liguei para o serviço de quarto e pedi uma faca de carne. Mal sabia eu que hotéis ingleses não tinham facas de carne (isso facilitaria demais para eles a tarefa de cortar um bife). Falei decidido:

— Você pode mandar trinta facas de manteiga, por favor?

As facas de manteiga do Swiss Cottage tinham pontinhas serrilhadas (o que sugere que na verdade elas não eram facas de manteiga). Meu plano era o seguinte: eu daria 15 facas a Charlie e ele começaria a cortar pelo tornozelo de Jeff, e eu pegaria 15 facas e começaria a cortar a partir da sua cintura. Da forma que aquela matemática tinha sido construída na minha cabeça, quando tivéssemos gastado a ponta de todas as "facas de manteiga", teríamos nos encontrado no joelho de Jeff para um cumprimento comemorativo antes do último corte cerimonial. Eu tinha a vaga memória desse mesmo processo de duas pontas que se encontram no meio do caminho ter sido empregado com sucesso na construção do canal do Panamá e igualmente na construção do sistema rodoviário dos Estados Unidos.

O corte teve início. Ou a falta de corte, para ser mais exato. Faca de manteiga após faca de manteiga falhava e era substituída, conforme a confusão se transformava em frustração no rosto suado de Charlie.

— Aí, essas facas não tão fazendo merda nenhuma — falou ele.

Eu tinha 12 anos da última vez que tinha usado gesso, e naquela época eles eram feitos de um gesso fraco. Aparentemente, a ciência do gesso tinha avançado desde então, e o de Jeff era feito de algum novo componente alienígena que eu mais tarde descobriria se tratar de fibra de vidro.

Depois de seis facas eu joguei a toalha. Sem dar o braço a torcer, sugeri que Jeff entrasse na banheira. Deixaríamos a água o mais quente que ele aguentasse, para amaciar aquele negócio. Jurei para Jeff que o gesso sairia na hora. Ele concordou.

Eu e Charlie ajudamos Jeff a entrar na banheira, as duas pernas completamente submersas, e então esperamos. Logo a preocupação tomou conta do rosto de Jeff.

— Ô, galera, vocês precisam tirar essa merda, está apertando.

Eu me lembro de pensar: "O que o MacGyver faria?" *MacGyver* era um seriado de sucesso nos anos 1980 no qual o protagonista, Angus MacGyver, se metia em todo tipo de encrenca, só para depois resolver tudo com uma solução criativa. Enquanto eu tentava canalizar o meu Mac interior, ouvi a porta do quarto se abrir — alguns segundos depois, JL enfiou a cabeça no banheiro.

A essa altura Jeff estava se remexendo e gemendo na banheira, enquanto Charlie Mack e eu estávamos ajoelhados segurando duas "facas de manteiga" com 28 outras espalhadas pelo chão do banheiro. JL fez uma longa pausa, possivelmente tentando entender o que estava vendo.

Perplexo, ele gritou:

— O QUE CARALHOS VOCÊS ESTÃO FAZENDO?

— JL, JL! — guinchou Jeff. — Você precisa tirar essa merda da minha perna!

— POR QUE VOCÊ TÁ NA BANHEIRA?

JL tinha passado os últimos dois anos trabalhando num hospital. Então, ainda que não fosse sua especialidade, ele pelo menos sabia que não se pode encharcar fibra de vidro em água quente enquanto o gesso ainda está na perna de alguém.

— VOCÊ NÃO PODE MOLHAR ESSE TIPO DE GESSO DESSE JEITO.

— Só tirem isso de mim, galera — uivou Jeff.

— Para de reclamar, mano, não é possível que esteja tão ruim assim — disse Charlie.

— TIRA ELE DA PORCARIA DA BANHEIRA — rosnou JL.

— NÃO PRECISA FICAR GRITANDO COM A GENTE, NÃO, JL, ISSO NÃO AJUDA *MERDA NENHUMA*! — disparou Charlie de volta.

Eu e Charlie tiramos Jeff da banheira como fomos instruídos a fazer e o colocamos no chão do banheiro. Vínhamos guardando comida enlatada no quarto do hotel porque o serviço de quarto do Swiss Cottage não era lá grande coisa. JL imediatamente saiu e abriu uma lata de ensopado de carne. Com a parte afiada da tampa de alumínio, ele se aproximou do gesso de Jeff. Enquanto Charlie e eu tínhamos tentado cortar verticalmente para cima e para baixo, ele fez delicados movimentos horizontais *ao longo* do gesso, e muito rapidamente e com determinação, em menos de noventa segundos, ele fez uma grande incisão, que Charlie e eu fomos capazes de abrir com facilidade.

Jeff estava livre.

Com raiva, JL atirou a tampa do ensopado de carne no lixo e, ao sair, resmungou:

— Vocês são muito burros.

Em questões médicas até podíamos ser idiotas. Mas no estúdio estávamos *pegando fogo*. Aquelas sessões de gravação provavelmente foram a mais pura experiência criativa que já tive na minha carreira. Gravamos tantas músicas, e a gravadora gostou de tantas delas, que decidiram tentar algo que nunca tinha sido feito no mundo do rap: DJ Jazzy Jeff and the Fresh Prince lançariam o primeiro álbum duplo de hip-hop.

Jeff e eu não tínhamos a menor ideia de como esse álbum se sairia, se era uma coisa que os fãs gostariam de ouvir, se a MTV gostaria daquilo, se as rádios tocariam, se os fãs de hip-hop iriam ignorar. Nada disso passou pela nossa mente — só nos importávamos em estar inspirados e inflamados pelo processo criativo. Estávamos nos *divertindo* — éramos melhores amigos com a nossa nova família, e estávamos no ápice de uma forma de arte em crescimento.

Estávamos com a corda toda, mas, relembrando agora, sementes imperceptíveis de descontentamento estavam sendo semeadas.

Algumas pessoas se dão bem em altitudes, mas outras não conseguem respirar. E o que acontece quando as pessoas escalam uma montanha e se dão conta de que o ar é muito rarefeito? Elas tentam descer o mais rápido possível. Quincy Jones chamava isso de "doença da altitude".

No colégio, Ready Rock e eu tínhamos sido melhores amigos. Andávamos juntos todos os dias, batalhando e criando. Éramos inseparáveis. Mas conforme DJ Jazzy Jeff and the Fresh Prince começou a ganhar forma, o beatbox foi se tornando cada vez menos uma arte central no nosso grupo. A gravadora também não estava interessada em canções que tivessem beatbox. Como resultado, Clate foi sendo empurrado para as bordas da nossa nova família. Eu dizia para ele não se preocupar: "Estou contigo", eu falava.

Lembrando agora, eram mudanças demais, rápidas demais, e a experiência exigia uma maturidade emocional que estava bem distante da que *qualquer um de nós* possuía.

E para deixar as coisas ainda mais dolorosas e complicadas, Charlie Mack e eu começamos a ficar muito grudados. Não apenas dividíamos um quarto de hotel — estávamos compartilhando todos os aspectos da nossa vida. Tem até mesmo uma música no disco celebrando meu relacionamento com Charlie, "Charlie Mack (The First Out the Limo)". A canção surgiu pela forma como Charlie fazia o trabalho de segurança bem até demais — ele sentava no banco da frente da limusine, ao lado do motorista, e ficava puto se eu ou Jeff saíssemos do carro antes *dele*. Ele rosnava: "Que saco, galera, deixa eu checar o perímetro antes de vocês saírem!"

Não há músicas no disco sobre Ready Rock.

De 1987 a 1990, não coloquei os pés para fora de nenhum hotel sem Charlie Mack do meu lado. Enquanto Jeff e JL eram quietos, caras introspectivos que gostavam de ficar em casa, Charlie e eu éramos barulhentos, expansivos, o centro das atenções em qualquer festa. Estávamos sempre procurando alguma coisa diferente para nos metermos. Amávamos festejar; amávamos conversar; amávamos viajar, apostar e carros velozes, e as mulheres nos amavam. Charlie não apenas combinava com o meu espírito aventureiro, mas também o desafiava. Aquele maluco nunca queria dormir. Se estivéssemos na cidade por dez horas, ele não via motivo algum para ficarmos no quarto de hotel. Várias vezes ele *literalmente* me arrancou da cama para ir ao Paisley Park em Mineápolis, ou ouvir o discurso de algum ativista em Chicago, ou exigir que tirássemos uma foto "na avenida", que era como Charlie chamava a Champs-Élysées, em Paris. "Vamos, cara", dizia ele. "Você vai poder dormir quando morrer."

A outra parte da nossa química era que Charlie e eu éramos ambos incrivelmente competitivos e absolutamente delirantes com relação à nossa autoestima. Passávamos dias inteiros discutindo sobre quem corria mais depressa, quem era o melhor motorista, quem lançaria uma bola de futebol mais longe, quem era mais bonito, quem era mais engraçado, quem era mais inteligente, e, acima de tudo, de quem as garotas gostavam mais.

Charlie definitivamente odiava quando uma mulher passava direto por ele para flertar comigo. Ele *não entendia* como uma mulher poderia desperdiçar tempo *comigo* quando poderia ter *ele*. Finalmente, a contragosto, concluiu:

— Cara, o único motivo de as meninas quererem ficar com você é porque você é famoso.

Ao que respondi:

— Não, Charlie, você entendeu ao *contrário:* eu sou *famoso* porque todas as garotas querem *me* pegar.

Éramos o yin e o yang um do outro; preenchíamos as lacunas de vivências um do outro. Vimos os pontos cegos um do outro e potencializamos a deficiência um do outro.

Charlie, assim como Papa, tinha instintos de rua bem perspicazes — ele costumava chamar isso de o seu "radar do gueto". Charlie simplesmente *sabia* quando algo ruim estava para acontecer. Estávamos em algum lugar, tudo estava indo bem e aí, do nada, Charlie sussurrava no meu ouvido:

— Vamos.

E eu ficava sem entender:

— O quê? Aí, cara, a gente acabou de chegar.

E então, de forma mais enérgica:

— Levanta. *Agora. Agora mesmo.*

E eu respondia:

— Vamos.

Eu me lembro de pensar que Charlie Mack era o equivalente humano de um alarme de incêndio extremamente sensível que dispara às duas da manhã mesmo quando não há fogo nenhum. E já que é um alarme de incêndio, você não pode ignorar, porque um dia, quem sabe, pode haver fogo de verdade. Mas Charlie Mack era *infalível*, um alarme de incêndio do gueto perfeitamente calibrado. Em todas as vezes, eu estava resmungando no estacionamento enquanto o barulho de armas de fogo começava na festa de onde tínhamos acabado de sair.

Compensávamos as fraquezas um do outro. Charlie conhecia as ruas, e eu entendia padrões emocionais mais complexos. Eu tinha a inteligência dos livros e era mais "aceitável" de modo geral. Enquanto a aparência física de Charlie era intimidante, eu sabia sorrir, fazia com que as pessoas se sentissem seguras e conseguia que a gente entrasse em qualquer lugar.

Nós dois tínhamos muitas dificuldades, mas juntos formávamos uma dupla bem eficiente.

Eu era o passaporte de Charlie para lugares aos quais ele nunca teria sido convidado. E Charlie era o martelo que descia em cima de qualquer um que ousasse falar merda sobre mim. Ele me encorajou a me defender fisicamente. Mais ou menos nessa época, o coro de críticas de que eu era "brega" e "fraco" começava a crescer. Eu não falava palavrão; fazia rap sobre as minhas experiências; usava muito humor. As críticas eram de que eu não era um "MC de verdade" ou — ainda pior — que eu não era "preto o bastante" e que a minha música não era "hip-hop de verdade". "É só socar *a cara* do filho da puta!", dizia Charlie. "Ele não vai falar merda da próxima vez."

Então, com ele me protegendo, comecei a fazer exatamente isso: se alguém falasse merda, eu socava a cara do sujeito... (e então pulava para trás de Charlie).

He's the DJ, I'm the Rapper foi lançado no dia 29 de março de 1988. Ancorado por "Brand New Funk" e "Parents Just Don't Understand", o álbum chegaria ao 4º lugar na Billboard 200, se tornando platina tripla (com mais de 3 milhões de cópias vendidas).

O que era tão diferenciado no disco era que metade era um *tour de force* centrado no DJ, um "disco de scratch" no qual Jeff simplesmente massacrava os toca-discos. E a outra metade era o lado do rapper, no qual eu podia deixar a poesia brincalhona e hiperativa da minha mente de 19 anos correr solta.

Então, o inimaginável aconteceu: foi anunciado que a 31ª edição do Grammy seria a primeira a incluir uma categoria dedicada ao rap. E

"Parents Just Don't Understand" foi indicada junto com "Push It" do Salt-N-Pepa, "Going Back to Cali" de LL Cool J, "Wild Wild West" de Kool Moe Dee e "Supersonic" de J.J. Fad.

Essa foi a primeira vez que vi Jeff chorar. Eu estava animado para além de qualquer coisa que já tivesse vivido até ali, mas não sou do tipo que "chora com conquistas". Eu não era maduro o bastante naquela época para perguntar, mas sempre quis saber o que exatamente era tão emocionante para Jeff. Era pensar no câncer dele quando criança? Era por causa da mãe e da família dedicada à música que tinha buscado esse reconhecimento tantos anos atrás e era ele o responsável por trazer aquela honra? Estaria com medo? Teria se dado conta de que não podia mais voltar — que sua vida pregressa tinha acabado para sempre — e que o limite a ser superado estava ainda mais alto?

Charlie Mack, que recentemente tinha se juntado à Nação do Islã, falou:

— Essa é a vontade de Deus. Vocês tão tudo alinhado com a vontade divina. Já ganharam! Tô te falando, vocês ganharam. Nenhuma daquelas músicas vai bater a de vocês. O que Deus ordena homem nenhum empena.

Charlie Mack vinha falando em rimas espirituais há alguns meses. Mas, no mais puro estilo de Charlie Mack, no dia 22 de fevereiro de 1989, Bobby McFerrin ganhou o prêmio de Melhor Música por "Don't Worry, Be Happy"; o prêmio de Disco do Ano foi para *Faith*, de George Michael; Tracy Chapman ganhou como Melhor Artista Estreante; e o vencedor de Melhor Performance de Rap foi DJ Jazzy Jeff and the Fresh Prince por "Parents Just Don't Understand", nos transformando nos primeiros rappers de *todos os tempos* a ganhar um Grammy.

A gente acabou boicotando a cerimônia porque a NARAS, o comitê do Grammy, se recusou a transmitir a apresentação do prêmio de rap. Achamos que isso era um tapa na cara — o rap tinha vendido mais que o resto da indústria naquele ano; nós merecíamos estar ali. Russell Simmons e Lyor Cohen organizaram o boicote de DJ Jazzy Jeff and the Fresh Prince junto com Salt-N-Pepa, Ice-T, Public Enemy, Doug E. Fresh and Slick Rick, Stetsasonic e muitos outros.

E ainda que não estivéssemos no Grammy, DJ Jazzy Jeff and the Fresh Prince estavam por toda a parte. A vida mudou para sempre — ou quase isso. A mãe de Jeff planejou um jantar de comemoração para Jeff e eu depois do nosso primeiro Prêmio da Música Americana. Voltamos para o bairro como heróis locais — as pessoas saíam de suas casas para aplaudir, celebrar e apertar nossa mão. Demorou vinte minutos até conseguirmos entrar na casa da mãe de Jeff. Quando finalmente entramos, ela nos abraçou, exalando orgulho e alegria. Então deu uma nota de cinco dólares a Jeff e uma lista de compras.

— Jeffrey, eu quero que você vá na esquina e compre pão, um pouco de fermento e veja se eles têm batata-doce enlatada.

— Mas, mãe... — começou Jeff.

— Mas nada, menino, vai pegar o que eu te mandei pegar.

Então, DJ Jazzy Jeff and the Fresh Prince tiveram que andar por entre a multidão de fãs para chegar ao Looney's.

Não tinha batata-doce.

Russell Simmons estava orquestrando a destruição global de todas as barreiras ao hip-hop, e eu e Jeff éramos um dos seus aríetes. Éramos o grupo "limpo", o grupo "respeitável" — para Russell, éramos a arma perfeita contra todos os críticos. Estávamos na ponta da lança. Nós lançamos o *Yo! MTV Raps*, colocando o hip-hop na televisão diurna. Quando o Four Seasons não permitia que rappers se hospedassem lá durante as turnês, Russell os convenceu a deixar que DJ Jazzy Jeff and the Fresh Prince se hospedassem, abrindo portas para que outros artistas de hip-hop também usassem a rede. A rádio diurna tinha horror a colocar rappers ao vivo, por isso sempre forçavam todos a gravarem suas entrevistas para garantir que não diríamos nada impróprio. Eu e Jeff estávamos na primeira onda a ter permissão de falar ao vivo na rádio durante o dia.

Nossos shows estavam ficando maiores e o público mais barulhento. Numa noite, em Detroit, na Arena Joe Louis, fiquei empolgado demais e esqueci a letra de "Parents Just Don't Understand". Isso nunca tinha acontecido comigo. Meu coração quis sair pela boca. Há poucas coisas mais vergonhosas do que esquecer a letra da música que 18 mil pessoas gastaram seu suado dinheiro para escutar. Mas algo milagroso aconteceu: o público começou a cantar para mim. Eles sabiam a letra inteira. Eu apontei o microfone para o público, e eles terminaram a música. Precisei me esforçar para não chorar. Milhares de pessoas recitando as *minhas palavras* para mim. Eu me senti amado, protegido e embalado por uma multidão de estranhos.

Estávamos com tudo e éramos impossíveis de parar.

Aos 20 anos, eu era um rapper mundialmente famoso, ganhador do Grammy e um novo milionário no pedaço (trocadilho intencional).

Eu *ia* deixar o microfone cair, mas preciso dele para o próximo capítulo.

Há meses Gigi vinha economizando para se mudar para um apartamento no 16º andar, de frente para a ferrovia principal. Era um prédio lindo, bastante adequado para idosos. A casa dela na North Fifty-Fourth Street tinha se tornado um fardo para ela — escadas demais, e inconveniente para alguém de idade avançada como ela. Com o primeiro dinheiro que ganhei, fiz uma surpresa para Gigi. Comprei o apartamento para o qual ela vinha economizando. Ela pensou que só estávamos indo *olhar* o lugar, mas então o corretor entregou a chave a ela.

— Amorzinho? — chamou ela, boquiaberta. — Como você fez isso?

— Bom, Gigi, olha só, existe esse negócio chamado rap... — falei, abraçando-a.

Melanie e eu nos mudamos para a velha casa de Gigi na North Fifty-Fourth Street. Minha casa de infância era agora o nosso novo lar. Eu tinha prometido a Melanie que cuidaria dela, e ali estava eu, dando-lhe o primeiro lar seguro de sua curta vida.

Eu tinha conseguido. Todos os meus sonhos estavam florescendo em som THX e tecnicolor.

Eu tinha vencido na vida.

CAPÍTULO 8

DOR

Ele era um homem negro de pele clara e de olhos claros. Eu odiava caras assim.

Sempre me senti intimidado por esses caras que se parecem com Christopher Williams. As mulheres geralmente passavam direto por mim para ficar boquiabertas com Al B. Sure! ou El DeBarge.

Eu tinha acabado de voltar para casa depois de uma série de apresentações pela região noroeste do lado do Pacífico, Seattle, Portland, e vários outros lugares menores no meio do caminho. Costumava sair correndo do palco, entrar no carro e seguir direto até o aeroporto para voltar para Melanie o mais rápido possível. Não queria deixar nenhuma fresta para que a minha hiena interior assumisse o controle e dirigisse embriagada pela minha vida.

Eu me encontrava com Melanie na casa da tia dela; pedia para o carro me deixar lá direto do aeroporto. Caminhávamos da casa da tia dela até o nosso novo lar. Para lembrar os velhos tempos, passávamos na frente do colégio Overbrook e depois na Sugar Bowl para tomar um sorvete e comer um Philly Pretzel macio, como tínhamos feito tantas vezes antes.

Sempre amei o quanto Melanie sentia saudades de mim. Mesmo nos shows de fim de semana... quando eu voltava para casa na segunda-feira de manhã, ela agia como se eu tivesse ficado fora por meses. Ela sabia fazer um cara se sentir feliz por estar de volta em casa.

Quando cheguei depois da viagem pelo noroeste do país, ela e a tia estavam na cozinha, como tinham estado tantas outras vezes. A vida na estrada pode ser agoniante de tão solitária — parece que isso quase desidrata o coração. A tia dela estava usando o hijab azul-escuro de sempre, com os óculos bem na pontinha do nariz para conseguir ver dentro das panelas. O cheiro da comida pareceu aconchegar e confortar minha alma ressequida. Melanie estava usando um dos aventais de arte dela que também servia de avental de cozinha. (Sempre achei isso meio esquisito; tinta é um *produto químico* — aquele avental não devia estar numa cozinha.)

Olhei para Melanie. Tudo parecia igual, só que não estava. A energia dela estava esquisita; alguma coisa parecia diferente. Por causa da minha criação, era quase como se eu tivesse uma coleira elétrica em volta do meu sistema nervoso central. Ao notar que algo está esquisito, que o comportamento externo de alguém está fora de sintonia com o que está em seu coração ou sua mente, meu corpo experimenta aquilo que melhor posso descrever como uma corrente elétrica, que vai aumentando gradualmente. Sinto um *bzzzzz*... Só que sem sentir o choque.

A cozinha estava quente, mas eu sentia calafrios.

Nós nos sentamos. Jantamos. Falamos sobre os cachorros do vizinho. A tia de Melanie estivera em Portland uma vez. Ela não gostava daquela parte do país — muito chuvosa. Melanie estava rindo demais.

Bzzzzzz.

Depois do jantar assistimos a *Trocando as bolas*. Sei de cor todas as falas de Eddie Murphy naquele filme; ele era o meu ídolo. Melanie e eu já tínhamos visto aquilo umas dez vezes, mas naquela noite ela estava rindo mais do que o normal.

BZZZZZZZZZZZZ.

A tia dela foi para a cama. Finalmente estávamos sozinhos. Melanie se aconchegou em mim; eu tinha sentido tanto a falta dela durante a viagem... Nos beijamos. Mas os beijos dela pareciam menos com afeição e mais com algo que ela achava que precisava fazer para disfarçar que tinha transado com outra pessoa.

BZZZZZ. BZZZZZ. BZZZZZ. BZZZZZ.

Até hoje não sei como tive certeza. Ou como senti que podia confiar tão plenamente no meu instinto. Tirei o braço de Melanie do meu pescoço, me afastei dela, me levantei e gritei:

— Você acha que eu sou IDIOTA?

— O quê? — surpreendeu-se Melanie.

Mas não parecia muito convincente.

— Eu sei a merda que você fez. Para de olhar pra mim como se eu fosse idiota.

Eu estava apostando tudo. Eu não sabia de nada, mas ela se entregou.

— Me desculpa — admitiu, caindo em lágrimas. — Só aconteceu uma vez. Mas eu não amo ele, me desculpa. Eu amo você. Éramos apenas amigos, e aí... Você estava longe! Eu não sabia o que você estava fazendo enquanto estava fora. Eu senti a sua falta. Juro por Deus que não vou fazer de novo.

O quê? Eu estava *certo*? Mas não pode ser. Por que isso?

Eu já tinha sido nocauteado no passado. Meu primeiro dia no colégio Overbrook, quando levei uma pancada na cabeça com aquele cadeado: há um brilho azul, e então você está num universo alternativo, estranho, onde todas as coisas que você tinha como certas são jogadas para o alto. Gravidade, causa e efeito, amor, se chove ou não no sul da Califórnia.

Isso é impossível. Eu fiz tudo certo. Estou vencendo. Eu sou o melhor. Criei um lar para nós. Eu passei meses discutindo e brigando com um bando voraz de hienas do gueto para manter as garotas longe dos ônibus e fora dos quartos de hotel. Eu não encostei, beijei ou sequer olhei para qualquer outra mulher. Eu venho para casa direto do aeroporto. Já conversamos sobre filhos e construir um lar melhor do que aquele que tivemos. Como você pôde fazer isso comigo? Como pôde fazer isso com a gente?

Do lado de fora, no entanto, eu estava estranhamente calmo, porque nenhum desses pensamentos estava sendo processado como sentimentos reais. Eu *queria* sentir raiva — quer dizer, em tese o certo é ficar puto quando alguém trai você, né? Mas eu não *senti* nada.

Melanie estava cobrindo o rosto, chorando no sofá.

Dan Aykroyd estava atacando Eddie Murphy. Eddie implorava pela vida dele: "Foram os *Dukes*. Foram os *Dukes*."

Eu só fiquei ali parado, entorpecido. Quando alguém trai você, você precisa *fazer* alguma coisa. Mas o quê? Eu não sentia emoção nenhuma, mas eu não ia ser um covarde. Não dessa vez.

O que fazer quando alguém trai você? Eu sabia que precisava causar uma saída furiosa. Mas também sabia que precisava fazer algo grandioso para pontuar minha partida. Analisei a sala em busca de possibilidades. Perto da lareira vi um daqueles negócios pontiagudos de ferro fundido que são usados para cutucar a lenha. Mas o que eu faria com aquilo? *Bem que eu queria ter alguma emoção para direcionar minhas atitudes...*

Ainda assim, peguei aquilo. A entrada da casa da tia de Melanie era um belo átrio de madeira com uma centena de painéis de vidro. Fiquei parado por um momento, olhando para Melanie chorando, profundamente descompromissado com o meu ainda não definido porém totalmente obrigatório chilique. Eu levei o negócio pontudo de ferro até a porta da frente e na maior calma comecei a quebrar os painéis de vidro, um por um.

Acho que devo ter quebrado 12, talvez 15 painéis, antes de achar que tinha cumprido de maneira satisfatória o meu dever de corno de 20 anos de idade. Joguei a coisa pontiaguda no chão — aquilo me assustou pra burro: fez um barulho muito mais alto do que eu tinha planejado. *Merda — e se a tia de Melanie escutar isso?*, pensei. *Acho que é melhor eu ir embora.*

Era para Melanie e eu andarmos juntos para casa, mas em vez disso optei por caminhar sozinho até a Woodcrest.

Mãe-Mãe finalmente tinha chegado ao limite dela. Ela tinha expulsado Papa de casa, de vez agora, enquanto eu estava em turnê. Papa tinha se mudado para o apartamento que ficava em cima do escritório da ACRAC. Eu sabia que Mãe-Mãe estaria sozinha em casa.

Era uma caminhada de mais ou menos vinte minutos. Eu não conseguia acreditar que tinha quebrado todos aqueles painéis. Não conseguia identificar de onde tinha vindo aquilo. Parecia ainda mais estranho eu quebrar coisas por achar que *devia,* e não porque eu tinha sido emocionalmente motivado a fazer isso. Essa discrepância era hilária para mim. Do nada comecei a rir, repassando a cena na minha mente. Eu pensava, *Will, você é um completo lunático*. E isso me fez rir ainda mais. Aquela merda toda era hilária.

Quando cheguei à Woodcrest, Mãe-Mãe estava sentada no degrau da frente de casa. Estava óbvio que ela tinha conversado com a tia de Melanie; ela nunca se sentava no degrau da frente. Os olhos dela estavam marejados; ela estava orando para que eu estivesse bem, mas se preparava para a tempestade. Ela conhecia o filho que tinha.

Quando vi os olhos dela, senti quão em sintonia ela estava com a minha dor. Já não era mais só minha, era *nossa*. E como uma explosão de dinamite demolindo a represa que segurava o rio da minha agonia, desabei na calçada, a três metros de onde o ônibus da turnê tinha estacionado para me levar para longe dela.

Mãe-Mãe desceu correndo, me abraçando enquanto eu chorava. Minha casa de infância testemunhando o meu sofrimento. Eu tinha acreditado que sair da Woodcrest significaria nunca mais ter que me sentir assim de novo. "Como ela pôde *fazer* isso, Mamãe? Por que Deus deixou isso acontecer?"

Mãe-Mãe não disse nada; ela apenas me abraçou. Eu era um adulto agora; meus problemas estavam além do poder de conserto dela. Eu sentia as lágrimas dela caindo na parte de trás do meu pescoço.

Ela me ajudou a levantar e me levou para casa.

Ter o coração partido deveria ser considerado uma doença. Somos levados a um estado debilitante, um abalo mental. A dor da qual eu padecia era tão intensa que teria preferido ser esfaqueado, espancado ou ter um dente arrancado sem anestesia.

Minha namorada tinha me traído, o que para a minha mente estilhaçada era a prova de que eu era um merda — racionalizei que ela não teria me traído se eu tivesse sido bom o bastante. Eu tinha falhado com *mais uma* mulher.

Precisava desesperadamente de alívio. Mas, como não existe remédio para um coração partido, recorri aos remédios ilusórios do consumismo e das relações sexuais excessivas.

Consumismo: na semana seguinte levei dez amigos de Philly para Atlanta e fechei uma loja da Gucci. "Tudo o que vocês quiserem, por minha conta", falei, deslizando o meu American Express pelo balcão.

Eu tinha um cartão American Express agora. E, ao contrário do meu coração, *ele* era inquebrável. O dinheiro estava fluindo feito o Nilo. Tínhamos acabado de lançar a "Disque DJ Jazzy Jeff and the Fresh Prince". 1-900-909-JEFF foi o primeiro número de chamada paga dos Estados Unidos. Os números de telefone com tarifas premium foram uma maneira nova e revolucionária de se conectar com os fãs (e, basicamente, o antecessor das mídias sociais modernas). Os fãs ligavam para o nosso número, e a gente deixava mensagens diárias — de alguns minutos de duração — sobre onde estávamos e o que estávamos fazendo. Custava dois dólares no primeiro minuto, e 45 centavos a cada minuto adicional. No auge da popularidade da linha, recebíamos 5 mil ligações por dia.

Faça as contas. Meu cartão American Express não era apenas inquebrável, ele era invencível.

Relações sexuais excessivas: até aquele ponto na minha vida, eu só tinha transado com uma garota além de Melanie. Mas, ao longo dos meses seguintes, eu me transformei completamente em uma hiena do gueto. Transei com tantas mulheres, e isso era tão constitucionalmente desagradável para o âmago do meu ser, que desenvolvi uma reação psicossomática a orgasmos: eu literalmente engasgava e às vezes até vomitava. Ainda assim, eu tinha esperanças de que aquela bela estranha seria "a mulher" — aquela que me amaria, que iria me curar, que faria toda a dor ir embora.

Mas invariavelmente lá estava eu, vomitando e sofrendo. E a expressão nos olhos da mulher piorava ainda mais o meu sofrimento.

Eu estava fazendo a mesma coisa pela qual odiava Papa — ferindo mulheres.

Eu me sentia péssimo, por isso comprei a minha primeira casa, uma mansão com vista para o Merion Park, no bairro rico do outro lado da City Line. Eu a tinha visto nos meus sonhos — piso branco de madeira, pé direito em dois níveis na sala de estar e uma jacuzzi no quarto principal (não no *banheiro*, dentro do *quarto*). A primeira coisa que comprei para o lugar — antes de camas, sofás, toalhas ou mesmo talheres — foi uma mesa de sinuca.

Em algum momento eu comprei uma cama. Foi a primeira vez que dormi numa cama king-size. Eu e Harry tínhamos dividido a cama durante a maior parte da nossa infância. Eu e Charlie Mack tínhamos compartilhado quarto na estrada. Naquela primeira noite em Merion Road me dei conta de que nunca tinha dormido sozinho. Eu não gostei. Meu coração ainda sangrava — eu estava morrendo de amor por Melanie Parker.

Eu a queria de volta.

Minha mente na época ainda relacionava amor com performance. Toda a base da minha autoestima era profundamente dependente de a minha mulher estar feliz. Minha autoimagem estava inexoravelmente atrelada a opiniões de mulheres e à aprovação delas em relação a mim. Decidi que, se não estava recebendo o amor que tão desesperadamente desejava, tinha que ser por alguma falha minha enquanto protagonista. Se eu tivesse desempenhado melhor o papel de "namorado", ela não teria me traído.

Como você provavelmente pode imaginar, isso me comprou uma passagem de primeira classe num trem-bala para o sofrimento.

Melanie trabalhava na loja Merry-Go-Round que ficava no Gallery, um shopping no centro de Philly. Eu já tinha tudo planejado: um grande gesto romântico de perdão. Iria entrar, nossos olhos se encontrariam, eu a perdoaria, e ela se atiraria nos meus braços, jorrando lágrimas de gratidão e remorso. Então eu diria que queria me casar com ela e que minha esposa não precisaria trabalhar na porcaria de uma Merry-Go-Round. Mostraríamos o dedo do meio para o chefe dela, entraríamos na minha Mercedes Benz 300CE novinha, e eu a levaria para sua nova mansão na Merion Road, aquela com a jacuzzi no quarto, não no banheiro.

Estacionar no Gallery era dureza, foi por isso que Charlie Mack dirigiu até lá. Dessa forma ele ficaria no carro, estacionado bem na frente da Merry-Go-Round para que eu pudesse dar uma de Romeu entrando na loja, reconquistando Melanie e a carregando porta afora até a Benz que nos aguardava.

Bii-bii!, buzinou Charlie.

— Aí, cara, você sabe que não tenho carteira. Se a polícia chegar, estou ferrado — disse Charlie.

Esse palhaço estava acabando com a minha produção.

— Por que você não tira logo a carteira de motorista?

— Você sabe que tenho uma acusação por porte de arma! Eu ainda não posso! Só vai lá pegar a Melanie, mano, depressa, antes que os gambés encostem!

Entrei correndo na loja. Era um dia calmo; o lugar estava vazio. Melanie estava atrás do balcão, dobrando jeans Jordache. Ela não me viu — pude observá-la por um instante (eu a teria observado por mais tempo, mas Charlie não tinha carteira de motorista). Naqueles poucos instantes eu soube que não queria viver sem ela. O que quer que estivesse vazio dentro de mim se encheu quando a vi. Tudo que doía foi acalmado; tudo que estava sedento foi saciado.

Ela ergueu os olhos, e os nossos olhares se encontraram. Houve um momento breve porém inegável de nitidez. Melanie definitivamente me amava. E eu a amava.

Bzzzzzzz.

Merda. A porcaria da minha coleira. Eu não sabia o que era, mas confiava no sentimento. Deixei que a minha atenção se afunilasse para dentro dela. Caminhei até ela; nos abraçamos. Ainda não parecia certo.

BZZZZZZ.

Eu a soltei. Sorrimos. Analisei a loja com o meu olhar.

Ele era um homem negro de pele clara, de olhos claros. Eu odeio esse tipo de cara.

BZZZZZZZZZ.

Olhei de novo para Melanie. Ela fingiu dobrar as roupas mais depressa.

— Meu intervalo de almoço é daqui 15 minutos, podemos comer alguma coisa — sugeriu ela.

Olhei de novo para ele. Ele não fez contato visual comigo.

Eu estou te vendo, filho da puta.

Disparei pela loja. Ele tentou fugir — culpado. Mas não tem como se esconder numa Merry-Go-Round. Já estava em cima dele. Melanie gritava. De alguma forma, Charlie Mack apareceu e me tirou de cima dele. A loja estava um caos; assim como os belos olhos verdes dele. Charlie foi me arrastando, e eu arrastando Melanie. Corremos para o carro de fuga.

— Negão, eu te falei que tenho uma acusação por porte de armas. O que cê tá *fazendo*? — bradou Charlie ao sairmos.

Aquele foi o último dia de Melanie na Merry-Go-Round. Ela prometeu nunca mais ver aquele cara de novo. Eu a levei para casa, para sua nova mansão em Main Line. Aquela com a jacuzzi no quarto, não no banheiro.

Prometemos que faríamos dar certo. Meu juramento secreto, indizível, era: *Se você voltar, eu prometo que serei bom.*

JBM significa Junior Black Mafia. O lema deles em Philly era "Fecha com a gente, ou deita no chão". O que queria dizer: ou você está com a gente ou contra a gente; ou você era parte do grupo deles ou estava morto.

Quando você é um rapper de 20 anos dos subúrbios da Filadélfia que acabou de ganhar seu primeiro milhão, as únicas pessoas que conseguem te acompanhar são outros rappers, atletas profissionais ou traficantes.

Eu escolhi os traficantes.

Bucky tinha 1,54m, e os quatro centímetros são um exagero. Ele tinha vencido o torneio de boxe amador Golden Gloves e era um dos principais tenentes da JBM. Quando entrava na sala, ele dava a primeira e a última palavra. Se você discordasse, ele com todo o prazer tirava os 30 mil dólares em joias do corpo e encontrava você na rua. Mas, se você fosse desrespeitoso, as joias não faziam a menor diferença, porque ele nunca usava anel no dedo que apertava o gatilho.

Bucky amava rir. Ele se esbaldava com o meu senso de humor. Com o meu olhar de hoje, vejo que ele vinha para a Merion Road para tirar uma folga, para ter um respiro do estresse e da violência das ruas. Eu era o bobo da corte pessoal dele. Ele amava me ouvir zoar as pessoas — comédia de insulto era o estilo favorito dele; e, coincidentemente, era o meu forte.

Eu, no entanto, cometi o erro de fazer uma piada sobre a altura de Bucky certa noite.

— Aí, Bucky, você precisa de um pezinho ou talvez uma banqueta para dar o próximo lance?

Ninguém sequer deu uma risadinha. Buck permaneceu calmo, o que era um sinal terrível; o ambiente ficou em silêncio. Ele caminhou até mim, o queixo mal chegando no meu peito. Ele ficou parado ali. Eu sabia que isso significava que tinha que me abaixar para que ele pudesse falar comigo. Eu me abaixei como um gorila na selva se rendendo ao macho alfa.

Buck sussurrou no meu ouvido:

— Só porque você é uma *estrela*, não quer dizer que eu não possa te fazer *ver* umas.

A lógica da analogia não era inteiramente impecável, mas o sentido da mensagem foi bem entendido. Nunca mais fiz piadas sobre Buck.

A Merion Road agora era uma grande central de festas. A qualquer horário havia vinte ou mais pessoas na casa, tocando música, jogando sinuca, milhares de dólares em cheesesteaks de Philly pelo chão da cozinha. (Eu provavelmente poderia ter comprado a Overbrook Pizza pela quantidade de dinheiro que gastava lá.) Havia lutas de boxe no quintal, e uma quadra de basquete... na sala.

E apostas infinitas para *qualquer coisa*. Nem é preciso dizer, aquele ambiente não era propício às aspirações artísticas de Melanie.

— Willard, você pode baixar a música um pouco? — dizia ela.

— Foi mau, querida, me dá só uma hora. Estou dando uma lição nesses idiotas...

Eu achava que o meu perdão tinha sido um gesto tão grandioso de amor que ela deveria se sentir grata por simplesmente estar ali.

A verdade era que eu não a tinha perdoado.

Os fins de semana eram quando as coisas realmente esquentavam.

Não era incomum que 150 mil dólares trocassem de mãos entre a noite de sexta-feira e a manhã de domingo. O meu parceiro Bam era o melhor jogador de sinuca; ele estava sempre tirando dinheiro da gente na mesa. Mas houve um sábado à noite em que eu matei a pau na sinuca; eu não errava. Tacadas diretas, bola 8 na caçapa, caidinhas que posicionavam a bola branca em lugares perfeitos, tudo ia exatamente onde eu cantava. Buck se viu com a grana curta (desculpa!)... digo, com a *infeliz* perda de 30 mil dólares. Ele mandou um dos caras dele pegar mais dinheiro. Mas Buck vivia em Southwest — era uma viagem de pelo menos 45 minutos, ida e volta — então ele colocou as chaves do carro na mesa. A sala explodiu:

— Aaaaaah, *caralho*!

Meu coração acelerou por um instante, mas eu não ia arregar. Joguei na mesa as chaves da minha Mercedes Benz 300 CE novinha em folha, verde-água, ao lado das chaves da BMW 325i conversível preta e personalizada dele.

— Junte as bolas — falei.

Matei quatro bolas de cara; bolas de números altos. A sala ficou num silêncio monástico. Bucky foi bem na primeira tacada dele — duas bolas fáceis no canto; isso o deixou numa bela posição para a bola 7 no canto. Mas isso era um pouco agressivo demais, deixando-o fora de ângulo no canto; ele precisou encaçapar a 4 lá embaixo. Mas Buck também não ia arregar. Ele foi passando por todas as bolas e tudo o que eu podia fazer era assistir desesperado, passando giz no meu taco feito sob medida para uma tacada que eu talvez nunca fizesse.

Buck alinhou a bola 8. Tiro direto, no outro canto. A bola 8 navegou em câmera lenta na direção da caçapa do cantinho. A gravidade da bola 8 estava se preparando para puxar as chaves do meu carro para o abismo. Um rugido sendo preparado conforme a bola se aproximava: "Ahhhhhhhhhh..."

Mas... não! A bola 8 só bateu no cantinho para fazê-la girar e ficar parada na boca da caçapa. A sala explodiu.

Eu tinha uma nova chance. Mas precisava fazer um jogo *daqueles* agora. Ainda precisava matar três bolas antes de ter a chance de enfiar a bola 8 no canto — e se errasse uma, Bucky voltava para a mesa, e *ele* não ia errar.

Minha primeira bola foi o temido tiro direto, correndo pela mesa toda. Eu não queria brincar com aquilo — eu o acertei diretamente, bem na caçapa do meio; faltavam duas. O segundo lance seria na caçapa da lateral, mas o meu terceiro lance era no canto, o que significava que eu precisaria colocar um pouco de puxo na bola branca ("arrasto", o que significa acertá-la na parte de baixo para fazer com que girasse para trás). Se não fosse assim, ela poderia rolar direto para a caçapa do canto, raspando e assegurando a vitória de Buck.

Minha atitude com as jogadas de sinuca era nunca pensar demais nas tacadas. Alinhar, acertar. Alinhar a próxima, acertar. Sem tempo para deixar que a minha mente me atormentasse com dúvidas ou indecisão. Charlie Mack costumava dizer: "Dinheiro assustado não gera dinheiro." Isso se tornaria um lema na minha vida. Mas, naquela noite, foi uma mentalidade implacável que me tornou imbatível.

E, assim como no resto da noite, eu não errava. Tudo o que Buck tinha a fazer era assistir sem esperança, passando giz no taco, para uma tacada que ele nunca faria. Eu varri a mesa, enfiei a bola 8 na caçapa e, respeitosamente, peguei as duas chaves.

Buck estava furioso, mas ele era bandidão demais para deixar isso transparecer. Ele saiu da casa furioso, abrindo a porta com força, só para se dar conta de que talvez precisasse chamar um táxi.

Corri atrás dele.

— Aí, Buck — falei.

— Agora não, cara, me deixa em paz um minuto — disse ele, com todo o jeitão de bandido que um cara se preparando para pedir carona conseguiria exibir.

— Buck, aqui. — Estendi as chaves do carro dele. — Não vou ficar com a droga do seu carro.

— O quê? — disse ele, confuso.

— Você é meu amigo. Não vou ficar com o seu *carro* — respondi.

— Tá falando sério? — perguntou, olhando para mim como se eu tivesse quatro cabeças.

— Buck, não vou te convidar para a minha casa e depois tomar o seu carro. Eu sou babaca, mas nem *tanto*.

Enfiei as chaves na mão dele.

Não percebi naquele momento, mas veria com nitidez mais tarde que esse era um gesto de humanidade inexistente no ambiente no qual Bucky era forçado a sobreviver. Ele notou isso, e ficou nitidamente tocado.

— Que foi, Buck? Não é pra tanto... — falei.

Ele se recompôs, sacudiu as chaves na mão e respondeu:

— Porque eu teria ficado com o *seu* carro.

Eu me virei para voltar para casa. Bucky entrou no carro e gritou para mim:

— Ei! Se alguém mexer *contigo*, essa pessoa vai ter um problema *comigo*.

E ele estava falando sério.

Naquela época, não relacionava os meus desejos e o meu comportamento errático com o estado do meu coração. Quando comprei um Camaro IROC-Z vermelho maçã do amor e pintei as calotas num vermelho que

Papa, em 1971, no escritório da ACRAC. Provavelmente não estava falando com ninguém, mas ele sabia que era descolado.

Mãe-Mãe e Papa, esta foto foi tirada pouco antes de eles me conceberem.

A casa na avenida Woodcrest, em West Philly. Foi aqui que eu cresci.

Meu nome completo é Willard Carroll Smith II. Nasci em 25 de setembro de 1968. Estou peladão debaixo desse cobertor.

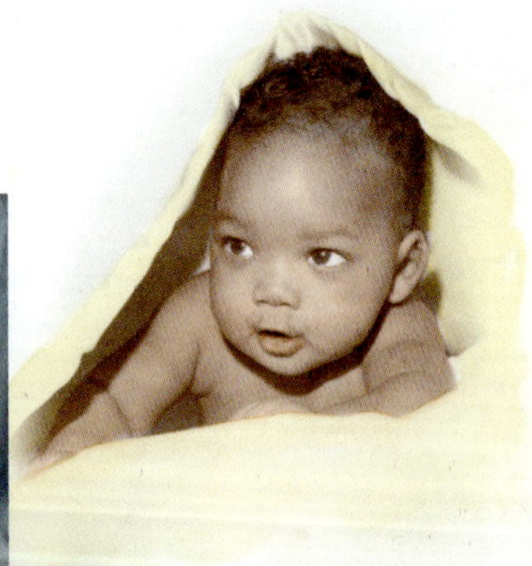

Eu e a minha Gigi na casa dela na North Fifty-Fourth Street.

Papa sempre estava nos ensinando alguma coisa — ele queria que fôssemos capazes de construir e criar coisas com nossas mãos.

Mãe-Mãe com meus dois irmãos, Harry e Ellen. Olha só esse black.

Em Woodcrest com Pam, Harry e Ellen. Praticando como sorrir para as câmeras desde cedo.

A frota da ACRAC na frente do que hoje é o "caminho Will Smith Sr.", em West Philly. (A van azul-escura com o letreiro branco é a que foi arrombada quando Paul estava com ela.)

Com Mãe-Mãe, Papa, Pam, Harry e Ellen em Woodcrest, no início dos anos 1970.

Na cozinha em Woodcrest. Eu era uma criança muito medrosa.

Na maior viagem de carro da minha infância, em 1976.

O Grand Canyon era a coisa mais maravilhosa que eu já tinha visto.

O colégio Overbrook tinha o apelido de "Castelo na Colina". Ocupava o equivalente a dois quarteirões e pairava acima do bairro feito uma fortaleza de pedra.

JL de camiseta azul e Jeff sem camisa nos degraus da casa da mãe de Jeff.

O grupo que saiu de West Philly na nossa primeira grande turnê, em 1986. Em sentido horário: eu, o dançarino Omarr, o beatboxer Ready Rock, o empresário James Lassiter, DJ Jazzy Jeff e o segurança Charlie Mack Alston (que, se você não percebeu, está segurando Jeff e eu nos braços).

Nos primórdios do hip-hop, "segurança" era aquele seu amigo mais corpulento e mais alto que nunca sorria. Charlie Mack não estava trabalhando quando esta foto com Jeff foi tirada.

Com JL, em Londres, no outono de 1987. Esse foi o máximo de atividade turística que fizemos.

Discos de ouro de DJ Jazzy Jeff and the Fresh Prince. Da esquerda para a direita: JL, Jeff, Russell Simmons e Lyor Cohen. Russell adorava DJ Jazzy Jeff and the Fresh Prince.

Bucky Davis tinha 1,54m e o 4 já é exagero. Não havia motivo algum para ele estar abaixado nesta foto.

Mimi Brown é uma das DJs mais icônicas da história do hip-hop da Filadélfia. Ela era a voz sedutora e aveludada do nosso imaginário juvenil e vê-la pessoalmente não me decepcionou.

Eu e Tanya anos atrás. Não tenho problema com nada nesta foto, tirando a minha calça dobrada... e a pose que eu fiz... e o fato de eu estar sem camisa... usando óculos escuros à noite... e pra onde eu estava olhando?

Eu e Quincy Jones na sala de estar do set da primeira temporada de *Um maluco no pedaço.*

As filmagens de *Um maluco no pedaço* às sextas-feiras eram tão incríveis quanto qualquer boate. De pé, da esquerda para a direita: Benny Medina, Joseph Marcell, Alfonso Ribeiro, James Avery, Tyler Collins, Kadeem Hardison (estrela de *A Different World*), eu, Quincy Jones e All B. Sure!. Sentados, da esquerda para a direita: Tatyana Ali, Janet Hubert e Karyn Parsons.

Eu e Karyn no set de *Um maluco no pedaço*. Não odeie o adversário, odeie o jogo.

Sheree Zampino é de Nova York. Não a Nova York de verdade, ela é de Schenectady (quase no Canadá). Na foto estamos com nossos pais no dia do nosso casamento, em 1992.

Com Sheree e Trey, em 1993. Ele tem os olhos da mãe e as orelhas do pai.

Ei, encontrei esse bebê na piscina. Ele disse que o nome dele é Trey. Eu não sei nadar, então é melhor alguém pegá-lo.

Parece que meu alfaiate usou todo o tecido que sobrou da roupa de Jada.

Ao lado de todo grande homem há gerações de grandes mulheres.
Com Fawn, Gammy, Gigi, Mãe-Mãe e Jada.

"Marty Maaaar!"
"Grande Will-aaaay!"

Essa é a cena de *Os Bad Boys* que me transformou em uma estrela de cinema, apesar do meu erro de ator principiante: dedo no gatilho.

combinava, não percebi aquilo como um reflexo psicológico. Nem associei a compra do meu Suburban customizado com quatro woofers de 18 polegadas que ocupavam toda a parte traseira do veículo aos meus sentimentos de inadequação, perda e traição. Eu só achava divertido que, quando ia buscar alguém, não precisava ligar antes para avisar — só colocava o volume no máximo e a pessoa sabia quem estava chegando.

Eu tinha *perdido* a noção e o juízo. Comprei a minha primeira motocicleta: uma Suzuki Katana 600 azul. Nem sabia andar de moto, e bati na primeira semana. Como eu era descolado demais para andar numa moto detonada, comprei uma nova, vermelha.

Quem acabou batendo essa moto foi JL. O estrago não foi muito grande: apenas alguns arranhões na carenagem lateral. Mas, não querendo ser deixado para trás por JL, Harry foi lá e a detonou de vez. Interpretei isso como um sinal — talvez motos não fossem para mim —, por isso comprei um Corvette turquesa conversível.

Estacionei todos os meus carros e motos na frente de casa e convidei Papa para que ele visse quão bem de vida eu estava. Papa chegou na sua van de trabalho Chevy em dois tons de azul. Ele sempre acreditou que veículos deveriam ter uma utilidade. Fiquei parado em frente de casa cheio de orgulho quando ele saiu da van. Nos abraçamos.

— Comprei o Corvette na semana passada — falei.

— São *todos seus*? — perguntou ele, fazendo pouco da minha nova frota.

— Sim — respondi orgulhoso.

Meus braços estavam respeitosamente abaixados, mas na minha cabeça eu estava fazendo a pose de B-boy.

— Moleque, pra que você precisa de *três* carros? Você só tem *uma* bunda.

Essa não era exatamente a resposta que eu esperava. Mas a opinião aritmética dele entrou por um ouvido e saiu pelo outro — afinal, o Grammy de 1988 de Melhor Performance de Rap tinha ido para DJ Jazzy Jeff and the Fresh Prince por "Parents Just Don't Understand" (ou seja, "nossos pais simplesmente não entendem").

* * *

Melanie e eu não estávamos mais transando.

Algo estava quebrado entre a gente. E não havia nada que quiséssemos mais do que consertar aquilo, mas mal tínhamos vinte anos de idade. Nossos sonhos românticos eram frágeis demais para sobreviver à nossa brutal imaturidade.

Comecei a ir muito para Los Angeles. Foi a primeira vez que notei o poder da energia de uma cidade. Assim que o avião pousava no aeroporto LAX, algo dentro de mim despertava e se recalibrava. Algo que eu *era* e algo que *Los Angeles era* se encaixavam numa concordância harmoniosa. A energia da cidade me animava. Eu podia dormir menos; estava sempre descansado; minha pele parecia melhor; estava me alimentando direito; queria malhar. Eu estava inspirado. Foi nessa época que me dei conta da importância do ambiente em que estamos. Escolher a cidade na qual você vive é tão importante quanto escolher a parceira da sua vida.

E eu tinha acabado de conhecer Tanya Moore. Ela personificava a luz do sol e as possibilidades que definiam LA: a típica garota destemida da Costa Oeste. Linda demais, sofisticada, mas com a sabedoria das ruas. Ela sabia em quais bairros andar e quais evitar. Sabia que o meu boné vermelho do Phillies tinha que sair da cabeça no LAX, e que eu poderia colocá-lo de volta assim que o voo cruzasse o Mississippi.

Pooh Richardson era o mais famoso ala-armador da Universidade da Califórnia em Los Angeles, o que, ao lado de rapper milionário, era um dos melhores trabalhos que um garoto negro de 22 anos poderia querer. Ele nasceu e foi criado no coração de South Philly e andava pela UCLA como se fosse o prefeito do lugar. Pooh era o maioral naquele campus, e quando seus parças de Philly chegavam ele botava pra quebrar.

Pooh estava namorando a prima de Tanya, Tgia, que basicamente gerenciava a vida de Pooh. Ela cuidava da alimentação dele, da comunicação com a imprensa; esvaziava a sala quando ele precisava se arrumar para treinar. Era a mentalidade de um relacionamento que, para mim, naquela época, parecia muito maduro. Pooh era o astro, mas literalmente não sabia onde estavam os seus tênis. Sua única tarefa era jogar basquete *bem* — Tgia cuidava de *todo* o resto. Quando eu os via juntos, sabia que queria *aquilo*. Eles eram sócios no negócio chamado "Pooh Richardson Indo Para a NBA". (Ele acabou jogando por dez anos na liga.)

Eu e Charlie Mack fomos ao Pavilhão Pauley, onde a UCLA estava jogando contra Stanford. Topamos com Pooh no vestiário depois do jogo.

— Philly tá na área! — gritou ele.

A primeira coisa que um cara de Philly nota quando um dos chegados dele se muda para outra cidade é quão ruim o corte fade dele fica. Philly é conhecida pelo fade — nós o inventamos, e nós o fazemos perfeitamente.

— Aí, mano, o seu barbeiro não vai muito com a sua cara — falei obrigatoriamente.

Eu teria dito isso qualquer que fosse o estado do cabelo dele. Quando você é de Philly e vê algum conterrâneo que cortou o cabelo em outra cidade, você *precisa* falar que o corte está ruim.

— Pois é, cara, a gente ainda não resolveu isso por aqui — brincou Pooh, tocando nas laterais do fade dele. É o tipo de coisa que você precisa responder também.

Ele me apresentou para Tgia e para a prima dela, Tanya. A minha admiração pela beleza de Tanya deve ter ficado muito na cara, porque Pooh catou uma toalha e a levou até a minha boca.

— Aí, mano, você está babando, não quero que escorregue e caia na própria saliva.

Empurrei a toalha para longe, meio envergonhado, mas mantendo o meu sorriso e o meu charme à mostra.

— Sai, cara, some com essa merda. — Eu ri, virando para me apresentar para Tanya.

— Deve ter alguma coisa na água de Philly — disse Tanya. — Porque o que está saindo de lá não é de se jogar fora.

Pooh se intrometeu.

— Olha só, Tanya, estou te dizendo, esse negão aqui é o *próximo grande sucesso*. É melhor você segurar ele agora, porque ele vai sair daqui direto pra *lua*!

Eu estava pensando: *Me* segurar? Caralho, ela já me ganhou no *não é de se jogar fora*.

JL era o único dos meus amigos que já tinha me visto chorar. Numa viagem de trem para Nova York, desatei a chorar quando lhe contei sobre a história com Melanie, soluçando no peito dele. JL *não é* um cara emotivo, e eu *não* me segurei. (Ele me diria mais tarde que, naquele momento, devotou sua vida a mim. JL falou que *sabia* que precisava me proteger.)

Ele veio conversar comigo um dia.

— Ei, cara, você tem se metido em muitas brigas ultimamente. O que tá rolando?

Houve uma sequência de meses em que literalmente briguei em todo fim de semana. Não sei se era por saber que Bucky estava me protegendo, ou porque Charlie Mack estava parado do meu lado — ou se era o único elixir capaz de saciar meu coração —, mas comecei a socar todo e qualquer sujeito que sequer me olhasse esquisito. Estava furioso, porque nem mesmo um Grammy, milhões de dólares e um IROC vermelho maçã do amor preenchiam minimamente o vazio dentro de mim.

O lance com dinheiro, sexo e sucesso é que, quando você não tem nada disso, você pode justificar o seu sofrimento: *Merda, se eu tivesse dinheiro, sexo e sucesso, eu me sentiria ótimo!* Por mais equivocada que seja essa ideia, tal sentimento permeia nosso inconsciente e nos dá alguma esperança. Mas quando você *é* rico, famoso, bem-sucedido — e ainda se sente inseguro e infeliz — um pensamento aterrorizante começa a espreitar: *Talvez o problema seja* eu.

Obviamente afastei esse pensamento besta bem rápido. Eu só precisava de mais dinheiro, mais mulheres e mais Grammys.

* * *

A gravadora estava pronta para o álbum que sucederia *He's the DJ*. Três milhões de discos vendidos, o primeiro Grammy do rap, mas o *novo* disco iria ultrapassar tudo isso.

JL queria que a gente fizesse gravações preliminares na casa da mãe de Jeff. Enquanto eu tinha comprado carros, roupas e casas, Jeff tinha transformado seu porão num estúdio caseiro de gravação do nível *Star Trek*. JL achou que a abordagem mais econômica seria juntar as nossas ideias ali no sudoeste de Philly e então fazer a gravação final lá em Londres. A Jive era dona dos estúdios por lá e nós tínhamos tarifas preferenciais.

Mas Jeff e eu tínhamos outra ideia. Jeff tinha ouvido falar em um famoso estúdio de gravação nas Bahamas — Compass Point Studios, em Nassau. Ele sugeriu que gravássemos lá. Afinal de contas, Mick Jagger, Grace Jones, David Bowie, Sade e até o Iron Maiden tinham gravado no Compass Point. Já que éramos famosos agora e tínhamos um disco multiplatinado, parecia adequado que gravássemos no mesmo lugar em que outros artistas multiplatinados gravavam. Jeff mal podia esperar para entrar no estúdio e dar uma olhada nos equipamentos. Eu mal podia esperar para ver os dois cassinos enormes que tinham acabado de ser construídos em Nassau.

Estávamos empolgados. JL protestou, mas ele perdeu por dois votos a um. Não haveria obstrução no porão de Jeff. Na sexta-feira seguinte fomos para as Bahamas... nós *dez*.

Eu nunca tinha estado nas Bahamas.

Fazia 32 graus e estava ensolarado quando pousamos. Nossa bagagem e os nossos equipamentos ficaram presos na alfândega, por isso fomos para a praia. Ponche de rum e frango frito até o pôr do sol, depois íamos para o cassino — até o sol nascer. E a "gravação" do nosso novo disco foi assim durante mais ou menos uma semana.

Tínhamos agendado seis semanas para gravar, e tínhamos alugado o estúdio, ou seja, precisaríamos pagar usando ou não. Nossa primeira sessão completa no estúdio — nono dia nas Bahamas — mais pareceu uma noite numa boate: Jeff discotecava enquanto nós ficávamos sentados ao redor com garotas, comida e bebidas. Vez ou outra, eu ia até o microfone, mais me apresentando para a pequena plateia do que tentando inovar ou criar alguma música.

Depois daquela primeira sessão, JL nos chamou num canto e avisou que estávamos queimando 10 mil dólares por dia, e que se não começássemos a gravar ele iria acabar com tudo ali mesmo. Eu e Jeff ficamos ofendidos.

— Você não entende o processo criativo — expliquei. — O ambiente, as pessoas, tudo o que estamos fazendo serve como inspiração.

— É, J — Jeff entrou na conversa —, não atrapalhe o flow.

— Deixa que *a gente* faz a nossa parte *e você* faz o que costuma fazer — falei.

JL balançou a cabeça muito lentamente, como se dissesse: *Tudo bem, estou vendo como são as coisas.*

Um mês depois, e algumas centenas de milhares de dólares gastos no "processo criativo", a luz vermelha do estúdio de gravação não tinha acendido nenhuma vez — não tínhamos gravado nenhuma música.

Acho que JL teve seus motivos para fazer o que fez. Naquela época, eu não podia acreditar que ele tivesse feito isso. Eu nunca teria feito algo assim com ele. Mas ele deve ter achado que eram tempos de desespero, por isso empregou medidas igualmente desesperadas.

Era uma noite de sexta-feira. Cerca de vinte de nós estávamos curtindo no estúdio. Nossa turma de LA tinha voado até lá para ajudar com o "processo criativo". Eu já tinha tomado uns cinco ponches de rum e já tinha passado de frango frito para jerk chicken, feijão-preto e arroz. Devia estar quente ali, porque eu estava sem camisa.

Não importa a sua idade — algumas imagens de infância sempre causarão arrepios ou farão seu estômago embrulhar. Eu estava entretendo a corte no Compass Point Studio quando a porta começou a se abrir. Primeiro tive um vislumbre de JL abrindo a porta cada vez mais, e então...

Papa.

A sala congelou. Aqueles que sabiam, *sabiam* — e os demais presentes *adivinharam*. Papa calmamente observou a cena. O filho mais velho dele, descamisado. O cheiro de ponche de rum e frango impregnado por toda a sala. Biquínis das Bahamas pulando e aprontando todas. E nós estávamos no "trabalho". Para Papa, aquela cena era Sodoma e Gomorra.

Ele fez uma pausa. Então:

— Todo mundo cai fora, caralho — ordenou. — Preciso falar com Will e Jeff.

Pousamos no Aeroporto Internacional da Filadélfia às 14h38. Eu dormi durante todo o voo. Não me lembro da decolagem ou do pouso. Não sei se é uma condição médica real, mas tenho certeza de que estava em coma induzido depois de tanta vergonha. James "JL" Lassiter tinha ferrado comigo e me dedurado pro meu papai. Aquela merda toda foi um fiasco.

Mas dentro de duas semanas o nosso terceiro disco, *And in This Corner...* pelo menos foi finalizado.

Em sua trágica e sinistra aparição no Compass Studio, digna de um ceifador, Papa fez uma avaliação severa, ainda que convincente, do nosso comportamento. "Vocês estão jogando fora uma oportunidade que a maioria das pessoas nem consegue *sonhar* em ter. Vocês têm uma corporação gigante financiando o seu projeto e estão aqui com mulheres e vadiando no estúdio? Tirem o pau de vocês do dinheiro dos outros. Se quiserem *fazer merda*, podem fazer, mas não *façam merda* no *horário de trabalho*. Essa porra não vai durar pra sempre."

Embora a intervenção de Papa nas Bahamas tenha nos salvado de uma catástrofe imediata, o primeiro dominó já tinha caído. Sem mais dinheiro para gastar, improvisamos às pressas as melhores faixas que conseguimos criar. Mas não havia um conceito ou continuidade no álbum. Eu e Jeff estávamos sem foco e fora de sintonia.

And in This Corner... já estava condenado desde o começo.

CAPÍTULO 9

DESTRUIÇÃO

A espiral descendente havia começado a girar.

And in This Corner... foi lançado no Halloween de 1989 e teve como reação do público aquele som típico de grilos. Numa tentativa desesperada de salvar alguma coisa daquela massa falida, corremos para a estrada para nos apresentar, promover e fazer o possível para injetar um pouco de vida no disco, mas ele já estava fadado ao fracasso antes mesmo de começarmos.

O verão de 1989 foi uma série de merdas cada vez piores.

Começou com Ready Rock. Ele tinha gravado várias músicas, nenhuma delas acabou entrando no álbum. Ele era um dos melhores beatboxers que já existiram, e nos nossos shows ao vivo definitivamente recebia algumas das maiores reações. Mas o hip-hop estava mudando — e estava girando cada vez menos em torno do beatbox. Ele se sentiu desrespeitado e desprezado.

Como resultado, nossos desentendimentos se tornaram divisão, a divisão se tornou conflito aberto, até que Ready e eu estávamos beirando a guerra.

Clate começou a chegar atrasado para tudo: voos, passagens de som, reuniões. Ele dormia o dia inteiro e à noite estava de péssimo humor. As nossas discussões aumentaram ao longo da turnê, tanto em frequência quanto em intensidade. Na cabeça de Clate, ele e Jeff eram as atrações principais, e *eles* estavam *me* levando nas costas. "Eu e Jeff somos os únicos com talento aqui, os outros são uns encostados", gritou Clate em uma das nossas inúmeras brigas.

A situação chegou ao limite numa noite em Kansas City. Quando subia ao palco, a gente apresentava Ready Rock na metade do show. Ele fazia uma grande entrada — eu estaria fazendo rap e no fim do meu verso eu gritava: "Ready Rock C, dá uma mãozinha aqui pro Jeff!" Eu apontava dramaticamente para o lado, o holofote se acendia, e ele fazia um som de helicóptero com a boca que chocava o público. Ele conseguia abrir e fechar a mão ao redor do microfone, mudando a frequência, dando a ilusão de um helicóptero passando da esquerda para a direita.

O público amava.

Mas nessa noite eu gritei, o holofote se acendeu, mas nada de Ready Rock. Jeff simplesmente continuou a batida, e, depois de mais quatro compassos, eu falei de novo: "Ready Rock C! Dá uma mãozinha aqui pro Jeff!"

Clate não apareceu.

Sem perder um segundo sequer, Jeff emendou a próxima música e continuamos como se nada tivesse acontecido.

É doloroso demais para mim escrever este capítulo porque esses conflitos e mal-entendidos tinham soluções muito simples, mas a nossa imaturidade exigiu que sofrêssemos consequências excruciantes para aprender as lições mais básicas de interação humana. É tão óbvio para mim hoje o quão doloroso deve ter sido para Clate passar de meu melhor amigo e braço direito criativo para alguém que estava sendo cada vez mais excluído e recebendo pedidos dos fotógrafos para que saísse das fotos. E o que é pior, nós nunca chegamos a conversar sobre isso.

Mas naquela noite éramos dois bodes jovens.

Depois da nossa apresentação, eu fui cheio de raiva para o camarim.

— *Onde diabos está o Clate?* — gritei.

Entrei furioso no camarim, e lá estava ele, sentado na *minha* cadeira, de óculos escuros, comendo calmamente um pacote de Doritos.

— Cara, onde caralhos você se enfiou?

Clate não respondeu. Ficou sentado ali mastigando.

— Por que você não entrou? — bradei.

Ele continuou mastigando ruidosamente. Depois de alguns segundos engoliu e falou:

— Eu não estava a fim de me apresentar hoje.

Fiquei chocado e indignado, mas não falei nada.

Nós nos encaramos. A cada segundo a nossa nova realidade era sedimentada. No meu coração, tínhamos cerca de dez segundos até que o cimento secasse de vez.

Nove, oito, sete, seis.

Mastiga. Mastiga. Encara.

Cinco, quatro, três.

Mastiga. Encara.

Dois.

— Tudo bem, legal — falei, ao me virar e sair.

Nunca mais chamei o nome de Ready Rock outra vez.

Jeff e eu alteramos o esquema na noite seguinte. Clate estava parado lá no canto do palco. A parte do show na qual ele normalmente era chamado chegou; pulamos isso e fomos para a música seguinte. A mesma coisa em Dallas, a mesma coisa em Houston, a mesma coisa em San Antonio.

Paramos de nos falar. Clate começou a viajar nos ônibus de outros grupos, e quando viajava com a gente ele não saía da cama. Um dia, perto do fim da turnê, ouvimos um som estranho vindo de onde estava deitado.

Clique-claque, crac. Clique-claque, crac.

A cama de Charlie Mack ficava em cima da de Clate. Charlie, irritado com o som, se inclinou no beliche para investigar. Ele abriu a cortina da cama de Clate.

— Aí, mano, o que diabos cê tá fazendo? — gritou Charlie, descendo da cama num pulo.

Clate estava limpando uma submetralhadora Uzi, semiautomática. Ele nem tinha balas, mas estava praticando o ato de carregar o pente e puxar o gatilho.

Clique-claque, crac. Clique-claque, crac.

Meu amigo do colégio tinha sumido — o riso fácil, a animação de duelar pelo Overbrook, a alegria de encontrar um novo som. No lugar dele havia uma pessoa que eu não reconhecia.

Em toda a minha vida, poucas coisas foram mais dolorosas do que assistir alguém que amo se autodestruir. Papa costumava dizer: "É possível impedir um assassinato, mas não dá para impedir um suicídio."

Ready Rock estava ganhando bastante dinheiro fazendo o que amava. Ele se apresentava para milhares de pessoas e estava conhecendo o mundo. Tinha um grupo de amigos que morreria por ele. Ainda assim, havia uma parte cega ou destruída dentro dele que, por algum motivo, não lhe permitia notar o tamanho da oportunidade que havia à sua frente. Ele tinha conseguido chegar a essa parte abundante do Grande Rio apenas para se arrastar de volta ao deserto.

Ao longo da minha carreira vi isso acontecer repetidamente. Empreguei milhares de pessoas, muitas das quais por fim sucumbiram sob a pressão das possibilidades. Como o grande poeta negro Charlie Mack uma vez falou: "A pressão estoura os canos, mano."

Todos precisamos lidar com o processo natural de destruição. Tudo é impermanente — o seu corpo vai envelhecer; o seu melhor amigo vai se formar e mudar de cidade; aquela árvore na frente da casa de Stacey Brooks, na qual você costumava subir, vai tombar numa tempestade. Os seus pais vão morrer. Tudo muda; tudo se ergue e desaba. Nada e ninguém é imune à entropia do universo.

É por isso que a *auto*destruição é um erro tão grande. As coisas já são difíceis o suficiente.

Quando voltamos para Philly, Ready Rock pegou a mala dele e eu peguei a minha. Não houve despedida, nenhum contato visual. Eu o observei caminhando pela Woodcrest; ele nunca olhou para trás, nem uma vez.

Por causa das minhas experiências de infância com o lado destrutivo de Papa, a minha tolerância sempre foi baixa quando reconhecia energias parecidas em pessoas ao meu redor. O mais engraçado é que sempre fica evidente para mim quando percebo isso nos outros, mas sou completamente incapaz de perceber essas mesmas energias dentro de mim mesmo.

O primeiro (e único, na real) single do terceiro disco se chamava "I Think I Can Beat Mike Tyson". Eu usei várias vezes a invencibilidade de Mike naquela época como metáfora para explicar a distinção entre destruição natural e autodestruição.

Imagine que você fosse lutar por um título contra Mike Tyson em seu auge. Temendo pela sua vida, você contrata o lendário treinador Freddie Roach, se compromete com a dieta perfeita, o plano de treinamento perfeito, faz tudo dentro do seu alcance para encarar o Iron Mike. Entra no ringue em condições físicas e mentais perfeitas, e Mike te destrói em 15 segundos. Você fez tudo o que poderia ter feito, e mesmo assim perdeu. Você não é um lutador tão bom quanto Mike Tyson. Essa é uma perda *suportável*; é isso que chamo de destruição *natural*.

Mas, se você ficasse tagarelando durante o treino, não se alimentasse direito e deixasse o seu amigo Pookie ser seu treinador — e *aí* fosse nocauteado por Mike Tyson em 15 segundos —, então teria que enfrentar uma perda *insuportável*. Teria que viver para sempre sem saber o que teria acontecido se tivesse dado o seu melhor. No fundo da sua mente, para sempre, você vai saber que não perdeu apenas para Mike Tyson, você perdeu para *si mesmo*. A luta não foi você contra Mike — foram você *e* Mike contra *você*.

Esse é o meu sentimento em relação a *And in This Corner*... O meio musical é volátil — alguns discos funcionam; outros não. Às vezes acontece de você achar que uma música vai emplacar, e ninguém se identifica com ela; e também acontece de aquelas para as quais você nem estava dando muita atenção estourarem. Esse é o caminho natural, o fluxo e refluxo inevitável do universo. Mas se você torra 300 mil dólares em ponche de rum e frango frito e o seu pai precisa voar até o estúdio e arrastar seu traseiro de volta para casa, e você acaba juntando umas canções no porão da mãe do seu melhor amigo, você está manifestando uma luta injusta. São dois contra um: são você *e* o universo contra *você*.

É respeitável perder para o universo. Mas é trágico perder para si mesmo.

And in This Corner... flopou feio. Estávamos no rastro de 3 milhões de álbuns vendidos — platina tripla — e o primeiro Grammy para o rap. As expectativas e os investimentos eram altos. E nós fracassamos de maneira épica.

Sabíamos que lançar aquele disco era arriscado. Mas isso só ficou evidente quando saímos em turnê outra vez. O público era cada vez menor. As pessoas não estavam tão empolgadas em nos ver. Elas não cantavam mais as minhas letras. E os nossos ganhos por apresentação caíram quase 70%. Amenizamos o problema na nossa mente ao pensar na turnê como "divulgação".

Em retrospecto, eu já podia sentir a devastação que estava por vir, mas eu não sabia o que fazer, ou como impedir. E certamente não pensei que fosse ficar tão ruim quanto ficou.

Nessa época, Melanie e eu estávamos vivendo naquela horrível zona desmilitarizada entre os dias idílicos de romance e de infinitas possibilidades e os inescapáveis dias de ressentimento, raiva e destruição que rapidamente se aproximavam. Presos naquele terrível silêncio sem amor no qual duas pessoas convivem na mesma casa mas raramente no mesmo cômodo. No qual o ambiente é cheio de palavras apáticas, ainda não totalmente amarguradas, mas propositalmente desprovidas de gentileza. Aquele inferno singular de quando você sabe que o relacionamento acabou, mas ainda não chegou ao fim.

* * *

Eu e Charlie passávamos cada vez mais tempo em Los Angeles.

Assim que eu pousava, Tanya estava no aeroporto com um carro alugado, as chaves do hotel, reservas de restaurantes, tudo que eu precisasse. As garotas de LA sempre pareciam organizadas e empreendedoras. Elas eram estilosas e estavam sempre correndo atrás de um sonho ou oportunidade. Havia algo na cultura local que despertava uma mentalidade de querer subir na vida. Tanya nunca me pediu nada; esse era o jeito dela. Ela fazia eu me sentir em casa.

Nós nos conhecíamos fazia quase um ano, mas nunca tínhamos nos beijado.

Eu pressentia que Tanya e Los Angeles estavam prestes a ter um papel significativo na minha sobrevivência. Acho que inconscientemente estava procurando o farol e o bote salva-vidas para a tempestade que se aproximava no horizonte. As palavras de Gigi ressoavam na minha mente: *Lembre-se, Amorzinho, seja bom com todos que encontrar no caminho para o topo, porque você pode passar por eles de novo no caminho para baixo.*

Ficar famoso é a maior diversão que o mundo material pode oferecer. *Ser* famoso é um pouco agridoce; mas *deixar de ser* famoso é um saco.

Eu conseguia identificar os sinais — alguns deles escritos na minha própria caligrafia. Via os rostos mudos das multidões no fim das nossas apresentações. Notava como as ligações de negócios que antes eram respondidas em duas horas agora demoravam duas semanas ou nem eram retornadas. E, o mais alarmante, o meu cartão American Express ainda não estava quebrado, mas já dobrava violentamente. E no meio de toda aquela distorção, a bússola sutil dentro de mim continuava apontando para o oeste.

Charlie também sentia isso.

Ele chamou para si a responsabilidade de trabalhar, se esforçar e bajular quem fosse preciso — tudo o que estivesse em seu poder para abrir caminhos e trazer um futuro mais positivo. Charlie era descarado. Ele me apresentava para qualquer um que estivesse a uma distância possível de ouvir, mesmo pessoas que ele nem conhecia.

— Little Richard! Little Richard! — berrou ele na entrega do prêmio Soul Train Awards. — Então, cheio de animação, falou para mim: — Will, aquele é o Little Richard, ele tá com a Diana Ross... vem, entra na foto.

— Droga, Charlie, eles estão *conversando*! Deixa eles em paz — implorei, extremamente envergonhado.

— Você quer ou não quer a foto? Você precisa ser *visto* com as pessoas.

Ele então me arrastou até Little Richard e Diana Ross, e basicamente listou a minha discografia para eles.

— Eu sei que vocês ouviram... Ele ganhou um Grammy. Vocês estão todos, tipo, juntos no Clube do Grammy!

Charlie Mack é maior do que a maioria dos seres humanos, e certamente maior do que os seguranças dos outros artistas. Então, assim que ele decidia que queria alguma coisa — fosse uma foto ou uma conversa — as coisas costumavam sair do seu caminho.

LA testou os limites da minha fama. Eu era grande no mundo do hip-hop, mas em Hollywood eu não era ninguém. Num jogo dos Lakers eu não era ninguém. No Roxbury eu era um *super*ninguém. Já quando Eddie Murphy entrava, ele fechava o lugar só para ele. Era humilhante, vergonhoso e frustrante.

Eu me lembro de uma noite em Los Angeles. O grupo de música go-go E.U. (Experience Unlimited), vindo de Washington, D.C., ia tocar no Palladium. Eles tinham aberto nossos shows em 1988 e 1989, e ficamos amigos do vocalista, Sugar Bear, e do resto do grupo. Spike Lee tinha colocado uma música deles, "Da Butt", no filme, *Lute pela coisa certa*, e o E.U. virou o grupo mais badalado do país. Charlie e eu planejamos tirar uma folga do espancamento emocional que era não sermos ninguém em Hollywood e só por uma noite nos jogarmos no mundo da música.

Fomos ao Palladium e nos dirigimos até a entrada dos bastidores. Hordas de groupies e fãs dizendo aos seguranças que um primo tinha deixado um ingresso, mas não tinham como retirá-lo porque a bilheteria estava fechada — o tipo de conversa que faz os seguranças simplesmente desviarem os olhos e ignorarem. Charlie fez o negócio de sempre, chegando na frente e falando por mim.

— Aí, cara, estou aqui com o Fresh Prince.

— Quem? — disse o segurança, olhando para mim atrás de Charlie.

Sempre odiei esses momentos em que preciso ficar parado tentando parecer reconhecível. Porque todo mundo te encara para ver se você é famoso o bastante para passar no "teste do segurança". É um risco. E quando você tem um disco que acabou de fracassar, está em um verdadeiro campo minado.

— O Fresh Prince, cara. Fresh Prince. Sabe, *Jazzy Jeff* e ele — explicou Charlie.

O segurança olhou para mim com aquele olhar universal que significa *Estou vasculhando a minha agenda mental e... não, você não está aqui.*

— Se vocês não tiverem ingresso, vão precisar ir pro fim da fila.

Nesse momento a porta se abriu, e Sugar Bear do E.U. colocou a cabeça para fora e olhou ao redor. Eu cometi um erro de principiante — eu forcei a barra. Mas é que ao ver um rosto conhecido, ele parecia mesmo uma daquelas boias salva-vidas redondas sendo jogadas na minha direção, enquanto eu me afogava cada vez mais num mar de insignificância e irrelevância. Antes que eu conseguisse me conter, soltei:

— Ei! Sugar Bear!

Sugar Bear olhou *direto* para mim. Houve um momento de reconhecimento. Apontei para o segurança como quem diz *Aí, irmão, fala pra esse cara sair da frente e deixar a gente entrar*.

Sugar Bear hesitou, olhou para o segurança, balançou a cabeça sutilmente. Aí vasculhou a multidão em busca da pessoa que realmente estava procurando ali fora. A tal pessoa não estava lá, então ele se virou e voltou para dentro.

Eu dei meia-volta e graciosamente iniciei a caminhada da vergonha dos ex-famosos. Por dentro estava furioso, mas, do meu jeito de sempre, por fora estava extremamente calmo. Não sabia para onde estava indo, mas simplesmente continuei andando por vários quarteirões. Charlie não falou nada, mas manteve o passo logo atrás de mim. Andamos por quilômetros em silêncio.

O que diabos tinha acontecido? Desde que tínhamos voltado da turnê, Jeff tinha se enfurnado no porão da mãe dele. Sua reação diante do inverno iminente das nossas carreiras foi hibernar — ele tinha recusado a oportunidade de fazer um show na África e uma turnê na Austrália. Eu estava puto por Jeff estar se escondendo — parecia covardia dele. E isso ativava o meu pior gatilho: eu tinha lutado a vida inteira para não ser um covarde. Acreditava que precisávamos encarar de frente os obstáculos, mas não conseguiria sem ele. Senti que ele tinha me traído.

JL estava reclamando por eu e Charlie ficarmos tanto em Los Angeles. "Vocês estão desperdiçando tempo... precisam voltar para que a gente entre no estúdio, escreva músicas e grave."

Melanie e eu mal nos falávamos. E ali estava eu, nas ruas vazias de Hollywood, numa noite de quinta-feira, anônimo e sem rumo.

Charlie Mack parecia um velho treinador de boxe cujo lutador tinha apanhado até dizer chega no round anterior. Se não estivéssemos no Hollywood Boulevard, ele provavelmente estaria jogando água gelada na minha bermuda. Eu estava bem acabado. Mas sabia que ainda aguentava lutar outro round.

Nós nos aproximamos de uma faixa de pedestres, a mão vermelha do sinal de trânsito acenando especificamente para *mim*. Alto. Pare. Respire. Pense. Minha fúria se apaziguou. A contemplação se transformou em paixão, e em seguida... uma decisão. "Isso nunca, *jamais*, vai acontecer de novo", falei. "Eu te prometo."

Charlie não abriu a boca; apenas balançou a cabeça. Ele sabia que algo profundo estava acontecendo dentro de mim. E estava fechado comigo para o que viesse.

A luz do sinal mudou de cor, e nós atravessamos.

Eu não declarei meus impostos.

Não é como se eu tivesse esquecido, foi mais uma coisa tipo... eu simplesmente não declarei meus impostos. Em janeiro de 1990, o Tio Sam decidiu que eu já tinha me divertido bastante e ele queria a sua parte.

Eu devia à Receita Federal cerca de 3 milhões de dólares. Acho que ali por volta da marca de um milhão de dólares o Tio Sam vai de mal-humorado a irritado, e qualquer coisa acima de 2,3 milhões o deixa agressivo e perverso.

Então, seguindo a minha típica abordagem para a resolução de problemas durante esse período da minha vida, despejei tudo em JL.

— Espera aí, você não declarou *nada*? — disse ele.

Estávamos ao telefone, mas eu sabia que ele tinha se sentado.

Até hoje JL é a pessoa mais frugal, sensata e fiscalmente responsável que conheço. Ele nunca gasta dinheiro com nada. Nada de carros chiques, joias, viagens, nenhuma jacuzzi no quarto nem no banheiro. Enquanto Jeff e eu gastávamos os nossos lucros enlouquecidamente, JL sequer tinha saído de seu quarto de infância. Ele tinha atendido aquela ligação no telefone da cozinha da mãe.

— Nah, nada — assumi.

— Tipo, *nada* nada?

— É. Não. Quer dizer, sim. Nah.

— Cês são burros pra caralho — disse JL. — Vocês sabem que isso é um *problemão*, né?

Não percebi no momento, mas JL ficava falando "vocês", denotando uma pluralidade de estupidez. Mais tarde descobriria que Jeff também não tinha feito as declarações dele. E, para piorar as coisas, JL não tinha cobrado toda a comissão a que ele tinha direito, então, não apenas tínhamos gastado todo o *nosso* dinheiro, tínhamos gastado a parte de JL também.

Estávamos quebrados.

JL contratou um advogado tributarista (para Jeff e eu, já que ele estava em dia com as declarações *dele*), agendou uma reunião, mostrou as cartas da Receita Federal. Ele também contratou um escritório de contabilidade, a Gelfand, Rennert & Feldman, para cuidar dos nossos hipotéticos ganhos futuros.

Primeiro foram embora os carros. Depois, as motos. Então, a decisão excruciante foi feita — Receita Federal, advogado e contadores concordaram de forma unânime: eu teria que vender a casa em Lower Merion, incluindo a mesa de sinuca.

Eu era rico e famoso, exceto pela parte do rico e exceto pela parte do famoso.

Eu estava *pior* do que quebrado — estava no *buraco*. As muralhas estavam caindo. Tinha gostado muito mais de Sodoma e Gomorra do que de Jericó.

Uma coisa estranha acontece quando alguém cai: o seu fracasso prova a todo mundo de quem você já discordou que *eles* estavam certos e *você* estava errado. Essas pessoas ficam presunçosas e obtêm um prazer brutal por Deus finalmente estar punindo você. Tendemos a ter uma relação incongruente com vencedores — se você fica na lama por muito tempo, vira um azarão e as pessoas se sentem impelidas a torcer por você. Mas se você der o azar de ficar no *topo* por tempo demais, é melhor arrumar um capacete.

Uma noite, no meio do que seria a última partida de sinuca disputada na minha primeira mesa de sinuca na Merion Road, Melanie desceu as escadas. Ela estava linda, minissaia azul-royal e jaqueta de couro combinando. Estava com um salto de uns sete centímetros. Brincos grandes de argola que eu tinha dado de presente e que ela nunca tinha usado. A maquiagem estava perfeita, sem óculos naquela noite; delineador. O decote certamente não teria sido aprovado na casa da tia. Então por que ela achava que seria aprovado na minha?

Ela passou por mim, Charlie, Bam, Bucky e mais alguns dos meus amigos da JBM. Todo mundo olhou, mas ninguém falou nada. A JBM tinha um código de conduta — eles sempre respeitavam as mulheres uns dos outros.

— Onde você tá indo? — perguntei, perdendo uma bola 11 fácil no canto.

— Vou sair — disse Melanie.

Tudo em que conseguia pensar era: *Por que caralhos ela tá fazendo isso agora? Ela vai mesmo me desafiar numa sala cheia dos bandidos e assassinos mais barra-pesada de Philly? Enquanto a Receita Federal pega todas as minhas coisas? Usando roupas que eu paguei? Me fazendo errar uma bola 11 fácil no canto?*

BZZZZZZZ.

— Sair pra onde? — quis saber, enquanto Charlie alinhava a próxima tacada, prestes a ganhar cem dólares que eu não tinha.

— Sei lá. — Ela deu de ombros. — Vou sair.

— Eu não acho que você vai sair — falei, colocando um limite e tentando me poupar da humilhação. — Você devia voltar lá pra cima.

— Dane-se, Willard — disse ela, indo na direção da porta.

— Se você sair por essa porta, eu te prometo que as coisas vão ficar feias.

Nós nos encaramos. A cada segundo a nossa nova realidade se concretizava. No meu coração restavam mais ou menos dez segundos para ela voltar lá para cima antes que o cimento endurecesse de vez.

Nove, oito, sete, seis.

Charlie encaçapou uma bola alta no canto.

Cinco, quatro, três.

Delineador. Decote. Argolas.

Dois.

— Te vejo mais tarde, Willard.

Melanie saiu.

Uma hora mais tarde eu estava sozinho em casa. Melanie e eu não estávamos mais naquela zona desmilitarizada sem amor. Os velhos tempos de paixão finalmente abriram caminho para os dias de ressentimento, fúria e destruição.

O táxi de Melanie parou na porta por volta das duas da manhã. Eu estava esperando por ela na frente de casa. Tinha juntado tudo o que já tinha comprado para ela — roupas, sapatos, bolsas.

Tudo que queimasse.

Embebi tudo em fluido de isqueiro.
Nossos olhares se encontraram.
Acendi o fósforo.
VUUSH.

Até hoje, enquanto escrevo este capítulo, nunca mais vi ou falei com Melanie de novo. Tentei entrar em contato em diversas ocasiões ao longo dos anos e não obtive resposta. Ela foi a vítima de um dos pontos mais baixos da minha vida. Sim, éramos jovens, sim, machucamos um ao outro, mas ela não merecia ter sido tratada como eu a tratei; ela não merecia a forma como tudo terminou.

Charlie Mack estava apaixonado por Mimi Brown, uma das DJs mais icônicas da história da Filadélfia. Ela era a voz sedutora e sensual das nossas imaginações de infância, e vê-la pessoalmente não decepcionou. Charlie não perdia a chance de me levar à estação de rádio. Eu constantemente dava entrevistas na WDAS FM, no programa de Mimi. Era como se Charlie tivesse virado o meu agente, e ele tinha um contato na indústria musical: Mimi Brown.

Essa era a minha terceira entrevista com Mimi em duas semanas. Ela tinha lançado um programa chamado *Rap Digest* — eu estava começando a ficar sem assunto, mas Charlie achava que não estávamos acertando os pontos críticos que precisávamos.

— Mimi, meu Deus, meu Deus... tô te falando! As pessoas amam escutar vocês falando! Vocês fazem os telefones *pegarem fogo*! A gente precisa continuar fazendo isso! — insistia Charlie todo romântico.

Mimi tinha apoiado DJ Jazzy Jeff and the Fresh Prince bem no começo. Ela foi uma das primeiras a tocar as nossas músicas, e foi uma das pioneiras em Philly ao colocar hip-hop na rádio diurna. E ela amava quando era algum moleque local. Era sempre assim com a Mimi, estivéssemos fazendo sucesso ou não, por uma grande gravadora ou independente — ela queria que nos sentíssemos em casa no estúdio dela. Éramos sempre bem-vindos.

Era vantajoso para os três — Mimi saía com uma grande entrevista, eu me sentia respeitado e valorizado e Charlie tinha a oportunidade de fazer o lance dele.

O estúdio era uma confortável salinha com isolamento acústico e vidro dos dois lados. As pessoas dentro da rádio podiam passar e ver as entrevistas e os talentos que apareciam. Mimi e eu éramos sempre uma atração particularmente interessante — nós ríamos e brincávamos muito, e tocávamos uma mistura interessante de hip-hop e R&B que era revolucionária na época. Parecia até um show ao vivo, quando interagíamos com os funcionários do outro lado do vidro.

Numa tarde, comecei a fazer rap ao vivo, o que não parece grande coisa hoje em dia, mas eu *te juro*, era de cair o queixo naquela época — essa era uma das primeiras vezes que algo do tipo acontecia numa rádio na Filadélfia. (Estamos falando de uma época em que muitas estações de rádio usavam como bordão promocional a frase "*Todo* tipo de música — nada de rap!")

Do outro lado do vidro, o público aumentou e começou a enlouquecer — alguns porque se deram conta de que testemunhavam o nascimento de uma nova era, e outros porque provavelmente pensaram estar testemunhando o fim da carreira de Mimi Brown. Ao tocar e me apresentar para o vidro, congelei ao me dar conta… de que estava cara a cara, olhando bem nos olhos de Dana Goodman. Ele tinha me ouvido no rádio e decidiu aparecer.

Se o filho da puta que você está procurando for o Will, ele está dentro de casa. Você está convidado a entrar e matá-lo agora.

Dana me encarou sem emoção e sussurrou algo no ouvido do cara que estava com ele. O cara assentiu e foi na direção da porta do estúdio. Continuei meu rap, os olhos fixos em Dana. Tentei sinalizar para Charlie, mas ele estava encarando Mimi.

A porta se abriu. O homem entrou na cabine e ficou do lado de Charlie. O radar do gueto de Charlie mais uma vez foi acionado corretamente. Ele deslizou quase imperceptivelmente para uma distância em que seria possível golpear — não estava mais olhando para Mimi. Eu terminei o meu rap; o público aplaudiu; Mimi e eu nos sentamos para continuar a entrevista.

— Você precisa agradecer ao Dana Goodman! — gritou o homem.

— Aí, chegado, eles estão ao vivo no rádio. Calma aí — sussurrou Charlie.

— Você precisa agradecer ao Dana Goodman! — gritou o homem, mais alto ainda dessa vez.

— Mano, a gente pode fazer o que você quiser *do lado de fora*. Mas cê vai ficar quieto aqui dentro — disse Charlie, mais enfático.

O cara colocou a palma da mão dele no peito de Charlie para empurrá-lo.

— Fala para o seu rapaz agradecer ao Dana G...

Antes que os lábios dele pudessem fechar o primeiro *o* de Goodman, Charlie o acertou com um soco direto com a mão direita bem no nariz, e a cabeça do cara explodiu feito uma melancia. Foi como se Charlie tivesse disparado o punho com um canhão. O cara bateu no suporte de metal que armazenava as fitas cassetes de oito faixas, espalhando todas pelo chão. Ele estava nocauteado. Charlie agarrou Mimi e eu e nos levou às pressas para o estacionamento da parte de trás.

— Charlie, o Dana está aqui! — gritei.

— Só continua, continua — disse Charlie.

Chegamos ao estacionamento dos fundos e os seguranças da rádio agarraram Mimi. Charlie me jogou no carro e fomos embora.

Nunca tinha estado numa cela de cadeia antes. Era pequena demais, e havia muita gente ali. Sinceramente, senti que todos nós merecíamos algo melhor.

Aparentemente existe uma lei arcana na Pensilvânia — a "cláusula do mestre/escravizado" — que diz que, se uma pessoa comete um crime *sob o controle ou a influência direta de um mestre*, esse "mestre" é legalmente responsável pelas ações do escravizado/submisso. A equipe de advogados do homem agredido argumentou que, por conta da minha relação "dominante" com Charlie, eu era responsável por suas ações. Charlie nunca chegou a ser preso, ainda que tivesse fraturado a órbita do olho esquerdo e danificado irreparavelmente a córnea do homem. É evidente que a equipe de advogados da vítima achou que eu era um "ricaço" e pensou que eu seria um alvo financeiramente mais atrativo do que Charlie.

Mas eles se deram mal. Eu não tinha um centavo no meu nome. No entanto, sentado naquela cela, enfrentando acusações de lesão corporal qualificada, lesão corporal simples, conspiração criminosa e conduta imprudente por um soco que eu sequer tinha dado, finalmente entendi uma expressão que tinha ouvido várias vezes antes: fundo do poço. Eu estava literalmente deitado num chão frio de cimento. Tudo o que eu possuía, tudo o que eu tinha construído, a mulher que eu amava, tudo tinha ido embora. Eu estava quebrado. E deitado ali em posição fetal, tentando entender *Como caralhos eu vim parar aqui?*, cometi o terrível erro de me apegar ao axioma de esperança universal daqueles que estão no fundo do poço: *Bom, acho que não tem como piorar...*

Espero que nenhum de vocês precise dessa informação, mas, se puder evitar, *não* seja preso numa sexta-feira. Eu só fui solto na segunda-feira de manhã (ninguém é liberado no fim de semana). Fui direto para a Woodcrest ver Mãe-Mãe; não tinha falado com ela ainda, e tinha certeza de que seria caótico.

O louco foi que, ao ver o carro de polícia parado na Woodcrest, nem passou pela minha mente que fosse por minha causa.

Um dos meus amigos de infância, Lil' Reggie, tinha entrado para a polícia havia pouco tempo. Ele tinha o bom coração que todo mundo gostaria de ver num policial. Era o cara no bairro; Mãe-Mãe o amava, e todos o respeitavam.

Quando entrei, Mãe-Mãe e Reggie estavam sentados na cozinha. Ela me abraçou...

BZZZZZZZZ.

Droga, meu colar de choque. O que diabos o Reggie tava falando pra minha mãe?

Cumprimentei Reggie, nos abraçamos e colocamos o papo em dia rapidamente. Ele tinha ouvido falar sobre o que tinha acontecido comigo e Charlie e o meu fim de semana na cadeia.

— Quero que você saiba que estou com você — disse Reggie.

BZZZZZZZZ.

—Aham! Com certeza, Reggie, sei disso – respondi.

— Vou fazer algumas perguntas e preciso que você seja absolutamente franco comigo...

BZZZZZZZZ.

— Você por acaso conhece...?

Ele listou quatro nomes. Todos os quatro eram caras da JBM. Caras com os quais eu apostava — e acabava não levando os carros — fazia dois anos.

Meu coração subiu até a garganta. Senti que precisava engoli-lo de volta.

— Eu *talvez* os conheça, por quê?

— Willard, você *conhece* eles ou *não*? — disparou Mãe-Mãe, tentando acabar com a minha enrolação.

— Olha — disse Reggie —, estou aqui pra te ajudar. Você sabe o que eles fazem, não? Com o que eles estão metidos?

Assenti.

— Will, você tem um lance legal com a sua música. Esses caras são ruins. Estão sendo vigiados pelo FBI. E os federais estão prestes a cair com tudo em cima deles. O boato que corre é que eles têm fotos desses caras entrando e saindo da sua casa, de você dirigindo os carros deles e viajando com eles. Você sabia que é crime negociar com gente assim?

Eu não conseguia respirar.

— A coisa não parece *nada* boa — avisou Reggie. — Você precisa se afastar deles. Agora. O FBI está vindo com tudo, e mandar um astro do rap para a cadeia junto seria apenas a cereja do bolo.

O rosto de Mãe-Mãe estava impassível, mas o vulcão dentro dela se agitava e fervilhava. Era por esse exato motivo que eu precisava ter levado o meu traseiro até a faculdade.

— Você não se envolveu em nada do que eles fazem, não é? Eu não posso te ajudar se você não me disser a verdade... Você está limpo, não é? — perguntou Reggie.

— Sim, sim, *completamente*. A gente só jogava sinuca e fazia festa.

— Tudo bem, mas você precisa ficar na sua por um tempo. Talvez sair de Philly.

Liguei para Tanya e perguntei se podia morar um tempo com ela. Tanya ficou eufórica.

O problema era que eu não podia pagar uma passagem de avião. Meu cartão American Express enfim havia quebrado — literalmente. Eu decidi que precisaria me arriscar.

Liguei para Bucky.

Nos encontramos no parque Fairmount, perto do Plateau. Parei atrás do 325i preto dele e sentei no banco do carona. Eu amava aquele carro — ele tinha o CD player da Alpine que cabia 12 CDs; quando comprei o meu, eu só podia pagar pelo de seis CDs.

Contei tudo a Buck — que o FBI estava rondando, que eu iria me mudar para Los Angeles, e que ele também devia vazar dali. Ele meio que riu, recostando a cabeça no apoio do banco como se soubesse que aquela montanha-russa descontrolada que era a vida dele sempre estivera predestinada a ter um fim turbulento. Ele fechou os olhos; ficamos em silêncio.

Eram 18h. Tinha um voo para LA dali a duas horas.

Eu odiava ter que interrompê-lo para pedir dinheiro.

— Aí, Buck, eu tô precisando de uma grana para chegar em LA — comentei baixinho.

— O que cê vai fazer em LA? — indagou Buck, sem abrir os olhos.

— Não tenho certeza. Mas eu amo aquele lugar. Tem uma moça lá com quem eu tô saindo. O nosso disco foi um fiasco, então... acho que vou tentar atuar.

— Você poderia fazer esse lance de atuação — ele falou, sorrindo como se estivesse vendo o replay de alguns dos meus momentos mais engraçados. — Você é o negão mais bobo que eu já vi.

Ele estava rindo alto.

— De quanto você precisa? — indagou Buck.

— Não muito. Preciso chegar lá, arrumar um apartamento, ter algum dinheiro pra me manter por um tempo.

— Tudo bem, eu tenho 10 mil aqui. Se você precisar de mais a gente dá uma corrida até o ponto.

— Nah, isso já tá bom.

Buck tinha um compartimento secreto debaixo do tapete do assento do motorista. Ele pegou os 10 mil, se virou para o banco de trás, tirou um bolinho com cobertura de caramelo da Tastykake de um saquinho de papel marrom e enfiou o dinheiro ali. Ele me entregou o dinheiro, mas quando tentei pegar, ele não soltou.

Ele olhou bem nos meus olhos.

— Você sabe que não é melhor do que eu, né? — disse ele.

— Claro, Buck, eu sei — falei meio confuso.

— Eu sou igual a você. Nós somos iguais. — Ele ficou quieto por um momento, então falou: — Eu poderia fazer *tudo* isso que você faz. Só que eu fiz merda. Nascemos em posições diferentes.

— É, isso é verdade — falei.

Bucky soltou o dinheiro.

— Faça a coisa *certa*, cara, só isso — disse ele.

— Pode deixar, Buck. Eu te pago em breve.

Ele riu de novo, como se de alguma forma soubesse que nunca iria precisar daquele dinheiro.

— Quando eu me ajeitar, você deveria vir pra LA.

Bucky deu a mesma risada astuta.

— Claro, mano, vou fazer isso, sim.

Ele me deu um cumprimento de mão.

Eu peguei o voo.

Três dias depois, Bucky estava morto.

Capítulo 10

ALQUIMIA

Tanya tinha conseguido um apartamento pra gente em Marina del Rey. Ela conhecia alguém que conhecia alguém, e só custava 1.300 dólares por mês. Eu não me importava muito.

Restavam 7.700 no saco de papel de Bucky. Ele tinha sido baleado na cabeça bem na frente de casa. Foi uma emboscada. Reggie explicou que era sempre assim — quando o FBI entrava em cena, uns se voltavam contra os outros.

Eu não saí do apartamento por semanas. Em parte por causa do medo, em parte por causa da exaustão — eu estava em choque. A minha vida inteira tinha desmoronado.

O meu estado deprimido e debilitado deve ter levado Tanya a tamanho ato de misericórdia: nunca chegamos a discutir o assunto, mas nós dois sabíamos que ela tinha virado minha mulher. E ela começou a difícil tarefa de soprar vida de volta ao meu espírito. Passávamos o tempo todo juntos. Tanya me mimava, confortava e cuidava de mim; ela chorou comigo e me ajudou a viver o luto. Conversávamos por horas a fio; eu conheci sua mãe e sua avó. Ela não cozinhava, mas sabia pedir delivery como ninguém.

Nos apaixonamos. Eu poderia ter ficado escondido naquele apartamento com ela para sempre.

Mas então, depois de algumas semanas, como se um cronômetro cósmico tivesse apitado — numa frequência um pouco além da *minha* audição, mas dentro do alcance sonoro *dela* —, essa fase chegou ao fim. Tanya passou a marcha feito um caminhoneiro bêbado cruzando o Texas.

— Ok, já chega. Está na hora de voltar para a vida — anunciou ela.

— O quê? — falei, conforme a água fria da realidade inundava nosso ninho de amor em Marina del Rey.

— Você precisa *fazer* alguma coisa. Você fez uma pausa... Isso é bom. Estava precisando. Mas aquele saco de papel está quase vazio. E o que você vai *fazer*?

— Como assim o que eu vou *fazer*? — perguntei agitado.

— Que parte de "O que você vai fazer" você não entendeu? — respondeu Tanya com igual agitação. — Você precisa sair de casa.

— Sair e *fazer o quê*? *Ir pra onde*? — gritei.

— Eu não sei, porra! Mas seja lá o que for, não vai encontrar aqui na cozinha! Apenas vai... Sei lá... Volta no Arsenio.

The Arsenio Hall Show era o maior talk show dos Estados Unidos naquela época. Se você era alguém, aparecia obrigatoriamente no *Arsenio*. Ele era como o canal do Panamá das celebridades — todas as estradas para o sucesso passavam pelo *Arsenio Hall Show*. Charlie vinha me arrastando até lá fazia meses. "Precisamos estar onde as coisas acontecem", dizia ele.

Arsenio e eu tínhamos nos tornado quase amigos durante o meu auge com Jeff na esteira do Grammy. Tínhamos aparecido no programa e Arsenio tinha gostado de mim.

— Vou no Arsenio e faço o quê?! — perguntei ainda exaltado.

— O Arsenio gosta de você! Vai no *programa* e fica por lá. *Conhecendo as* pessoas.

— Você está soando maluca pra caralho — falei. — Então você quer que eu vá no *Arsenio Hall Show* e fique por lá que nem um idiota pra que talvez quem sabe eu conheça alguém?

— Isso mesmo... pra que você *talvez quem sabe conheça* alguém!

— Não vou ter essa conversa com você. Isso é idiotice e eu não estou no clima pra isso.

* * *

Cheguei ao *Arsenio Hall Show* por volta das 16h30. O programa começava às 17h. Aquela meia hora antes era o melhor horário para fazer uma social. Charlie Mack estava se sentindo em casa. "Aí, cara, o Eddie está aqui hoje! Vou lá chamar ele", avisou.

Eddie Murphy participaria do programa naquela noite. Ele sabia quem eu era — vivia me chamando de "Jovem Príncipe". Arsenio era um para-raios de momentos mágicos. Muitas pessoas dizem que o momento em que Bill Clinton consolidou sua vitória na eleição presidencial foi quando ele tocou saxofone no programa do Arsenio. Michael Jackson, Mariah Carey, Miles Davis e Madonna participaram do programa — até Magic Johnson participou, 24 horas depois de anunciar que tinha HIV.

Ali, nos bastidores, senti uma corrente de empolgação e possibilidades — era como se eu estivesse em uma floresta exuberante com frutas frescas em todas as árvores. O programa era um ponto de ignição, um ponto de conexão, um jardim cósmico de oportunidades que Arsenio cultivou de maneira consciente e intencional. Se Tanya tivesse dito *isso*, eu não teria sido um babaca.

Charlie e eu fomos ao estúdio quase todos os dias por meses. O lance dele era abordar famosos e arrastá-los contra a vontade para conversar comigo. Eu conheci todo mundo — políticos, atores, músicos, atletas, executivos.

Benny Medina era um executivo de artistas e repertório na Warner Bros. Records. Eu não sabia quem ele era, mas pelo jeito Charlie achou que ele fosse importante o bastante para ser abordado e arrastado até mim. Benny tinha trabalhado para Berry Gordy na Motown. Na Warner Bros., passou a gerenciar alguns dos maiores artistas de hip-hop, incluindo Queen Latifah, De La Soul e Big Daddy Kane. Ele era corpulento, tinha 1,70m, pele negra, cabelo encaracolado e usava roupas chiques — dava para ver que se considerava estiloso. Ele sabia como se portar nos lugares. Era um chefão direto e sem frescuras. Benny sabia sorrir quando era preciso sorrir — o que era quase o tempo todo —, mas também podia ser bem durão se alguém entrasse no caminho ou atrapalhasse os desejos de um dos seus artistas.

— Ei, Will... esse aqui é o Benny Medina. Benny, esse é o Fresh Prince... mas você já sabe disso — disse Charlie Mack.

Benny sabia tudo sobre a minha música. Conversamos um pouco sobre hip-hop e o impacto que a tecnologia estava tendo na indústria musical, e o futuro do vídeo sob demanda, e então, do nada, ele perguntou:

— Você atua?

Atuar? Você quer dizer realizar ações para obter alegria e paixão daqueles ao meu redor? Você quer dizer distorcer as minhas percepções a respeito de mim mesmo de forma a me ocultar por trás de um personagem? Você quer dizer acreditar profundamente em histórias que não existem, que nunca existiram, que nunca poderiam existir? Você quer dizer interpretar o papel da pessoa que todos ao meu redor querem que eu seja, em vez de ser eu mesmo?

Como regra geral, se alguém me pergunta se posso fazer alguma coisa, a resposta é sempre sim.

— Sim, definitivamente, com certeza, eu sei atuar, sim, senhor — falei, dizendo palavras demais. — Sim.

— Achei mesmo que soubesse — disse Benny. — Eu posso perceber pelos seus vídeos. Talvez eu tenha algo pra você. Vamos nos falando.

Não pensei que fosse dar em nada. Lá em Philly a gente sempre zoava caras assim. "Ser hollywoodiano" era a pior coisa que alguém poderia ser — era a *definição* de falsidade. Momentos como esse acontecem o tempo todo em Los Angeles. Segui em frente e me esqueci disso. Ainda assim, aqueles três minutos de "conversa hollywoodiana" acabariam se tornando uma das conversas mais importantes de toda a minha vida.

Benny Medina é o *verdadeiro Maluco no pedaço.*

Benny era um órfão que cresceu com familiares nos conjuntos habitacionais de East Los Angeles. Então, na adolescência, ele foi acolhido pela rica família judia de um amigo que morava em Beverly Hills. Benny era afrolatino e passou a estudar na Beverly Hills High School. Ele era um menino tranquilo, mas o abismo entre os dois mundos criou um conflito cultural constante, que foi fonte de tensão... e humor.

Na época em que o conheci no *Arsenio Hall Show*, Benny Medina estava planejando entrar no ramo televisivo.

O universo não é lógico, ele é mágico.

Um grande aspecto da dor e da ansiedade que experimentamos como seres humanos é que a nossa mente busca, e frequentemente exige, lógica e ordem de um universo ilógico. Nossa mente desesperadamente quer que as coisas façam sentido, mas as regras da lógica não se aplicam às leis da possibilidade. O universo é regido pelas leis da magia.

Eu estava em Detroit algumas semanas depois do meu "papo hollywoodiano". JL tinha agendado alguns shows para nos ajudar a sair do buraco financeiro coletivo. A Arena Joe Louis era sempre insana — nós amávamos tocar lá. Tínhamos voltado a dividir um quarto de hotel. Estranhamente, era reconfortante para todos nós estarmos juntos outra vez em espaços tão apertados. Jeff estava de fones, criando batidas; Omarr estava vendo TV; Charlie estava cortando as unhas dos pés. Eu detestava quando ele fazia isso; parecia uma cena do filme *Coração Valente*, com a gente se desviando dos estilhaços — só faltava o escudo de batalha escocês e pintar o rosto de azul como o protagonista.

Nós não tínhamos a menor ideia de que aquela seria a última vez que estaríamos juntos em turnê.

JL entrou apressado no quarto.

— Aí, levanta. Quincy Jones quer falar com você!

— Quincy Jones? Comigo? Pra quê? O que eu faço?

Eu ainda estava em estado de choque com os últimos acontecimentos.

— Você conheceu alguém chamado Benny Medina? — indagou JL.

— Sim, o cara da Warner Bros.

— Bom, ele trabalha com *Quincy* — sussurrou JL, quase quebrando os meus dentes da frente ao enfiar o telefone bem na minha cara.

— Eu te *disse* — falou Charlie.

— Olá, Sr. Jones, como vai o senhor? — falei com o tom e a dicção que teriam deixado Mãe-Mãe, Papa *e* Gigi orgulhosos. — Estou ótimo, senhor, obrigado. Detroit. Isso, Joe Louis. Nos apresentamos amanhã à noite.

— Aí, mano, o que ele tá falando? A gente não consegue ouvir! — quis saber Charlie Mack, dando uma pausa na fuzilaria.

— *Shh!* — sibilou JL.

— Aí, não vem com *shiu* pra cima de mim, não, J, já sou bem grandinho.

— Então será que dá pra você fechar a sua boca grandinha? — Jeff se meteu.

— Hum, certamente — concordei. — Quando? Ah, uau, ok... Hum, bom, certo, definitivamente. Eu só me apresento amanhã à noite. Obrigado. Obrigado, senhor. Combinado. Eu te vejo lá.

Baixei o telefone lentamente, o grupo inteiro olhando para mim, como se eu tivesse acabado de fazer um teste de gravidez.

— Quincy Jones quer que eu vá na festa de aniversário dele — falei, tanto para mim mesmo quanto para o pessoal.

— Para cantar? — perguntou Omarr.

— Nah. Ele e esse tal de Benny Medina estão com uma ideia de um seriado que querem tentar mostrar para uma emissora.

— Quando você precisa estar lá? — indagou JL.

— Hoje à noite.

A festa de Quincy Jones caiu no mesmo dia do Soul Train Music Awards. Quincy estava sendo homenageado com o Heritage Award pelo Conjunto da Obra, e o aniversário/pós-festa seria na mansão dele em Bel-Air. JL me colocou num voo saindo de Detroit às 15h e cheguei em Los Angeles no momento em que o sol estava se pondo.

Tudo parecia surreal, um pouco confuso. Eu tinha voado sozinho, o que era incomum e desconfortável, e agora, com o trânsito engarrafado na rodovia 405, eu tinha um momento para refletir: *Por que diabos estou indo para a casa de Quincy Jones?*

A casa ficava a uns trinta minutos do aeroporto LAX. Ao chegar na entrada, havia um manobrista. Quincy Jones tinha manobristas *na casa dele* — vinte manobristas de terno vermelho. Parecia até que os ingleses estavam chegando! Isso para mim se equiparava à cena de Sue Ellen Ewing indo tomar café da manhã montada na porcaria de um cavalo.

Quando cheguei a festa já estava bombando. *Todo mundo* estava lá, de Steven Spielberg a Tevin Campbell; Stevie Wonder e Lionel Richie estavam chegando quando parei o carro. Aquilo era demais para mim; eu sabia que não pertencia àquele ambiente. E pouco antes da minha frágil autoimagem me convencer a dar no pé, eu vi Benny Medina, um rosto familiar — um bote salva-vidas enquanto eu me afogava em outro mar de insignificância e irrelevância etc.

— Ei, cara — chamou Benny—, você *veio*!

Eu *queria* dizer: *Sim, cara, vai se foder, tô fora*. Mas, em vez disso, falei:

— Aí, cara, não tira essa jaqueta... se tirar, você não vai vê-la de novo!

Benny estava usando uma daquelas jaquetas Versace que pareciam obras de Picasso. Ele riu, segurou na lapela e falou:

— Se a noite de hoje for boa, ela é sua. Vamos lá ver o Quincy.

Eu achei que aquilo estava avançando rápido demais. *Será que eu não poderia tomar alguma coisa primeiro? Ou comer uma daquelas torradinhas com queijo, salmão ou coisa do tipo? Droga. Você vai simplesmente me empurrar direto* da entrada da casa *para ver Quincy Jones? Eu preciso me alongar; você vai me fazer distender um músculo desse jeito.*

O centro da festa era na gigantesca sala de estar de Quincy — tetos abobadados de dois níveis e algumas centenas dos maiores figurões de Hollywood e os mandachuvas do primeiro escalão. Quincy estava entretendo a corte, um feiticeiro de jaqueta de grife com teclas de piano bordadas do lado esquerdo. Benny e eu entramos, e, antes que Benny pudesse nos apresentar, os meus olhos e os de Quincy se encontraram.

— Eeeiii! — gritou Quincy. —Fresh Prince está aqui, pessoal!

Teria sido vergonhoso se alguém tivesse dado a mínima. Mas para mim não fazia a menor diferença, porque a pessoa mais importante de todas dava a mínima. Quincy é assim — ele ama e valoriza as pessoas. Para ele, cada um é uma obra de arte singular. Ele não tem favoritos entre as celebridades; ele genuinamente encontra algo interessante em todo mundo.

Quincy atravessou a sala com os braços abertos e abraçou Benny e eu ao mesmo tempo.

— Bem-vindo, cara, bem-vindo! — falou Quincy entusiasmado.

— Obrigado, Sr. Jones. Sua casa é *incrível*! — devolvi o entusiasmo.

— Ah, você *gostou* disso aqui? Isso aqui é Bel-Air! Benny quer que o seriado se passe em Beverly Hills. Eu vivo falando pra ele, cara, *foda-se* Beverly Hills! Bel-Air faz Beverly Hills parecer moradia popular! O Benny já te falou sobre o que é o programa?

— Falou um pouco. Quer dizer, hã, ele me falou que cresceu em Watts. E foi morar com uma família rica...

— De onde você é? — quis saber Quincy.

— Philly — falei com o orgulho e a ginga obrigatória que as pessoas da Filadélfia exibem para garantir que você saiba que a nossa cidade é melhor que a sua.

— Ah, cara, eu *amo* Philly! — Ele se inclinou e sussurrou: — Aconteceram umas coisas comigo em Philly que nem vamos comentar aqui.

Então ele riu e balançou a cabeça, sugerindo dias mais selvagens e impublicáveis da sua juventude.

— Ok, é isso, é perfeito: o seu personagem é de Philly. Will é de Philly! Então ele se muda para Bel-Air!

Ele tinha voltado a falar muito alto. Quincy evidentemente tinha tomado umas; eu pensei: era a casa *dele*, o aniversário *dele* e o prêmio *dele*, então, se ele quiser ficar bêbado e falar alto, ora, *caramba, Quincy, fique bêbado e fale alto o quanto quiser*!

— Brandon! *Brandon!* — gritou Quincy para um cara branco de uns quarenta e poucos anos do outro lado da sala.

O cara parecia discreto, roupas nada chamativas, mas todos ficavam completamente atentos enquanto ele falava. Bem, pelo menos até Quincy o interromper, gritando o nome dele, o assustando junto com todos os outros. Quincy acenou para ele.

— Brandon! É de Philly para Bel-Air agora!

Brandon Tartikoff era o chefe da NBC e o mais importante diretor da rede. Era ele que decidia quais programas seriam financiados e exibidos pela emissora. Ele se aproximou com seu braço direito, Warren Littlefield (Littlefield acabaria comandando o canal).

— Venham conhecer o Fresh Prince! — chamou Quincy.

Apertamos as mãos. Eles me olharam de uma forma que não percebi naquela época, mas que entendo *hoje* — é o olhar que executivos tem quando dezenas de horas de conversa sobre você transcorreram pelas suas costas. E eles ainda não decidiram se vão apostar em você.

— Certo, então, posso ter a atenção de todos? — gritou Quincy. — Vamos fazer uma audição. Afastem os móveis!

Eu olhava ao redor, pensando: *Ah, uau — uma festa com audição, isso é insano! Quincy é o cara! E quem será que vai fazer teste?*

— Dê ao Will uma cópia daquele roteiro do Morris Day, aquele no qual estávamos trabalhando — pediu Quincy.

Lentamente no início, e então dolorosamente, lembrei que o *meu* nome era Will. Meu pai tinha me dado o nome dele. E já que ele não estava ali, e ninguém mais estava se movendo…

A realidade entrou em foco. Quincy Jones estava me pedindo para fazer uma audição improvisada na frente de alguns dos maiores ícones do presente e do passado, de toda a indústria do entretenimento, sem mencionar os chefões da National Broadcasting Company, lar de *The Cosby Show, Cheers*, *Supergatas*, *L.A. Law* e *Seinfeld*. Meus joelhos estremeceram. Sofás estavam sendo arrastados, e alguém me entregou um roteiro.

Segurei no braço de Quincy, com um pouco mais de força do que seria considerado respeitoso.

— Quincy, não, espera, não, eu não posso *fazer* isso agora — sussurrei no ouvido dele.

Quincy olhou para mim com uma alegria inabalável, inebriada.

— Continuem ajeitando as coisas! — ordenou ele para as pessoas na sala. — Vou conversar com o Will na biblioteca.

Quincy Jones entende de magia.

Ele vê o universo como um playground infinito cheio de possibilidades mágicas. Ele reconhece o potencial miraculoso de cada instante e de tudo e todos ao seu redor. Seu superpoder é se apresentar para o universo como um para-raios, se posicionando perfeitamente para capturar e conduzir os flashes de brilhantismo que surgem por toda a parte.

Quincy Jones é um caçador de tempestades artístico e intuitivo. Ele consegue sentir o tremeluzir sutil do *impossível* se preparando para acontecer. Ele se preparou por décadas, estudando música, tocando em milhares de shows, aprendendo com os mestres, cercando-se dos performers e artistas mais talentosos. Quincy costumava dizer: "As coisas são *sempre* impossíveis até *não serem mais*!" Aprendeu a preparar o ambiente e a atrair a energia para dentro; ele se via como um "condutor", tanto no sentido elétrico quanto no musical. Seu trabalho principal era impedir que perdêssemos o milagre, que bloqueássemos aquela oportunidade mágica sutil e tão óbvia (para ele).

Gigi tinha um pensamento parecido. Ela dizia: "Não bloqueie as suas bênçãos." Ainda que as possibilidades estejam perpétua e abundantemente fluindo ao nosso redor, nós podemos perdê-las, ou pior, bloqueá-las ou repeli-las.

Gigi amava contar a história bíblica da morte de Lázaro. Lázaro era um grande amigo de Jesus. Quando ele adoeceu e morreu, suas irmãs, Marta e Maria, ficaram arrasadas. Elas mandaram uma mensagem a Jesus, implorando que viesse depressa. Jesus precisou caminhar durante dois dias por uma estrada empoeirada vindo do outro lado do rio Jordão. Ele já estava exausto — tinha trabalhado a semana inteira, pregando durante a Festa da Dedicação. Quando chegou em Betânia, Lázaro já estava morto e sepultado havia quatro dias. Quando Jesus se aproximou da tumba, viu que a pedra ainda estava na entrada da caverna, como era a tradição daquele tempo.

Jesus chorou, chateado, e falou — e aqui eu parafraseio...

— Então, deixa eu pegar essa visão. Vocês me fizeram andar três malditos quilômetros, desculpa o palavreado, até essa aldeia calorenta que é Betânia, onde os fariseus e os saduceus estão correndo por aí feito baratas, doidinhos pra passar o cerol em mim, pra que eu realize o milagre de erguer o patriarca de vocês dos mortos, restaurando a sua família à plenitude e luz de bênçãos, e nem a droga da pedra vocês tiraram da frente da tumba? Se for pra eu levantar esse mano dos mortos, o mínimo que vocês, palhaços preguiçosos, poderiam fazer, é tirar a pedra da frente!

Essa era uma ideia que Quincy entendia perfeitamente. A magia exige atenção (fé — você precisa *acreditar* na magia); preparação (tirar a pedra do caminho — precisamos identificar e erradicar as resistências venenosas e os impedimentos dentro de nós mesmos); então, entrega (liberar o caminho e confiar que a magia faça o que sabe fazer). Quincy ajudava as pessoas a removerem suas pedras do caminho da luz de bênçãos que está *sempre* tentando brilhar. O universo *quer* que você tenha o milagre! Tire a porcaria da pedra da frente! Quincy estava movendo os móveis, mas também tentava fazer com que *todos nós* — eu, Brandon, Benny, e até mesmo ele — tirássemos as nossas próprias pedras do caminho.

A biblioteca de Quincy era de mogno escuro. Poltronas de couro com encosto alto; não sei se os tapetes eram persas, mas pareciam caros. Eu não me lembro de muito mais da sala porque fui cegado pelo brilho de um monte de Grammys, Tonys, Emmys e Oscars espalhados pelo lugar feito facas de manteiga num banheiro do hotel Swiss Cottage. Um pôster emoldurado do filme *A cor púrpura* com Oprah Winfrey pairava acima do meu ombro esquerdo; a placa com o número de vendas de *Thriller* de Michael Jackson acima do ombro direito — 48.000.000 de cópias vendidas. (Eu poderia simplesmente ter escrito a palavra "milhões", mas queria que você visse quantos zeros são.) Senti Michael me encarando na ponta dos pés na clássica pose "Billie Jean", como se estivesse dizendo: *Então, Will, o que você vai fazer?*

Eu me sentei. Quincy estava na minha frente. Já esteve nessa posição antes. É isso o que ele faz. Sua vida é tirar pedras do caminho.

— Fale comigo, Philly — disse ele —, do que você precisa?

— Quincy, eu, eu... não estou preparado para fazer um teste — gaguejei. — Eu não sabia, quando você ligou, sabe, o que a gente estava fazendo e tudo mais.

— São só algumas cenas. Tenho umas pessoas lá fora que vão ler com você. É só ser você mesmo e se divertir.

— Quincy, eu *não consigo* fazer um teste no meio de uma festa. Preciso me preparar, só preciso de um tempinho para trabalhar nisso.

— Ok, estou te ouvindo... de quanto tempo você precisa?

— Quer dizer, apenas, hã, me dá uma semana, e vou achar um professor de atuação, e posso estudar o roteiro, pra que eu possa fazer isso direito, e não apenas ler.

Quincy ponderou as minhas palavras.

— Entendi, então você precisa de uma semana?

— Sim, uma semana, uma semana seria *excelente*!

— Certo, sabe o que vai acontecer em uma semana? — perguntou Quincy. Mas antes que eu pudesse responder ele falou: — Brandon Tartikoff vai ter uma emergência em algum dos seriados dele e terá que voar até o Kansas para demitir alguém. Daí ele vai precisar remarcar para a semana seguinte.

— Ah, legal, legal! *Duas* semanas seria ainda melhor — falei, ignorando a sutileza no argumento de Quincy.

— Tudo bem, duas semanas. E aí Warren Littlefield vai ter um compromisso na escolinha dos filhos que ele esqueceu que estava na agenda, mas do qual não consegue escapar porque se faltar a esposa vai acabar com a raça dele. E aí *ele* vai ter que remarcar para dali duas semanas.

— Certo — falei, começando a entender o argumento. — Então, daqui a um mês...?

Quincy se inclinou, os olhos límpidos, subitamente afiados e bem sóbrios.

— No entanto, agora, todos que precisam dizer "sim" para esse seriado estão sentados naquela sala esperando por *você*. E você está prestes a tomar uma decisão que irá afetar o resto da sua vida.

Eu absorvi a informação. Olhei para Michael, então para Oprah. Eles pareciam olhar de volta para mim. *Sabemos, querido, é* difícil.

— O que vai ser, Philly?

— Foda-se — respondi. — Me dê dez minutos.

Eu não me lembro de muita coisa do teste — foi meio que uma sequência indistinta de piadas, risos, tiradas e improvisos — Quincy, e então Brandon, Benny — vinte minutos mágicos culminando em aplausos da sala inteira. Os aplausos, feito um desfibrilador, devolveram a minha consciência ao momento presente, restabelecendo a minha linha do tempo mental.

Quincy se levantou, apontando decisivamente para Brandon Tartikoff.

— Você gostou? — gritou Quincy.

— Sim, sim, eu gostei, Q — respondeu Brandon, calmamente, tentando não mostrar muito o que estava pensando.

— Não vem com essa merda pra cima de mim! Você sabe do que estou falando! VOCÊ *GOSTOU*?

Brandon sabia exatamente do que Quincy estava falando.

— Sim, Quincy, eu *gostei* — Brandon falou firme, confiante.

— Isso! — gritou Quincy, batendo as mãos e se virando para apontar para um homem diferente, que calhava de ser o diretor do conselho jurídico de Brandon Tartikoff, "estrategicamente" convidado para a festa de Quincy. — Você! — gritou para o homem, que estava mordendo uma minipizza. — Você é o advogado do Brandon. Ouviu o que ele acabou de dizer. Redija uma minuta de contrato agora!

Eu fiquei pensando: *Caramba, Quincy Jones tem poder. Aquele nem é o advogado dele! Está fazendo os advogados de* outras pessoas *trabalharem numa quarta-feira, às 21h, numa festa!*

O advogado olhou para Brandon, que ainda tentou argumentar:

— Quincy, escuta...

— QUEM MUITO ANALISA PARALISA! — gritou Quincy. — Redija uma minuta AGORA!

Brandon balançou a cabeça em concordância para o seu conselheiro jurídico, que se levantou e foi para a limusine da NBC, onde passaria as próximas duas horas redigindo a minuta.

Em seguida, Quincy girou apontando o mesmo indicador/varinha mágica decidido, só que dessa vez para mim.

— Você tem um advogado?

— Bem, não, não, não aqui na festa... — gaguejei.

Quincy girou de novo, completamente ligado no modo condutor mágico, a varinha apontando para uma nova vítima.

— Ligue para Ken Hertz! Ele é o novo advogado do Philly!

(Uma pequena nota explicativa: Ken Hertz estava na maternidade do hospital Cedars-Sinai, onde sua segunda filha tinha acabado de nascer. Mas, quando você é um jovem advogado, construindo uma família, e recebe uma ligação às 22h de Quincy Jones, e a maternidade do Cedars-Sinai fica a vinte minutos da casa de Quincy, você dá um jeito e chega em 18 minutos. Conheci Ken Hertz naquela noite; ele me representou nas negociações com a NBC e em algumas outras desde então. Ele é meu advogado até hoje. O nome da filha dele é Cori.)

Eu disse que Quincy tinha bebido, né? Não havia a menor necessidade de falar tão alto daquele jeito — a sala nem era tão grande. Todos podíamos ouvi-lo perfeitamente bem. Mas talvez ele soubesse que não estava falando para os nossos *ouvidos* — ele gritava para alcançar as cavernas atrás das pedras, simultaneamente conjurando e recebendo a magia do universo. Acho que ele queria falar alto o bastante para que o milagre não errasse a casa.

— QUEM MUITO ANALISA PARALISA! — gritava Quincy sem parar.

Ele iria entoar esse mantra quase cinquenta vezes ao longo das próximas duas horas. Era a resposta para todas as perguntas, a resposta para quem gaguejasse, a solução para qualquer problema legal. Até que, duas horas mais tarde, Quincy Jones, Brandon Tartikoff, Benny Medina — e Will Smith — entraram num acordo para filmar o piloto de um seriado provisoriamente chamado *Um maluco no pedaço*.

Agora, esta é uma história sobre como a minha vida mudou, virou de cabeça para baixo. E eu gostaria de tomar um minuto do seu tempo, pode ficar sentado... vou te contar como me tornei o príncipe de um lugar chamado Bel-Air.

Seis semanas antes, eu estava em posição fetal em Marina del Rey, perdido, deprimido e assustado. E, de repente, o universo me deu uma nova família: James Avery, Janet Hubert-Whitten, Alfonso Ribeiro, Tatyana Ali, Karyn Parsons, Joseph Marcell.

James Avery: Tio Phil. Um metro e noventa e três, 155kg. Ator shakespeariano. Nova figura paterna. Exigia o maior comprometimento com a minha arte. "Você não é um rapper aqui... você é um ator. Então aja feito um." Passei a maior parte dos seis anos seguintes buscando a aprovação dele.

Janet Hubert-Whitten: A primeira Tia Viv. Ameaça tripla — cantora, dançarina, atriz. Esplêndida em tudo. Estrelou em *Cats* na Broadway. A consciência do seriado. Lutou incansavelmente para representar com dignidade o povo negro norte-americano em *Um maluco no pedaço*. O programa sem dúvida sofreu com a saída dela.

Alfonso Ribeiro: Carlton Banks. Atua desde os 9 anos. "O Garoto do Sapateado". Broadway; televisão; cinema. Aliado inabalável, grande amigo — estava comigo para o que desse e viesse. Me deu o melhor conselho de todos ("Ei, cara, eu escutei os produtores conversando sobre o nome do seu personagem. Escuta o que estou te dizendo: dá o *seu nome* ao personagem, Will Smith. Porque as pessoas vão te chamar disso pelo resto da vida." — Carlton).

Tatyana Ali: Ashley Banks. Onze anos de idade e ainda assim tinha mais experiência do que eu. Cantora, dançarina, atriz: *Vila Sésamo*, *Star Search*, *Eddie Murphy — Sem Censura*, atuou com Samuel L. Jackson. Passaria a adolescência no set estudando para entrar para a Universidade Harvard. Uma das pessoas mais disciplinadas que já conheci.

Karyn Parsons: Hilary Banks. A pessoa com menos experiência além de mim. Teve que derrotar uma lista enorme de grandes artistas de Hollywood para ficar com o papel. Foi inteligente o bastante para me dizer "De jeito nenhum!" quando tentei explicar a ela que não éramos primos *de verdade* e por isso estava tudo bem se namorássemos. ("Eu juro que não vai atrapalhar o nosso relacionamento de trabalho." Ela era mais esperta do que isso — boa, K.P.)

Joseph Marcell: Geoffrey Butler. Royal Shakespeare Company; Globe Theater: *Otelo, Rei Lear, Sonho de uma noite de verão;* interpretou Solly Two Kings em *Gem of the Ocean,* de August Wilson. Os produtores de *Um maluco no pedaço* estavam divididos entre ele e um outro ator. Minha primeira demonstração de poder como Fresh Prince foi dizendo "Eu quero Joseph Marcell".

Em termos de Hollywood, a concepção, escolha de elenco, escrita, assinatura de contratos, design de sets, filmagens, edição e exibição de *Um maluco no pedaço* beiravam o milagre. Programas não acontecem tão depressa assim. Tudo correu perfeitamente bem. A festa de Quincy foi no dia 14 de março de 1990; o texto, os testes, a escolha do elenco e os contratos estavam finalizados no fim de abril. Equipe de produção, design de set, figurinos etc. foram concluídos e já estávamos filmando o piloto no meio de maio. O seriado foi editado e testado no fim de julho; promovemos em agosto, e ele foi para o ar em 10 de setembro de 1990.

Nada de "Quem muito analisa paralisa".

E eu *amei*.

Encontrei o meu negócio. O mundo da atuação libertou todos os impulsos artísticos contidos em mim. Foi a primeira tela que pareceu grande o bastante para que eu pudesse expressar minha imaginação. Minha expressão musical sempre pareceu estreita e restringida pelos limites da minha habilidade e dos meus talentos. Fazer música era parecido com morar num bairro muito bom, enquanto atuar era como ser solto num universo infinito. Como ator, podia ser qualquer pessoa, ir para qualquer canto e fazer qualquer coisa: campeão mundial de boxe, piloto de caça, treinador de tênis, defensor da galáxia, policial, advogado, empresário, médico, conquistador, pregador, gênio da lâmpada — eu poderia até ser um peixe. Atuar engloba tudo o que sou — contador de histórias, performer, comediante, músico, professor.

Não me entenda mal: eu gosto muito de fazer música; mas eu *amo* atuar.

Mãe-Mãe era uma leitora ávida. Todo momento livre dela era gasto entre as páginas de tudo o que ia de Edgar Allan Poe, Agatha Christie, Toni Morrison e Stephen King a Maya Angelou, os livros de Sherlock Holmes e a autobiografia de Sidney Poitier. Estava sempre elogiando algum livro que "tocava a alma dela" ou "que ela não conseguia largar". O hábito da leitura fazia parte de quem ela era e tinha transformado seu jeito de ver e ser, mas eu nunca tinha experimentado isso. Já tinha passado dos meus vinte anos quando li um livro do início ao fim.

O alquimista, romance do escritor brasileiro Paulo Coelho, foi meu primeiro caso de amor literário. O livro falou com a minha alma, e eu não conseguia largá-lo. Ele passou a fazer parte de mim e transformou o meu jeito de ver e ser.

O alquimista narra a jornada de um jovem pastor andaluz chamado Santiago. Ele tem esse sonho recorrente envolvendo um tesouro escondido sob as pirâmides de Gizé, no Egito. O sonho o atrai tão intensamente que ele vende todo o seu rebanho, desiste da vida no sul da Espanha e decide seguir seu coração até o Egito, para buscar aquilo que Paulo Coelho descreve como sua "Lenda Pessoal", seu chamado divino, o que acredito ser o seu destino, o seu dharma.

Mas a jornada de Santiago não é fácil. Eu torcia, temia e xingava a cada passo do caminho, conforme ele era amado e odiado, ajudado e prejudicado pelo perigoso caminho. Senti que eu *era* Santiago, meu próprio tesouro escondido em algum lugar sob o letreiro de Hollywood. *O alquimista* é provavelmente o livro que mais me influenciou. Ele empoderou o meu espírito sonhador e validou o meu sofrimento. Se Santiago podia sofrer, sobreviver e reclamar o seu tesouro, então eu também podia.

Um alquimista é um alquimista espiritual, um mestre da transmutação. O grande feito do alquimista é que ele pode fazer o impossível: transformar *metal* em *ouro*. Esse conceito explodiu na minha mente — a habilidade de pegar qualquer coisa que a vida oferece e transformar em ouro.

Gigi conseguia pegar o último meio copo do suco de uva Welch e misturá-lo com o último gole de suco de abacaxi Dole, jogar alguns pacotes de Ki-Suco, cortar um limão e adicionar a outra metade da laranja que ela estava comendo, misturar tudo com uma explosão de refrigerante de gengibre Canada Dry — congelar — e servir o melhor picolé que você já tomou na vida. Isso *depois* de você olhar na geladeira cinco vezes e dizer a ela que não tinha *nada* ali dentro.

Quincy Jones é um alquimista, e ele incendiou a minha mente; eu nunca conheci ninguém como ele. Eu também queria ser um alquimista. Queria ser capaz de transformar toda e qualquer coisa que a vida me desse em ouro.

O universo tinha me dado uma segunda chance, e prometi a Deus que *não precisaria* de uma terceira.

Capítulo 11

ADAPTAÇÃO

JL se recusava a ir para Los Angeles.

Aquele "negócio de TV" era desconcertante para ele — tudo estava acontecendo rápido demais, tinha vindo do nada e estava fora da sua especialidade. Fui à festa de aniversário do Quincy Jones e no dia seguinte eu tinha um seriado? Não havia um plano, uma estratégia, e todos nós ainda estávamos tentando nos recuperar do catastrófico colapso financeiro e criativo de DJ Jazzy Jeff and the Fresh Prince. E *agora* eu queria que JL arrumasse as malas e se mudasse para Los Angeles porque Quincy Jones era... um *alquimista*?

Tanya e eu tínhamos alugado um novo apartamento em Burbank, e de lá dava para ir a pé para a NBC. Meu foco total estava evidentemente na televisão. E em deixar esse episódio piloto *no ponto*.

— Mano. Você precisa ir pro estúdio fazer o que sabe fazer — implorou JL.

— J, tô te *falando*, nosso futuro é *aqui*! O nosso lance com a música morreu.

— Isso não é verdade... mas seja lá o que for que você precisar, eu consigo fazer de Philly.

— J, você não está *entendendo*... você precisa estar *aqui*. Não são reuniões agendadas e organizadinhas. As pessoas tomam decisões em festas de aniversário e na porra de *jantares*.

JL é uma das pessoas que melhor me conhece no mundo. Ele me via (e de vez em quando *ainda* me vê) como um artista impetuoso que precisa ser protegido de si mesmo. Ele já viu a *si mesmo* como a última barreira de sanidade impedindo que Will empurrasse todo mundo do penhasco. JL não conseguia aguentar a incerteza e o turbilhão de mudanças que poderia ameaçar a nossa recuperação.

Omarr se mudou imediatamente; Charlie vinha toda semana.

(Apenas uma pequena curiosidade sobre *Um maluco no pedaço*: na abertura da série, quando eu entro em "uma briguinha e a minha mãe fica assustada", a pessoa com quem eu tenho a "briguinha", sabem o cara me rodando e motivando a minha partida para a Califórnia? Aquele é o Charlie Mack.)

Pensei que, se conseguisse convencer Jeff a ir para Los Angeles, JL veria que todos nós já estávamos lá. Então, sem nem falar com Jeff, apresentei aos produtores da NBC a ideia de um personagem para ele. Falei a eles que Jeff era o meu parceiro musical e que era um astro maior do que eu na comunidade hip-hop — nossos fãs enlouqueceriam se vissem Jeff no seriado.

Obviamente, eles se mostraram apreensivos com a ideia de acrescentar *mais um* moleque de Philly com *zero* experiência em atuação numa sitcom de horário nobre. Mas essa se tornou a minha segunda demonstração de poder em *Um maluco no pedaço*. Eles concordaram de forma relutante a "testá-lo" em seis episódios, ou um quarto da primeira temporada.

Animado, contei a Jeff a notícia.

— Ah, cara, valeu — disse ele —, mas não estou botando muita fé nesse negócio de televisão... isso é coisa *sua*. Eu só quero fazer música.

Eu fiquei chocado.

— Jeff. Você pode fazer música em LA... eles têm estúdios aqui igual a gente tem lojas de bebidas e igrejas na Filadélfia. Além disso, estão te oferecendo 10 mil por episódio. É dinheiro fácil, mano.

Silêncio.

— Jeff?

— Só não estou botando muita fé, cara... Esse negócio de LA não é a minha. Eu sou um cara de Philly.

Eu queria gritar. *Do que diabos você tá falando? Você está quebrado. Voltou a morar no porão da sua mãe. Você não tem escolha.*

Mas, em vez disso, eu simplesmente falei:

— Tá bom. A gente se fala depois.

Mudanças podem ser assustadoras, mas são inevitáveis. Na verdade, a impermanência é a única coisa com a qual você pode contar. Se não quer ou não consegue se virar e se adaptar às ondas incessantes e instáveis da vida, não vai gostar de estar aqui. Algumas pessoas tentam jogar com as cartas que *gostariam* de ter, em vez de jogar com a mão que receberam. A capacidade de se ajustar e improvisar é, possivelmente, a habilidade humana mais importante.

Existe uma parábola budista que tem me guiado ao longo de muitas transições difíceis: um homem está parado nas margens de um rio traiçoeiro, violento. É época de chuvas — se não conseguir chegar do outro lado, ele está acabado. Ele logo constrói uma jangada e a utiliza para atravessar o rio em segurança. Aliviado, ele comemora, ergue a jangada e vai na direção da floresta.

Mas, ao tentar atravessar a mata densa, a jangada fica esbarrando e batendo nas árvores e se prendendo às vinhas, impedindo o homem de seguir adiante. Ele só tem uma chance de sobreviver: precisa deixar a jangada para trás — a embarcação que ontem salvou sua vida é a mesma que hoje irá matá-lo se não a soltar.

A jangada representa as nossas ideias antigas e os velhos modos de pensar que não nos servem mais. Por exemplo, a mesma personalidade agressiva e raivosa que você tinha quando criança para se proteger dos valentões e predadores agora vai destruir todos os seus relacionamentos se não estiver disposto a abandoná-la. As coisas podem ser perfeitamente úteis e absolutamente necessárias durante um período da nossa vida. Mas chegará um momento em que precisaremos deixá-las de lado ou morrer.

Colocando de forma simples, se não nos adaptarmos, podemos ser extintos. Eu considerava a escolha de JL e Jeff de permanecer em

Philly uma sentença de morte para os dois. Mas também sabia que eu não permitiria isso.

Um maluco no pedaço estava numa posição desfavorável desde o início. Um programa dessa magnitude geralmente precisaria ter sido aprovado com nove meses de antecedência. Por causa do calendário quase impossível de filmagens, decisões estavam sendo tomadas em tempo real em todos os setores da produção. Na falta de JL, Benny Medina ocupou a posição de empresário. Ele se tornou o contato para tudo que tivesse a ver com "Will Smith". Benny sabia o que estava fazendo e sabia fazer as coisas acontecerem. Mas o meu coração doía por estar em Los Angeles sem JL e Jeff.

Precisava levá-los para lá, por isso fiz uma tentativa desesperada: disse a JL que gravaria um novo álbum se ele concordasse em passar uma semana por mês em Los Angeles. Naquela época eu não via a música como uma grande prioridade do meu futuro, mas não contei isso a ninguém; eu só precisava dele em Los Angeles.

Agora, precisava convencer Jeff: "Olha, cara, faz só *três* episódios. Se você odiar, ficam faltando três. Se você amar, pode arrumar um canto por aqui e a gente fala com os produtores pra você fazer mais. E de quebra nós podemos gravar! Na pior das hipóteses você ganha 60 mil por estar num seriado de TV, e na melhor? Mais buceta."

Não tinha certeza de qual parte do argumento tinha convencido Jeff, mas eu não ligava — ele concordou em ir.

(Momento curiosidade *UMNP:* Jeff se tornou um dos personagens mais amados da série, e ele adorou isso. Sua cena mais característica era aquela em que Tio Phil o atira para fora de casa. Durante as filmagens do episódio piloto, ninguém sabia se aquilo ia pegar, por isso nós só tínhamos uma gravação de Jeff voando para fora da casa. O interior da mansão de Bel-Air e o exterior eram duas locações diferentes, e só tínhamos um dia de gravação na locação externa. Por isso tivemos que usar a mesma filmagem de Jeff sendo jogado para fora repetidamente.

E sempre que ele entrava com a camisa marrom e branca com estampa asteca dava para saber que seria atirado para fora naquela mesma cena.)

Um maluco no pedaço estreou em 10 de setembro de 1990 e foi um sucesso instantâneo, se tornando a maior audiência de estreia naquela temporada. Isso significava que definitivamente haveria outras temporadas.

As oportunidades estavam aparecendo, mas apesar de tudo isso JL *ainda* se mostrava cético. Mesmo um ano e dezenas de milhões de espectadores depois, JL continuou em seu quarto na casa da mãe em Philly. Acho que, em sua defesa, não tinha nem um ano desde que ele tinha me visto torrar 3 milhões de dólares, não pagar um centavo à Receita Federal, acabar com a carreira do duo DJ Jazzy Jeff and the Fresh Prince em troca de frango frito e ponches de rum e então me mudar alegremente para Los Angeles para me tornar um astro da televisão.

Pensando bem, acho incrível que ele ainda atendesse minhas ligações na época. Mas, mesmo em negação, não dava para ignorar: o programa era um sucesso, o negócio estava pegando fogo e era hora de atacar.

Eu estava faminto, focado e animado com a vida nova com a qual estava sendo abençoado. Mas o meu fracasso pessoal e profissional tinha me ensinado uma lição universal: nada dura para sempre. *Tudo* o que sobe cai — não importa quão quente seja o verão, o inverno é inevitável. Prometi a mim mesmo que jamais seria pego de surpresa outra vez. Que, durante os bons tempos, eu plantaria e cuidaria das sementes das "coisas por vir". E se eu fosse realmente sábio e prestasse atenção aos movimentos da indústria, conseguiria prever a época da colheita do que estava por vir de forma impecável, pouco antes do término do que estava fazendo antes. Da mesma maneira que tinha acontecido com a minha carreira musical, que uma hora estava pegando fogo e na outra estava congelada, eu sabia que isso um dia aconteceria com a TV. Eu estava prestes a entrar em chamas — mas um dia, sabia que estaria frio de novo. Eu me perguntei: *Depois da*

TV, qual seria o meu próximo passo? Havia apenas uma resposta: *cinema*.

Mas também cheguei a uma conclusão mais profunda e problemática: que o amor e os relacionamentos também estavam sujeitos à lei universal da impermanência. Jurei que nunca mais seria pego sem estar de olho no meu próximo amor. Meu coração tinha sido partido, e eu tinha *certeza* de que aconteceria outra vez. Sabia que haveria um encontro apaixonado de primavera; um redemoinho quente de verão; um outono melancólico; e então uma morte fria de inverno. Decidi que a minha única defesa emocional contra essa certeza cósmica brutal era ser mais rápido do que o ciclo de destruição. Na minha cabeça, compreendia que precisava ser como o Tarzan: pegar o próximo cipó enquanto soltava o anterior. Se eu pudesse agarrar a nova paixão, ao mesmo tempo em que soltava a que estava morrendo, poderia evitar os aspectos mais difíceis do inverno, escapar deles e sustentar indefinidamente a energia da alegria primaveril.

Uma sitcom de TV é sem dúvida, disparado, a melhor profissão do mundo.

A semana de trabalho de uma sitcom era de cinco dias para produzir um episódio. Segunda-feira era dia de mesa de leitura — atores, produtores e roteiristas se sentavam ao redor de uma mesa e liam o roteiro em voz alta. Todo mundo fazia comentários, e de um dia para o outro os roteiristas entregavam uma nova versão. Terça e quarta eram os dias de ação: os atores no palco tentando dar vida às palavras. *Essa* era a parte que transformava a sitcom na melhor profissão. Éramos pagos para rir, contar piadas, brincar, criar, debater, crescer e amar uns aos outros. No fim do dia, repassávamos com os roteiristas e mostrávamos a eles o que tínhamos bolado. E nas noites de terça e quarta eles faziam os ajustes, melhorando o roteiro.

Quinta-feira era o dia da revisão técnica. Luzes, som, câmeras, todo mundo tentando ver como cuidaria da ação da cena. E então... sexta-feira: o público ao vivo no estúdio.

As noites de sexta no set de *Um maluco no pedaço* eram como estar na boate mais badalada da cidade — pessoas importantes iam às nossas gravações. Os melhores comediantes, as estrelas mais belas de Hollywood, atletas profissionais, músicos — um quem é quem dos mais bacanas entre os bacanas.

E então havia a nossa vantagem competitiva singular: todos no elenco cantavam e dançavam. Por isso, entre as cenas, Alfonso cantava Michael Jackson; Joe Marcell cantava alguma música hilária e desconhecida de algum musical britânico. James Avery mostrava todos os passos de dança das antigas; Janet Hubbert-Whitten era uma dançarina treinada pela academia de Alvin Ailey, e atriz e cantora com formação em Julliard; até mesmo Tatyana, aos 11 anos, estava por dentro do lance. E então, como se isso já não fosse o bastante para induzir o público à loucura, nós usávamos a nossa bomba nuclear: DJ Jazzy Jeff and the Fresh Prince se apresentavam toda sexta à noite. Nossos momentos entre as cenas eram tão icônicos quanto tudo aquilo que mostrávamos diante das câmeras.

Era o paraíso. Uma nova família, uma nova casa, uma nova vida.

A mensagem era: *Eu preciso de uma fatia daquele negócio do Will Smith.*

JL recebeu essa mensagem de um infame criminoso de Los Angeles, famoso por suborno, extorsões violentas e por cobrar "taxas" de proteção. JL decidiu não responder. Estávamos acostumados à violência e tentativas de intimidação. Tínhamos caras em Philly que estavam mais do que prontos para viajar para "cuidar das coisas" caso precisássemos.

Mas o negócio em LA era diferente. Havia uma agressividade e uma ousadia que nos deixou inseguros. Em Philly era possível reconhecer e evitar com facilidade as áreas perigosas da cidade — você sabia que, se o lixo não estava sendo recolhido, se tinha carros estacionados na calçada, prédios abandonados no mesmo quarteirão de casas familiares, precisava tomar cuidado naquele bairro. E, evidentemente, os projetos habitacionais — todo mundo sabia o que eles eram. Mas em Los Angeles os "piores" bairros tinham grama verde e palmeiras. Roubos de carros em *plena luz do dia* eram algo normal — você poderia ser pego de bobeira em qualquer lugar. Não conseguíamos decidir para onde ir ou o que vestir... tudo parecia perigosamente confuso. *Nenhum* de nós andava armado em Philly; *todos* nós andávamos armados em LA.

Havia agora cinco mensagens para JL. *Eu preciso de uma fatia daquele negócio do Will Smith. Você deveria responder.* Já tínhamos escutado histórias sobre aquele cara — ele simplesmente tomava o dinheiro das pessoas, forçando-as a assinar contratos com ele, extorquindo em toda a indústria. Éramos novos em Los Angeles e *não queríamos* problemas. Mas se o problema nos quisesse, estávamos bem ali.

JL decidiu retornar a ligação.

— James Lassiter falando. Como posso ajudá-lo?

— Você é um homem difícil de encontrar — disse o cara. — Eu sou da opinião de que preciso de uma fatia daquele negócio do Will Smith.

— Entendi — respondeu JL, fazendo uma pausa para avaliar o próximo passo. — Acho que podemos fazer isso.

— Legal, legal... — disse o cara.

— Mas eu tenho um parceiro — interrompeu JL. — Eu não dou a palavra final. Você vai precisar conversar com ele.

— Certo, vamos marcar isso.

— Com certeza, imediatamente. Meu parceiro trabalha para o Departamento Federal de Investigação, o FBI — informou JL calmamente. — Vou combinar essa ligação. E qualquer acordo que você e ele façam, eu estou dentro.

Nunca mais ouvimos falar dele.

Ameaça é uma coisa; violência é outra.

Mas, quando você cresce em ambientes violentos, a sua mente se adapta para perceber ameaças em *todos* os cantos. Você racionaliza que não pode ser pego de bobeira, nenhuma vez. Então reage a ameaças *imaginárias* e a violências *reais* da mesma maneira, ainda que sejam coisas bem diferentes. Existe um velho ditado: prefiro ser julgado por 12 a ter o corpo carregado por seis.

Era uma quarta-feira. Estávamos tendo dificuldades no set, tentando fazer uma cena funcionar. Todos sentiam isso — a escrita não soava autêntica ou engraçada. Por isso chamei para mim a responsabilidade de fazer mudanças na cena. Quando os produtores chegaram e viram todos os ajustes "unilaterais" que eu tinha feito, imediatamente ligaram para a chefia na NBCP (o ramo de produção da rede), que exigiu que parássemos tudo e fôssemos para o escritório sem demora.

Benny Medina, JL, eu e Jeff Pollack (o parceiro televisivo de Benny) fomos para a "reunião emergencial" na sala dos executivos. Havia dois sofás, um de frente para o outro, com uma mesa de centro de madeira entre os dois e uma grande mesa de vidro de frente para os sofás.

O executivo estava de pé, apoiado na mesa de vidro, de frente para os dois sofás. Sua postura sugeria que estava no comando e que havia se irritado. Entramos e nos sentamos diante do "chefão". JL e Benny se sentaram em um sofá, e eu e Jeff Pollack nos sentamos no outro, de frente para eles.

Não houve formalidade alguma, nenhum oi, nada de ouvir o nosso lado da história.

— Então você é um figurão, hein? — indagou o executivo.

Não entendi muito bem a pergunta, por isso não respondi. Ele começou a circundar o perímetro dos dois sofás. Parecia a cena de *New Jack City: A gangue brutal*, na qual Wesley Snipes tentava fazer com que alguém explicasse como o complexo de apartamentos Carter tinha sido infiltrado.

— Você pode mudar por sua conta qualquer fala que quiser numa sitcom, é isso mesmo?

Naquele momento, ele estava de pé atrás de mim. Fiz contato visual com JL. *Esse cara vai me* bater?

JL me olhou como se estivesse dizendo: *Estou de olho nele... Se ele sequer* piscar, *eu te protejo.*

— Centenas de milhões de dólares, diversos parceiros, a porra de um monte de veteranos da indústria... e *você* decide o que vai no roteiro final?

A essa altura ele já tinha feito a volta até o outro sofá, atrás de JL. Lancei a J o mesmo olhar que ele tinha me lançado. *Se ele sequer* piscar, *eu te protejo.*

O executivo estava atrás de mim de novo. Jeff Pollack, o único cara branco no grupo, começou a explicar.

— Não sei se você foi informado sobre a totalidade e a complexidade da situação...

— Ei, espera aí, Jeff, eu sei o que preciso saber... — disse o executivo.

Agora ele estava no meu ombro direito, e a voz dele começou a subir.

— Já vi isso acontecer mil vezes, caralho. Você pode desaparecer tão rápido quanto chegou...

Na frente de JL, na mesa de centro, estava um daqueles globos de neve pesados. JL despretensiosamente o pegou e colocou no colo. Nossos olhares se encontraram. Seu semblante estava diferente.

O que você quiser fazer, irmão.

Eu me levantei num pulo e girei, me colocando na lateral do sofá, ficando cara a cara com o executivo.

— O que caralhos cê tá querendo, seu puto? — desafiei.

JL pulou, agora brandindo o globo de neve abertamente.

— Calma, pessoal, calma! — implorou Benny Medina.

— Sai daí, Jeff — disse JL.

Como Jeff tinha ido com a gente, ele ficou confuso com o tom de voz e a energia que JL usou com ele, principalmente porque ele só tinha se levantado. Mas JL tinha um globo de dois quilos na mão, por isso Jeff fez o que lhe foi pedido e logo se afastou.

— Com quem diabos cê acha que tá falando? — bradei para o executivo.

Notei que os olhos do homem estavam completamente derrotados e que ele não fazia a *menor* ideia do que estava acontecendo. Era nítido que nunca tinha sido chamado de "puto" na vida e nem queria encrenca.

— Pra cima de quem cê tá tretando?

Eu estava completamente possesso. Podia ver que ele queria responder, mas ainda estava tentando decifrar a charada das quebradas que dizia *O que caralhos cê tá querendo, seu puto?*.

— Will, hã, a gente definitivamente começou com o pé esquerdo aqui — falou ele docemente, a mão esquerda apoiada nas costas.

— Pode apostar! Você de pé gritando com os filhos da puta aqui. *Senta* quando for falar comigo.

— Mas, Will — disse ele, ainda mais docemente —, eu acabei de fazer uma grande cirurgia nas costas e o médico falou que eu deveria me levantar quando estivesse...

— Você vai sentar quando estiver falando comigo — rosnei.

— Mas, Will, o médi...

— SENTA. AÍ. CARALHO!

Ele foi até a ponta da enorme mesa de vidro com todo o cuidado, apoiando a mão delicadamente para se ajeitar. Fazendo uma careta de dor, ele se abaixou na beirada da mesa.

Benny já tinha visto o bastante.

— Tá bom, estamos todos bem. Pode ir, pessoal — disse ele. — JL, deixe o globo de neve aí.

Jeff entrou na frente do executivo e fez um gesto para que JL e eu saíssemos da sala. Obedecemos. Ao sairmos, ouvimos Jeff sussurrar:

— Sentimos *muito*.

— **O** QUE DIABOS FOI AQUILOOO?

Jeff Pollack estava gritando a plenos pulmões no estacionamento. Essa foi a única vez que ouvi Jeff erguer a voz.

— O cara parecia que ia me bater — falei em minha defesa.

Já tinha escutado a expressão "arrancar os cabelos", mas essa foi a única vez que *presenciei* isso sendo feito de verdade. Jeff estava literalmente pegando dois chumaços do próprio cabelo e puxando-os como se quisesse arrancá-los do couro cabeludo.

— Um executivo de televisão de 64 anos com problema nas costas queria "te bater"?

Eu e JL meio que olhamos de um para o outro. Naquele momento, no escritório, tínhamos certeza; mas, quando você escuta isso num estacionamento, o argumento não parece ter *tanta* força assim.

— Bem, por que então ele estava de pé, nos rondando como se fosse fazer alguma coisa? — perguntei, numa última tentativa de defender a minha percepção.

— O. QUE. DIABOS. ELE. IRIA. FAZER? Ele acabou de fazer uma grande cirurgia invasiva de descompressão lombar!

— Ok, pessoal, vamos fazer uma pausa — sugeriu Benny compassivamente. — Eu preciso ligar para o Quincy.

Ah, merda, Quincy.

Imediatamente corri para tentar ligar para Q primeiro.

— Quincy está numa ligação agora, Will, posso pedir a ele para retornar?

Caralho, não, mande ele desligar com a NBC e ouvir o meu lado da história primeiro.

— Claro, seria ótimo, obrigado — falei.

Depois dos piores trinta minutos da minha vida, ele me ligou de volta.

— Achoquefizmerda — soltei.

— Está tudo bem... As pessoas se xingam o tempo todo — disse Quincy. — Só não encoste em ninguém, nunca. Conversei com eles, está tudo bem. O que aconteceu no set?

— Eu mudei algumas falas no roteiro porque queriam que eu falasse umas merdas nada a ver. Tentando dizer para *mim* o que um cara de Philly diria. E eu disse: "Essa fala não soa *real*..."

— Ah, então foi um desentendimento *criativo*... — disse Quincy.

— Acho que é assim que chamam em LA.

— Você está com o roteiro aí? — indagou Quincy.

— Sim, tenho uma cópia aqui.

— Certo. O que está escrito na capa?

— Hã... *Um maluco no pedaço*? — falei, confuso.

— Certo. E quem é o maluco no pedaço?

— Eu — respondi.

— Exatamente! Ninguém melhor do que você sabe o que diabos você tem que dizer. Se eles pudessem fazer o que você faz, eles não teriam te contratado. Você diz o que quer dizer, da forma como quer dizer. E quando alguém tiver algum problema com isso, mande me ligar.

Eu tinha acabado de completar 22 anos, e Quincy Jones tinha acabado de me dar o poder de dizer o que eu quisesse num programa de televisão. Ele ficou do meu lado em vez de concordar com produtores, roteiristas, executivos, publicitários, todos.

Ele apostou em mim.

— Sim, senhor — respondi.

JL e eu ficamos chocados com a leitura completamente equivocada que fizemos da situação com o globo de neve. Tínhamos vindo de lares violentos e bairros violentos e também do violento mundo da música. Para nós não era impensável que um executivo pudesse se tornar violento. Nos sentimos encurralados e vulneráveis. JL e eu estávamos cem por cento convictos de que aquele executivo partiria para cima de mim.

É incrível quão distorcida a sua percepção pode ficar quando você enxerga o presente pelas lentes do passado. Foi uma difícil reabilitação psicológica para que aprendêssemos a largar o globo de neve.

Honrando meu acordo com JL, eu e Jeff fomos trabalhar no quarto álbum, que se chamaria *Homebase*. Mas Jeff e eu estávamos na TV agora, por isso tínhamos que trabalhar na nossa música nos horários de folga. Estávamos acostumados com o tempo criativo sem fim; no passado, tínhamos meses à disposição para criar, escrever e gravar (e comer frango frito). Mas agora, por causa do tempo escasso, precisávamos ter foco total e estar afiadíssimos em cada sessão de estúdio. Citando o meu Papa: “Nada de fazer merda no horário de trabalho.” O resultado em *Homebase* foi que, comparado a *And in This Corner...*, compusemos o dobro de canções na metade do tempo e com um quarto do orçamento. E as músicas eram melhores.

Outra vantagem do nosso sucesso televisivo foi que estávamos livres da pressão de *precisar* que o disco fosse um sucesso. Se ele fosse um fiasco, ficaríamos bem — nossos aluguéis (e os nossos impostos) estavam sendo pagos com o dinheiro de *Um maluco no pedaço*. Conseguimos nos divertir de novo — éramos só eu e Jeff sendo eu e Jeff, voltando ao que tinha nos tornado incríveis. Estávamos voltando à nossa origem.

Essa foi também a primeira vez que abrimos nosso processo criativo a novos produtores e outras vozes criativas. Eu vinha trabalhando em Chicago, terminando os meus vocais do disco com alguns produtores jovens da Jive Records chamados Hula & Fingers. Jeff estava cuidando da mixagem final em Nova York, e eu tinha um voo às 18h do aeroporto O'Hare para LAX. Eu, Hula e Fingers tínhamos saído na noite anterior, celebrando a finalização de *Homebase*. Eu tinha me esgoelado a noite inteira na boate. No caminho até O'Hare, passei no estúdio para pegar uns CDs do álbum sequenciado para ouvir no avião. Hula me deu o CD, eu enfiei na mochila e fui para a porta.

Finger veio atrás de mim, me chamando.

— Ei, cara, tem essa outra faixa que a gente vinha brincando. Jeff falou que gosta dela. Ele nos mandou entregar para você e ver se você gostaria de gravar alguma coisa rápida.

Eu me sentia exausto, com a voz estragada, estava pronto para voltar para LA e, além disso, o álbum já havia sido finalizado. Fingers estava segurando um CD com as palavras “Sem título” escritas com caneta permanente. Simplesmente ver “Sem título” escrito ali era exasperador. Só pensar em escrever uma nova música do zero fazia o meu estômago revirar. Eu estava exausto.

— Aí, Fingers — falei. — Eu te acho firmeza, cara, vocês fizeram um ótimo trabalho. Mas estou exausto; quer dizer, escuta a minha voz. Eu não conseguiria gravar nada nem se *quisesse*. Provavelmente só o *Todo Poderoso* iria me convencer a escrever mais uma música.

Os caras riram, mas por camaradagem peguei o CD.

Cheguei ao aeroporto Chicago O'Hare uma hora antes só para ouvir que o voo 1024 para Los Angeles ia atrasar noventa minutos.

Droga — por que é sempre assim? Quanto mais você quer chegar em casa, mais a porcaria do seu voo atrasa.

Encontrei um canto tranquilo, coloquei os meus fones de ouvido e decidi ouvir "Sem título". A faixa começava com a voz de Fingers seguida por uma batida irada de bateria e o grito crescente de uma multidão.

Druuuuuuumz, pleeeeeease
Aaaaaaaa, yeah![10]

E então uma voz feminina:

Summer, summer, summertime
Time to sit back and unwind[11]

— Ai. Meu. Deus.

Devo ter parecido louco naquela sala de espera do aeroporto; estava com a expressão que músicos têm quando uma música é braba. É como se você sentisse o cheiro de uma coisa muito *sinistra*. Minha cabeça estava prestes a cair dos ombros de tanto balançar.

Peguei depressa o meu caderno de rimas na mochila e as duas horas seguintes não foram nada além de uma intervenção divina. Eu não *escrevi* "Summertime", eu a *canalizei*. Minha mente colapsou de volta para a felicidade do verão na Filadélfia. Eu me senti voando pelas

10 *Bateriiiiiia, por favooooor / Ahhhhh, isso aí!*
11 *Verão, verão, tempo de verão / Hora de sentar e relaxar*

minhas memórias de infância e a minha mão foi seguindo de carona, tentando acompanhar. "Summertime" é a única música que escrevi do início ao fim e não editei nem mudei uma única palavra. As letras na gravação final são *exatamente* as que surgiram para mim. Foi puro fluxo de consciência. Mais tarde aprenderia um termo que ressoava profundamente com a minha experiência no aeroporto naquela noite: *psicografia*, ou escrita automática, é, em teoria, a habilidade psíquica que permite a alguém escrever palavras sem estar escrevendo *conscientemente*. (Céticos chamam isso de autoenganação; eu chamo de "outro Grammy" e "o meu primeiro nº 1 nas paradas".)

— O voo 1024 está embarcando agora...

— Merda.

Eu sabia que aquela música era incrível. E se eu não gravasse naquele dia, não entraria no disco. Podia escutar Quincy na minha cabeça: *O que você vai fazer, Philly?*

— Foda-se.

Eu me levantei, voltei para o carro, fui para o estúdio.

Minha voz estava destruída. O timbre e o tom de voz pelos quais eu era famoso eram agudos, rápidos e envoltos em um sorriso. Mas todas as vezes que busquei aquela energia dentro do estúdio naquela noite a minha voz falhava e dava tudo errado. Hula e Fingers continuavam a me dizer:

— Não se preocupa com isso... só usa o que você tem no momento. Manda naquele tom mais grave. Algo na pegada do Rakim...

Essa era exatamente a orientação de que eu precisava. Rakim era, de longe, o meu rapper favorito naquela época. Por isso, me acalmei e decidi jogar com as cartas que tinha recebido em vez das cartas que gostaria de ter.

A minha performance vocal em "Summertime" chocou o mundo do hip-hop. A música foi lançada no dia 20 de maio de 1991 e, dentro de um mês, ela tinha chegado ao nº 1 na lista Hot R&B/Hip-Hop e nº 4 nas paradas da Billboard Hot 100. O clipe foi gravado em Philly com parentes e amigos meus e de Jeff.

Homebase se tornou disco de platina em dois meses. Ganhou um American Music Award e nos rendeu nosso segundo Grammy. (Apenas uma pequena curiosidade sobre DJ Jazzy Jeff and the Fresh Prince: nós boicotamos a premiação quando "Parents Just Don't Understand" ganhou o primeiro Grammy, e "Summertime" concorreu contra o hit monstruoso chamado "O.P.P.", do Naughty by Nature. E eu estava *convicto* de que iríamos perder, por isso não fui. DJ Jazzy Jeff and the Fresh Prince agora tinham dois Grammys e eu nunca tinha pisado na premiação.)

Enquanto isso, na minha outra carreira...

Eu estudava as falas obsessivamente. Naqueles primeiros dias de *Um maluco no pedaço* eu tinha tanto medo de errar que memorizava o roteiro todo — não só as minhas falas, mas as de todos. Era a única coisa que mantinha minha ansiedade sob controle. Se fosse para perder, seria por culpa de outra pessoa.

Talvez tenha exagerado um pouco. Estava *tão* preparado que inconscientemente recitava na frente das câmeras as falas de todos os outros atores *enquanto eles falavam.*

Felizmente, existe uma coisa interessante que acontece quando você assiste TV — seus olhos se concentram na pessoa que está falando. É algo chamado "cegueira por desatenção". Daniel Simons, na revista *Smithsonian Magazine*, descreve isso da seguinte maneira: "Essa forma de invisibilidade depende não dos limites do olho, mas dos limites da mente. Conscientemente, enxergamos apenas um pequeno subconjunto do nosso mundo visual e, quando a nossa atenção está focada em algo, deixamos de notar outras coisas inesperadas ao nosso redor — incluindo aquelas que poderíamos querer ver."

Um exemplo perfeito desse fenômeno está no quinto episódio da primeira temporada, "Amigos, sempre amigos". Don Cheadle interpreta Ice Tray, meu amigo de Philly. Se você olhar com atenção, vai ver que estou balbuciando as falas de Don. Mas, ainda que eu esteja por toda a parte, balbuciando feito um idiota, você não nota em casa porque a sua atenção estava focada no ator falando na hora: cegueira por desatenção. Fique à vontade para pegar esse episódio e me ver agir feito um palerma durante toda a cena.

Karyn foi a escolhida para me dar a vergonhosa notícia. Evidentemente eu neguei e fiquei horrorizado (e continuo até hoje) quando me mostraram a excruciante evidência. Até hoje não consigo assistir àquele episódio.

Todos aqueles mestres, atores mundialmente renomados e com experiência no teatro, e o rapper pateta estava recitando as falas para eles. E ele era o personagem *principal*.

Demorei algumas semanas para parar com o vício. Ficava em cena quase mordendo o lábio inferior. Mas consegui.

Há poucas pessoas na minha vida que eu tenha tentado impressionar tanto quanto James Avery. James atuava há mais tempo do que eu estava vivo, e ele era o meu exemplo, a epítome da presença dramática. Queria desesperadamente que ele me achasse um bom ator.

Mas nada do que eu fazia impressionava James Avery.

Ele interpretava a minha figura paterna no seriado e com o tempo assumiu o mesmo papel na vida real. Era exigente e sempre me incentivava a "dominar o meu instrumento" como ator.

"Você consegue contar piadas de olhos fechados", dizia ele. "Isso vem para você naturalmente, e é uma coisa bonita de assistir. Mas você tem um talento mais profundo guardado aí dentro", e batia no meu peito de forma enfática, "do qual ainda nem se deu conta. E que jamais vai encontrar se não *buscar* isso. Existe uma diferença entre talento e habilidade. O talento vem de Deus... você nasce com ele. A habilidade vem do suor, da prática e do compromisso. Não brinque com a oportunidade que você tem. Aprimore o seu ofício."

Um dos momentos de maior orgulho da minha carreira foi em um dos episódios mais famosos de *Um maluco no pedaço*, "A nova desculpa do papai". No seriado, o pai biológico de Will, Lou, interpretado por Ben Vereen, retorna e passa um tempo com o filho outra vez. Will está animado por ter o pai de volta, mas o Tio Phil está cético. Isso cria uma rixa entre Will e o tio.

O pai de Will, um caminhoneiro, convida o filho para viajar com ele no verão. Will está animado e decide ir contra a vontade do Tio Phil. O clímax do episódio acontece quando o pai de Will dá uma desculpa, cancela a viagem com o filho e desaparece de novo, deixando Will de coração partido e o Tio Phil tentando consolá-lo.

Essa foi a cena dramática mais pesada para o meu personagem ao longo de todo o seriado. Era eu indo no mano a mano com James Avery. Grandes atores adoram a oportunidade de ficar frente a frente com outros mestres. Mas eu não era um mestre — era um moleque assustado sob a sombra de um gigante. Quando atores encaram esse tipo de cena, ficam sabendo semanas antes que elas estão vindo; todo mundo sabe. A ansiedade atrapalha o seu sono, o seu apetite, a sua memória, o seu humor. Num set, as cenas dramáticas possuem a energia de uma luta pelo título — elenco e equipe se inclinam em seus assentos para saber se você vai conseguir dar conta do recado. Mas o público no estúdio não faz a menor ideia, e você quer chocá-los e surpreendê-los.

Era uma noite de sexta-feira; o público estava presente e o episódio estava correndo bem. E então, a cena final.

Eu tinha estudado dia e noite. Eu me sentia pronto. Mas, na primeira tomada, congelei. Minha mente ficou em branco, e esqueci a segunda fala. Estava ansioso e exagerando na dose, falando rápido demais, tropeçando nas palavras. O diretor rapidamente gritou "Corta!" para não estragar a surpresa do público. Mas eu explodi.

— CARALHOOOOOO! — gritei a plenos pulmões. — POOOOOORRRA!

As veias no meu pescoço saltando, os meus punhos fechados com força:

— EI! — gritou James, chamando a minha atenção de volta. — Se acalma — sussurrou.

Então, apontando o indicador e o dedo médio para os próprios olhos, fez o gesto universal de *Foque em mim*.

Ele se inclinou e falou no meu ouvido.

— Me *use*. Olhe nos meus olhos e fale *comigo*.

Eu me concentrei no olhar dele, me conectando de alguma forma com seu poder, nosso olhar, inquebrável, até ele sentir que eu tinha sido suficientemente energizado. James não esperou pelo diretor; ele gritou "Ação!" do palco.

O trecho a seguir é o que apareceu na versão final do episódio.

Tio Phil: Eu sinto muito. Você sabe, se houvesse alguma coisa...

Will: Não, quer saber, não precisa fazer nada, não, Tio Phil. Eu não tenho mais 5 anos, entendeu? Eu não vou mais ficar esperando meu pai toda noite perguntando pra mamãe "Quando é que o papai vai voltar?". Quem precisa dele? Ele não viu meu primeiro arremesso e eu aprendi sozinho. E eu sou bom nisso hoje, não sou, Tio Phil? Eu aprendi a namorar sem ele. Aprendi a dirigir sem ele. A fazer a barba sem ele. A brigar sem ele. Eu tive 14 aniversários sem ele. Ele jamais me mandou uma porcaria de cartão! [Grita para a porta vazia] VAI PRO INFERNO! Eu nunca precisei dele e não vai ser agora que vou precisar.

Tio Phil: Will...

Will: Não, e sabe do que mais, Tio Phil? Eu vou me formar sem ele. Eu vou arrumar um bom emprego sem ele. Eu vou casar com uma mulher legal. Eu vou ter filhos. E eu vou ser um pai muito melhor do que ele foi. Eu não vou precisar dele para nada disso, porque ele não teria porcaria nenhuma pra me ensinar sobre como se ama um filho!

E depois de um instante, Will começa a chorar e diz: "Por que ele não liga pra mim?"

Tio Phil carinhosamente envolve Will nos seus braços. O foco lentamente se afasta para a estátua de um pai com o filho que Will tinha comprado como presente. No abraço, James Avery sussurra no meu ouvido: "*Isso* que é atuar, porra."

CAPÍTULO 12

DESEJO

O que ele quer?

Como ator, essa é a pergunta mais importante a se fazer sobre um personagem que você está se preparando para representar. Seu "querer" ou sua busca dramática é o primeiro pilar de comportamento. O que alguém deseja é um portal para a verdade essencial da sua personalidade. Se quiser entender o motivo de alguém ter feito alguma coisa, você só precisa responder à seguinte pergunta: *O que ele queria?* O foco principal de um ator é descobrir o "sistema de desejos" que se entrelaça e às vezes entra em conflito na mente de um personagem para criar sua força motriz psicológica. Atuar é como construir para si uma personalidade a partir do zero.

(No momento em que você tem uma compreensão básica da motivação de um personagem, a parte realmente divertida da atuação começa com a seguinte pergunta: *Por que ele quer isso?* Mas isso veremos depois.)

A guerra entre desejo e obstáculo é a essência de uma narrativa dramática (às vezes os obstáculos são *internos* — esses são os mais divertidos). No ramo do cinema, existe um axioma simples que descreve a estrutura da jornada de um grande personagem: *alguém quer muito alguma coisa e vai atrás dela, passando por cima de tudo*. (Outra variação é: *uma pessoa cai num buraco e tenta sair dele.*) Se você pensar em qualquer filme de que tenha gostado, qualquer personagem pelo qual tenha torcido, é porque eles apresentavam algo com que você conseguia se identificar e o personagem lutou, arriscando a própria vida, para atingir seu objetivo.

O que vale para os filmes vale também para a vida: você me diz o que *quer* e eu lhe direi quem você é.

— **O** que a gente tá fazendo, cara? — me perguntou JL do nada certo dia.

— Com o quê?

— Tudo, na verdade. Tem gente demais, muita coisa acontecendo... Não consigo funcionar assim. Se você quer que eu te ajude, preciso saber o que estou te ajudando a fazer.

— As coisas estão indo bem, J. Acho que você não tá vendo isso.

— Não — insistiu JL —, eu *estou* vendo. Estou vendo até demais, e sem foco, e estou vendo a gente prestes a fazer o que fez da última vez. Eu não vou ficar aqui só no improviso. Preciso saber qual é o *objetivo*.

Não entendi muito bem a pergunta dele. Na minha cabeça, ele só estava assustado. Eu sabia que ele não lidava bem com a desorganização. JL era minimalista, quase um ascético — tinha pouquíssimas roupas, seu quarto estava sempre em condições impecáveis e tudo na vida dele tinha um lugar e propósito. E quando as coisas não estavam perfeitamente arrumadas, de uma forma que pudesse compreender, ele se sentia incomodado, e no fim não queria ter mais nada a ver com aquilo. Por isso eu estava tentando oferecer uma resposta simples, estabilizadora.

— O objetivo é não estarmos falidos, J — falei. — Quero que a gente se divirta, viaje e viva como bem quiser. Que a Receita Federal não tome mais as nossas coisas.

— Então, tecnicamente, são *cinco* objetivos. E esse é o problema: qual é o sonho? O que estamos tentando construir? O que você quer? — insistiu ele de forma definitiva.

Eu nunca tinha dito isso em voz alta antes. Tentei colocar em palavras na minha cabeça algumas vezes, mas nunca tinha dado voz a essa ideia.

Mãe-Mãe certa vez enfileirou quase cinquenta fotos de família minhas e dos meus irmãos. Ela pairou presunçosamente acima delas e me perguntou se eu tinha notado alguma coisa. Vasculhei as fotos como um detetive tentando descobrir uma pista que solucionasse o caso. Depois de alguns minutos desisti.

— Não notei nada, mãe — falei.

— Olhe para o seu irmão e para suas irmãs. Note como em algumas fotos eles estão olhando para o lado, fazendo alguma careta ou se escondendo atrás de alguém. Agora olhe para você. Não há uma única foto na qual você não esteja olhando *direto* para a câmera.

Sempre tive noção da câmera. Eu amo atuar. Gosto da câmera e, mais importante, ela gosta de mim. Eu tinha guardado um segredo desde sempre. Nem me sentia confortável sonhando com isso. Não *merecia* sonhar tão alto. Mas, nos meus momentos de maior quietude, sozinho, havia um desejo consistente, uma bússola emocional que estava sempre apontando para o letreiro de Hollywood.

Eu queria fazer o que Eddie Murphy estava fazendo. Queria fazer as pessoas se sentirem como na primeira vez em que assisti a *Star Wars*.

Eu queria ser Eddie Murphy em *Star Wars*.

Então, pela primeira vez, falei em voz alta para JL.

— Eu quero ser o maior astro do cinema mundial.

JL é o tipo de cara que raramente demonstra alguma reação. A expressão facial normal dele é assim: impassível. Tanto se você disser: *JL, a sua mãe está no telefone*; ou: *JL, o fogão acabou de explodir e o apartamento inteiro está em chamas*; ou: *Eu quero ser o maior astro do cinema mundial*, o semblante dele permanece inalterado. Ele nunca deixa transparecer o que está pensando, por isso você sempre se vê chegando mais perto em busca de uma pequena indicação.

Eu cheguei perto, bem perto.

— *Isso sim* é um objetivo — disse JL.

Stephen Covey, em *Os 7 hábitos das pessoas altamente eficazes*, diz que só existem dois problemas humanos: (1) saber o que você quer, mas não saber como conseguir; e (2) não saber o que você quer.

A precisão da missão é a pedra fundamental do sucesso. Saber o que quer dá a você direcionamento na vida — cada palavra, cada ação, cada associação, pode ser escolhida de forma acertada e controlada para culminar no resultado desejado. O que você come, quando você dorme, os lugares que você frequenta, com quem você conversa, o que você permite que seja dito a você, quem são os seus amigos, tudo pode ser reunido e lançado na direção dos seus maiores sonhos.

(Desejo, no entanto, é uma faca de dois gumes. Mas isso fica para mais tarde — eu não sabia disso naquela época.)

Quando JL tem um objetivo, sua habilidade de estudar e transformar a própria mente está além da de qualquer pessoa que já conheci. Ele passou os meses seguintes lendo todos os roteiros disponíveis em Hollywood. Antigos, novos, ruins, bons, filmes de sucesso que já tinham sido lançados, filmes fracassados que nunca foram lançados, sucessos e fiascos e tudo o que havia entre uma coisa e a outra. Ele provavelmente leu uns cem roteiros e a gente discutia os pontos positivos e negativos de cada um.

Tínhamos o nosso objetivo e a primeira pergunta que nos fizemos foi: *O que torna alguém um astro do cinema (ao contrário de um simples ator)?*

Astros do cinema tendem a interpretar personagens carismáticos, que personificam e representam o melhor da humanidade: coragem, inteligência, sucesso contra todos os obstáculos. Eu amava a ideia de ser uma pessoa melhor num filme do que era na vida real. Podia proteger as pessoas, podia matar o que era ruim, poderia voar, todas as mulheres me amariam — elas tinham que fazer isso, estava bem ali no roteiro. Criei uma forma de descrever o que faz um bom personagem de astro do cinema. Eu chamo de os três Bs do estrelato cinematográfico: você precisa saber brigar, você precisa ser brincalhão e precisa ser bom de cama.

Abaixo dos três Bs estão os nossos desejos humanos mais profundos: brigar está relacionado à proteção, segurança e sobrevivência física. Ser brincalhão tem a ver com alegria, felicidade e estar livre de toda a negatividade. E ser bom de cama leva à promessa do amor.

E, ao personificarem tais qualidades, os maiores astros do cinema fazem os maiores filmes do mundo. *Astros do cinema colocam bundas nos assentos.*

A pergunta óbvia a seguir era: *Quais são os elementos-chave dos maiores filmes?* JL pegou uma lista das dez maiores bilheterias de todos os tempos para ver se conseguíamos estabelecer um padrão. E ficou muito evidente: dez entre os dez maiores filmes de todos os tempos tinham efeitos especiais. Nove entre os dez tinham efeitos especiais e monstros. Oito entre os dez tinham efeitos especiais, monstros e uma narrativa romântica.

(No fim das contas, descobriríamos que *todos* os dez maiores filmes falavam de amor, mas não notamos isso na época.)

Sabíamos o que estávamos procurando. Só precisávamos encontrar isso e convencer quem tivesse tudo isso a *nos* dar papéis.

O problema era que os maiores filmes do mundo também eram os mais caros de produzir e promover, o que significava que eram apostas de alto risco. Eram coisas que tanto poderiam construir ou destruir a carreira de alguém, e isso valia para todos os envolvidos. Eu era um jovem desconhecido, inexperiente e negro, tentando convencer os estúdios a apostarem 150 milhões de dólares em orçamento de produção e 150 milhões de dólares em divulgação apenas com meu charme, boa aparência e modéstia.

Tanya costumava fumar maconha. (Até hoje eu nunca fiz isso.) Acho que o alcoolismo do Papa me deixou muito alerta para todo uso de substância ao meu redor. Eu queria deixá-la livre para fazer o que quisesse, mas agora, com a minha nova missão bastante definida, não via como ter uma namorada fumando maconha poderia ajudar. Eu estava pronto para ter uma família; estava pronto para começar a minha vida. Disse que ela precisava parar.

Minha exigência não foi bem recebida.

— Você é tão certinho — disse Tanya. — É só *erva*. Não estou cheirando cocaína no chão do banheiro.

— Drogas são drogas — falei, como se fosse algo profundo.

— Não são, não — respondeu indignada. — Isso não é tão sério.

— Ah, essa merda é *muito* séria. Eu consigo sentir o cheiro da maconha nos pelinhos do seu nariz. Vamos fazer um acordo — propus. — Você para de fumar por trinta dias. Prove para mim que não está viciada. Depois a gente conversa.

Ela pensou por um momento. Tive a impressão de que ela poderia ter aceitado, mas algo na minha posição inflexível pareceu engatilhar uma resistência profunda dentro dela. Ela me amava, queria me agradar, mas de jeito nenhum permitiria que eu a controlasse.

Ainda consigo vê-la parada, braços cruzados, a cabeça inclinada para o lado, ciente de que estava prestes a tomar uma grande decisão. Então, calmamente, ela falou:

— Não.

Quando você sabe o que quer, isso torna evidente o que você não quer. E até mesmo decisões dolorosas, ainda que não sejam fáceis, se tornam simples.

— Então tá — falei.

Você já assistiu a algum daqueles documentários da National Geographic sobre a migração de salmões no Alasca? Aqueles em que os ursos-marrons ficam no meio do rio, esperando que um salmão pule da água e entre bem em sua boca?

Era assim que Alfonso Ribeiro e eu costumávamos ficar do lado de fora do escritório de seleção de elenco de *Um maluco no pedaço*.

Todas as atrizes negras de Hollywood fizeram uma peregrinação por aqueles abençoados corredores. Um dia, em 1990, eu e Alf estávamos sentados, almoçando. Alf estava todo filosófico sobre alguma coisa. Ele é muito passional e cheio de opiniões, e sempre achava que, se falasse as coisas *alto* o bastante e gesticulasse com a mão direita sobre a palma da mão esquerda com bastante *força*, transformaria seu argumento em verdade.

E foi aí que ela passou. Eu quase morri engasgado com meu frango frito e waffles do Roscoe's.

— E quem é *aquela* ali? — sussurrei para Alf, entre seus gestos incessantes com a mão. — Certeza que *não* é de LA.

(Costa Leste reconhece Costa Leste.)

Ela estava irritada. Aparentemente, o produtor de elenco tinha acabado de lhe dizer que não era alta o bastante para interpretar minha namorada no programa. Ela odiava isso em Hollywood — que de alguma forma a altura dela (ou a falta, no caso) era mais crucial para a arte do que todo o talento que ela tinha.

Sem saber disso, eu entrei no rio.

— E aí, baixinha? — chamei, escolhendo precariamente o meu adjetivo.

— Tá bom, mano, sai da frente — falou ela, sacudindo a mão e me tirando do caminho.

E, de repente, ela foi embora.

Essa foi a primeira vez que vi Jada Pinkett.

Foi amor à primeira vista.

Alfonso descobriu que Jada tinha conseguido um papel numa sitcom chamada *A Different World*, o spin-off das 20h30 de *The Cosby Show*. Ele conhecia um dos roteiristas do programa e descobriu quando Jada estaria gravando. Era perfeito — a gente gravava na sexta, mas *A Different World* era gravado na quinta, então eu e Alf podíamos ir até lá depois do trabalho.

A essa altura *Um maluco no pedaço* estava bombando, e Alf e eu estávamos cheios de moral nas ruas de Hollywood. O plano era: nós dois iríamos até o set de *A Different World* e sentaríamos na plateia. Isso me daria uma oportunidade adequada de botar banca ao estilo Fresh Prince. O público iria, obviamente, enlouquecer quando a gente aparecesse; Jada ouviria toda a gritaria durante a cena dela, olharia para a multidão e se daria conta de que era por minha causa. (E por causa de Alf.)

Então, deixei a corrente de ouro 24 quilates com "The Fresh Prince" escrito dançando no meu peito; o "T", o "F" e o "P" brilhando com a luminosidade de diamantes VVS1 em cortes redondos para todos os lados, cheio de estilo, pronto para abalar.

Tudo estava correndo como planejado. Eu e Alf entramos e o lugar explodiu. Não vi Jada, mas ela sabia que eu estava ali. Pedi silêncio ao público. "Vamos lá, pessoal, eles estão tentando filmar", sussurrei, de forma magnânima, enquanto eu e Alf tomávamos nossos assentos no canto direito, na primeira fila.

A cena de Jada não aconteceu até a metade da gravação, mas lá estava ela, em toda a sua glória da Costa Leste. Ela estava pegando fogo — o sotaque, os gestos, o cabelo, a *atitude*. Ela parecia estar em casa.

Entre as cenas, Alfonso viu seu amigo roteirista, Orlando Jones, conversando na primeira fileira do centro com uma mulher negra de pele clara linda. Ela evidentemente também não era de LA — pude perceber pelo seu leve desconforto com a grandeza de tudo. Eu me aproximei e disse "E aí" para Orlando, e me apresentei para a mulher.

O nome dela era Sheree Zampino; ela era de Nova York. Não a Nova York *de verdade*, e sim Schenectady (perto de Albany, muito próximo do *Canadá*).

— Então, é o seguinte — falei. — Acabamos de nos conhecer, por isso vou deixar essa passar. Mas da próxima vez que alguém te perguntar de onde você é, você está *proibida* de responder "Nova York" quando você sabe muito bem que é de Schenectady.

Se ela estivesse bebendo água, teria cuspido tudo. Ela começou a rir descontroladamente, como se eu tivesse anunciado em voz alta um dos pensamentos secretos dela. A campainha tocou, indicando que o público precisava se sentar para que a gravação continuasse, mas ela ainda não tinha se recuperado. Precisava se acalmar e ficar quieta.

Mas eu *definitivamente* não ia deixar que isso acontecesse. Me inclinei no ouvido dela.

— É enganação, e uma tremenda deturpação da verdade. Se você fala para as pessoas que é de Nova York, elas pensam no Bronx, no Brooklyn, meu Deus, até mesmo em Staten Island. Elas vão pensar que você é *descolada*. E aí elas descobrem que você é de *Schenectady*?

A essa altura ela estava engasgando de tanto rir, me implorando para, por favor, ficar quieto. Mas não havia a menor chance de isso acontecer.

— Só estou dizendo, você não deveria sair por aí *mentindo* pras pessoas. A porra de Schenectady *não é* Nova York. Você está aqui representando o... *Canadá*. Você deveria estar usando um suéter com uma folha de bordo e servindo xarope.

Felizmente, a cena terminou e ela estava livre para rir alto. A maquiagem escorrendo, os olhos vermelhos, totalmente sem fôlego, ela falou aquilo que todo comediante que já contou uma piada deseja ouvir — a aprovação cômica suprema:

— Você é um cara muito *bobo*.

Não conheci Jada naquela noite. Sheree e eu saímos juntos antes de o show terminar. Rimos durante todo o jantar, durante todo o outono e três meses depois estávamos casados.

Willard Carroll Smith III nasceu no dia 11 de novembro de 1992. Desde o nascimento nós o chamamos de "Trey", já que ele era o terceiro Willard Smith.

From the first time the doctor placed you in my arms
I knew I'd meet death before I'd let you meet harm
Although questions arose in my mind, would I be man enough?
Against wrong, choose right and be standin' up
From the hospital that first night
Took a hour just ta get the car seat in right

People drivin' all fast, got me kinda upset
Got you home safe, placed you in your bassinette
That night I don't think one wink I slept
As I slipped out my bed, to your crib I crept
Touched your head gently, felt my heart melt
'Cause I knew I loved you more than life itself
Then to my knees, and I begged the Lord please
Let me be a good daddy, all he needs
Love, knowledge, discipline, too
I pledge my life to you[12]

"JUST THE TWO OF US"

Essa é a minha representação pública do nascimento de Trey e a minha introdução à paternidade.

Mas aquela noite foi bem mais emocionalmente tumultuada do que o meu verso poético sugere. Sheree estava dormindo e nós tínhamos um pequeno moisés para Trey no quarto ao lado. Eu não conseguia parar de olhar para ele. Estava apavorado.

Tinha desejado isso a minha vida inteira. E ali estava eu, com o *meu* filho, a *minha* esposa, a *minha* família. A minha *vez*. Meu corpo inteiro tremia, sobrecarregado com a imensidão da responsabilidade por aquela pequenina vida humana. Eu me ajoelhei, chorando incontrolavelmente, rezando para Deus: "Por favor, me ajude a fazer isso *direito*. Por favor, me ajude a ser um bom pai."

---

12 *Desde a primeira vez que o médico te pôs nos meus braços / Eu sabia que enfrentaria a morte para você não temer o mal / Ainda que perguntas surgissem em minha mente, seria eu homem o suficiente? / Contra o errado, escolha o certo e se posicione / Saindo do hospital naquela primeira noite / Demorou uma hora para ajeitar a cadeirinha no carro / Pessoas dirigindo rápido, me deixaram meio chateado / Te levei pra casa seguro, pus você no seu moisés / Naquela noite acho que nem dormi / Ao deslizar pra fora da cama, pro seu berço eu rastejei / Toquei sua cabeça de leve, senti o coração derreter / Porque sei que te amei mais do que a minha própria vida / Então, me ajoelhei e implorei ao Senhor, por favor / Deixe-me ser um bom papai, ser tudo o que ele precisa / Amor, conhecimento, disciplina também / Eu entrego minha vida a você.*

A minha mente zanzou e girou pela minha infância. Eu tinha falado tanta merda sobre Papa — agora, ali estava *eu*. Seria eu inteligente o bastante para orquestrar a construção de um muro para o *meu* filho? Será que conseguiria colocar comida na mesa e manter as luzes acessas? Seria forte o bastante para afastar alguém que viesse matá-lo?

Eram 3h. Eu estava de joelhos. Eu era apenas um garotinho. Nunca quis tanto o meu pai. E então, um estalo, em algum lugar profundo onde nada havia estalado antes. Uma decisão, uma resolução inabalável. Enxuguei as minhas lágrimas, me levantei, encostei gentilmente na cabeça de Trey. E ali eu soube. Havia duas possibilidades: (1) eu seria o melhor pai do planeta ou (2) eu morreria.

Literalmente posso contar numa das mãos as vezes em que fiquei doente — eu *nunca* fico doente.

Era uma noite de sexta-feira, dia de gravação de *Um maluco no pedaço*. Eu tinha vomitado o dia inteiro. Mal conseguia me mexer, tenho certeza de que foi intoxicação alimentar. Fiquei no meu camarim durante a pré-gravação e os ensaios para guardar energia e fazer uma única grande apresentação diante do público.

Sheree tinha ido ao set para cuidar de mim. Ela não conseguia entender por que não podíamos gravar num outro dia. "Como você me respeitaria se eu fizesse isso?", falei, entre sessões de vômito.

Trabalhar doente, ferido ou em condições difíceis se tornou uma medalha de honra para mim. Queria prosperar nos aspectos em que meus concorrentes desistiam. Queria que a minha esposa soubesse que eu era invencível. Mulheres (e europeus) sempre balançam a cabeça ou descrevem essa característica como negativa. Mas, num nível primitivo, é bem difícil não respeitar um guerreiro.

As noites de sexta-feira se tornaram grandes eventos de networking pra gente. JL convidava patrocinadores, executivos, qualquer um do mundo dos negócios que quiséssemos impressionar. A nossa abordagem era convidar as famílias inteiras. Quando os filhos e a esposa se divertiam, os executivos ficavam mais inclinados a querer fazer negócios conosco, e não havia nada mais divertido que as noites de sexta no set de *Um maluco no pedaço*. Aquela noite em especial era importante, mas eu estava definhando. Não tinha a energia necessária para fazer sala.

Sheree tomou as rédeas da situação. Nunca a tinha visto agir daquela maneira. Tirou as reuniões do meu camarim e organizou um espaço no palco. Arranjou comida extra e pediu ao resto do elenco que cuidasse de uma parte da conversa-fiada. Não fazia aquilo apenas para ajudar o marido — ela *amava* aquilo tudo. Ia de casal em casal, família em família, conversando sobre o que quer que eles achassem interessante. Guiou as crianças pelo palco; trocou números de telefone com as esposas e garantiu de que todo mundo se divertisse como nunca. Ela segurou as pontas para que eu pudesse aparecer por dez minutos, fechar os acordos e gravar.

Sheree era a anfitriã perfeita, dando vida à esposa perfeita que eu tinha imaginado. Assim como Tgia com Pooh Richardson, Sheree e eu éramos um time no negócio "Will se Tornando o Maior Astro do Cinema Mundial".

Compramos uma casa geminada em Toluca Lake, localizada estrategicamente a nove minutos da NBC Burbank, onde agora gravávamos *Um maluco no pedaço*. Essa proximidade me garantia o máximo de tempo em casa e no trabalho. Era a logística perfeita. O condomínio também ficava a apenas sete minutos dos apartamentos em Buena Vista onde ficava todo o pessoal de Philly, e a apenas 15 minutos da colina de Hollywood, tornando aquele local o palco perfeito para a minha iminente invasão cinematográfica.

Num sábado à tarde, enquanto eu decorava minhas falas para a leitura de segunda-feira, Sheree estava na cozinha preparando comida, o que era apenas um dos aspectos do espírito criativo dela.

Eu amava a artista que havia nela. Ela tinha frequentado o Fashion Institute of Technology (que *realmente* ficava na cidade de Nova York). Fazia as próprias roupas, sabia pintar; foi a primeira vez que vi alguém pendurar a própria arte em casa. Eu achava isso muito atraente. Ela também sabia artes marciais — seu pai foi grão-mestre do 9º dan e instrutor de taekwondo, e Sheree sabia se proteger caso fosse necessário.

Sheree tinha um instinto materno muito forte — seu pai era italiano, e a avó Zampino tinha sido uma dona de casa exemplar. A parte italiana da família de Sheree era dona do supermercado L&M em Schenectady, por isso eles sempre tinham toneladas de comida e o coração da família estava nas refeições. Quando os pais de Sheree se separaram, a mãe dela voltou a trabalhar, e por isso a cozinha se tornou o território de Sheree. Ela amava cozinhar e alimentar as pessoas — era a única pessoa que já conheci que conseguia transformar sobras num banquete como Gigi. Fazíamos jantares semanais para assistir aos novos episódios de *Um maluco no pedaço*. Instintivamente, Sheree tomou para si a responsabilidade por esses eventos, cozinhando para todo mundo e tornando a casa aconchegante e convidativa. Sempre havia pelo menos uns cinco caras de Philly lá em casa, espreitando a cozinha, se preparando para atacar o próximo pedaço suculento de comida que Sheree jogasse para eles.

A ideia de uma vida feliz para Sheree era de cuidado alegre e harmonioso — cuidar das pessoas; cuidar da casa. Gostava de levar uma vida simples como mãe e esposa. Eu queria conquistar o mundo. Minha definição de amor era proteger e prover, assegurando o futuro físico e financeiro da família. Eu tinha a seguinte crença: "Uma refeição é muito menos agradável se você tiver que comê-la em uma barraca debaixo da ponte."

Omarr estava montando um pequeno estúdio na garagem quando o telefone tocou.

— Aí, Will, é o JL! — gritou Omarr.

Corri e atendi.

— E aí, J?

— Ei, só queria saber se você estava em casa. Preciso conversar contigo. Imediatamente.

— Por quê, o que foi, o que rolou? — falei com urgência.

— Preciso conversar com você pessoalmente. Estou a caminho.

Clique.

Detesto quando as pessoas fazem isso. Não me ligue com a porra da voz de emergência, me fazendo atender o telefone sem me dizer o que aconteceu. *Já estamos no telefone, fale de uma vez!* Felizmente, nossa logística cômoda significava que eu só teria que esperar nove minutos — dois minutos para ele entrar no carro e sete minutos no caminho saindo dos apartamentos em Buena Vista. (A gente economizaria do lado de cá porque eu estaria esperando por ele na porta de casa.)

Nove minutos depois, JL chegou. Ele parecia... intacto, então não era nenhum problema *médico*. Ele parecia ansioso, mas não temeroso; ele estava meio que sorrindo, mas *triste*. Isso *definitivamente* era algo que ele poderia ter dito pelo telefone.

— E aí, J?

Trocamos o costumeiro cumprimento de Philly que é meio abraço e meio toque de mão. JL preferia a variação na qual você agarra a mão da outra pessoa e mantém o braço cruzado no peito, dando a *você* a sensação de abraço, mas preservando o espaço pessoal *dele* a todo momento.

Ele foi direto ao ponto.

— Beleza, olha... tem um estúdio que quer que você coestrele um filme de gângster chamado *Cabeças vão rolar*. Eles querem te pagar 10 milhões de dólares.

— CARAMBA! — Coloquei os dois braços ao redor da cabeça.

Fui dar um toque na mão de JL, que devolveu sem ânimo.

Ele segurou a minha mão e falou:

— E eu estou aqui para te aconselhar a *não aceitar*.

— Espera... *o quê?*

— Eu não acho que você deva aceitar o papel. Não é adequado.

Ainda segurando a mão de JL, tive vontade de arrancar o braço dele, e então bater nele até a morte com aquilo. Em vez disso, falei calmamente:

— Parece adequado pra caralho pra mim, J.

— Não é... É passar a mensagem errada. Eu li o roteiro *cinco* vezes. Tentei fazer funcionar. Mas não dá. Eu *ia* simplesmente recusar e nem te falar nada... Olha, a decisão final é *sua*. Eu estive com você nos últimos anos, então... Eu vou continuar do seu lado seja lá o que você decidir, mas não aconselho. Se você realmente quiser ser o maior astro do cinema mundial, não aceite fazer esse filme.

— J... Isso é *muito* dinheiro, cara.

— Tom Cruise não aceitaria esse papel — disse JL.

Recusamos *Cabeças vão rolar*.

JL, como meu agente, recebia uma comissão de 15%. Ao me aconselhar a recusar *Cabeças vão rolar*, ele estava deixando de ganhar 1,5 milhão de dólares. (Já falei que ele ainda morava no quarto de infância na casa da mãe?) Ele estava se arriscando *comigo*, porque acreditava na visão — ele acreditava em *mim*.

Mais ou menos um mês depois, JL me ligou animado. Dessa vez ele se comportou feito um ser humano respeitável e me falou o que estava rolando... *pelo telefone*.

— Achei o *escolhido* — disse ele todo empolgado.

(JL nunca fica empolgado.)

Estavam me oferecendo o papel de coadjuvante na adaptação da peça de teatro finalista do prêmio Pulitzer chamada *Seis graus de separação*, de John Guare.

— É aqui que queremos estar — disse JL. — As pessoas não estão te levando a sério como ator. Precisamos ir na *contramão* dos papéis estereotipados. Precisamos fazer as pessoas *esquecerem* que estão assistindo a um rapper. Temos que fazê-las enxergar um astro do cinema. Além disso, você vai estar protegido pelo fato de ser coadjuvante, cercado por um elenco veterano: Stockard Channing, Donald Sutherland e Sir Ian McKellen. O pedigree desse negócio é absurdo. Quero que todo mundo te veja com atores desse nível. Precisamos chocar essas pessoas e conseguir a atenção delas. E cada fala do seu personagem é brilhante... tem uma das melhores escritas que já vi. Na verdade, o filme é sobre o *seu* personagem. Isso daqui é o material para se criar um astro.

— Caramba, J, você tá *mesmo* empolgado com isso aqui!

— Estou te falando, esse daqui é *o papel* — disse ele, socando o punho na outra mão.

— Palavra! Quanto vão pagar?

— Bem, esse aqui é diferente...

— Entendi, J, mas quanto vão pagar? — falei.

Aceitei fazer *Seis graus de separação* por 300 mil dólares.

JL tinha feito a parte dele. Tinha encontrado um material incrível e impulsionado por artistas de calibre mundial. Agora era comigo.

Minha criação militar entrou em ação — eu tinha uma missão: precisava *detonar* naquele papel. Imediatamente voei para Londres para assistir às últimas semanas da performance de Stockard Channing na peça em West End. E assim que o calendário de filmagens foi definido, Sheree, Trey e eu nos mudamos para Nova York.

Seis graus de separação é sobre um casal branco abastado que vive no Upper East Side de Nova York. São mais velhos e solitários, cujos filhos recentemente saíram de casa. Passam os dias colecionando e negociando obras de arte famosas. Então, numa noite, um jovem negro aparece na porta deles. Está com um corte após ter sido assaltado e esfaqueado na rua. Diz que é um amigo de Harvard dos filhos do casal e filho de Sidney Poitier. Os dois abrigam o jovem e, ao longo da história, Paul (meu papel) se mostra um vigarista. Apesar de o casal sofrer um golpe, Louisa Kittredge (interpretada por Stockard Channing) e Paul estranhamente se apaixonam um pelo outro.

Esse personagem era tão drasticamente diferente de mim, e sua experiência de vida me era tão estranha, que me senti impelido a usar o Método de Interpretação para o Ator (sobre o qual eu não sabia nada).

Memorizei todas as falas do roteiro, palavra por palavra. Jurei que não iria errar nenhuma fala enquanto estivesse no set.

Durante os meses da minha preparação, passava quatro ou cinco dias seguidos sem sair do personagem. Nenhuma vez, em nenhum momento. Ia a uma joalheria ou padaria para tentar identificar o que Paul gostaria ou não. Queria me sentir confortável no mundo real e em situações reais, não apenas *pensar* como Paul pensaria, mas aprender a *sentir* de forma involuntária como ele se sentiria.

Foi divertido... no início. Mas então, lenta e imperceptivelmente, perdi contato com minhas próprias preferências, perdi o acesso à entonação e ritmo da minha própria fala — me desconectei de Will Smith. Sheree começou a dizer coisas do tipo, "Por que você está me *olhando* desse jeito?" e "Pare de falar assim". Eu estava completamente fora de mim — não entendia o que ela estava dizendo. Na minha cabeça, conseguia alternar entre Paul e mim, mas Will Smith tinha saído de fininho. Sheree, de uma hora para a outra, passou a morar com um estranho.

Costumamos pensar que nossa personalidade é imutável. Pensamos em nossos gostos, nossas crenças, nossa nacionalidade, nossa afiliação política e convicção religiosa, nossos trejeitos, nossas predileções sexuais etc. como *definidas*, como *aquilo que somos*. Mas a verdade é que a maior parte daquilo *que somos* são hábitos e padrões que foram *aprendidos*, e são inteiramente maleáveis, e o perigo quando nós, atores, nos aventuramos até os confins da nossa consciência é que às vezes perdemos o rastro de migalhas de pão que nos levaria de volta para casa. Nos damos conta de que os personagens que interpretamos num filme não são diferentes dos personagens que interpretamos na vida real. Will Smith não é mais "real" do que Paul — os dois são personagens inventados, treinados e atuados, reforçados e refinados por amigos, pessoas amadas e o mundo exterior. O que você pensa como sendo "você" é uma construção frágil.

Sheree e eu estávamos nos primeiros meses do nosso casamento, com um bebê recém-nascido, e posso imaginar que essa experiência tenha sido desconcertante para ela, para dizer o mínimo. Ela tinha se casado com um cara chamado "Will Smith" e agora estava morando com um cara chamado "Paul Poitier". E, para piorar as coisas, durante as filmagens eu me apaixonei por Stockard Channing. Não como "Will", mas como "Paul". Eu não conseguia desligá-lo.

Depois que as gravações terminaram, Sheree, Trey e eu nos mudamos de volta para Los Angeles. Nosso casamento estava passando por um início complicado. Eu me encontrava desesperadamente desejando ver e conversar com Stockard. Eu só a vi uma vez, e não falei nada, mas ela é uma veterana, e tive a impressão de que percebeu o que tinha acontecido. Ela meio que falou as palavras "Sheree" e "Trey" umas cinquenta vezes.

Felizmente, estava na hora de voltar a trabalhar em *Um maluco no pedaço*.

— **O** que diabos você tá fazendo? — soltou Alfonso.

— Do que você tá falando, Alfonso? — falei.

— Isso! Estou falando *disso*. Por que você está falando assim?

— Falando *o quê*? — disse Paul.

— Assim! — adicionou Karyn.

— Diferente... — falou Alfonso frustrado.

Eu tinha perdido contato com o Fresh Prince. Não conseguia me lembrar de como ele andava ou falava ou de quais tênis Jordans ele gostava. Isso durou uns dez episódios no início da quarta temporada. Eu tinha perdido a maior parte do meu senso de humor, meu timing, meu gingado, meu carisma e a minha habilidade de improvisar e criar falas.

Tanto o elenco quanto a equipe de produção ficaram aterrorizados. Essa foi a temporada em que Alfonso realmente começou a brilhar. Nos primeiros episódios os roteiristas tiveram que se afastar do meu personagem e gravitar na direção de Carlton. Alfonso entrou em cena e assumiu a responsabilidade cômica. Ninguém sabia o que estava acontecendo; ninguém estava relacionando o meu comportamento no set de *Um maluco no pedaço* com a minha investida malplanejada no perigoso mundo psicológico da atuação pelo Método em *Seis graus de separação*.

Eu não conseguia contar uma piada por mais que tentasse. A parte assustadora era que eu não conseguia enxergar o que todo mundo via. Mas, se um número grande de pessoas diz que você está bêbado, então talvez você devesse se sentar. Por isso imediatamente contratei cinco ou seis dos meus amigos de Philly para trabalhar na equipe de roteiro, na equipe de produção, e para ficar ao meu redor enquanto reaprendia a interpretar o personagem "Will".

Deu certo. Perto da metade da temporada alguma coisa voltou aos eixos. Eu estava numa cena com Karyn, e o meu personagem estava tentando convencê-la a ir a um encontro com o professor dele, mas ele tinha uma verruga perto da narina esquerda. E, para Hilary, esse era um defeito inaceitável. Meu personagem implorava a ela que desse uma chance ao professor, e, num instante de inspiração cômica para salvar a carreira, improvisei: "A cavalo dado não se olha as verrugas, Hil."

O público enlouqueceu; eu estava de volta. E o Método tinha ido embora para sempre.

Não estou tentando fugir da responsabilidade pela deterioração do meu casamento, mas acredito firmemente que os primeiros meses da minha união com Sheree, marcados pelo meu desaparecimento no personagem de Paul em *Seis graus de separação*, criaram uma desconexão entre nós, da qual jamais iríamos nos recuperar.

Seis graus de separação foi lançado no final de 1993 sob aclamação geral da crítica. Stockard Channing foi indicada a um Oscar pela atuação dela, e os críticos escreveram resenhas elogiosas à minha escalação surpreendente como Paul. JL estava certo — meu nome começou a ser mencionado em Hollywood como um ator sério.

* * *

Alcançar objetivos requer uma organização rigorosa e disciplina implacável. Comecei a confiar cada vez mais na estrutura e na ordem, mas Sheree era uma artista: ela cozinhava seguindo os seus sentimentos, não uma receita; ela era muito mais fluida, intuitiva e menos estruturada. Isso me enlouquecia. 6h17 *não são* seis horas em ponto.

Era uma noite de sexta-feira, noite de gravação. Meu barbeiro tinha se envolvido num acidente de carro — ele estava bem, mas não conseguiria cortar o meu cabelo para o programa. Cinco horas antes da gravação de uma sitcom e um jovem da Filadélfia estava prestes a ir ao ar em rede nacional sem seu corte fade impecável.

Nem a pau.

Saí em busca de um barbeiro de emergência. Um cara chamado Cortada pareceu ser o padrão de excelência do corte fade de Philly. Liguei para ele.

— E aí, Cortada, tudo bem?

— O que tá pegando, Will?

— Estou com um problemão aqui. Preciso de você, irmão.

Naquela época, o meu corte fade era lendário. Cortar o *meu* cabelo para *Um maluco no pedaço* não era apenas um desafio, era também uma catapulta para um barbeiro jovem em Hollywood.

— Caramba, Will, eu adoraria, cara — disse Cortada —, mas tem um corte que preciso fazer em San Diego. O cliente vai me pagar em dinheiro. E eu vou ficar com as crianças no fim de semana…

— San Diego? Cara, são duas horas pra ir e duas horas pra voltar. Você precisa vir aqui e pegar esse dinheiro local.

— Ah, confia em mim, eu *preferiria* o dinheiro local… Eu não dirigiria até San Diego se não precisasse tanto. Estou com as crianças e preciso dar um dinheiro pra mãe delas…

— Quanto ele vai te pagar? Na verdade, qualquer que seja o valor, eu dobro… Vem aqui ganhar esse dinheiro local.

Cortada ia ganhar 500 dólares pelo corte em San Diego; prometi a ele mil dólares para ir até o set. Eu não tinha dinheiro comigo, por isso liguei para Sheree.

— Amor, quanto você tem aí de grana?

— Uns 2 mil, por quê?

— Tá certo, vou mandar um cara chamado Cortada até aí dentro de uma hora, aí você passa mil pra ele.

— Tá bom — respondeu Sheree.

— Tudo bem, te amo, a gente se fala mais tarde.

Cortada foi até o set, fez o corte perfeitamente — ele fazia jus ao nome —, passei para ele o endereço de casa e fui filmar o episódio.

Na semana seguinte o meu barbeiro ainda não estava pronto para voltar ao trabalho, por isso eu liguei para o Cortada.

— E aí, cara, é o Will.

— E aí — respondeu ele friamente.

— Preciso de você outra vez, cara. Preciso daquele bagulho louco que você faz.

— É — disse ele —, acho que não vai rolar.

Eu podia sentir que havia algo de errado.

— Por quê, mano, o que tá pegando?

— Foi bem merda aquilo que você fez.

— O que eu fiz? — perguntei confuso.

— Na real, foi uma atitude de merda. Puta mancada.

Clique.

Eu estava tentando repassar a nossa última interação. Até onde eu sabia, tinha corrido tudo bem. Então, perplexo, liguei para Sheree.

— Ei, querida, aconteceu alguma coisa com o Cortada na semana passada?

— Hum, ah, não — disse ela, relembrando. — Eu só não tinha o dinheiro que achei que tivesse.

— Bom, e quanto você deu pra ele?

— Quatrocentos... eu só tinha mil.

— Mas eu falei pra você dar mil pra ele! — gritei.

Naquela época, por causa dos meus problemas com a Receita Federal, não tínhamos cartões de crédito — estávamos funcionando na base do dinheiro vivo. E era uma noite de sexta-feira; isso foi na época em que ainda não havia caixas eletrônicos por todo canto e a gente só poderia pegar mais dinheiro na segunda às 9h.

— Era tudo o que eu tinha — respondeu ela.

— O cara ia ficar com a porra dos *filhos* dele no fim de semana. Eu prometi mil dólares pra ele. Eu tirei o cara de outro trabalho pra me atender.

— Bom, *eu* tenho um bebê aqui que também precisa comer no fim de semana. Eu não ia dar todo o meu dinheiro pra ele. O que você queria que eu fizesse?

— Eu quero que você faça a porra do que você *falou* que ia fazer. Aí você simplesmente não paga o cara, não me liga, não me fala merda nenhuma? Você quebrou a *minha* promessa!

— Will, eu não sou seu office boy…

— Ninguém falou que você era office boy de ninguém.

— Não exagera também. Ele vai sobreviver.

Este momento está entre as poucas vezes na vida que cheguei a um dez na escala de raiva. Normalmente sou um cara que mede as próprias palavras. Este momento não foi um deles.

— Quer saber…? Talvez um dia você *valha* alguma coisa — falei, desligando o telefone.

Se Deus me deixasse escolher uma frase em toda a minha vida para apagar, para fazer com que eu nunca a tivesse dito, e a pessoa nunca ouvisse, seriam essas nove palavras.

Alguma coisa se quebrou em nosso casamento — algo que nunca recuperaríamos. (Sheree mais tarde me confidenciaria que aquela foi a vez que os sentimentos dela mais foram feridos em toda a sua vida adulta.)

Nosso relacionamento degringolou rapidamente depois disso. Discutíamos por tudo — nada era trivial demais para ser motivo de briga: eu me lembro de criticar como ela lavava uma frigideira… Sheree e eu ficávamos dias sem nos falar. A gente até mesmo inventou um "jogo" que "jogávamos" quando tínhamos visitas, chamado "Você Sabe o Que Odeio em Você…?". E o "vencedor" era quem mais fizesse as visitas "rirem".

Eu me vi outra vez na espiral da morte do amor. Era uma correnteza violenta, arrastando os nossos sonhos para as profundezas. Sheree pegou Trey e foi esfriar a cabeça na casa da família dela em Schenectady. Nosso casamento estava ficando cada vez mais insuportável para ela. Ela ia tirar umas semanas para decidir o que queria fazer.

The Baked Potato era um pequeno lounge em Studio City. Tisha Campbell e Duane Martin, dois amigos próximos, me convidaram para ir até lá. Foram estranhamente insistentes para que eu fosse.

Não sou muito o tipo de cara que vai a "lounges", mas eles me garantiram que eu ficaria feliz de ir naquele. Pouco depois das 20h entrei no local e fui até a mesa deles: Duane, Tisha e Jada Pinkett. E, do nada, eu me tornei o cara que vai a lounges.

Duane estava sempre metido em algum negócio, intermediando alguma aquisição, agenciando uma banda ao mesmo tempo que comprava o local no qual ela se apresentava. Tisha era a casamenteira, ela sabia que Sheree e eu estávamos no fim e queria garantir, só por via das dúvidas, que eu não teria outra opção além de Jada.

Eles só se esqueceram de informar a Jada ou a mim desse encontro planejado.

Eu já tinha topado com Jada algumas vezes pela cidade no último ano — nada muito memorável —, um ou outro "olá" e "tchau" casual típico de Hollywood. Ela ainda parecia incrivelmente linda para mim. Ainda tinha aquele gingado. Ainda estava repleta daquela deliciosa energia da Costa Leste. Mas alguma coisa tinha mudado. Havia alguma coisa mais profunda, nas profundezas logo abaixo da minha capacidade de percepção. Talvez fosse o fato de eu estar mais velho agora; eu era um pai; talvez eu estivesse mais aberto, ou talvez a dor reconhecesse a dor... mas eu a senti de forma diferente. Ela só tinha 22 anos, mas seus olhos pareciam ter testemunhado séculos. Pareciam conhecer as ruas e as lutas para muito além dos anos dela.

Conversamos sobre tudo — ela conseguia me acompanhar, elevar a discussão e discorrer sobre todos os temas e assuntos, de Tupac ao apartheid, de basquete universitário a Ganesha e misticismo asiático.

Era como se tivéssemos ido sozinhos até um lugar reservado, contentes em abraçar as alegrias dos nossos questionamentos, sem o peso da busca por respostas. Estarmos juntos era a resposta.

As horas passaram feito minutos. Eu podia sentir a potência que havia na junção das nossas energias. Cidades e impérios estavam sendo construídos na minha mente enquanto ríamos, ponderávamos e debatíamos. O corpo dela era tão pequeno, mas seu espírito era tão forte. Ela era confiante, resoluta, inabalável — uma pedra fundamental de dez toneladas mantendo a Grande Pirâmide de pé.

Jada mais tarde me confidenciaria que ouviu uma voz dizer nitidamente, sem nenhum sentimentalismo, apenas declarando um fato: *Este será o seu marido*. Naquele momento ela rejeitou a profecia. Eu era casado, e isso já era um impedimento. Gentilmente voltamos de nossa jornada interior particular e nos acomodamos em nossos assentos de metal desconfortáveis. Nos despedimos longamente; nenhum dos dois querendo muito ir embora. Eu a levei até o carro e a observei partir. Saí daquela noite atordoado, esmagado, aprisionado entre a euforia e a realidade. Eu tinha encontrado uma rainha forte o bastante para apoiar meus sonhos. Mas não era para ser.

Alguns dias depois, Sheree voltou de Schenectady, e decidimos nos encontrar no nosso restaurante favorito, o Palm. Eles tinham a melhor lagosta da cidade — eram enormes. Sempre pedíamos uma, a porção perfeita para dividir.

Acho que eu esperava que o tempo separados e a união dos nossos garfos enquanto saboreávamos nosso prato favorito fosse de alguma forma reacender e reconectar nossos corações partidos. Eu certamente tinha colocado a minha fé no poder revitalizador da manteiga derretida e daqueles babadores de plástico.

Eu cheguei primeiro. Sheree tinha saído do aeroporto direto para a casa da mãe e deixado Trey com a avó. Ela entrou no restaurante; estava linda como sempre. Nos abraçamos e nos sentamos. Eu já tinha feito o pedido; ela gostava quando eu fazia isso. Falamos sobre Trey, Schenectady e o novo dojo do pai dela. Ele e Trey tinham feito a maior farra. Trey tinha até o seu próprio gi.

Tudo estava perfeitamente agradável, mas de repente comecei a me sentir zonzo. Senti um gosto estranho, seco e metálico na minha boca. Tentei respirar até que passasse. Eu estava pensando: *Ah, merda, será que eu vou desmaiar?*

— Você está bem? — indagou Sheree, parecendo preocupada.

Uma onda crescente de tontura, respiração entrecortada, gotas de suor surgindo na minha testa...

— Sim, eu tô bem — menti. — Deixa só eu dar uma corridinha até o banheiro.

Fui correndo até o banheiro e me tranquei em uma das cabines. Eu me sentei para recuperar o fôlego. *O que diabos tá acontecendo?* De repente comecei a chorar. Pelos vinte minutos seguintes, eu tive um colapso nervoso, alternando entre soluçar e rir histericamente. *Merda! Será que vou desmaiar?*

E, lentamente, a minha verdade emocional ganhou nitidez tridimensional.

Eu tinha certeza absoluta de que Jada Pinkett era a mulher dos meus sonhos. Mas tinha entregado a minha vida a Sheree diante de Deus. E não havia nenhuma versão de mim que *jamais* iria voltar atrás na minha palavra. Minhas lágrimas lutavam contra a aspereza de tal realidade. E a minha risada amaldiçoava o absurdo de tudo aquilo.

No entanto, meu rompante logo passou. Limpei as minhas lágrimas e saí da cabine pronto para passar o resto da minha vida com Sheree Smith.

Capítulo 13

DEVOÇÃO

Lidar com a papelada do divórcio é um saco. É basicamente uma declaração em papel timbrado dizendo que você é um merdinha incapaz de ser amado. E não importa o quão horrível tenha sido seu relacionamento, é *sempre* um choque quando você recebe os documentos. Quer dizer, você sabia que estava *ruim*, mas caramba… não imaginava que fosse *tão* ruim assim.

E os deuses do divórcio são implacáveis: por um capricho dos correios de Los Angeles, recebi os papéis no dia 14 de fevereiro. Na porra do Dia dos Namorados nos Estados Unidos.

Sheree estava farta. Eu não conseguia acreditar que aquilo estava acontecendo. O ponto mais baixo da minha vida tinha sido a separação dos meus pais, e aquilo parecia ainda pior. Eu estava repetindo o ciclo. Fui pego de surpresa. Estava em negação. Estava furioso. E estava impondo ao meu filho o mesmo fardo que tinha me levado a cogitar o suicídio.

Sheree falou que eu não estava apaixonado por *ela*, mas pela *ideia* que criara dela — o que eu acreditava que uma esposa deveria ser. “Qualquer uma poderia ocupar meu lugar”, disse ela uma vez.

Sheree costumava dizer que era minha “esposa figurativa”. A mulher que deveria fazer o papel de “Esposa na Vida Perfeita de Will Smith”.

Sheree e eu tínhamos acabado de comprar uma casa em Encino que estava passando por reformas. Sheree não perdeu tempo e se mudou com Trey para lá. Senti como se ela estivesse arruinando a minha vida, destruindo a minha família. Tinha secretamente prometido a mim mesmo que *nunca* deixaria isso acontecer. E ali estava eu, nem trinta anos de idade, e minha família em pedaços.

Senti como se estivesse morrendo.

Liguei para Quincy.

— E aí, Philly, o que tá pegando? — disse ele.

— Sheree deu entrada no divórcio.

— Merda. Como você está?

— Estou mal, cara. Advogados e essa merda toda. Eu nem *quero* me divorciar...

— Já estive nessa, irmão — interrompeu Quincy. — Deixa eu te dar um conselho.

Parei até de respirar com aquela pausa dramática. Nunca tinha precisado tanto de um bom conselho quanto naquele momento.

— Dá metade de tudo o que você tem para essa mulher e segue com a sua vida — disse Quincy.

Hã?

— Todos os meus divórcios levaram um dia para serem assinados. Assim que alguém começa a agir como se não quisesse estar *comigo*, ela pode pegar metade dessa merda toda e não voltar mais... E deixa eu te falar uma coisa que você não vai acreditar.

Ele baixou a voz, como se fosse Morpheus checando se eu ia aguentar tomar a pílula vermelha.

— De um jeito ou de outro vocês vão passar a porra de todos os Natais juntos — disse ele. — Quando você tem filhos com alguém, está *preso para sempre*.

Quincy tinha se divorciado três vezes.

— Cara, eu tenho uma ex-esposa que mora do outro lado da rua. Tenho uma ex-esposa que mora a um quarteirão de distância, tenho filhos em três casas diferentes. Nós ainda somos uma família! Elas acham que o divórcio vai te afastar delas. *Não vai*. Você vai estar nos outdoors e comerciais e essa merda toda o tempo inteiro... Dá metade do que você tem para essa mulher, diz que você a verá na véspera do Natal e segue em frente. Você vai ganhar tudo de novo mesmo.

Não era bem o que eu queria ouvir. Eu queria que ele me dissesse como consertar as coisas. Como fazê-la cumprir os votos. Para mim, só existiam duas opções. Ou você completa a missão ou você morre. De onde diabos tinha vindo essa terceira opção — desistir?

E metade dos lucros de *Thriller* é *muita coisa*.

Eu nem teria me casado se achasse que o divórcio era uma opção.

Se desistir é uma possibilidade, então todo mundo vai fazer isso — é a saída mais fácil. Quem é que não ia preferir *não* correr às cinco da manhã a correr às cinco da manhã? Se desistir for uma opção, você nunca vai terminar nada que considerar difícil. A única forma de uma mente imperfeita alcançar seus objetivos é quando todas as alternativas são excluídas. Para mim, a essência de toda interação humana é um olhar para o outro e saber que estamos prestes a fazer uma coisa difícil ou impossível. Olhar um nos olhos do outro e apertar as mãos, sabendo que preferiríamos morrer a desistir.

Foi isso que pensei que a gente tinha feito. É uma ideia muito simples para mim. Os votos são: "até que a morte nos separe" — Deus concorda comigo. O voto não é para a outra pessoa — o voto é para a parte *mais fraca* de si mesmo. Como você *não* desistiria sendo essa uma das opções?

A razão pela qual você diz que vai fazer uma coisa ou morrer tentando é porque a morte é o que acontece quando você *não* faz aquilo. A sua mente está tentando proteger você das coisas difíceis, defender você da dor. O problema é que todos os seus sonhos estão do outro lado da dor e da dificuldade. Então, a mente que busca o prazer, o conforto e o caminho mais fácil vai lá e envenena os seus sonhos — ela se torna uma barreira para os seus sonhos, um inimigo interno.

Se fosse fácil, todo mundo faria.

O motivo de fazermos votos é porque sabemos que estamos prestes a caminhar pelo fogo. Você não precisa enunciar votos ao fazer coisas fáceis. Ninguém nunca falou: "Eu prometo comer cada colherada deste crème brûlée. Juro aos céus que não vou deixar nadinha no meu prato! E juro que vou deixar pra lá a minha corrida amanhã de manhã, e prometo que vou dormir até mais tarde!" Não precisaríamos fazer votos se fosse fácil. O motivo de os votos serem tão drásticos — "na saúde e na doença, até que a morte nos separe" — é porque a *vida* é drástica. Nada além deles nos segura ali. Esse é o *objetivo* da devoção. Não sou contra o divórcio, e nem sou contra me render numa batalha, mas precisa ser no *fim* da batalha — não na hora de colocar a armadura, não no primeiro susto, não na primeira baixa de guerra. Na minha experiência, a maior parte das pessoas se divorcia cedo demais, antes de extrair as lições que vão impedi-las de fazer as mesmas coisas nos relacionamentos seguintes.

Eu ainda não tenho certeza do que estava pensando. Talvez fosse a dor; talvez fosse um delírio. Talvez nem estivesse pensando.

E talvez não precisasse mesmo pensar, porque eu tinha certeza. Conseguia ver a luz no fim do túnel.

No dia 19 de fevereiro, apenas cinco dias depois de receber os meus papéis de divórcio, liguei para Jada. Eu não a via nem tinha notícias dela fazia meses. O telefone pareceu tocar eternamente.

Clique.

— Alô?

— E aí, Jada? É o Will.

— Eiiii! — Sua voz ainda parecia ecoar com a magia da nossa noite no Baked Potato. — Como você tá?

— Tudo bem. Melhor agora que estou falando com você.

Em retrospecto, eu provavelmente poderia ter fornecido um pouco mais de contexto, ou dado algum aviso a ela.

— Ei, você tá saindo com alguém? — perguntei.

Jada hesitou — um pouco chocada, um pouco confusa.

— Hum, não. Por quê?

— Legal, porque você vai sair comigo agora, tudo bem?

— Hum... Tá bom... Sim — disse Jada, sentindo que havia algo grande em jogo, mas ciente de que aquele não era o momento de perguntar. — Tudo bem, estou no trabalho, eu te ligo mais tarde. Pode ser?

— Combinado.

O que eu não sabia naquela hora era que Jada estava em Baltimore. Ela tinha sido tão desencorajada e desiludida por Hollywood que tinha largado o meio artístico e voltado para sua cidade natal. Tinha comprado uma bela fazenda da virada do século, de 20 mil metros quadrados em Maryland e começado a reformar a casa. Havia decidido construir uma vida simples e pacata para si mesma.

Após desligar o telefone ela foi direto para o aeroporto e voou até Los Angeles. Jada nunca passaria uma única noite em sua fazenda em Maryland.

Nunca engoli muito o papo de "vidas passadas". Escutava as pessoas dizendo: "Vocês devem ter se conhecido em outra vida." Mas sempre achei isso brega. Porém, aqueles primeiros meses com Jada me levaram de descrente a agnóstico.

Combinamos tão naturalmente, e as nossas energias se fundiram exponencialmente de um modo que mais parecíamos velhos amigos do que novos amantes. Tínhamos uma linguagem não falada, e tudo em que colocávamos nossa atenção florescia.

O processo de divórcio com Sheree ainda não estava finalizado, por isso Jada e eu decidimos manter nosso relacionamento em segredo. (Nós dois já éramos conhecidos do público e não pegaria bem.) A maravilhosa (ainda que não planejada) consequência foi que passamos o tempo todo juntos, só nós dois. Os primeiros três ou quatro meses foram um redemoinho romântico tão selvagem quanto o nosso corpo podia aguentar. Viajamos para destinos paradisíacos — Cabo, ilhas privadas no Caribe, Aspen, hotéis isolados em Maui — e descobrimos os voos privados. Fazíamos o nosso check-in usando pseudônimos (eu até poderia contar quais são, mas nós ainda os usamos hoje em dia).

Bebemos diariamente e transamos várias vezes por dia, durante quatro meses seguidos. Comecei a me perguntar se aquilo era uma competição. De um jeito ou de outro, eu tinha duas possibilidades: (1) iria satisfazer aquela mulher, ou (2) morreria tentando.

Mas a essência da nossa união era, e é, até hoje, a conversa intensa, luminescente. Até mesmo enquanto escrevo essa frase, se Jada e eu começarmos um assunto, será uma atividade de umas duas horas de duração. E não é incomum que conversemos por cinco ou seis horas seguidas. Nossa satisfação em debater e vasculhar os mistérios do universo, olhando pelo espelho das experiências do outro, é um êxtase desenfreado. Mesmo nas profundezas do desentendimento, não há nada que valorizemos mais do que a oportunidade de crescer e aprender a partir da comunicação passional um com o outro.

Triiiiiiiimmmm.

— Alô?

— Ei, meu Amorzinho.

— Ei, Gigi! Como a senhora está? — falei.

— Ah, estou bem. Tem alguma coisa que você queira me contar? — indagou Gigi, conduzindo a testemunha.

Eu não fazia a menor ideia do que ela queria. Aquela abordagem era diferente das nossas conversas normais. Obviamente ela estava com alguma coisa na cabeça.

— Hum, acho que não — falei cuidadosamente, analisando todas as cagadas que poderia ter feito. — Tenho?

— Bem, alguém me falou que você está com uma nova namorada há um bom tempo.

Droga. A minha irmã Ellen…

— Bem, não, sim, mas…

— Estamos guardando segredos um do outro agora? — perguntou ela, corroendo todas as minhas defesas.

— Ah, não, Gigi, eu só…

— Bom, alguém falou que ela é atriz.

— Gigi, esse alguém é a *Ellen*. Ellen é a única pessoa que ficaria te contando tudo sobre mim.

Minha irmã Ellen fica por dentro das coisas; sempre ficou. Toda festa, fofoquinha, todo rumor — ela é a moça no bairro que, quando alguma coisa acontece, está por dentro do furo. Se ela trabalhasse para a polícia, seria capaz de diminuir o crime em 40% logo na primeira semana. Ela sabe tudo sobre todo mundo o tempo todo. Ellen também era uma *grande* fã de Jada Pinkett; Ellen é como a Peaches de *Um tira sem-vergonha*. Ela não conseguia acreditar que eu estava escondendo Jada da família, por isso me dedurou.

— Não estou guardando segredos, Gigi...

— Certo, bom, então você pode me mandar uma passagem de avião que eu vou até aí conhecê-la. Amanhã.

— Tá bom, sim, Gigi. Te amo. Te vejo amanhã.

— Também te amo.

Clique.

A história a seguir tem sido motivo de discórdia entre Jada e eu há mais de duas décadas. Tem sido *tão* polêmica que quase não a incluí no livro. Mas decidi deixar que você, querido leitor, querida leitora, resolva a nossa disputa de uma vez por todas. Então, por favor, esvazie a sua mente. Você foi escolhido para ser a Suprema Corte nesta história. A pergunta diante dos senhores, excelentíssimos juízes, é bem simples: “Essa pegadinha é *engraçada* ou *não*?”

Gigi chegou na ensolarada Los Angeles bem cedo na manhã seguinte e foi direto para a minha casa. Eu tinha acabado de comprar uma casa nova em Westlake Village, um subúrbio a cerca de uma hora do noroeste de Los Angeles. Tomamos café da manhã juntos; ela amou a casa. Dava para ver que, mais do que qualquer coisa, ela só queria garantir que eu estivesse bem.

Jada tinha trabalho naquele dia, por isso o plano era que ela sairia do trabalho e iria para casa, se arrumaria e então iria até a *minha* casa para conhecer a minha Gigi. Jada tinha ouvido todas as histórias sobre Gigi que você está lendo neste livro, e estava superanimada para finalmente conhecer a minha avó.

Gigi não era muito fã de cinema, e não sabia quem era Jada Pinkett. Por isso, decidi colocar Gigi para assistir a um dos filmes mais famosos de Jada.

Às 15h Jada me ligou da casa dela em Studio City, que ficava a exatos 44 minutos da minha casa.

— Ei, querida, você está saindo *agora*? — perguntei.

— Hum, em 15 minutos — disse Jada.

— Certo, a gente se vê quando você chegar. Te amo.

A face da verdade era o último filme de Jada. O filme conta uma linda história de amor entre Lyric, interpretada por Jada, e Jason, interpretado por Allen Payne. Na marca dos 63 minutos de *A face da verdade*, Jada tem uma cena de sexo bem explícita que se tornou uma das cenas de sexo mais icônicas do cinema afro-americano. Então, quando Jada falou que estava saindo da casa dela em 15 minutos, para dirigir por 44 minutos até a minha casa, eu dei o play em *A face da verdade* e Gigi começou a assistir.

Quinze mais 44 é igual a 59 minutos, e eu confiei que os deuses do humor fariam a parte deles com o trânsito, estacionamento, talvez um beijo e um abraço na entrada de casa. A cena cômica estava montada.

E, rapaz, como os deuses do humor fizeram a parte deles! Num momento de inacreditável sincronia cômica, Jada entrou na minha sala de estar 63 minutos e meio depois; Gigi, invocando a Deus de todas as formas que podia, enquanto na tela Lyric e Jason (Jada e Allen) rolavam pelados — nem de *meias* eles estavam — pelo gramado do lado de fora.

Jada congelou. Ela olhou para Gigi, e então para a tela. De volta para Gigi. Horrorizada. Então para mim. De volta para a tela. Para Gigi. Para mim.

— Gigi, eu gostaria de apresentar a minha nova namorada, Jada! — falei com tanto entusiasmo que parecia prestes a explodir.

Gigi se ajeitou no sofá, cruzou os braços e disse:

— Quando eu era mais nova as pessoas não precisavam tirar a roupa para fazer filmes.

Jada colou um sorriso desconfortável no rosto e deu um abraço constrangido em Gigi.

— Will — chamou Jada calmamente —, posso falar com você no outro cômodo, por favor?

— Já voltamos, Gigi! — falei.

Jada e eu fomos para o quarto.

— Por quê. Caralhos. Você. Fez. Aquilo?! — sussurrou-gritou Jada.

— Amor, eu te *juro* que é engraçado.

— O QUÊ?

— Querida, é uma piada, tá tudo bem. Nós vamos nos casar, ter filhos, é uma *história*. Nós vamos contar isso por *anos*. Foi assim que você conheceu a minha vó. Foi assim que ela te conheceu! Por favor, acredita em mim, é *engraçado*...

— NÃO É ENGRAÇADO PORRA NENHUMA.

— Tudo bem, hoje pode até não ser, mas...

— NUNCA SERÁ! Você brinca demais.

— Nossa vida é feita de lembranças — expliquei. — Você pode estar com raiva *agora*, mas isso passa, estou te dizendo, é *genial*. É perfeito pra gente. Um dia você ainda vai rir muito disso.

Gigi, no fim, amou Jada; elas tiveram um relacionamento lindo. Foram anos de alegria e riso em família — a conexão entre elas era preciosa: se aprofundava e crescia a cada interação. E acredito firmemente que a minha orquestração daquele encontro inicial definiu a base da profunda conexão entre elas.

No entanto, até hoje, Jada nunca riu — nem uma risadinha — daquele encontro, nem mesmo uma vez. Então, senhoras e senhores da Corte, peço-lhes humildemente que olhem dentro dos seus corações e, caso eu esteja errado, aceitarei a punição imposta. Mas me sinto obrigado pela honra a questionar mesmo assim — quase de forma retórica —, em busca de encerramento, e uma resolução final entre Jada e eu: *Essa merda foi engraçada, né?*

* * *

Jada cresceu com Tupac Shakur. Eles eram melhores amigos; fizeram juntos o ensino médio na Escola de Artes de Baltimore. Dois jovens sonhadores, lutando contra o peso do abuso e da negligência para se tornarem "Tupac" e "Jada". E, ainda que nunca tivessem se relacionado de forma íntima, o amor deles um pelo outro era lendário — eles eram a definição de "juntos até a morte".

No início do nosso relacionamento, a minha mente era torturada pela conexão deles. Ele era ***'PAC!***, e eu era só eu.

Ele tinha uma paixão destemida e inebriante, uma moral militante e uma vontade de lutar e morrer pelo que acreditava. Pac era como Harry — despertava aquela percepção de mim mesmo como um covarde. Eu odiava não ser o que ele era no mundo e sofria de uma inveja insuportável: queria que Jada olhasse para mim daquele jeito também.

Então, quando Jada e eu nos comprometemos um com o outro e as necessidades do nosso relacionamento a afastaram de Pac, a minha mente imatura entendeu aquilo como um tipo doentio de vitória. Jada era a perfeição, o auge, a rainha das rainhas. Se ela escolhesse a mim em vez de Tupac, não haveria a menor chance de eu ser um covarde. Poucas vezes me senti tão validado.

Já estive na mesma sala que Tupac em diversas ocasiões, mas nunca conversei com ele. A forma como Jada amava Pac me impedia de ser amigo dele. Eu era imaturo demais para isso.

— Will, Martin Lawrence está no telefone.

Nunca tinha me encontrado com Martin; não fazia a menor ideia de como ele tinha conseguido o meu número. No entanto, eu tinha plena consciência da inveja que ardia no fundo da minha alma. Martin é um gênio da comédia. Ele era o queridinho do povo — naquela época ele tinha o próprio programa de televisão na Fox, *Martin*. Na comunidade negra, Martin era amado e reverenciado da forma que eu sempre quisera.

Éramos dois dos maiores atores negros da TV na época. *Um maluco no pedaço* tinha uma audiência maior, mas a credibilidade do humor de Martin com o público era inigualável — ele era o cara mais engraçado da TV. Eu estudava por dias a fio; os trejeitos dele, as inflexões vocais, a estrutura de cena dele — no fundo, sabia que ele era mais engraçado que eu, e odiava isso.

— Marty Maaaar!

— Grande Will-aaaay!

Não sei se é possível amar alguém para sempre em apenas seis segundos de ligação telefônica. Mas, por algum motivo, não conseguíamos parar de rir só de escutar um falando o nome do outro. Por quase três décadas nos cumprimentamos do mesmo jeito, e rimos toda vez.

Marty Maaaar!

Grande Will-aaaay!

Martin me convidou para jantar na mansão dele em Beverly Hills. Ele também era nascido e criado na Costa Leste — perto de Washington, D.C. —, e assim que entrei, eu me senti em casa. As irmãs dele são como as minhas irmãs; o irmão dele é como o meu irmão; os amigos dele parecem com Jeff, JL, Omarr e Charlie Mack. A gente se deu bem logo de cara.

— Tenho esse roteiro aqui que eu adorei — disse Martin. — É produzido por Don Simpson e Jerry Bruckheimer. O título é *Os Bad Boys*. Ia procurar o Eddie, mas minha irmã falou: "De jeito nenhum, você precisa fazer isso com o Will." E fiquei pensando: *Olha só o que conseguimos fazer separados... Dá para imaginar o que faríamos juntos?*

— Real — respondi. — Isso pode ser *louco*. Qual é a história?

— É sobre dois policiais de Miami que precisam trocar de papéis para solucionar um crime. Um dos policiais é um homem casado e com filhos, um homem de família. O outro é um playboy rico. Você pode ler o roteiro e ver qual papel quer interpretar. As falas e as cenas ainda não estão todas lá, mas, se nos unirmos, podemos dar um gás nesse bagulho.

— Vou ler agora mesmo. Mas, mesmo se não for esse, a gente definitivamente vai trabalhar junto.

— Não me vem com esse papinho hollywoodiano de merda, Grande Willie... A gente vai fazer esse filme ou não?

Nós dois caímos na risada.

— Ah, então eu nem posso ler, é? — provoquei.

— Não tem nada definitivo. A gente precisa mergulhar e consertar. Me escuta... os dois maiores atores negros da televisão se juntam pra fazer um filme de grande orçamento de Hollywood. As pessoas vão *pirar*. Vamos, Grande Willie, não fica de fora!

Don Simpson e Jerry Bruckheimer tinham originalmente escalado Jon Lovitz e Dana Carvey para estrelar *Os Bad Boys*. (Sim, eu sei, teria sido um filme bem diferente.) Mas, como costuma acontecer em Hollywood, o negócio deu errado, e Martin assumiu o controle do roteiro.

Ninguém estava 100% convencido a meu respeito — nem o estúdio, nem os produtores; ninguém, na verdade, além de Martin. Ele chegou ao ponto de dizer que não faria o filme *sem mim*. No começo eu olhava para ele como rival, e ele acabou se tornando um dos maiores amigos e aliados que já tive em Hollywood.

Incertezas foram aliviadas, acordos foram fechados e então estávamos na mesa de leitura de *Os Bad Boys*. O diretor era um novato; ele nunca tinha dirigido um longa-metragem. Tinha, no entanto, feito um videoclipe premiado do Meat Loaf. Com um orçamento de 50 mil dólares, ele deu um jeito de filmar uma queda de avião sem efeitos especiais. Ele simplesmente abateu um avião e filmou. Num videoclipe de música pop. A ousadia visual, a engenhosidade cinematográfica e a magia financeira fizeram de Michael Bay a escolha unânime.

A leitura do roteiro teve início. Todos sentiam o potencial explosivo por trás das possibilidades criativas, mas faltava alma naquele roteiro. As falas que teriam sido perfeitas para Dana Carvey e Jon Lovitz pareciam truncadas, forçadas e inverossímeis sendo ditas por Martin e eu. A leitura terminou e Don Simpson cerimoniosamente enrolou sua cópia do roteiro, foi até a lata de lixo, tacou o roteiro ali dentro e anunciou para o elenco, a equipe de produção, o estúdio e o diretor: "Não vamos filmar uma só palavra dessa merda."

E, tendo dito isso, saiu.

Você deve pensar que um grande produtor de Hollywood atirando um roteiro no lixo, três semanas antes do início das filmagens, poderia ser algo perturbador para dois jovens atores e para o diretor que nunca tinha feito um longa-metragem.

Mas o exato oposto aconteceu. Michael estava acostumado a fazer videoclipes; ficava confortável numa situação de aperto. Nunca tinha dinheiro o bastante, nunca tinha tempo o bastante e sempre tinha que improvisar. Martin e eu éramos do mundo da televisão; já estávamos acostumados a criar nossas falas. Podíamos receber páginas de roteiro cinco minutos antes da gravação de uma cena; iríamos lutar, improvisar e tentar capturar a energia perfeita. De certa forma, Don Simpson jogando aquele roteiro no lixo nos libertou.

Foi tanto um desafio quanto um convite. Juntamos nossos recursos coletivos — Don e Jerry levaram roteiristas veteranos da rede de contatos hollywoodiana deles; Martin e eu levamos os maiorais das nossas equipes de TV e comédia stand-up; Michael Bay arranjou uma equipe ágil que sabia se virar. Filmávamos durante o dia e, toda noite, trabalhávamos juntos para criar o trabalho do dia seguinte.

Martin e eu tínhamos tanta química que em determinado momento Michael parou de se preocupar com as minúcias dos diálogos. Depois de um tempo, ele simplesmente passou a confiar que Martin e eu criaríamos algo incrível. Um dia no set, todo mundo estava esperando enquanto Martin e eu gastávamos um tempão tentando descobrir exatamente o que queríamos dizer numa cena.

Michael gritou: "Eu tô pouco me fodendo pro que vocês dizem, só digam dentro do meu enquadramento!"

A filmagem inteira de *Os Bad Boys* foi estimulante e instrutiva, ainda que frenética e improvisada. Não havia tempo para parar e analisar; tínhamos que dar um jeito, filmar e seguir adiante.

Um dia, Michael Bay e eu tivemos um dos nossos maiores bate-bocas. Era a primeira vez que eu estava malhando pra valer. Tinha ganhado cinco quilos e, pela primeira vez na vida, estava musculoso. Tem uma cena famosa na qual meu personagem persegue um carro correndo numa ponte. Michael queria que eu fizesse a cena sem camisa.

— Mike, saca só, isso é brega, cara — falei.

— Brega? Você tá louco? É Miami, cara... você é um policial durão. Tira a porra da camisa.

Eu ainda não estava seguro com meu novo corpo. A ideia de passar o dia inteiro sem camisa me intimidava.

— Mike, odeio ver isso em filmes — argumentei. — O cara todo besuntado, fingindo que é normal estar numa igreja abandonada com feixes de luz e pombas e essa merda toda, e sem camisa.

— Você tá errado, errado, errado! — gritou Michael. — Sem camisa, cara! Só tira essa camisa. Acredita em mim e faz o que tô mandando. Tô tentando te transformar num super-herói!

— Tudo bem. Eu posso usar uma regata apertada — arrisquei.

— A gente já viu isso o filme inteiro! Essa é a sua grande cena!

No fim, chegamos a um acordo: eu usaria uma camisa, mas teria que ser desabotoada. Eu sentia que não estava completamente pelado e exposto, e Michael sabia que a camisa iria ondular feito uma capa quando eu corresse.

A cena estava preparada. O que eu não tinha contado a ninguém era que vinha treinando em segredo com o técnico de corrida da UCLA. Durante toda a minha infância sempre odiei como os atores corriam nos filmes. Com exceção de Carl Weathers na praia com Sly em *Rocky III*, não consigo imaginar uma única cena de filme em que o ator tenha parecido fodão correndo. E prometi a mim mesmo que, na primeira vez que corresse diante de uma câmera, eu iria parecer Carl Weathers. Tinha treinado joelhos altos, cotovelos altos por quatro meses. Estava pronto.

Nos preparamos para a primeira tomada; Michael gritou:

— AÇÃO!

O carro Bronco atravessou a passarela como um raio e, à distância, Mike Lowrey, a toda velocidade, parecendo um velocista olímpico, entrou em cena. Corrida de duzentos metros, velocidade máxima, cotovelos para trás, joelhos para cima, arma na mão, camisa esvoaçando atrás.

— Corta!

Michael Bay atravessou a rua correndo, sorrindo de orelha a orelha feito um moleque de 12 anos depois de achar as revistas *Playboy* do pai. Eu estava acabado; tinha dado tudo de mim; estava com as mãos nos joelhos, curvado em busca de ar. Quando Michael se aproximou, eu lentamente me endireitei.

— Como ficou? — perguntei.

Ele bateu no meu peito desnudo e gritou a plenos pulmões:

— Acabei de te transformar na porra de um astro do cinema!

O meu processo de divórcio foi longo, besta e desnecessariamente entediante. *Não segui* o conselho de Quincy Jones. Briguei a cada centavo, decisão e juízo. É incrível quão rápida e grotescamente o amor se transforma em litígio. Mas, depois de quatro meses insuportáveis, os papéis finais estavam prontos para serem assinados.

Sheree e eu não nos falamos muito durante esse tempo. Então, quando ela pediu para conversar, fiquei um pouco surpreso.

— Eu tenho me consultado com um terapeuta nos últimos meses — contou. — Eu estava tentando descobrir como facilitar tudo isso para todos nós. E tenho olhado para mim mesma de forma bastante franca.

— Uhum — soltei, esperando o restante.

— Percebi que não fiz tudo o que pude para que nosso relacionamento funcionasse. Nenhum de nós fez. Sei que temos esses papéis de divórcio, mas também temos um filho. E acho que devemos a ele fazer todo o possível para manter nossa família unida.

Eu não conseguia acreditar. *O que é que eu devo fazer com essa informação? Jada e eu estamos apaixonados. Mas, se houver uma chance de salvar a minha família...* Como eu poderia dizer não?

Disse a Sheree que precisava de um tempo para pensar.

Imediatamente liguei para Jada. Contei tudo a ela. Ela não disse uma só palavra. Eu sabia que ela estava chorando — e tentar segurar as lágrimas tornava tudo ainda mais agoniante. Sua respiração voltou ao normal e ela se recompôs; pigarreou. E então falou:

— Sheree está certa. Quando você tem um filho com alguém, é sua responsabilidade fazer tudo o que estiver ao seu alcance para criar um lar amoroso para ele. Cresci sem nenhum dos meus pais. Eu te amo. E estou arrasada. Mas nunca faria isso com Trey. Você e Sheree precisam resolver as coisas.

Eu estava comovido com o altruísmo de Jada. Com sua capacidade de colocar as próprias necessidades de lado para fazer o que considerava certo. Em meio a lágrimas e um coração partido, ela tomou uma decisão baseada na compaixão.

Peguei uma caneta e assinei os papéis do divórcio.

CAPÍTULO 14

BOOM

Eu e Jada fomos nocauteados. As duas semanas anteriores tinham sido a maior jornada de trabalho da minha vida profissional. Dezesseis horas por dia, sem fins de semana, por 15 dias direto. Eu estava exausto.

Eram 3h quando o telefone tocou. Essas ligações no meio da madrugada são as piores — ou alguém está na cadeia, no hospital ou coisa pior.

— Oi? — falei num sussurro grogue, rouco e até esperançoso.

— CARA, VOCÊ VIU OS NÚMEROS? — A voz gritou como se estivesse num campo de futebol.

— Hum? Oi, pai. O quê?

— PERGUNTEI SE VOCÊ VIU A PORCARIA DOS NÚMEROS? — repetiu Papa.

Independence Day tinha acabado de ser lançado. Eram 6h em Philly e o filme tinha quebrado todos os recordes possíveis; era notícia mundial.

— Pai. São 3h aqui...

— PERGUNTEI SE VOCÊ VIU A PORCARIA DESSES NÚMEROS? — Ele parecia bem decidido a ter sua pergunta respondida.

— Não, pai, eu ainda não vi. JL vai...

— Lembra que eu *te falei*!? Não existe esse negócio de sorte. Você é quem cria seu próprio destino. Lembra que eu te falei isso?

— Sim, pai, eu lembro. Mas será que a gente pode...

— Lembra que eu *te falei*? Que não existe esse negócio de sorte? Apenas o que você *faz*? Lembra que eu te falei?

— Claro que eu lembro, pai, o senhor falava isso o tempo todo, mas...

— Lembra que eu *te falei*... que não existe esse negócio de sorte? Sorte é quando o preparo encontra a oportunidade. Lembra que eu te falei isso?

— Sim, pai, perfeitamente...

— Bom, isso é papo-furado! Você é o filho da puta mais *sortudo* que eu já conheci em toda a minha *vida*.

Essa foi uma das maiores risadas que eu e Papa já dividimos na vida — ondas de risadas roucas que se transformavam em risinhos e então, sem palavras e sem nenhum aviso, explodiam de novo histericamente. Anos de desavenças, não apagados, mas de alguma forma lavados a cada onda purificadora. Nós provavelmente rimos por dez minutos sem dizer mais nada.

Ainda que nunca tenhamos falado sobre isso, *Independence Day* representou uma vitória e tanto para ele, uma espécie de validação. Colocou um ponto de exclamação em alguma história que ele vinha contando para ele mesmo sobre si próprio. Alguma coisa tinha chegado ao fim na sua cabeça.

Não muito depois ele vendeu a ACRAC — o trabalho na fábrica de gelo tinha chegado ao fim.

Começou a chamar a si mesmo de "Fresh King".

Os dez anos seguintes da minha carreira foram um caos absoluto e completo na indústria do entretenimento.

Os Bad Boys; Independence Day; MIB — Homens de preto; Inimigo do Estado; As loucas aventuras de James West; Ali; MIB — Homens de preto II; Eu, robô; O espanta-tubarões; Hitch — Conselheiro amoroso; À procura da felicidade; Eu sou a lenda; e *Hancock*. Resultando em mais de 8.000.000.000 de dólares em bilheterias mundiais. E sem querer soar muito minucioso, esses números são de quase trinta anos atrás, quando os ingressos custavam metade do que custam atualmente. Ajustando de acordo com a inflação... quer saber? Não faz diferença.

Duas indicações ao Oscar: *Ali* e *À procura da felicidade*.

Mais de 30 milhões de singles vendidos: "Men in Black", "Gettin' Jiggy Wit It", "Just the Two of Us", "Miami" e "Wild Wild West" liderando o ataque. Sem mencionar a música-tema de *Um maluco no pedaço*, que tecnicamente conta como single. Nesse caso, a maior música de rap da história. Mas não faz diferença.

Estou me adiantando. *Independence Day* tinha acabado de estrear. *Um maluco no pedaço* estava na sexta temporada. JL conseguiu nos colocar no primeiro escalão. Agora éramos agenciados por Ken Stovitz e Richard Lovett na maior agência de Hollywood: CAA. E eu tinha acabado de ficar em dia com a Receita Federal. Agora, só estava *quebrado* — desse ponto em diante eu poderia começar a *ganhar* dinheiro.

O filme *Os Bad Boys* chegou aos cinemas em 1995 e foi um grande sucesso. Nada que *abalasse* o planeta, mas ainda assim deixou muita terra *agitada*. Cresci sendo o magricela palhaço e orelhudo. Mas entrei de fininho num cinema no fim de semana de estreia de *Os Bad Boys* e a cena na qual corro pela ponte com a camisa aberta estava passando bem na hora. Ouvi uma mulher negra de quarenta e poucos anos ronronar bem alto: "Humm. Olha só o *Will*!"

Eu queria gritar: *ESTOU BEM AQUI, MOÇA*!

Era a primeira vez que via uma mulher tendo uma reação sexual à minha virilidade. Até aquele momento na minha vida, eu tinha usado a comédia para atrair mulheres. E agora estava sendo objetificado. Era maravilhoso. Tudo em que conseguia pensar era: *OK, Michael Bay, eu estava errado. Obrigado*. Daquele momento em diante os diretores teriam que me pedir para ficar vestido.

Estávamos nos preparando para começar a sexta temporada de *Um maluco no pedaço*, e eu tinha acabado de fechar o contrato para gravar *Independence Day* no verão de 1995. A sexta temporada era a nossa última temporada por contrato. E surgiu a pergunta: haveria uma sétima?

A audiência de *Um maluco no pedaço* tinha diminuído aos poucos, mas de forma progressiva. As histórias estavam se tornando mais rasas e estava cada vez mais difícil manter o "frescor" da coisa. Mas todos estávamos ganhando mais dinheiro do que em qualquer outra temporada.

Há um episódio de *Dias felizes* no qual Fonzie *literalmente* salta por cima de um tubarão em esquis aquáticos e ainda vestindo sua clássica jaqueta de couro. No mundo das sitcoms, "saltar o tubarão" passou a ser usado como uma metáfora para sinalizar o início do fim, o momento em que um programa de TV passa do seu auge — o que quer que o tenha tornado especial fica cada vez mais difícil de recriar. O problema é que ninguém sabe disso na hora — sempre temos a impressão de que é possível recriar a magia.

Qualquer um que já tenha participado de uma sitcom sabe dizer em qual episódio o programa saltou o tubarão. O nosso foi na temporada 5, episódio 15, "Tiros em Bel-Air", no qual eu levo um tiro e Carlton começa a andar armado.

Eu vinha cumprindo a promessa que fizera a mim mesmo de que jamais seria pego num ciclo de deterioração sem ter o próximo passo engatilhado. O seriado conseguiria facilmente sustentar mais uma temporada; aquela era a minha família; eu os amava. Mas uma carreira no cinema era uma opção viável; eu estava numa encruzilhada.

John Amos — o lendário ator que interpretou James Evans na icônica sitcom de sucesso *Good Times* — coestrelou em três episódios de *Um maluco no pedaço*. O personagem dele em *Good Times* foi morto de forma brutal por conta de discordâncias contratuais. O programa, por fim, foi cancelado no meio da temporada — sem episódio final, sem despedidas, sem belas montagens de momentos memoráveis —, simplesmente acabou. John Amos tinha ouvido os rumores da minha dúvida a respeito de uma sétima temporada. Um dia, no intervalo entre ensaios, ele me levou para uma caminhada no estacionamento.

— Este é um dos sets mais bonitos em que já trabalhei — disse John. — Dá pra perceber que todos vocês se amam.

— Sim, senhor — falei. — É como se todos tivéssemos nos tornado os nossos personagens na vida real.

— Eu posso estar me intrometendo — continuou John. — Mas nenhum desses executivos, produtores, homens de negócios, dá a mínima para a sua família. *Não deixe* que eles fodam com todo o seu trabalho duro e a sua paixão. É *sua* responsabilidade garantir que essas pessoas saiam desse programa com um mínimo de dignidade.

Eu me lembrava de como, mesmo criança, fiquei chocado com a morte de James Evans em *Good Times*. Quando criança, eu não teria usado a palavra "dignidade", mas houve mesmo um sentimento de desrespeito no meu coração. Como fã, eu me senti insultado por aquela narrativa. O personagem de John foi morto sem cerimônias e, quase vinte anos depois, ele próprio disse a palavra que preencheu o vazio que ficou aqui dentro. Aquela babaquice toda foi indigna. Eu senti inclusive a dor de John, de que talvez *ele* tivesse falhado com a família televisiva dele.

Na semana seguinte, reuni o meu elenco. Falei para todo mundo que a sexta temporada seria a nossa última e que eles deveriam tirar aquele ano para fazer os planos ou preparações necessários. Prometi a eles que terminaríamos com estilo e graça.

O episódio final de *Um maluco no pedaço* foi ao ar em 20 de maio de 1996 — um finale de uma hora. A semana de gravação foi a mais emocionante da minha vida profissional. Rimos, choramos, nos lembramos do passado, amamos uns aos outros. E nos despedimos.

Eu me despedi da minha família televisiva com dignidade.

Enquanto isso, na minha família da *vida real*, eu tinha que pagar uma pensão alimentícia — não para a minha ex-esposa, mas para o *meu filho*. Isso seria normal, e certo. Mas tive também que pagar a *minha* própria pensão alimentícia *para* a minha mãe, que no fundo era *para mim mesmo*.

Além dos juros e multas.

Isso mesmo. Deixa eu explicar.

Harry tinha se formado em Contabilidade pela Universidade de Hampton e cuidava de todos os investimentos da família. Ele agora estava guiando a família para o mundo dos investimentos imobiliários e seu primeiro empreendimento foi ajudar Mãe-Mãe a conseguir a sua casa dos sonhos. Eles encontraram uma casa de campo em Bryn Mawr,

Pensilvânia; Mãe-Mãe estava encantada, por isso, na manhã de Natal de 1997, nós a surpreendemos com as chaves.

Na mudança da Woodcrest, mexendo em caixas antigas, Mãe-Mãe encontrou os papéis não registrados do divórcio de Papa. Quase vinte anos atrás, eles tinham passado por todo o processo do divórcio, mas por algum motivo acabaram não assinando os documentos finais. Mãe-Mãe não se deu conta de que, *tecnicamente*, ela não era divorciada. Então ela assinou os papéis de divórcio... e *deu entrada* neles.

Eu estava no set gravando *As loucas aventuras de James West* quando recebi uma ligação urgente de Papa, exigindo uma reunião de família obrigatória e imediata, com exceção de Mãe-Mãe. Ainda de botas e esporas, eu me juntei a Harry e Ellen na ligação.

— Alguém aqui falou com a mãe de vocês? — disse Papa.

— Hum, a gente fala com ela o tempo todo. Algum assunto específico? — perguntei.

— Ela me mandou esses papéis de divórcio — falou Papa —, e quero saber o que vocês acham que eu deveria fazer com eles.

Só para oferecer um contexto: os nossos pais já estavam separados havia vinte anos. E eles mal tinham trocado três palavras na última década. E duas delas eram impublicáveis. Papa já tinha até uma nova família; eu tinha uma nova irmã linda chamada Ashley. Então, como os amados filhos dele, nos vimos legitimamente confusos. E, como seus amados filhos, temos papéis que costumamos desempenhar. Ellen nunca tem paciência para as besteiras de Papa. Harry sempre quer enfrentar e rebater cada sílaba que ele solta. E eu tento ser o pacificador. Logo, como regra geral, eu costumo falar primeiro.

— Bom, o que exatamente você *quer dizer*, pai? — perguntei, gentil e amavelmente, reconhecendo que havia algo acontecendo que eu não compreendia.

Isso fez meu pai repetir o que tinha dito antes um pouco mais alto e mais agressivamente, como se o tom fosse o motivo da minha falta de compreensão.

— A sua mãe mandou esses papéis de divórcio e eu falei que queria saber o que vocês acham que eu deveria fazer com eles.

Imediatamente houve uma quebra na sequência dos irmãos.

Ellen falou:

— Eu não tenho tempo pra isso, falo com vocês mais tarde.

Estávamos perdendo efetivo rapidamente. Estávamos sofrendo baixas — eu precisava resolver isso depressa.

— Bom, Papa, a gente te *ouviu*, é só que você e mamãe mal se falaram em vinte anos. Então, eu só...

— Eu perguntei a vocês o que acham que devo fazer com esses papéis de divórcio.

Harry já tinha ouvido demais, e soltou, indignado:

— Você *ASSINA*?

— Ah, assino, *só isso*?

Francamente, Papa começou a me perder aí.

— Pai, eu não entendi a pergunta. Seu relacionamento com a mamãe...

— Ah, então *você* também acha que eu deveria simplesmente assinar? — respondeu Papa.

— Bom... *sim*? — falei.

— E JOGAR TUDO FORA, ASSIM?

Até hoje eu não faço a menor ideia do que Papa estava pensando. Talvez houvesse uma ruptura bizarra com a assinatura que fosse demais para ele aguentar; talvez fosse o motivo pelo qual ele nunca tivesse assinado, para começo de conversa. Mas a primeira pedra dominó tinha sido empurrada.

Quando Mãe-Mãe deu entrada no divórcio, isso acionou todo o poder do governo da Pensilvânia. Papa tinha cuidado da gente, mas ele nunca tinha pagado a pensão alimentícia *oficialmente*, um fato que veio à luz com a revisão da papelada. Mãe-Mãe foi informada de que, com juros e correção, Papa devia a ela algo próximo de 140 mil dólares. E ela queria cada centavo daquele dinheiro. Sob a lei da Pensilvânia, se ele se recusasse ou não pudesse pagar, ele poderia ser preso, encarcerado e ter os seus bens tomados pelo xerife.

— Mãe — implorei —, não faça isso.

— Não, ele me deve dinheiro e eu quero.

— Mãe, ele não tem 140 mil...

— Bom, isso parece um problema *pessoal* só dele — disse ela.

— Por favor, mãe, você está na sua casa nova, está tudo bem. Vamos fazer isso do jeito mais fácil.

— Ah, isso vai ser *bem* fácil. Ele me dá o meu dinheiro ou vai para a cadeia.

Mãe-Mãe não ia desistir. Foram muitos anos aguentando as merdas do Papa...

— E você não o ajude com *nada*, Will! — disse ela, apontando para mim como Celie em *A cor púrpura*. — Deixe que *ele* encontre uma forma de me pagar.

Eu estava de mãos atadas. Papa não tinha 140 mil dólares e Mãe-Mãe não estava disposta a fazer nenhuma concessão. E não havia nenhuma versão minha que deixaria meu pai ir para a cadeia. Então, de maneira sorrateira, no maior estilo Ponzi, transferi 140 mil dólares para a conta de Papa; ele logo assinou um cheque para o governo da Pensilvânia no valor total, e o governo da Pensilvânia restituiu a Mãe-Mãe todo o valor da pensão alimentícia.

Isso me transformou na primeira pessoa na história da Pensilvânia a pagar a porcaria da própria pensão. (Nota: quando Mãe-Mãe descobriu que eu tinha pagado a dívida de Papa, ficou irada. E imediatamente me fez um cheque no valor de 140 mil dólares, transformando-a na primeira pessoa na história da Pensilvânia a pagar ao próprio filho a pensão alimentícia atrasada pela qual ele mesmo tinha pagado.)

A gente deveria contar essa história durante o Mês da História Negra.

O Planet Hollywood foi inaugurado em Sydney, Austrália, em maio de 1996. Era um restaurante temático que celebrava a história de Tinseltown. Três dos membros fundadores do projeto eram três dos maiores astros de cinema mundial, Os Três Sábios, os Magos de Hollywood: Arnold Schwarzenegger, Sylvester Stallone e Bruce Willis. Fui convidado para a grande abertura. Cancelei todo o resto e liberei a minha agenda para ter a oportunidade de estar na mesma sala com aqueles três mestres, que poderiam definitivamente me mostrar o caminho.

A inauguração do restaurante foi tão grande quanto uma estreia de filme. Tapete vermelho, holofotes, uma grande fila de imprensa, fãs gritando e tentando pegar autógrafos. Consegui entrar numa área privada montada nos fundos do restaurante. E lá estavam eles: os três, *juntos*: Arnold, Sly e Bruce. Canalizei meu Charlie Mack interior e interrompi a conversa deles.

— E aí, pessoal. Parabéns por tudo com o restaurante...

Eles educadamente receberam o meu entusiasmo juvenil com uma sutil atitude de *Hã, não interrompa os três maiores astros do cinema mundial quando você só fez um filme e um seriado.*

Sem desanimar, continuei:

— Pergunta rápida: quero fazer o que vocês fazem. Quero ser a maior estrela de cinema mundial. E, se já existiu um trio icônico que soubesse a resposta para alcançar isso, eu *sei* que são vocês.

Todos eles riram — acho que a audácia da pergunta me qualificava para uma resposta sincera. Eles se entreolharam, e, numa linguagem secreta, não verbal, dos maiores-astros-do-cinema-mundial, decidiram que seria Arnold a me responder.

Imagine o seguinte na voz de Arnold:

— Você não é um astro do cinema se os seus filmes só fizerem sucesso nos Estados Unidos. Você não é um astro do cinema até que toda pessoa, em cada país do mundo, saiba quem você é. Você precisa viajar pelo mundo, apertar todas as mãos, beijar todos os bebês. Pense em si mesmo como um político concorrendo ao cargo de Maior Astro do Cinema Mundial.

Bruce e Sly concordaram.

— Obrigado, pessoal — falei. — Eu não queria interromper... podem voltar a conversar...

Saí de lá que nem o moleque nos comerciais da Coca-Cola estrelando Joe “Malvado” Greene nos anos 1980. (Joe Malvado era um famoso jogador de futebol americano, e no comercial ele jogava a sua camiseta do Super Bowl para o tal menino.) Arnold tinha me dado a chave, a chave que se tornaria a minha arma secreta pelas próximas duas décadas.

Aquilo fez muito sentido para mim. As empresas de cinema gastavam mais de 150 milhões para colar pôsteres dos filmes em todos os países do mundo. Eu podia pegar carona no imenso investimento financeiro feito por elas. Na minha cabeça, eu *nunca* estaria promovendo um filme — estaria usando os 150 milhões dos estúdios para *me* promover. Para mim, o filme não era o produto; *eu* era o produto. Eu me sentia grato pelo investimento dos estúdios de cinema no meu futuro.

Comecei a notar como os outros atores odiavam viajar, fazer eventos de imprensa e promover os próprios filmes. Isso parecia uma enorme loucura para mim. JL e eu fizemos as contas. Notamos que, por exemplo, um filme que só lucraria 10 milhões na Espanha poderia facilmente render de 15 a 25 milhões se você fosse até o país, fizesse um evento de lançamento, um dia de imprensa e alguns eventos com fãs. (Não faria mal se você aprendesse algumas frases úteis no idioma local e as dissesse na entrevista.) Multiplicando isso pelos trinta territórios globais, ir até os países pode levar uma bilheteria global de 250 milhões para mais de um bilhão de dólares.

Graças aos direitos autorais, uma parte daqueles dólares extras ia direto para o meu bolso. Sem mencionar que eu me tornava um astro maior em cada território específico, o que significava que o próximo estúdio me pagaria mais do que a qualquer outro ator, porque sabiam que eu poderia dobrar ou até mesmo triplicar o faturamento final ao fazer a promoção global.

Então eu gravava *Um maluco no pedaço* durante a semana, saía do set, ia direto para o aeroporto, voava para a Europa durante a noite, pousava no sábado de manhã, dava entrevistas o dia inteiro, fazia uma première, assinava autógrafos a noite inteira, ia direto para o aeroporto, entrava no avião, decorava as minhas falas para o próximo episódio de *Um maluco no pedaço* durante o voo e pousava em Los Angeles bem a tempo de ir dormir no domingo à noite. Então eu acordava na segunda-feira de manhã e fazia tudo de novo.

Eu tinha recebido o Santo Graal do estrelato cinematográfico. Analisei minha competição para ver quem mais *sabia*, quem mais conhecia o segredo... e *Tom Cruise* era o líder do bando.

Comecei a monitorar todas as atividades promocionais de Tom pelo mundo. Quando eu chegava num país para divulgar o meu filme, pedia aos executivos de cinema locais para me passarem a agenda promocional de Tom. E jurei fazer duas horas a mais de tudo o que ele fizesse em cada país.

Infelizmente, Tom Cruise ou é um ciborgue, ou tem seis clones dele. Eu recebia notícias de períodos de quatro horas e meia em tapetes vermelhos em Paris, Londres, Tóquio... em Berlim, Tom literalmente assinou *todos os autógrafos* até que não tivesse mais ninguém querendo um. As atividades promocionais de Tom Cruise eram as melhores de Hollywood.

Como eu poderia superá-lo? O que eu tenho que ele não tem?

E aí caiu a ficha.

Música.

Comecei a pedir que palcos fossem montados para que eu fizesse apresentações ao vivo, shows gratuitos do lado de fora de eventos de estreia de filmes para os fãs que não tinham ingresso. Uma vez enchemos as ruas do Piccadilly Circus em Londres com 10 mil pessoas. Foi tão louco que a polícia teve que intervir e encerrar o evento. O mesmo em Berlim; a Praça Vermelha em Moscou foi a maior première hollywoodiana até aquele momento. Tom não conseguia fazer isso — nem Arnold, Bruce ou Sly. Eu tinha encontrado a minha maneira de sair das notícias de entretenimento e virar *manchete*. E quando seus filmes saem do segmento de entretenimento e se tornam notícia, não é mais um filme — é um fenômeno cultural.

Os efeitos especiais em *Independence Day* ultrapassavam tudo o que já tinha se visto até aquele momento. O pôster do filme mostrava simplesmente uma nave alienígena pairando acima da Casa Branca e a explodindo com um único tiro de laser. As pessoas enlouqueceram.

Independence Day lucrou 306 milhões de dólares nos Estados Unidos. O estúdio ficou feliz por ter recuperado o investimento de produção. Mas então a divulgação mundial começou: 72 milhões na Alemanha,

58 milhões no Reino Unido, 40 milhões na França, 23 milhões na Itália e 93 milhões só no Japão. Dentro de um mês, o filme se tornou a segunda maior bilheteria de todos os tempos, chegando a 817 milhões de dólares — uma quantia inédita na época —, e tudo isso com um orçamento de 75 milhões.

Nós tínhamos encontrado a fórmula. *Independence Day* tinha efeitos especiais, monstros e uma história de amor, e quando adicionamos nossa arma secreta de divulgação global, duas palavras definem: Destruição. Total. Eu tinha ido de pobre a rico a falido e sem experiência em atuação para estrelar o filme de maior bilheteria do mundo. E só tinha 27 anos.

Eu me sentia invencível; mas já tinha me sentido assim antes. Sabia o que era estar com a bola toda. Só que dessa vez o meu pé estava no acelerador e eu não iria parar até que as rodas caíssem. Modo animal totalmente ativado.

É bem difícil contar a história a seguir sem suavizar sua natureza gráfica em eufemismos e insinuações — diluindo, assim, sua potência — ou ser tão explícito que vou ofender o leitor mais delicado e foder com a venda do meu livro. Mas é uma experiência tão importante e chocante na minha vida e no meu relacionamento com Jada que eu me sinto obrigado a jogar meus dados literários.

Estávamos em Cabo San Lucas, no México. Era um dos nossos destinos favoritos. Tínhamos alugado uma bela hacienda nas colinas. Jada e eu passamos uma tarde louca na companhia do nosso querido amigo, Jose Cuervo. (Isso é um eufemismo.)

Jada estava por cima conforme o *crescendo* vinha chegando para ambos simultaneamente. (Insinuação.)

— Estou chegando no crescendo — disse ela. — Estou chegando no crescendo!

— Eu também! — falei.

E quando o movimento majestoso atingiu o seu ápice, uma onda de choque correu pelo corpo de Jada. E então: pânico, uma expressão de terror abjeto tomou conta do seu rosto.

— Estou grávida — disse ela.

— O quê?

No início, achei que ela estivesse brincando, por isso comecei a rir.

— Ah, não, ah, não, ah, não, isso não pode acontecer. Isso não pode acontecer! — disse ela, se agitando para a frente e para trás, segurando os cabelos com as duas mãos.

Agora eu estava gargalhando.

— Não é *engraçado*, Will. Eu senti como se fosse a tranca de um cofre, uma daquelas engrenagens enormes que giram e se encaixam. Eu senti. Estou te dizendo, estou grávida.

— Amor, eu não sou nenhum especialista em fertilidade — falei, segurando o riso —, mas tenho certeza de que eles ainda nem terminaram de nadar. Eu acho que, *cientificamente,* não tem como você estar grávida.

— Eu conheço o meu corpo, Will — disparou ela. — Estou grávida.

Então ela rolou para o lado e desatou a chorar.

Eu não conseguia entender o que estava acontecendo. Mas ela falava sério e parecia assustada de verdade. Eu queria ser otimista, por isso esfreguei as costas dela e falei:

— Querida, é só ficar de pé e pular pra cima e pra baixo.

— WILL! Para com isso! O que a gente vai fazer?

Eu tive a impressão de que aquilo estava indo longe demais e ela precisava de uma dose de realidade.

— Jada, para de viajar — falei austero. — Entendo que você esteja passando por alguma coisa agora. Mas você *não está grávida*. Não é rápido assim. É impossível.

Jaden Christopher Syre Smith nasceu em 8 de julho de 1998, quase exatos nove meses depois daquele dia… Na nossa família, a gente chama a concepção dele carinhosamente de "O Milagre".

Mas a estrada até o nascimento de Jaden foi sinuosa.

Jada não acreditava no casamento *convencional* e desprezava a cerimônia tradicional. Ela também tinha dúvidas sobre a viabilidade da monogamia como formato para relacionamentos de longa duração.

Jada tinha sonhado com uma cerimônia simples, *alternativa*: ela se via de vestido branco no topo de uma montanha, apenas nós dois. Nenhum celebrante, nada de família, nada de testemunhas — apenas nós e Deus. Ela tinha estudado a evolução das leis de casamento desde a escravidão, passando pela Reconstrução, e isso tinha despertado nela uma grande aversão à ideia de que precisava pedir permissão ao governo para prometer passar a vida ao lado do seu amado. Jada queria olhar nos meus olhos, jurar seu amor eterno diante de Deus e depois encarar a difícil tarefa de construir uma vida juntos.

Jada não tinha a ilusão de que o amor e a família seriam tarefa fácil; esse era outro motivo pelo qual ela odiava as cerimônias tradicionais de casamento. Ela achava que a fofura e a pompa de uma cerimônia de casamento tradicional eram um simbolismo equivocado e não passava a impressão da real seriedade da empreitada. Ela dizia: "Uma cerimônia de casamento *de verdade* deveria ser uma maratona; deveríamos correr uma maratona *de verdade* juntos. E se nós dois ainda estivéssemos lá na linha de chegada, então teríamos merecido nos casar. Você precisa saber que aquela pessoa é uma sobrevivente."

Ainda que eu entenda o ponto de vista dela, eu sempre pensava: *Esse negócio não é nada romântico. Será que usaríamos aqueles cobertores de papel alumínio brilhantes mal pendurados sobre os ombros para evitar a hipotermia e o suor escorrendo pela parte de trás das pernas?*

Eu não falei isso em voz alta.

Recebi uma ligação de emergência de Gammy, mãe de Jada. Ela estava em prantos.

— Will, você e a Jada *precisam* se casar — implorou Gammy. — Eu ouvi essa besteirada que vocês estão planejando, mas vocês precisam de um casamento. Como pessoas comuns fazem. Como pessoas normais... com uma nave, um pastor e um bolo.

— Gam, eu tô fechado com *a senhora* — falei. — Já dei uma aliança pra ela. E você acha que eu quero falar pra minha *Gigi* que vou ter um filho e não vou me casar?

— Will, ela é minha única filha — disse Gam. — Por favor, por favor, por favor, convença Jada a fazer um casamento. Eu quero *ver* vocês se casarem! A família quer estar lá para apoiá-los.

— Eu te entendo, Gam. Você já falou para Jada como se sente?

— Sim, já falei — respondeu Gam —, mas ela *nem quer* ouvir.

— Tudo bem, tô contigo, Gam. A gente vai dar um jeito.

Jada se manteve firme pelo tempo que conseguiu, mas logo a "pressão pelo casamento" se tornou grande demais. Ela estava no segundo trimestre, estava cansada e desconfortável e não queria brigar. Ela também não conseguia suportar o pensamento de partir o coração da mãe e, bem lá fundo — ainda que eu não dissesse nada —, ela sabia que eu também queria uma festa de casamento. Ela acabou concordando em ter uma cerimônia tradicional em Baltimore, na noite de Ano-Novo, mas com uma condição: Gammy teria que cuidar de *tudo*. Jada concordou em comparecer, andar pela nave, comer um pouco de bolo, gritar "Feliz Ano-Novo" e *ir embora*.

Gam ficou em êxtase. Até hoje Jada se refere ao nosso casamento como "O Casamento da Gammy".

Foi lindo. A festa foi num castelo histórico fora da cidade. Foi uma cerimônia bem pequena — não tão pequena quanto Jada gostaria; mais ou menos cem familiares e amigos. Foi um casamento religioso, celebrado por um pastor, com efeito civil. E ainda que o evento em si tenha sido alegre e divertido, essa seria a primeira das muitas vezes em que Jada abriria mão de algo ao longo dos anos, negando dolorosamente os próprios valores.

Ela tinha embarcado no Trem do Will e não havia paradas.

* * *

Nem todas as formas de fama são iguais.

A fama musical é veloz, momentânea, imediata. Ela é fugaz e difícil de sustentar. Mas, quando você toca o coração de alguém com a música, é para sempre. Quando uma das suas músicas se funde à vivência de alguém, não existe muita coisa capaz de desfazer essa conexão. E quando você faz música de *festa*, a sua fama se torna sinônimo de diversão — você se torna a atração do evento. Deve ser por isso que músicos populares geralmente são associados a sexo, drogas e álcool. Se você *está* transando, usando drogas ou bebendo álcool, provavelmente quer incluir alguma música nessa mistura.

A fama televisiva é um pouquinho diferente. Quando você está na TV, as pessoas estão acostumadas a ver você na sala de estar, no quarto ou na cozinha delas. Em geral estão usando roupas de baixo quando o assistem; por isso pensam em você como um amigo. Quando você é um astro da música, as pessoas vão gritar e berrar ao vê-lo, mas estão acostumadas a manter distância — se Beyoncé ou Kanye não lhe derem um autógrafo, você pensa: *Ah, mas é claro que não, eles são Beyoncé e Kanye*. Mas, quando você é famoso por causa da TV, as pessoas esperam que honre aquela "amizade". Fãs de televisão se sentem muito mais ofendidos quando têm o acesso negado a um artista.

Mas a fama do cinema é completamente diferente. Existe algo naquela tela de 12m que exalta aqueles nela projetados. A fama cinematográfica beira a adoração... e nem sempre no bom sentido. Multidões literalmente abrem caminho quando você é famoso no cinema. Em outras ocasiões elas podem causar uma inundação e quase afogar você.

Há uma certa reverência quando você é um astro de cinema. Quando eu era famoso pela música, os fãs me chamavam de "Fresh Prince". Quando eu era famoso pela TV, as pessoas gritavam "Ei, Will!". Mas na segunda-feira após *Independence Day* estrear quebrando recordes de bilheteria, pela primeira vez alguém se referiu a mim como "Sr. Smith".

O estrelato cinematográfico também afetou meus relacionamentos. Quando eu era famoso pela música, minha família e meus amigos viam isso como legal e divertido. Quando eu fiquei famoso na TV, houve um distanciamento sutil entre nós, mas as noites de sexta-feira em *Um maluco no pedaço* eram tão familiares que proporcionavam uma reconexão e nos mantinham tão próximos quanto antes. Mas, quando me tornei um astro do cinema, algo essencial mudou. Alguns amigos e familiares que eu conhecia desde sempre se dividiram em dois grupos: alguns se tornaram tão respeitosos e deferentes que mais parecíamos estranhos — eu não conseguia encontrar as pessoas que eu amava naquele novo comportamento deles; outros, em compensação, se tornaram desrespeitosos, na tentativa de me mostrar que ali eu não era nenhuma porcaria de astro do cinema.

— Eu tenho mais um — disse JL.

Eu estava gravando em Nova York. JL interrompeu uma sessão de estúdio. Ele nunca faz isso.

— Eu gostei muito — disse ele. — Tem todos os ingredientes... ótimo roteiro, grande diretor, Steven Spielberg na produção. Mas tem um problema... não quero influenciar a sua leitura. Apenas leia e me ligue em seguida.

O roteiro era para outro filme de ficção científica. Era sobre um "departamento secreto que licenciava, monitorava e fiscalizava a atividade no planeta Terra". O diretor, Barry Sonnenfeld, tinha sugerido o meu nome; não era um teste, era uma oferta de trabalho.

Li o roteiro naquela noite. Tudo nele parecia incrível. Humor. Monstros. Espaço. Mas eu tinha a mesma preocupação de JL: um filme de alienígena depois do outro. Tinha medo de o filme ser muito parecido com *Independence Day*. E como *Independence Day* tinha sido um sucesso enorme, parecia que voltar à mesma fonte alienígena serviria apenas para nos fazer parecer menores e menos bem-sucedidos. Para mim, parecia que, no melhor dos casos, seria um movimento sem novidades. *Os Bad Boys* era um filme sobre uma dupla policial; *Independence Day* era um filme sobre alienígenas; e esse novo roteiro era um filme de alienígena com uma dupla policial.

Falei para JL que não estava sentindo firmeza naquele roteiro. Pensamos durante o fim de semana e, na segunda-feira, recusamos o papel.

— Steven Spielberg está no telefone chamando você, Will.

Eu estava gravando num estúdio em Nova York cheio de gente do hard rock e do hip-hop.

Meu ego não poderia ser inflado mais do que naquele momento.

— Ah… o Steve não está ligando pra nenhum de vocês? — falei.

Saí para atender a ligação, e nos nove metros até o telefone murchei bem rápido.

— Alô, Sr. Spielberg — falei, no tom menos convencido que consegui encontrar.

Eu tinha recusado o filme dele; odiaria queimar essa ponte.

— Oi, Will, pode me chamar de Steven. Como você está?

— Estou bem, Sr. Spielberg, obrigado por perguntar.

— Melhor ainda, *onde* você está?

— Nova York — respondi.

— Ah, perfeito. Então a gente pode fazer isso pessoalmente.

Eita.

— Fazer o quê?

— Bom, você recusou o meu filme e eu gostaria de falar com você sobre isso — disse ele bem-humorado.

Rimos juntos. O tom da risada dele parecia dizer: *Idiota, você sabe que eu fiz* Tubarão*, né?*

— Ah, não, não foi bem assim que aconteceu… Sabe... — falei, sem dizer absolutamente nada.

— Eu só quero te mostrar algumas imagens e conversar sobre o assunto. Barry e eu somos vizinhos. Você consegue vir até os Hamptons?

— Hum, consigo. Quando?

— Que tal hoje?

Qual é o lance desses caras e todo esse negócio de "agora, hoje, quem muito analisa paralisa"?

— Você pode vir de helicóptero. Chega aqui em uma hora, volta em três. Funciona pra você?

Já vi esse filme antes.

— Sim, senhor, Sr. Spielberg. Sim, tudo bem por mim — falei.

Menos de uma hora mais tarde pousei na propriedade de Steven Spielberg nos Hamptons. Lá estava ele, vestido informalmente de jeans, uma camiseta velha, parecendo nem se dar conta de que era Steven Spielberg.

A casa dele era um templo cinematográfico em estilo Cape Cod: pôsteres originais de filmes clássicos, fotos dele com os grandes de Hollywood, um escritório onde havia o modelo do *E.T.* usado no filme, rascunhos do tubarão mecânico do filme *Tubarão*.

Para onde olhava, eu via grandeza cinematográfica, mas eu estava chocado com a completa falta de ego de Steven. Ali estava ele, Steven Spielberg, diretor de quatro dos dez maiores filmes de todos os tempos, mas o que ficava mais aparente acima de tudo era sua paixão juvenil pelo cinema. Ele estava ansioso e animado para me mostrar sua visão de *MIB: Homens de preto.*

Sentamos no escritório dele. Ele me serviu uma limonada gaseificada *caseira*; eu nem me lembrava de já ter tomado limonada *gaseificada*; mas tinha certeza absoluta de que nunca tinha tomado limonada gaseificada *caseira*. Era tão boa que fui pego de surpresa.

— Então, por que você não quer participar do meu filme de alienígena?

— Bem, não é que eu *não queira* estar no filme. Quer dizer, eu adorei o roteiro. E fiquei muito, *muito* lisonjeado de você ter pensado em mim.

Ele podia sentir a minha hesitação.

— Então diga qual é o problema. Vamos ver se conseguimos resolver.

Expus a ele todos os meus pensamentos e preocupações sobre *Os Bad Boys* e *Independence Day* e as semelhanças e a repetição e o meu medo de ser estigmatizado como o "Cara dos Alienígenas".

Ele ouviu atentamente; relembrando a situação, reconheço as habilidades dele como as de um diretor mestre — ele passa a vida ouvindo atores, diretores de fotografia, roteiristas, executivos de estúdio, produtores expondo problemas e encontrando soluções para sintetizar o brilhantismo de cada um desses profissionais numa única criação.

Steven fez uma longa pausa, ponderando cuidadosamente os meus receios. Por fim, ele falou:

— Certo, Will, eu entendo. Perfeitamente.

Obrigado.

— Ah, que bom, fico tão feliz, sabe, eu tenho tanto respeito por você — disse eu. — Esse negócio todo de decidir está fazendo o meu cérebro doer.

Demos uma risada.

— Então não use o *seu* cérebro para tomar essa decisão. Use o *meu*.

Ele falou brincando, mas aquela frase ressoou como o Sino da Liberdade na minha cabeça... agora aquilo fazia sentido.

Indiana Jones, O parque dos dinossauros, Contatos imediatos de terceiro grau, Tubarão, A cor púrpura, A lista de Schindler, O resgate do soldado Ryan, ah, e *E.T.* Acabei me dando conta de que, se um de nós tinha que decidir se eu faria aquele filme, quem deveria ser?

Passamos o resto da tarde juntos. Conheci o diretor, Barry Sonnenfeld. Dirigimos pelos Hamptons; fomos até a escola dos filhos deles. Entrei no modo fã com Spielberg; falamos sobre seu processo de trabalho, a escolha de conceitos, o desenvolvimento de roteiros, sua opinião sobre trama e personagens e o que faz um filme de sucesso e as diferenças entre atores e estrelas de cinema. Barry é, possivelmente, o homem mais zoeiro da face da Terra. O senso de humor dele é mais afiado e cheio de camadas que o de qualquer outra pessoa que já conheci. Somos opostos completos, e ainda assim nossa harmonia cômica foi calibrada perfeitamente no mesmo instante. Matamos um ao outro de rir; eu adorei a forma como ele me via.

Eles me deram uma lista de filmes para assistir e material para ler e me apresentaram aquilo que se tornaria o modelo para a forma como eu escolheria e faria filmes pelo resto da minha carreira: a teoria do monomito de Joseph Campbell, a jornada do herói tal como era explicada em *O herói de mil faces*.

Publicado em 1949, *O herói de mil faces* se tornou o meu segundo caso de amor literário. Não seria um exagero afirmar que apostei toda a minha carreira cinematográfica nesse livro.

O trabalho de Joseph Campbell revela a estrutura narrativa escondida na mitologia global, no folclore e nas histórias clássicas. Esse padrão, esse formato narrativo, surgiu em todas as culturas e ao longo do tempo. A teoria de Campbell é que o motivo pelo qual essas ideias, arquétipos, padrões e temas são tão universalmente conectados a nossas histórias, é porque estão universalmente conectados à experiência humana.

A mente humana é uma máquina de contar histórias. A criação narrativa está programada em nós. O que chamamos de “memória” e “imaginação” são, essencialmente, apenas histórias que programamos em nossa mente, como um mecanismo de sobrevivência para nos protegermos e para nos ajudar a triunfar. Somos aquilo que Jonathan Gottschall chamava de “animais narrativos”. Nossa mente absorve a abstração — desde o início dos tempos, os humanos usaram personagens e histórias para extrair sentido dos mistérios da vida. Precisamos que a nossa vida *signifique* algo. É uma espécie de transtorno mental quando não conseguimos formatar as nossas experiências numa história que ofereça uma sensação de propósito à nossa existência.

Campbell dividiu em 17 estágios seu conceito de “monomito” ou “a jornada do herói”. (Christopher Vogler, na sua clássica interpretação do trabalho de Joseph Campbell, *A jornada do escritor*, refinou os estágios para 12. O livro de Chris se tornou obrigatório em Hollywood e um clássico da escrita de roteiros pelo mundo.)

O padrão narrativo fundamental da jornada do herói é o seguinte: um herói recebe um “chamado para a aventura”. Alguma coisa acontece na vida dele que o força a embarcar numa jornada que o leva para um mundo de perigo e deslumbramento. Ele enfrenta uma série de desafios, provações e críticas; encontra aliados e inimigos (talvez até se apaixone), tudo culminando num "desafio supremo". E se ele se mostrar sábio e forte a ponto de superar suas feridas internas (traumas) e os obstáculos externos e sobreviver ao desafio quase fatal, ele sai com um "tesouro" — o que Campbell chama de "elixir", uma sabedoria rara e uma lição. Ele agora pode "retornar para casa" com sua "bênção" e fazer a única coisa que torna a vida humana digna de se viver: ajudar os outros a encontrarem o próprio caminho.

Algumas histórias não penetram na gente; não as entendemos, não as sentimos, não significam nada para nós. Mas algumas histórias penetram; passam pelas nossas defesas e mergulham em nosso íntimo, despistando nosso cérebro e nos induzindo a reações físicas: lágrimas, arrepios, risos, sobressaltos. Elas nos iluminam, criando um enorme prazer, nos inspiram; nos fazem querer ter sucesso; grandes histórias nos mostram a verdade e, por fim, nos fazem querer ver aquele filme de novo e de novo e de novo.

A lista de sucessos de bilheteria de Hollywood que se enquadram no paradigma da jornada do herói é quase infinita. Só de cabeça? *O Mágico de Oz*; *Matrix*; *Tubarão*; os filmes da franquia *Star Wars*; *Titanic*; *Coração valente*; a série *Harry Potter*; *Rocky*; *O Senhor dos Anéis*; *O Rei Leão*; *Procurando Nemo*; *Forrest Gump*; *Os incríveis*; *O silêncio dos inocentes*; *Mulan*; *Gladiador*; *Aladdin*; *Indiana Jones*; *A Bela e a Fera*; e *Dança com os lobos/Avatar* (assista um e depois o outro).

A jornada do herói se tornou o meu guia para a criação de personagens fascinantes e como colocá-los como protagonistas em histórias universais, filmes que transcendem idioma, idade, raça, religião, cultura, nacionalidade, escolaridade, status econômico. Joseph Campbell/Cristopher Vogler decodificaram os elementos narrativos universais de luta, transformação e renascimento como a melhor versão de si mesmo — para mim, isso era uma preciosidade cinematográfica, e a chave para saciar os desejos humanos de todo o mundo. O astro do cinema representa o guerreiro na batalha de vida ou morte contra a violência da condição humana.

É o trajeto da lagarta que se torna uma borboleta; é a história de Cristo, Buda, Maomé, Moisés, Arjuna; é a história de Cassius Clay se tornando Muhammad Ali; é o arco de transformação universal; é a história de Santiago em *O alquimista*.

MIB: Homens de preto preenchia todos os requisitos. Era um filme de efeitos especiais com monstros, tinha uma amizade (uma história de amor) e a perfeita jornada do herói. Seria o grande teste da eficácia da "Fórmula Will Smith de Sucesso Cinematográfico".

A data de estreia de *Homens de preto* foi marcada para 2 de julho de 1997. Era o mesmo fim de semana no qual *Independence Day* tinha sido lançado no ano anterior. Em Hollywood, os fins de semana não são iguais — o Quatro de Julho era o momento mais cobiçado do ano. Era quando os estúdios lançavam seus filmes do tudo ou nada. Por causa do feriado de verão, todo dia era como uma sexta-feira, o que significava que a sua bilheteria poderia ser duzentos ou trezentos por cento maior no Quatro de Julho do que em qualquer outro fim de semana do ano. Quando um estúdio lança o seu filme nessa data, significa que está apostando todas as fichas em você. Decidi que queria me aproveitar publicamente daquela pressão. Em todas as minhas entrevistas de imprensa comecei a me referir ao fim de semana do Quatro de Julho como o "Fim de Semana do Grande Willie".

E todo mundo engoliu isso. Isso se tornou notícia em todos os cantos. (No Reino Unido houve um benefício midiático não intencional, porque lá "willy" é gíria para o órgão reprodutor masculino, e "grande" significa grande mesmo. Foi como se eu estivesse convidando todos os meus fãs britânicos para o "Fim de Semana do Pauzudo".)

O lançamento de *MIB: Homens de preto* demandou a energia de um campeão. Era eu contra a bilheteria. Eu estava tentando levar ao mundo da estreia de filmes a mesma expectativa que Muhammad Ali trazia para uma luta. Eu queria chegar nos lugares como o circo Barnum & Bailey, desfilando por países e cidades, próximas e longínquas, o mestre de cerimônias chamando a multidão e apresentando o circo global. Queria definir o tamanho, o escopo e o teor do espetáculo, de um jeito que ninguém nunca tinha testemunhado antes. Estávamos preparados, e o Grande Willie estava descendo feito um trovão. (Essa foi especialmente para os meus amigos ingleses.)

Omarr era o mais novo no nosso grupo. Ele tinha começado como meu dançarino e agora que Jeff e eu tínhamos diminuído o número de apresentações, eu o tinha chamado para trabalhar como consultor de figurino em *Um maluco no pedaço* — Omarr tinha um ótimo olhar para a moda, e ele ajudou a estabelecer o meu gosto em questão de estilo como um todo.

Mas ele vinha planejando secretamente uma nova tentativa de carreira: com JL e a minha atenção se voltando cada vez mais na direção da TV e do cinema, ele queria estar no comando da produção e do gerenciamento da minha carreira musical. Vinha cortejando os Trackmasters, produtores musicais de Nova York que vinham se destacando. Eles já tinham trabalhado com Nas, LL Cool J, Foxy Brown e tinham uma ideia para o meu retorno ao mundo da música.

Omarr estava ansioso para deixar para trás o seu status de "Pequeno Omarr". Sentia que as coisas estavam fervilhando e queria uma oportunidade de contribuir: "Irmão, tô te falando, lembra como a música-tema de *Um maluco no pedaço* bombou? A gente *precisa* ter uma música para *Homens de preto*. Confia em mim, mano, vai ser louco. Tudo no mundo da música está sombrio no momento. Você pode ir no sentido contrário de toda a indústria."

Quando você é famoso, todo mundo tem uma ideia. Todo mundo tem um novo negócio, uma demo ou uma forma melhor de você fazer as coisas. É ainda pior com amigos e parentes porque eles se sentem no direito de sugerir e você se sente obrigado a aceitar. Por isso ouvi pacientemente a proposta de Omarr.

Então ele me apresentou uma ideia de música, usando um sample de "Forget Me Nots" de Patrice Rushen. O cantor da fita demo entra no refrão: "Aqui vem os homens de preto." Eu me virei para Omarr sacudindo a cabeça com aquela clássica expressão de músico, como se alguma coisa estivesse fedendo.

Entramos em estúdio com os Trackmasters. Eles modernizaram as batidas e a orquestração — ficou explosiva. Eu escrevi e gravei as letras de "MiB", e enquanto ouvíamos a mixagem em duas faixas eu me virei para Omarr e falei: "Acho que você arranjou um emprego novo."

(Omarr mais tarde faria a mesma jogada com Jaden e Justin Bieber em *Karate Kid* com "Never Say Never" — filme nº 1 na bilheteria, música nº 1 nas paradas.)

Há poucas coisas no mundo do entretenimento mais bombásticas do que um filme de sucesso combinado com uma música de sucesso. Pense em Whitney Houston em *O guarda-costas* e "I Will Always Love You"; Prince com "Purple Rain"; *Rocky* e "Eye of the Tiger"; *Os embalos de sábado à noite*; *Footloose; Grease*... você já entendeu. A alquimia da história e da trilha sonora juntas é como um tornado sugando todo o dinheiro arrecadado no fim de semana.

O relacionamento simbiótico entre filme, canção e videoclipe foi uma tempestade promocional perfeita. A música funciona como divulgação maciça do filme no rádio, que é basicamente de graça. O clipe funciona como um trailer para o filme, e o filme faz os fãs comprarem o disco e pedirem a canção e o clipe.

Já estávamos preparados e engatilhados. Tudo o que restava fazer era esperar o Quatro de Julho... quer dizer, O Fim de Semana do Grande Willie.

CAPÍTULO 15

INFERNO

Um garoto e seu pai foram condenados injustamente. O rei grego que os prendeu era um cuzão — as acusações foram forjadas, não tinham direito a fiança, nem mesmo a um defensor público. Eles estavam encarando uma possível prisão perpétua.

Pai e filho decidiram fugir. O pai era um mestre artesão, um inventor genial — ele conseguia projetar, construir ou consertar qualquer coisa. E se recusava a deixar o filho apodrecer numa cela fedida. Então projetou dois pares de asas feitas de cera e penas para colocar em ação a ousada fuga deles. Mas, antes do voo, o pai aconselhou o amado filho com muita seriedade: "Não voe muito perto do sol, ou a cera vai derreter. E não voe muito baixo, porque as asas ficarão molhadas perto do mar."

Mas o filho, Ícaro, não ouviu *nada* daquilo. Ele estava livre, bem longe das grossas paredes de pedra e das torres — liberdade! —, ascendendo no vasto éter azul. Conforme subia e subia, aquilo *subia* e *subia* à cabeça dele. O êxtase, o inebriamento, a adrenalina do voo, bombeando uma torrente de emoção por suas veias imaturas feito uma mariposa atraída pelo fogo. O sol mais perto do que nunca, aquele inferno tórrido e cegante, mas ainda assim ele subiu, voando mais e mais alto, até suas delicadas asas de cera começarem a amolecer e derreter, se desfazendo e pingando no mar. Ícaro foi perdendo altitude, lentamente no início, de forma imperceptível, até estar em queda livre. O mar se aproximava; o sol se afastava; o desastre era iminente. Ícaro queimou, caiu e então estava morto.

A questão é que eu me sentia perfeitamente bem voando tão perto do sol; o problema era que todos ao meu redor eram as minhas asas.

"Will Smith foi considerado o artista mais rentável numa pesquisa entre profissionais da indústria do cinema... os artistas foram categorizados de acordo com a sua habilidade para atrair verbas para um projeto, sucesso de bilheteria, apelo a diferentes públicos e outros fatores... Smith foi o único artista a receber nota 10."

— *Reuters*

"Smith está em primeiro lugar... entre mais de 1.400 atores em atividade [batendo Johnny Depp, Brad Pitt, Leonardo DiCaprio, Angelina Jolie, Tom Hanks, Denzel Washington, Meryl Streep, Jack Nicholson, Tom Cruise, Matt Damon] no quesito garantia de sucesso financeiro dos filmes."

— *Forbes*

"'Podemos afirmar categoricamente que Will Smith é o dono do fim de semana do Quatro de Julho', afirmou Jeff Blake, diretor de marketing e distribuição mundial da Columbia Pictures."

— *The New York Times*

O Fim de Semana do Grande Willie foi uma loucura — *MIB: Homens de preto* estreou com uma bilheteria de 51 milhões nos primeiros três dias só nos Estados Unidos. Foi 1º lugar em mais de quarenta países pelo mundo, arrecadando, no fim, 250 milhões de dólares no mercado interno e quase batendo 600 milhões de dólares no mundo todo. (A trilha sonora do filme acabou vendendo mais de 5 milhões de cópias. Para aproveitar aquele momento, lançamos o disco *Big Willie Style* logo em seguida, que vendeu mais de 12 milhões de cópias no mundo.)

Era oficial; era unânime; eu era, sem sombra de dúvidas, o maior astro do cinema mundial.

Mas, só pra deixar bem explicado, isso não tem a ver comigo; isso aqui não é uma narrativa movida pelo ego; não tem a ver com me exibir ou me autopromover. Isso tudo é só para oferecer contexto histórico, um pano de fundo, uma base, tudo para fornecer a você, querido leitor, querida leitora, uma perspectiva mais ampla e um olhar mais profundo sobre o quanto eu realmente estava acabando com os outros filhos da puta.

Alguma coisa mudou quando eu a vi.

Nem vou tentar explicar. Mas eu nunca mais fui o mesmo. Sabíamos que uma menina estava a caminho, mas eu não fazia a menor ideia do que isso mudaria em mim.

Passei por diferentes níveis de terror e confusão durante o nascimento dos meus filhos. O parto de Trey foi uma cesárea de emergência, e ele foi imediatamente levado para a UTI neonatal. Minha primeira imagem do meu filho foi a de um tubo intravenoso inserido no meio do crânio dele. Quando Jaden nasceu, Jada estava agitada, e a minha atenção estava focada inteiramente nela, não na chegada do meu filho. Minhas memórias dos dois partos são cheias de vislumbres fragmentados de medo.

Então, dessa vez, já como um veterano da maternidade, livre de todas as fobias dos pais novatos, prometi minha completa e total atenção. Queria estar presente e incluso em todo o percurso.

Willow Camille Reign Smith nasceu no Halloween de 2000. A data prevista do parto era 11 de novembro, dia do aniversário de Trey, mas mesmo no ventre ela já sabia que não queria compartilhar o aniversário com ninguém. Ela chegou duas semanas antes, de forma dramática.

Fui o primeiro a segurá-la. Ela era muito pequena; seu corpo inteiro cabia em uma das minhas mãos, os membros balançando nas bordas da minha palma. Em 15 segundos ela já tinha um apelido, pelo qual a chamo até hoje: Meu Feijãozinho. Seus lindos olhos cor de esmeralda tentavam focar. Willow não conseguia me enxergar direito, mas algo nela parecia saber que eu era dela.

Adoro contar a história do nascimento dos meus filhos — em parte para retratar a assustadora jornada da paternidade, mas em grande parte para envergonhar meus filhos na frente dos amigos. O clímax na história de Willow é: ela saiu, eu a segurei, olhei para ela, admirando-a, e então gritei, a plenos pulmões: "AH, MEU DEUS, CADÊ O PÊNIS DELE?"

Willow detesta quando conto essa história, o que a torna ainda mais engraçada para mim e me faz querer contá-la o tempo todo (em livros e coisas do tipo, por exemplo).

Uma coisa estranha aconteceu com a nossa dinâmica familiar quando Willow nasceu. Até então, tínhamos mantido um frágil equilíbrio — Sheree e eu tínhamos um filho, e Jada e eu tínhamos um filho. Todos tínhamos nos esforçado para cultivar o sentimento de uma única família. Foi difícil no começo, mas Jada e Sheree concordaram que Jaden e Trey deviam pensar neles como irmãos por inteiro. Jada inclusive recusou o termo "madrasta". Até hoje Trey se refere a ela como a mãe bônus dele.

Quando Jaden nasceu, fizemos de tudo para que Trey participasse de cada parte do processo. Conversamos com uma psicóloga para nos ajudar com a transição para a chegada de Jaden. A psicóloga sugeriu que incluíssemos Trey — que tinha 6 anos na época — na escolha do nome do bebê. Ela nos disse que se Trey ajudasse no processo de escolha do nome, ele pensaria no bebê como *seu* irmão. A escolha do nome daria a ele uma ideia de posse e de conexão.

Jada e eu voltamos para casa animados para inserir Trey naquele processo. Trey estava no quarto dele jogando *Mario Kart* em seu novo Nintendo 64. Ele exibia o olhar catatônico padrão do pré-púbere viciado em videogame.

— Trey! — falei empolgado.

— Oi, pai — respondeu Trey, sem nem tirar os olhos da TV.

— Temos uma surpresa pra você! Queremos que nos ajude a escolher um nome para o seu irmão.

— Tá bom — disse o pequeno homem das cavernas saindo de seu transe, sem emoção alguma.

— Trey, pare de jogar por um segundo — pediu Jada.

— Tá bom — respondeu ele —, só um minuto.

— Trey, isso é *importante* — falei, frustrado por a minha jogada psicológica de mestre estar perdendo pra um menino de 6 anos. — Precisamos que você escolha um nome para o seu irmão...

— LUIGI! — gritou ele, continuando a jogar.

Jada e eu olhamos um para o outro em completo horror, os dois pensando a mesma coisa: *Você já viu algum preto chamado Luigi?*

— Trey, esse é o único nome que você gosta? — interveio Jada, com a sua melhor voz improvisada e melodiosa de mãe.

Trey, sentindo a aparente rejeição, imediatamente pausou o jogo.

— Mas você falou que *eu* poderia escolher o nome do meu irmão!

— Bom, sim, Trey — admiti, invocando a minha melhor voz improvisada e melodiosa de pai. — Mas só estamos perguntando se você teria um *outro* nome. Só pro caso de ele não se parecer com um Luigi...

— EU QUERO LUIGI! É O MEU NOME FAVORITO! — gritou Trey.

— Tudo bem, tudo bem — rendeu-se Jada calmamente. — É a sua escolha.

— **E**u vou esganar aquela mulher, e vou fazer isso rindo!

— Estou ligando para ela agora, Will, se acalme — disse Jada, discando rapidamente.

Eu estava andando de um lado para o outro do quarto, soltando fogo pelas ventas, me imaginando tendo que apresentar o meu filho como Luigi Smith porque uma psicóloga que cobra quatrocentos dólares por hora inventou uma baboseira qualquer sobre crianças sugerindo o nome dos irmãos.

— A gente vai ter que se mudar pra porra de Palermo!

A psicóloga se desculpou bastante, mas ela tinha uma nova solução: ela nos instruiu a comprar o quanto antes um cãozinho para Trey. Ela teorizou que se "Luigi" era o nome favorito de Trey, ele não iria querer esperar até o irmão nascer para usar o nome — ele iria querer chamar o *filhote* de Luigi. Então, conseguiríamos pedir a ele um *outro* nome para o irmão, dessa vez tomando o cuidado de guiar um pouco melhor a testemunha.

Imediatamente saímos e compramos um lindo lhasa apso cinza e fofo.

— Trey, temos outra surpresa para você! — falei.

— Uau! — Trey vibrou, correndo para abraçar o novo cachorrinho.

— Como você quer chamá-lo? — sussurrou Jada, verbalmente andando na ponta dos pés pelo campo minado afro-italiano.

Trey previsivelmente gritou:

— Luigi!

Jada tinha finalizado a fase um com sucesso. Agora era a minha vez.

— Mas, espera, Trey, o seu irmão não pode ter o mesmo nome que o cachorro — falei.

Jada se agitou ao meu lado, incomodada com o caráter aberto das minhas instruções.

— Eu quero chamar o *filhote* de Luigi! — declarou Trey enfaticamente.

Fase dois, sucesso. Agora, a terceira e mais perigosa.

— Então você vai ter que escolher outro nome para o seu irmão — falei. — Tenho uma ideia... *todos* nós escolhemos um nome. Eu escolho um, Jada escolhe um, e você escolhe um! E daremos ao seu irmão *todos* os três nomes.

Trey tinha acabado de fazer um novo amigo na escola chamado Christopher. Então, pela graça de um benevolente criador, Trey gritou:

— Christopher! Eu quero chamar o meu irmão de Christopher.

— Isso! — gritou Jada, quase socando o ar.

No fim eu escolhi "Jaden", Trey escolheu "Christopher" e Jada escolheu "Syre": Jaden Christopher Syre Smith. (Uma nota histórica, JL se recusou a chamar Jaden de qualquer coisa que não fosse "Luigi" até os 15 anos de idade.)

O nascimento de Willow tinha inclinado a balança da nossa família misturada, já precariamente equilibrada; e, pela primeira vez, tanto de dentro quanto de fora, ocorreu a sensação de que existia uma divisão entre a minha "nova" e a minha "velha" família. Na imprensa, quando se referiam à "família de Will Smith", muitas vezes eram usadas fotos apenas de mim, Jada, Jaden e Willow, deixando Sheree e Trey de fora. A mídia preferia a simetria e a convencionalidade de um grupo nuclear.

Quando a minha fama global chegou ao auge, o mesmo aconteceu com o caldeirão do olhar público. As já frágeis asas de cera da minha família começaram a amolecer. Sheree e Trey foram se afastando dos holofotes, mas eu vivia debaixo deles. Eu levei o afastamento dos dois para o lado pessoal. *Como assim você não quer ir à estreia do meu filme? Minha família precisa andar no tapete vermelho comigo. É assim que colocamos comida na mesa.*

— Eu quero que o nosso filho tenha uma vida normal — disse Sheree certo dia. — Quero que ele vá à escola; quero que ele vá à igreja; quero que tenha amigos normais...

— Essa não é a vida dele! — argumentei.

— Essa não é a *sua* vida, Will... mas definitivamente pode ser a vida do Trey. É por isso que ele tem uma mãe *e* um pai. Não quero que ele fique pulando de cidade em cidade, de set em set, sem nenhuma estabilidade.

— Meu filho precisa estar *comigo* — declarei. — Eu sou o homem com quem você teve um bebê. Então, eu sou o pai que o seu filho tem. Para que eu consiga ser um pai, ele precisa ter a liberdade de se mudar quando eu me mudar.

— E a escola, Will? — perguntou Sheree.

— Tatyana tinha um professor no set de *Um maluco no pedaço* e entrou para Harvard. É óbvio que ele precisa receber uma educação, mas a escola não é o único lugar onde crianças estudam.

— Will, eu já te vi num set — disse Sheree. — Você nem vai prestar atenção nele. Ele vai ficar com algum tutor ou alguma babá que você contratar. Algumas pessoas fazem filmes em Los Angeles, sabia...? Já pensou na possibilidade de ficar em LA e criar o seu filho?

O muro emocional no qual continuo batendo ao escrever este livro é que *hoje* eu sei a resposta certa para muitas dessas perguntas. Mas, na confusão do passado, eu criei inúmeros incômodos desnecessários.

Já pensou na possibilidade de ficar em LA e criar o seu filho?

Aqui está o que eu *deveria* ter dito:

"Primeiro de tudo, eu te amo. Eu entendo que essa não é a vida que nenhum de nós imaginou, mas é a nossa situação. Eu sei que é assustador. Mas estou comprometido com você e com Trey de todo o coração e pelo resto da vida. Agora, para garantir recursos para a nossa família, preciso de mobilidade, e preciso ser global. Mas estou te ouvindo e entendo as suas preocupações; é assustador lutar contra o jeito que as coisas sempre foram feitas. Sei que estou pedindo que você me acompanhe numa estrada desconhecida, perigosa e muito acidentada. É assustador não mandar o seu filho para uma escola tradicional, ou não saber em qual cidade eles estará a cada mês. Não estou dizendo que tenho todas as respostas agora, mas eu te prometo, se você vier comigo e me apoiar nessa jornada, eu *morro* antes de deixar a nossa família em apuros."

Aqui está o que eu realmente falei:

— Claro, então a gente simplesmente vende tudo e vive com aquilo que *você* ganhar.

* * *

— Ei, cara, se você falar que ouviu isso de mim, eu vou negar — comentou Harry baixinho. — Eu mostrei a propriedade para Jada, mas ela falou que era grande demais. Só que eu conheço você a vida inteira e você sempre falou de Southfork. Eu encontrei a sua.

Harry, como responsável pelos nossos assuntos imobiliários, estava encarregado de encontrar a minha "Southfork". Mesmo quando éramos crianças, ele sabia da minha obsessão por *Dallas* e o meu sonho de ter uma propriedade com um nome. Ele tinha encontrado um rancho de 103,6 hectares, a 45 minutos do noroeste de Los Angeles.

— Jada me pediu para não mostrar pra você — disse Harry. — Então, por respeito a ela, não posso fazer isso. Mas aqui está o endereço. É tudo que você sempre sonhou.

Harry é como JL — ele não enfeita as descrições que faz. Se ele estava dizendo que era "tudo que sempre sonhei", isso queria dizer "saia de fininho para ver isso hoje mesmo".

Havia cinco casas na propriedade; um belo lago; estábulos para cavalos; trilhas para caminhadas; extensa flora e fauna chaparral. Um belo cervo veio até a porta da frente na minha primeira visita; vi isso como um sinal. Eu amei. Eu tinha a esposa perfeita, três filhos lindos, e eu era, sem sombra de dúvida, o maior astro do cinema mundial. A pincelada final de triunfo na minha paisagem de sonho de toda a vida seria o "Lago Dela", uma casa com um nome.

Jada amava cavalos; eu estava tremendo de ansiedade. Conseguia imaginá-la, tal como Sue Ellen, chegando para o café da manhã montada num garanhão. Aquela compra seria a materialização do meu amor por Jada. Aquela terra iria guiar as sementes das nossas esperanças e abrigar nossas crescentes aspirações. Assim que vi o lago na propriedade, eu sabia que era para ela: O Lago Dela. (Considerei até a versão em espanhol — *Su Lago* —, mas no fim eu me lembrei de que eu era de Philly e ela era de Baltimore.)

Jada não queria a propriedade. Tudo o que ela conseguia enxergar eram as cinquenta pessoas necessárias para gerenciar, conservar, proteger e operar 103,6 hectares, cavalos, cinco casas e cervos enxeridos aparecendo na porta. Além disso, ela sabia que eu passaria metade do ano trabalhando fora de casa, deixando-a responsável por tudo relacionado ao Lago Dela.

Ela odiou aquilo tudo.

Eu tinha acabado de visitar a Índia pela primeira vez. Harry e eu ficamos maravilhados diante do Taj Mahal, não apenas com os detalhes estéticos e a beleza, mas também com a intenção amorosa por trás da construção. Muita gente não sabe disso, mas o Taj Mahal é um mausoléu único, e foi projetado, construído e mantido para apenas uma mulher: Mumtaz Mahal, a esposa favorita do imperador Shah Jahan. O imperador ficou tão desolado com a morte de sua amada que encomendou a construção do Taj Mahal. Ele preservou o corpo dela pelos mais de vinte anos que a construção levou para ficar pronta (de 1632 a 1653); gastou 32 milhões de rupias (cerca de um bilhão de dólares nos dias de hoje) e empregou mais de 20 mil dos melhores artesãos do mundo, importou mármore italiano (o que não era fácil de fazer na Índia do século XVII — sem mencionar que a Índia tinha o seu próprio mármore makrana, que ele poderia ter usado), tudo isso para criar um túmulo *pessoal* que estivesse à altura do seu amor perdido.

Eu me identifiquei com o imperador Shah Jahan — queria que tudo em que eu estivesse envolvido resistisse à passagem do tempo. Queria que tudo ao meu redor fosse a maior e mais magnífica coisa que o mundo já tivesse visto. Impulsionado por uma paixão ardente, meus impulsos criativos forjariam a melhor versão de qualquer coisa na qual eu encostasse: filmes, música, família, filhos, negócios, casamento.

Eu me via inspirado e consumido pelo sonho da família Smith. E o Lago Dela era obrigatório nesse sonho.

— Will, eu não gosto disso — disse Jada. — Não quero isso. É grande demais, é caro demais. E você nem vai estar aqui. São pessoas demais, espaço demais, é muito barulho. Não!

— Amor, eu te juro — falei —, você não está vendo o mesmo que eu. Você está olhando para como o lugar está agora. Não consegue enxergar o que está na minha cabeça.

— Eu não sei o que você quer que eu diga. Não gosto disso; não quero isso.

Essa foi a segunda grande concessão de Jada, a próxima parada no Trem do Will em constante aceleração.

Olhando para trás, eu vejo tudo perfeitamente agora. Para todos os meus jovens leitores homens: "não" quer dizer não. Nada de bom virá de gastar o seu suado dinheiro numa "casa de família" que a sua esposa não quer. Você dará entrada em anos de desavenças e vai pagar as prestações com sofrimento.

Ou pior.

Uma das maiores brigas que eu e Jada já tivemos foi durante uma sessão de terapia na qual falamos sobre prioridades. Cada um recebeu uma folha de papel e uma caneta, e o exercício era listar as nossas prioridades, indo do mais para o menos importante. Jada e eu escrevemos fervorosamente e, depois de alguns minutos, fomos instruídos a entregar as nossas folhas de papel um para o outro.

Surpreendentemente, nós dois só tínhamos escrito quatro prioridades cada um. Conforme eu lia a lista de Jada, uma expressão de confusão tomou conta do meu rosto. E conforme ela lia a minha, os olhos dela se encheram de lágrimas. Nos 25 anos em que estivemos juntos, eu nunca me senti pior do que naquele momento. Jada tinha listado as prioridades dela da seguinte forma:

1. As crianças
2. Will
3. Eu
4. Familiares e amigos

Eu tinha escrito:

1. Eu
2. Jada
3. As crianças
4. Minha carreira

O terapeuta nos lembrou de que essa era uma oportunidade para nos conhecermos melhor. Ele falou que deveríamos guardar os nossos juízos de valor e permanecer abertos ao processo de conhecimento e descoberta. Então perguntou quem gostaria de falar primeiro.

— Amor — falei —, eu vejo que alguma coisa está te incomodando. O que eu escrevi e que está te incomodando?

Jada mal conseguia falar.

— Eu não acredito que você se colocou acima dos nossos filhos — disse ela, a voz trêmula.

— Como assim? — falei. — Eu amo os nossos filhos tanto quanto você. Fiquei surpreso de você ter se colocado em terceiro lugar. Isso não faz sentido para mim. É como dizem as companhias aéreas: você precisa colocar a sua máscara primeiro antes de tentar ajudar os outros. É óbvio que eu vou cuidar de todos vocês, mas faço isso *ao cuidar* de mim.

— Isso explica muita coisa — disse Jada.

— Acho que você está entendendo errado, querida.

— Ah, não, estou entendendo exatamente como você escreveu nesse papel.

— Jada, eu só estou dizendo que, se você não for à academia, se não se alimentar direito, se não tratar sua saúde mental e emocional como algo primordial, você não será uma boa mãe. Você cuida dos seus filhos ao cuidar *de si mesma*.

Tentei reverter a situação e elucidar as coisas, mas o coração dela já estava estilhaçado. Ela nem enxugou as lágrimas.

Ao longo dos anos conversei com muitos artistas, músicos, empreendedores, atletas, pensadores, poetas, empresários, grandes sonhadores com todo tipo de vida, e existe uma conversa secreta que sempre parece surgir. *Como podemos perseguir e concretizar plenamente as nossas visões ao mesmo tempo que cultivamos amor, uma família de sucesso e relacionamentos saudáveis?* E aqui está a dura realidade para quem ama um sonhador: tudo vem em segundo lugar, depois do sonho.

Realizar meu sonho se tornou um ato de sobrevivência. Nas minhas piores noites, o meu sonho salvou a minha vida — era a minha luz, o meu alimento. Minha visão de dias mais felizes me sustentava. Era o meu único objetivo. Eu via as minhas esperanças como um ingresso para uma vida melhor — alegria, plenitude, segurança, proteção. Enxergava a realização do meu sonho como a única estrada que levava ao amor e à felicidade. Fracassar significava a morte. Eu acreditava no seguinte: *quando eu chegar ao topo da montanha, nunca mais terei medo. Nunca mais ficarei triste. Nunca mais vão me agredir, me desrespeitar ou deixar de me amar. Tudo pelo qual vale a pena viver está no topo dessa montanha. E não há nada que eu não esteja disposto a abandonar ou perder para chegar lá. E qualquer um que se oponha ao meu progresso ou o impeça é meu inimigo.*

Mas aqui está a dicotomia: a minha esposa *era* a minha visão; minha família *era* a minha visão. Minha visão continha alegria, plenitude e prosperidade para *todos* nós. É a *minha* visão, mas não é egoísta, porque estou fazendo isso para todos ao meu redor. (Alerta de spoiler: é um pouquinho mais complicado do que uma dicotomia.)

Eu nunca entendi o termo "vergonha da riqueza" até "Gettin' Jiggy Wit It" se tornar nº 1 nas paradas. Foi a minha primeira canção nº 1 nas paradas da Billboard Hot 100. E tantas coisas estavam correndo tão bem na minha vida incrível que, bom, eu fiquei legitimamente envergonhado.

Sempre me lembro da imagem de Michael Jordan dando de ombros, as mãos para o alto, depois de acertar sua terceira cesta de três pontos na primeira metade do primeiro jogo das finais de 1992 contra o Portland Trail Blazers. Ele não conseguia errar — ele nem sequer era conhecido por arremessar cestas de três pontos. E ainda que estivesse escolhendo os lances, que tivesse praticado os arremessos e lançasse com toda a intenção de acertar, ele estava tão surpreso quanto nós pelo fato de acertar todas.

Só para dar uma noção da linha do tempo, *Independence Day* estreou em julho de 1996; a canção "Men in Black" foi lançada em meados de junho de 1997 e o filme saiu duas semanas depois; *Big Willie Style* foi lançada em novembro de 1997, logo depois de eu começar a filmar *Inimigo de Estado.*

Eu me casei com Jada no dia 31 de dezembro de 1997.

"Gettin' Jiggy Wit It" foi lançada em janeiro de 1998, com uma recepção satisfatória. Então ela tocou um pouco ao longo de fevereiro — naquele mês ganhei meu terceiro Grammy por "Men in Black", então a gente meio que levou de boa o fato de "Jiggy" não ser um hit. Mas as rodas da fortuna começaram a girar: num episódio de *Seinfeld*, Jerry estava tentando conquistar uma mulher que não estava dando bola para ele.

Ele pergunta a ela:

— Qual é o problema?

Ao que ela responde:

— O que você quer de mim, Jerry?

— Estou tentando *agitar as coisas* com você! — fala Jerry enfaticamente.

Os fãs gostaram dessa redefinição meio indecente de Seinfeld para a palavra "jiggy".[13] Na semana seguinte, Stuart Scott, da ESPN, durante a contagem regressiva para os melhores lances da semana da NBA, gritou durante a principal enterrada do jogo:

— E ele está agitando as coisas!

Imediatamente nós vimos um aumento nas vendas de discos e singles, e, por volta de março, "Gettin' Jiggy Wit It" era nº 1.

Eu estava envergonhado. Mas era só o começo.

Ah, e a propósito, durante esse período, Jim Carrey se tornou o primeiro ator a ganhar 20 milhões de dólares por filme, estabelecendo

---

13 A palavra "jiggy" era uma gíria dos anos 1990 usada principalmente em Nova York para se referir a um modo descolado de agir e se vestir. [*N. da E.*]

o padrão classe A da elite de Hollywood. Então, ficou bem óbvio que, se Jim valia vinte, as conversas comigo começariam por volta de... 21.

Ser um bom pai era algo essencial na minha visão de vida perfeita. Adorava a ideia de ensinar, educar, moldar e guiar o coração e a mente dos meus filhos. Garotos precisam de treinamento para se tornarem homens. Era minha responsabilidade ensinar a eles como "caçar", como sobreviver e como se virar nesse mundo materialista. Comecei a enxergar Sheree como um obstáculo para o meu trabalho de forjar Trey como um jovem guerreiro. Meu pai me criou num caminhão de gelo, virando concreto na oficina. Fui forjado no calor da labuta diária.

"Meu filho vai estar comigo onde quer que eu esteja porque essa é única forma que tenho de ensiná-lo."

Sheree e eu chegamos ao ponto de termos desentendimentos parentais quase diários. Ela queria que eu impusesse os horários de dormir dela a Trey. Mas eu não ligava para quando ele fosse dormir desde que acordasse no dia seguinte e cumprisse com as suas obrigações. Ele aprenderia sobre a importância de dormir cedo ao acordar e ter uma manhã de merda. Ela queria que eu limitasse o tempo dele no videogame, mas eu pensava: *E se ele for um gênio do videogame e acabar inventando o próximo Playstation?* Eu queria me alinhar ao amor dele por videogames e apresentá-lo a programadores e designers e incentivar sua empolgação por esse universo.

Sheree queria que eu o pressionasse em relação à escola e a tirar boas notas, mas eu não via a educação convencional como obrigatória para o sucesso. Estava mais preocupado com o comprometimento dele com o pensamento crítico. Eu via a escola como um incômodo que me impedia de ter tempo com meu filho para ensiná-lo coisas *de verdade*. Queria que ele visse o mundo inteiro como uma escola, e todas as pessoas como professores, todo lugar como uma sala de aula.

Essas visões sobre criação de filhos e visões de mundo conflitantes nos levaram a uma batalha judicial por custódia. Trey tinha mais ou menos 9 anos na época, e agora seus pais exigiam a guarda unilateral. Os ânimos nesse tipo de disputa ficam tão acirrados que no fim resta pouca sanidade. Acaba por se tornar um jogo de quem cede primeiro, só que com uma criança no meio. Quão agressivo você está disposto a ser contra sua ex, correndo o risco de ferir o próprio filho no processo? E a resposta fica prejudicada pela ilusão de que o seu comportamento se dá única e exclusivamente para a proteção da criança, então você se sente justificado mesmo com relação aos altos níveis de violência emocional porque, afinal, é tudo por culpa da sua ex mesmo — *ela* é a causa de tudo. É óbvio, e *todo mundo* consegue enxergar isso, menos ela.

Liguei para Papa. Ele ouviu com calma e paciência, um veterano numa guerra mesquinha parecida com a minha.

— Ei, cara, escuta só — falou Papa, com uma delicadeza atípica. Ele entendia o que eu estava pensando, e sabia que precisava ser cuidadoso. — Você não tem como vencer. Você não pode lutar contra a mãe de uma criança. Seu filho vai te odiar pelo resto da vida.

Papa tinha acertado em cheio. Eu sabia por experiência própria que aquilo era verdade.

— Então o que eu faço? — indaguei. — Deixo ela estragar o meu filho?

— Você precisa esperar. Quando ele fizer 13 anos, ela não vai conseguir lidar com ele. Ele virá atrás de você. Vai ser a sua vez nesse momento. Mas, por ora, deixa ela fazer o que quiser. Você ocupa o espaço que der.

Quando olho para trás, ainda fico dividido sobre os prós e contras da minha decisão. Mas parei de brigar com Sheree. Concordei com a guarda compartilhada, mas a residência primária de Trey seria com ela. Isso também significava que ele não poderia sair do estado da Califórnia sem a permissão da mãe, coisa que ela dificilmente concedia durante o período escolar. O resultado era ficar três ou quatro meses sem ver Trey. E isso foi antes do FaceTime. Outra consequência não planejada era que, como Willow e Jaden eram educados em casa, eles ficavam comigo o tempo todo.

Mas, confirmando a percepção construída a duras penas por Papa, três semanas depois do 13º aniversário de Trey, ele pediu para morar comigo. Exatamente como Papa havia falado, era a minha vez agora. Foi um acontecimento alegre e animador — Jaden e Willow ficaram empolgados em ter o irmão mais velho morando com eles o tempo todo. Mas o abismo entre mim e Trey era grande e profundo. Sementes obscuras de atritos, ressentimento e desconfiança tinham criado raízes. Ainda levaria alguns anos para os frutos florescerem.

Will, é uma emergência, me liga agora!!!

A mensagem de Ellen foi como um desfibrilador no meu peito. Ela mora com Mãe-Mãe.

— Aí, o que aconteceu? — perguntei.

— MamãeestavanumcruzeironaTurquia... — respondeu Ellen desesperada.

— Ellen — falei, supercalmo. — Nós vamos lidar com o que quer que tenha acontecido. Mas preciso que você respire para eu entender o que está acontecendo.

Eu me surpreendi com a calma e a firmeza da minha reação. Queria estar no comando; queria ser responsável; gostava do fato de ser a única pessoa com quem Ellen queria contar para resolver aquilo. E, pela primeira vez, tinha a impressão de que podia ser bom nisso.

— Mãe-Mãe tava num cruzeiro na Turquia — começou Ellen aos prantos —, e eu nem sei direito o que aconteceu, mas ela está no hospital.

— Certo. Está tudo bem. Só se acalma. Com quem ela está?

— Tia Florence — disse Ellen.

A grande alegria de Mãe-Mãe nos últimos anos tinha sido viajar e conhecer lugares novos. Todo aniversário, Natal, feriado, eu surpreendia a ela e suas amigas com alguma aventura. Elas até tinham apelidado Mãe-Mãe de "Testa-Viagens". Na Turquia, ela estava viajando com Florence Avery, mãe de James Avery. Elas tinham se tornado companheiras de viagem, e James sempre brincava: "A sua mãe está arrastando a minha pelo mundo com um orçamento bancado por Will Smith! Eu não consigo arcar com isso... você é responsável pelas duas!"

Na primeira parada do cruzeiro na Turquia, elas estavam caminhando pelas ruínas em Éfeso. Mãe-Mãe estava tão animada para ver as colunas que nem notou um degrau gasto — ela escorregou e seu tornozelo bateu no concreto pontiagudo.

Mãe-Mãe foi levada às pressas para o hospital mais próximo, que não tinha contingente e estava mal equipado para lidar com a lesão. Naquele ponto o tornozelo já estava terrivelmente inchado, e ela foi mandada de volta para o navio. O médico do navio disse que o tornozelo dela estava quebrado, e que ela precisaria ir para o hospital americano na Turquia para colocar um gesso adequado.

Ellen e eu estávamos em Londres naquela época. Mãe-Mãe é diabética e, com a piora da condição dela, e as barreiras médicas para viajar aumentando, consegui um transporte médico para o Reino Unido e, em de dez dias, estávamos todos de volta a Philly.

A diabetes de Mãe-Mãe provocou complicações significativas no processo de recuperação. Diminuiu o fluxo de sangue, que era necessário para a cura do tornozelo. Seu tornozelo foi preso ao longo da tíbia com um fixador externo, ou gaiola, após o que ela desenvolveu osteomielite, uma infecção do osso que, caso progrida, pode causar perda da integridade óssea e necrose (morte óssea). Enquanto os médicos tentavam tudo ao alcance deles para curar o tornozelo, pela primeira vez a palavra que todo diabético teme — "amputação" — foi mencionada.

Mãe-Mãe estava no hospital havia quase dois meses e, para uma mulher que tinha descoberto as grandes alegrias de viajar pelo mundo, essa imobilidade estava se tornando difícil demais de aguentar.

— Por quanto tempo mais eu vou ficar nessa cama? — perguntou Mãe-Mãe.

— Bem, estamos tentando aumentar o fluxo de sangue para o seu tornozelo, mas provavelmente levará três meses até determinarmos se o procedimento surtiu efeito — respondeu o médico.

— E em três meses, quais são as chances de vocês conseguirem salvar a minha perna? — disse Mãe-Mãe.

— Cinquenta por cento.

— Então você quer dizer que eu posso ficar deitada nessa cama pelos próximos três meses e mesmo assim pode ser que precisem amputar a minha perna?

— Bom, sim, essa é uma possibilidade, mas...

— Corta agora — falou Mãe-Mãe com firmeza.

— Espera, mãe, deixa ele terminar o que estava dizendo... — argumentei.

— Não vou desperdiçar a minha vida nessa cama — disse Mãe-Mãe. — Corta agora. Estou planejando um cruzeiro para junho.

Essa foi a frase mais "vida louca" que eu já ouvi.

A perna de Mãe-Mãe foi amputada abaixo do joelho. Depois de sete semanas ela testou a primeira prótese. E em quatro meses ela decidiu concluir o cruzeiro com Florence Avery.

Três dias depois de Mãe-Mãe ir embora da Turquia, um gigantesco terremoto de magnitude 7.8 atingiu o país, matando 20 mil pessoas. O médico que cuidava dela na Filadélfia contou que o hospital no qual ela estivera na Turquia tinha sido destruído.

— Tudo que eu perdi foi uma perna — refletiu Mãe-Mãe. E então ela baixou a cabeça e falou baixinho. — Obrigada, Deus.

CAPÍTULO 16

PROPÓSITO

— Não! De jeito nenhum. Absolutamente não, não mesmo. Nunca… jamais vai acontecer. Uh-uh, não.

Essa foi a minha reação quando JL me falou que Michael Mann queria que eu estrelasse no filme biográfico que ele faria sobre Muhammad Ali. Pensar nisso me deixou com calafrios, literalmente. Ali era um dos seres humanos mais admirados e amados do planeta, uma lenda viva. Eu não seria o responsável por arruinar a representação cinematográfica da vida e do legado dele.

Além disso, tudo estava indo bem — eu já era o campeão mundial incomparável e invicto dos pesos-pesados das bilheterias de Hollywood — pra que pagar para ver? Pra que arriscar o meu título? O grau de dificuldade em interpretar Ali beirava a burrice. A proporção entre custo e benefício era catastroficamente desequilibrada, pendendo para o fracasso global e a humilhação universal e eterna. Em resumo, eu não estava gostando dos riscos.

Eu não apenas teria que aprender a lutar, mas também teria que aprender a lutar como o maior lutador de todos os tempos. Mesmo *grandes* lutadores não conseguem lutar como Ali. Eu nunca tinha lutado boxe. Ele tinha 99kg; eu mal chegava a 86kg. O vocabulário e a cadência da voz dele eram singulares — ninguém soa como Ali. Pessoas do mundo inteiro têm memórias afetuosas desse ícone revolucionário da justiça social. Havia mais vídeos de Muhammad Ali do que de qualquer outra pessoa na história — e não só vídeos antigos sem importância:

imagens clássicas, que definiram uma época, gravadas nos corações e mentes de fãs e não fãs de boxe. Todo mundo conhecia Muhammad Ali.

— Esse não, J. Não estou sentindo firmeza.

— Eu só acho que você deveria se encontrar com Michael Mann — argumentou JL.

— Não quero ficar numa sala, ouvi-lo apresentar a ideia por uma hora e então ter que dizer não. Eu definitivamente quero trabalhar com ele... só não nesse filme.

— Acho que você deveria ir a essa reunião — disse JL, como se já não tivesse dito isso, e como se eu já não tivesse dito não.

Fiz uma pausa e tentei deixar evidente a minha posição.

— Não! De jeito nenhum. Absolutamente não, não mesmo. Nunca... jamais vai acontecer. Uh-uh, não.

Desligamos, e então fui cuidar da minha vidinha segura, avessa ao risco e que fugia de desafios.

Mais ou menos uma semana depois, JL ligou de novo.

Eu chutaria que conversei por telefone com James Lassiter umas 20 mil vezes na última década, sendo que uma ligação nossa dura em média de sete a 12 minutos, mais ou menos, o que dá por volta de 171 mil minutos. Isso significa que passei uns 118 dias ao telefone com JL. Então, só para usar como ponto de referência, se fosse tudo uma única ligação, e a gente começasse a conversa desejando feliz Ano-Novo um para o outro, no fim da conversa eu poderia perguntar a ele o que faria na Páscoa. Já conversamos ao telefone sobre *tudo* — nascimentos, casamentos, filmes, filhos, acidentes, música, dinheiro, falta de dinheiro, morte, bobagens e esportes.

Mas essa ligação de 26 segundos definitivamente está no top cinco do Lassiter. Em seu estilo monótono padrão, imperturbável, ele soltou:

— Muhammad Ali quer falar com você pessoalmente.

Existem poucos indivíduos entre nós que simplesmente sabem *quem* são, sabem *o que* são e são muito transparentes em relação ao que estão *fazendo* aqui — Gandhi, Madre Teresa, Martin Luther King Jr.,

Nelson Mandela e mesmo agentes de mudança em ascensão, como Malala Yousafzai e Greta Thunberg. Cada um aceitou os seus deveres divinos e está disposto a sofrer pelo que considera certo e para o benefício da coletividade. Existe um poder contagiante na crença deles — são calmos, decididos e amorosos, mesmo em meio aos piores conflitos e à pior das tempestades. Apenas estar na presença deles inspira o seu coração na direção de um propósito maior. Você tem vontade de segui-los; quer servi-los; quer lutar ao lado deles.

No auge da fama e da fortuna — e nos anos de ápice das suas habilidades atléticas — Muhammad Ali abriu mão de tudo para se opor à guerra no Vietnã. Ele recusou o alistamento no Exército dos Estados Unidos por motivos religiosos e por ser um opositor engajado e, em 1967, foi condenado por "evasão de recrutamento militar" e sentenciado a cinco anos de prisão. Ele teve o passaporte apreendido; recebeu uma multa pesada e foi punido com um banimento de três anos do boxe.

> Eu não estou fugindo do recrutamento. Não estou queimando bandeira alguma. Não estou fugindo pro Canadá. Estou bem aqui. Querem me mandar pra cadeia? Tudo bem, façam isso. Estou na cadeia há quatrocentos anos. Posso muito bem ficar mais quatro ou cinco, mas não vou viajar 16 mil quilômetros para ajudar a matar e assassinar outros pobres. Se eu quiser morrer, vou morrer bem aqui, agora, lutando contra vocês, se eu quiser. Vocês são os meus inimigos, não é chinês nenhum, não é nenhum vietcongue, nenhum japonês. Vocês se opõem a mim quando quero liberdade. Vocês se opõem a mim quando quero justiça. Vocês se opõem a mim quando quero igualdade. Vocês querem que eu vá pra algum lugar e lute por vocês? Vocês não lutam por mim aqui nos Estados Unidos, pelos meus direitos e minhas crenças religiosas. Vocês não lutam por mim nem mesmo aqui em casa.

Eu me encontrei com o campeão; com a esposa dele, Lonnie; e com as filhas dele, Laila e May May, em Las Vegas.

Ali estava sentado diante de uma tigela de sopa de galinha. Ainda que eu não tivesse a intenção de interpretá-lo num filme, não consegui deixar de observar o cabelo dele, o formato dos lábios ao redor da colher, a mão esquerda se equilibrando na mesa enquanto comia com a direita, e a surpreendente fluidez de seus movimentos. Ele ergueu o olhar e me viu, o rosto assumindo a icônica carranca de Ali, os dentes de cima mordendo comicamente o lábio inferior.

— Quem deixou esse mané entrar aqui?! — gritou Ali, levantando da mesa num pulo.

Evidentemente a família já passou por isso antes. Todos assumiram seus papéis. May May entrou na frente do pai.

— Ah, não, papai — disse ela —, não vamos fazer isso hoje.

Ali fingiu lutar para passar por ela.

— Esse mané acha que pode entrar aqui desse jeito. Deixa eu mostrar pra ele! — provocou, soando exatamente como Muhammad Ali.

Foi a vez de Lonnie intervir. Ela e May May agora estavam tentando conter Ali juntas.

— Vamos, querido — falou gentilmente —, termine a sua sopa. Será que a gente pode ter *um* dia em que você não tente brigar com alguém?

Não querendo ficar para trás, decidi entrar na brincadeira.

— Escute a sua esposa, campeão, tome a sua sopinha. Você não vai querer nada do que eu tenho guardado aqui.

Isso deixou Ali todo empolgado.

— Chega! Chega! Sai todo mundo da minha frente! Eu quero ver como ele vai continuar falando com o meu punho na boca!

Todos estavam rachando de rir. Vai saber quantas vezes a família já tinha repetido aquela cena? Mas dessa vez era o presente de Ali para mim — ele sabia que eu contaria essa história pelo resto da vida.

Ali era assim. Estava sempre tentando criar alguma coisa que fosse fazê-lo rir para sempre. Ele sabia que era Muhammad Ali; ele sabia o que isso significava para as pessoas; e não havia nada que não fizesse para autografar o seu coração com uma memória amorosa.

Assim que "se acalmou", ele me abraçou. Começou a analisar os meus bíceps e o meu abdome e a sentir a estrutura óssea das minhas mãos. Ele ergueu as mãos como se fossem luvas de boxe.

— Deixa eu ver o seu jab — disse Muhammad Ali.

— Bom, eu ainda não treinei nem nada, campeão...

— Anda, não tem como dar um jab com os lábios! Deixa eu sentir — insistiu o maior lutador de todos os tempos.

Eu não sabia nada sobre como lutar boxe ou dar um soco. Eu usava a mão esquerda na época. Mas estiquei o braço e bati na mão de Ali com o jab de direita mais tosco de todos os tempos. E Ali quase me matou de susto gritando de dor, se dobrando e segurando a própria mão.

— Vocês viram isso? — disse ele, apontando para mim. — Esse moleque me bateu! Eu estava aqui cuidando da minha vida e ele me bateu! Você vai passar a noite na cadeia hoje, mané!

Mais uma vez todos caíram na risada. Ali então anunciou para Lonnie:

— Ele é quase bonito o bastante para me interpretar.

Conversamos por horas.

— Elas me colocaram de dieta — disse Ali. — Lonnie acha que estou ficando gordo demais.

Olhei comicamente para a barriga dele.

— É, parece que tem muita coisa rolando aí dentro, campeão — falei.

Ali colocou as mãos na barriga, olhou para baixo e a sacudiu.

— Ah, rapaz, isso aqui é brincadeira de criança.

Notei como nosso senso de humor era parecido. Nossa troca de zoações fluía bem e era confortável; havia uma essência infantil nele que combinava com a minha. Seu coração era transparente para mim. Ali me contou sobre sua infância; como sua vida mudou quando ele aprendeu a lutar; sua vitória olímpica; as dificuldades com as mulheres; a relação complicada com o pai. Fiquei impressionado com o quanto eu intuitivamente o compreendia. O ator em mim pensou, *Caramba, acho que eu consigo fazer isso...*

— Eu não quero que mais ninguém faça esse filme. Tenho dito "não" para as pessoas há anos. Mas ficaria honrado se você contasse a minha história para o mundo — disse Ali.

Michael Mann é um dos meus diretores favoritos de todos os tempos: *Fogo contra fogo*, *O último dos moicanos*, *O informante*; *Caçador de assassinos*; *Miami Vice*. A reunião foi num pequeno galpão que ele tinha transformado em escritório em Los Angeles. A área principal era uma sala de comando com 3 mil metros quadrados cobertos de Muhammad Ali; milhares de fotos, livros, souvenires, artigos de revistas, pilhas de fichários abarrotados e separados por cores, vídeos em várias televisões — entrevistas numa, o jab de Ali em loop na outra. Um saco de pancadas, pesos, faixas, lutas e cordas cercavam um ringue de boxe perfeitamente iluminado no centro.

Parecia uma sala de operações do FBI em Quântico — o nível de detalhes era chocante. Quando cheguei, Michael estava no meio de uma conversa com um homem italiano mais velho. Quatro jaquetas de couro penduradas em manequins na frente deles. Estavam em algum tipo de discussão. Michael queria uma jaqueta idêntica à que tinha visto numa foto de Ali no fim dos anos 1960. O italiano, agora com 75 anos, era o homem que tinha feito a jaqueta. Ele tinha enviado quatro versões diferentes da peça, nenhuma delas tinha conseguido a aprovação de Michael, por isso Michael tinha feito o homem voar de Chicago até ali para discutir o problema. O alfaiate estava defendendo com veemência a precisão de seu trabalho, apontando de um lado para o outro, das fotos de 1960 para as jaquetas. (Todas as quatro jaquetas pareciam idênticas aos meus olhos, diga-se de passagem.)

— Michael, com todo o respeito — disse o alfaiate —, eu fiz a jaqueta original. E eu fiz essas quatro réplicas. Tudo é obtido e executado exatamente como era quarenta anos atrás.

— Tem alguma coisa errada — argumentou Michael —, não está certo.

Conforme o debate se intensificava, de repente a ficha caiu para Michael.

— Já sei qual é o problema. — O momento de revelação de Michael, apontando para a gola de Ali na foto. — A costura na gola das réplicas é simples; mas olha na foto, a costura é dupla.

O alfaiate apertou os olhos e se deu conta de que Michael estava certo. Ele então lembrou que na metade dos anos 1970, o material da linha mudou, e ele parou de usar o acabamento de costura dupla. Ele apertou a mão de Michael e foi embora para fazer a jaqueta... *do jeito certo*.

A verdade é que Michael Mann é um pesquisador obcecado Eu nunca conhecera (e nem conheci depois) um cientista cinematográfico tão detalhista.

Nos sentamos à mesa de Michael.

— Eu conheci Malcolm X em 1963 — disse ele. — Sou um ano mais novo que Ali. Pertencendo à mesma geração, eu estava puto com as mesmas coisas que ele. Minha intenção não é idolatrá-lo; isso diminuiria a humanidade dele. Essa não é uma história sobre boxe, tem a ver com política, guerra, religião e rebeldia. Quero criar uma visão interna, uma perspectiva íntima. Quero ver o desânimo estampado nele quando a sorte estiver no mais profundo abismo.

— Eu não faço a menor ideia de como me transformar em Muhammad Ali — admiti.

— Bom, felizmente você não precisa se preocupar com isso — disse Michael. — Eu vou criar o programa de estudos que vai transformar *você em Ali*. Só precisa seguir o programa.

Michael explicou que ele faria toda a pesquisa, montaria uma equipe de ponta com professores, especialistas, treinadores. Ele cuidaria do meu cronograma; me cercaria das pessoas que conviveram de fato com Ali. Escolheria as minhas roupas, montaria um elenco, escolheria até as músicas que eu escutaria.

Tudo o que eu precisava fazer era me comprometer.

Eu amei aquela receita: pegue um comandante rígido, misture com algumas ordens bem definidas, adicione disciplina e misture bem. Eu definitivamente poderia fazer isso.

— Mas não vai ser fácil — disse Michael. — Vai exigir tudo de você. E um pouco mais. Você tem alguma experiência com boxe?

— Nenhuma de nenhum tipo — falei.

Michael, impassível, talvez até mesmo um pouco inspirado por aquela revelação bombástica, pegou o telefone na mesa dele.

— O Darrell ainda está aqui? — perguntou, sabendo muito bem que Darrell ainda estava lá. — Bom. Manda ele entrar.

Darrell Foster é o cara mais durão que já conheci na vida.

Nascido e criado nas ruas de Washington, D.C., Darrell sobreviveu a uma infância terrível marcada por violência e abuso. "Caralho... é um milagre eu não estar morto ou na cadeia. Se não fosse pelo boxe, mano, vai saber... Essas luvas salvaram a minha vida", ele costumava dizer.

Darrell era um prodígio atlético. Começou a lutar boxe aos 10 anos e, em pouco tempo, se tornou o melhor boxeador amador do país na faixa de peso dele. Aos 13, ganhou as Luvas de Ouro, o equivalente ao Super Bowl dos boxeadores amadores. Ele era imbatível. Tinha várias opções de bolsas universitárias. Seus treinadores pensavam até nas Olimpíadas.

Então, aos 17 anos, Darrell Foster quase matou um cara no ringue, batendo nele mesmo depois que o juiz já o tinha mandado parar. E foi assim, num piscar de olhos, que o esporte ao qual Darrell devia a sua vida foi tirado dele. Ele foi banido das competições.

Darrell virou treinador. Nessa área ele também demonstrou excelência. Tinha crescido com Sugar Ray Leonard — um dos melhores boxeadores de todos os tempos — e sido parceiro de treino dele, ajudando-o a ganhar uma medalha olímpica de ouro e se tornar campeão mundial em cinco categorias de peso diferentes. Quando Sugar Ray se aposentou, Darrell se mudou para Hollywood e começou a trabalhar como consultor em filmes. Lá, ajudou a treinar Woody Harrelson e Antonio Banderas no filme *Por uma boa briga*, de 1999. E em 2000, quando Michael Mann precisou de alguém para executar o trabalho pesado de transformar Will Smith em Muhammad Ali, Darrell foi a escolha número um para carregar aquele fardo.

Darrell entrou na sala; 1,77m, 86kg. Imagine se você pudesse cruzar um pitbull com um tijolo. O símbolo do ômega tatuado orgulhosamente no braço esquerdo — ele é um "Que Dog" (um membro da fraternidade Omega Psi Phi). Eles são os mais durões. Sua postura é rígida, ereta, a cabeça erguida, ombros para trás, feito um soldado. Feito um general. As mãos, em sua posição-padrão, ficam meio fechadas, só por precaução.

A presença dele é intensa.

Ele já estava me avaliando de cima a baixo. Ficou pouco convencido. Estendeu a mão para me cumprimentar — não um aperto de mãos, mas um punho fechado. Nos cumprimentamos.

— Qual é a sua *altura*? — diz Darrell.

— Eu tenho 1,87m.

— Quanto você pesa atualmente?

— Acho que uns 86kg...

— É, isso não é o suficiente — disse ele, quase para si mesmo, caminhando para o ringue de boxe. — Tire os sapatos, suba aqui.

O quê? Estou de jeans. E usando joias. Estou todo no estilo.

Mas Darrell já estava no ringue, esperando por mim. Michael Mann foi pegar uma câmera. Darrell colocou as luvas e bateu uma na outra, uma explosão ecoando pelo galpão cavernoso. Parecia querer dizer, *Anda logo, molequinho estiloso...*

Darrell estava cagando e andando para o fato de eu ser o maior astro do cinema mundial. Na verdade, ele meio que via isso como o maior dos problemas.

Michael Mann me ajudou a colocar as luvas de quatrocentos gramas e eu entrei no ringue.

É melhor esse cara não me acertar.

— Noventa por cento das pessoas do planeta são destras — disse Darrell numa voz que parecia mais alta do que o necessário. — Isso significa que, se você for apanhar na rua, na maior parte das vezes, vai tomar um soco overhand giratório. Para desferir um soco desses, o pé direito de uma pessoa precisa estar posicionado para trás... é assim que ela consegue o apoio necessário para desferir o golpe. Você vê isso o tempo todo quando os caras estão tretando na rua. Por isso, quando você os vê mudando o peso do corpo de uma perna pra outra, já sabe o que vai acontecer. O osso da parte de trás do crânio é o osso mais duro do seu esqueleto, por isso, a única coisa que vamos treinar hoje é: encoste sua orelha esquerda no ombro e vamos quebrar a mão deles na parte de cima da sua cabeça. Em seguida você devolve com a sua direita.

Por cerca de trinta minutos repetimos essa sequência. Darrell fingia que estávamos na rua. Ele falava alguma merda, depois colocava o pé direito para trás, dava um overhand de direita; eu cronometrava de forma que a luva dele batesse na parte de trás da minha cabeça, do lado esquerdo — "o osso mais duro do meu crânio" — e aí eu rebatia com a mão direita no centro da luva dele.

— Domine isso — disse Darrell — e vai deitar todos os filhos da puta da rua no soco.

— Essa era uma técnica do Ali? — perguntei.

— Não esquenta a cabeça com o Ali. Primeiro preciso te ensinar a lutar.

Alguma coisa naquela promessa ressoou profundamente dentro de mim. Ele iria me ensinar a lutar *de verdade*. A ideia de ser capaz de me defender fisicamente me induzia à reverência e entrega para a liderança de Darrell.

Michael e Darrell trocaram um olhar silencioso. Já tinham visto o bastante — evidentemente, eles precisavam falar a meu respeito pelas minhas costas. Darrell começou a tirar as luvas e saiu do ringue.

— Te vejo amanhã — diz Darrell.

— O que a gente vai fazer amanhã? — indaguei.

— Treino cinco dias por semana às cinco da manhã. Só temos um ano... precisamos começar logo.

O estilo de treinamento de Darrell é de imersão total: ele não pede a ninguém para fazer o que ele mesmo não faz. Ao longo daquele ano, ele correu o mesmo quilômetro, pulou a mesma corda, levantou o mesmo peso e lutou a mesma quantidade de rounds que eu — cada minuto de treino do meu lado. Ele comia quando eu comia; dormia quando eu dormia; trabalhava quando eu trabalhava. Frequentemente ele citava o poema "Os sermões que vemos", de Edgar Guest:

Eu prefiro sempre assistir a um sermão a meramente ouvir
Prefiro que alguém caminhe em vez de meramente apontar o caminho
A vista é uma pupila melhor e mais esforçada do que o ouvido
O bom conselho é confuso, mas o exemplo é sempre claro...

Esse não era um cara que eu imaginava que fosse citar poesia.

Darrell tinha uma regra de "nada de atores" — ele montou um verdadeiro acampamento de treino. Todo boxeador do filme seria interpretado por lutadores profissionais em atividade: o ex-campeão dos pesos-pesados Michael Bentt faria Sonny Liston; James "Apagão" Toney — um campeão em três categorias de peso — como Joe Frazier; o campeão cruzador da Federação Internacional de Boxe Alfred Cole seria Ernie Terrell; e Charles Shufford Jr., competidor peso-pesado com um histórico de 17-1, faria George Foreman. Essas seriam as lutas principais do filme. "A gente não vai fazer aquela papagaiada de Hollywood aqui, não. Isso aqui é um acampamento de treinos de verdade", disse Darrell. "Estamos nos preparando pra uma luta pelo título. Foda-se o filme."

Todo mundo sabia que estávamos fazendo aquilo por Muhammad Ali. Todo lutador sentia uma dívida e uma dedicação para com o campeão. Havia uma energia ao redor do projeto que nunca senti antes. O *propósito* do filme tinha um efeito unificador e eletrizante em todos nós.

Aquela primeira semana foi brutal. Eu tinha terminado um exercício de pés de trinta minutos e estava exausto, por isso me deitei no ringue.

Darrell me viu do outro lado da academia e pirou.

— Ei! Levanta, caralho!

Eu me levantei enquanto ele atravessava o ringue.

— Não fique todo confortável com as suas costas na lona — disse ele. — Você luta da mesma forma que treina.

Você luta da mesma forma que treina era um dos axiomas principais de Darrell. "Você faz *tudo* do mesmo jeito que faz *uma* coisa", dizia ele. Darrell não queria que eu me sentisse confortável deitado na lona caso eu fosse derrubado. Ele queria que o ato de ficar deitado na lona parecesse estranho para mim, para caso um dia eu me visse deitado num ringue de boxe.

A opinião dele era: sonhos são construídos sobre uma fundação de disciplina; a disciplina é construída a partir de hábitos; hábitos são construídos a partir de treino. E o treino acontece em cada segundo e em cada situação da sua vida: a forma como você lava os pratos; a forma como você dirige um carro; como faz uma apresentação na escola ou no trabalho. Ou você faz o seu melhor *o tempo todo* ou não faz; se o comportamento não for treinado e praticado, então a chavinha não vai estar lá quando você precisar dela.

— O treinamento tem o propósito de criar reações habituais a circunstâncias extremas. Quando as situações esquentam, você não pode contar com a mente pensante. Precisa estar habituado a dar respostas que se ativam sem a necessidade de reflexão. *Nunca* destreine os seus instintos matadores.

As lutas contra Sonny Liston e Joe Frazier aparecem no começo do filme, por isso Michael Bentt e James Toney foram os primeiros lutadores com os quais eu treinei. Darrell e eu tínhamos passado os três primeiros meses só entre a gente, trabalhando o básico: posicionamento de pés, postura, cardio e desenvolvendo a fluidez do jab clássico de Ali, o que ele chamava de "lambida de cobra" porque imitava o ataque de uma cobra. Michael Mann levou um neurocientista para "queimar novas estruturas neurais". O cientista criou um vídeo em looping de vinte minutos do movimento de pé e do jab que era a marca registrada de Ali. Eu me sentava numa sala completamente escura e assistia ao vídeo duas vezes por dia, encarando os movimentos repetidos até que estivessem marcados no meu cérebro.

Os primeiros meses de treinamento foram na frente de espelhos, em academias vazias e em lugares isolados. Corremos em altitude na neve no Colorado, usando botas de neve. Eu mal conseguia respirar; Darrell tinha corrido a mesma distância, mas parecia ter acabado de acordar de uma soneca reparadora. Eu tive que me ajoelhar. Darrell não ligou muito para a minha pequena pausa no banco de neve.

— Escreve o nome dele — disse Darrell.

— O quê? — falei, lutando para obter um pouco de oxigênio.

— Ali. Escreve.

Eu me abaixei e comecei a escrever lentamente.

A-L-I.

Darrell tirou uma foto com o celular dele.

— Você precisa lembrar o motivo de estarmos sofrendo — disse ele, voltando a correr.

Quando o acampamento de treino em grupo começou, não éramos mais só eu e Darrell. Pela primeira vez, eu estava de luvas diante de campeões de boxe experientes.

Darrell sussurrou para mim enquanto eu calçava as luvas:

— Esses caras não são atores. São lutadores com instinto. A mão deles vai sair voando antes mesmo que percebam. A primeira regra do boxe é: proteja-se o tempo todo.

No espelho, eu começava a parecer com Muhammad Ali. Eu tinha 101kg de músculos agora, com uma repetição máxima de 165kg no supino. Mas assim que outro lutador entrou no ringue, o meu medo não me deixou manter a postura curvada para a frente. Comecei a ficar de pé com a cintura para a frente e as costas para trás.

— Não comprometa o ângulo da sua coluna! Incline o tronco para a frente! — gritava Darrell, de fora do ringue. — Fique fora do caminho dele! Crie ângulos.

Mas Michael Bentt não me inspirava nem um pouco a me inclinar na direção dele. Eu decidi, *Foda-se, apenas se incline!* E o meu simples ajuste espinhal de cinco centímetros acionou a mão direita de Michael Bentt. Eu a vi chegando, mas era tarde demais. Só tive tempo de baixar meu queixo um pouco e me preparar para o impacto. A mão direita de Bentt pousou no alto da minha testa, mas, graças à minha postura curvada para a frente, minha cabeça não foi jogada para trás — em vez disso, ela se comprimiu na minha coluna vertebral. Senti um choque indo do topo da minha coluna e descendo pelos braços, terminando nos cotovelos. Um gosto metálico, alcalino, na boca, como se tivesse acabado de lamber uma pilha. Felizmente, Bentt percebeu que eu estava ferido e não lançou o gancho de esquerda com o qual ele acertou Tommy Morrison, tornando-o campeão dos pesos-pesados.

Essa foi primeira vez que fui golpeado de verdade. Todo lutador naquela sala sabia que esse era um momento decisivo — lutar ou fugir. Todos ficaram em silêncio. Darrell calmamente entrou no ringue e se sentou comigo no corner.

— Tudo bem? — disse ele, já sabendo que eu não estava bem.

Michael Bentt apareceu atrás do ombro de Darrell.

— Deus do céu, tá tudo bem? — perguntou, em seu pesado sotaque do Brooklyn.

Tudo o que eu conseguia pensar era: *Onde diabos estão as chaves do meu carro?*

Ao olhar para trás na minha vida, vejo histórias engraçadas, belas experiências, perdas trágicas, vitórias magníficas — tudo conectado por uma série de momentos cruciais, escolhas críticas que transformaram completamente os rumos da minha jornada. Naquele ringue, com Michael Bentt, houve a virada de uma chavinha que demoraria uma década para ser desligada. O guerreiro dentro de mim assumiu o controle absoluto de tudo na minha vida.

Eu me levantei do banco, olhei para Bentt e falei:

— Bom golpe. Vamos trabalhar.

O ano de treinamento e os cinco meses de gravação de *Ali* constituíram o período mais estafante mental, física e emocionalmente de toda a minha carreira, mas também o mais transformador.

A gravação de *Ali* passou por sete cidades e dois continentes. Começamos em Los Angeles, fizemos duas semanas em Chicago, gravações rápidas em Nova York e Miami, e então era hora de voltar para casa. Para a terra-mãe. Estávamos indo para a África, um lugar em que eu nunca estivera.

A sequência final de *Ali* foi filmada em Moçambique. Michael Mann é um purista — ele queria filmar na República Democrática do Congo, onde a "Luta na Floresta" aconteceu. Mas a guerra civil que assolava o lugar nos fez transferir a produção para Maputo.

Michael queria que o elenco sentisse o que era voar e chegar juntos — Jamie Foxx, Jeffrey Wright, Nona Gaye, Mykelti Williamson, Ron Silver, Mario Van Peebles, Jon Voight e Michael Michele; e eu, JL, Charlie e toda a minha equipe. Michael estava tentando orquestrar uma experiência emocional que se assemelhasse à que Ali e a turma dele tiveram. Isso era uma parte do gênio cinematográfico dele.

E deu certo.

É difícil superestimar o poder de uma primeira experiência em África. Dois passos fora do avião e eu já estava chorando. Não sei se foi a minha alma ou as minhas células que reconheceram as suas origens, mas foi visceral e incrível. Encontramos um lugar tranquilo na saída do aeroporto em Maputo, Moçambique; formamos uma roda, nos demos as mãos, nos ajoelhamos e beijamos o chão. Um dos funcionários do aeroporto gritou do outro lado da grade: "Bem-vindos ao lar, irmãos."

— Nelson Mandela nos convidou para jantar — disse JL, em sua típica voz pouco impressionada.

Eu nem consegui responder.

— A esposa atual dele é Graça Machel, a antiga primeira-dama de Moçambique — disse ele, como se estivesse lendo um artigo na Wikipédia. — E ele têm uma casa aqui perto.

— J, você *precisa* colocar um pouco de emoção nas coisas quando me fala algo desse tipo — sugeri.

Eu senti o mundo girando diferente ao redor daquele filme. A simples menção ao nome de Ali abria portas de uma forma que eu nunca tinha vivenciado. Despertava a boa vontade de cada pessoa que abordamos. Seu legado azeitou as engrenagens logísticas da produção — negociações, licenças, locações, elenco, tudo e todos queriam servir a Ali. Para o que quer que precisássemos para contar a história dele do jeito certo, a resposta era sempre sim. Não por causa da fama ou dos títulos no boxe; não se tratava de fama ou dinheiro; a reação positiva tinha a ver com o profundo reconhecimento e reverência das pessoas por uma vida vivida com integridade. Diante de tremenda injustiça, do preconceito profundo e da devastação financeira, ele nunca se afastou das convicções de seus princípios. Ele foi o maior lutador de todos os tempos, mas ainda assim sempre dizia: "Minha religião é o amor."

Todo mundo queria participar dessa homenagem a ele.

Eu tinha experimentado o magnetismo da fama, conhecia o apelo do sucesso, a atração do dinheiro, mas essa foi a minha primeira dose do poder por trás do *propósito* e do esplendor no ato de servir.

* * *

Nelson Mandela passou 27 anos preso injustamente por se opor ao regime do apartheid na África do Sul. Os olhos dele tinham sofrido com o trabalho pesado nas pedreiras de cal. Após a queda do sistema do apartheid, ele foi libertado da prisão Victor Verster e posteriormente eleito presidente do país.

Uma das primeiras medidas de seu mandato foi promover as auditorias da Comissão de Verdade e Reconciliação, na qual os arquitetos e perpetradores do terrível sistema de segregação racial e violência foram julgados. E, num ato controverso e extraordinário, Nelson Mandela ofereceu perdão e anistia àqueles que confessassem as atrocidades cometidas. Ele, no entanto, foi amplamente criticado por essa posição, mas, como escreveu em 2012:

> No fim das contas, a reconciliação é um processo espiritual, que requer mais do que apenas uma perspectiva legal. Ela precisa acontecer no coração e na mente das pessoas.

A noite do jantar chegou. Vinte membros do elenco e da equipe foram até a casa dele no subúrbio de Maputo. Quando entrei, Charlie Mack e JL ao meu lado, os meus olhos mais uma vez se encheram de lágrimas.

— Não precisa chorar, cara — disse Charlie Mack. — Este é o seu lugar.

— Olá, Willie! — falou o Sr. Mandela, me puxando alegremente para os seus braços. — Venha... você vai se sentar comigo.

"Madiba" — como ele é conhecido entre amigos mais próximos e familiares — me puxou pela mão e me guiou pela casa. Ficamos de mãos dadas por uns dez minutos. Homens não dão as mãos assim onde eu cresci; demonstrar afeto era algo muito intenso.

Apresentei todos a ele; ele, por sua vez, me apresentou a esposa, Graça, e sua família. Ele se sentou na cabeceira da mesa de jantar e eu me sentei à sua direita. Nós todos comemos, conversamos e rimos, e ele nos elogiou por honrarmos Ali. Então, enquanto a comida

Salvando o mundo em *Independence Day* com a ajuda de Judd Hirsch (à esquerda) e Jeff Goldblum (à direita). Fazia mais de 43°C no deserto de sal de Bonneville e o sol que refletia no sal causava queimaduras no queixo dos membros da equipe. (Isso sem falar que um dos integrantes da equipe estava usando um short largo sem cueca por baixo.)

Véspera de Ano Novo de 1997. Toda vez que vejo essa foto eu penso: *É melhor vocês se empanturrarem de bolo. Vão precisar desses carboidratos para a maratona que virá a seguir.*

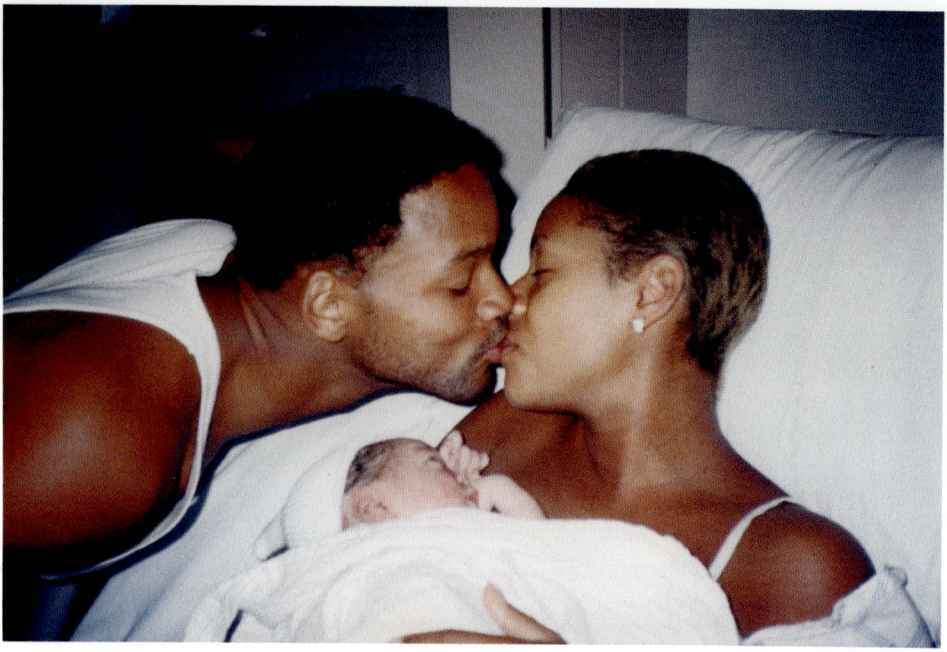

Jaden Christopher Syre Smith nasceu em 8 de julho de 1998.
Se dependesse de Trey, ele teria se chamado Luigi.

Trey e o bebê "Luigi".

Jaden sempre foi meu filho mais calmo.

Willow Camille Reign Smith nasceu no Halloween de 2000.

Jaden, Sheree, Willow, Trey e Jada.

Com Jada e as crianças.

Mãe-Mãe e Gigi, excelência negra.

Eu e Darrell corremos numa altitude de três mil metros. "Escreve o nome dele", disse Darrell. Ele tirou uma foto. "Você precisa lembrar por que está sofrendo", disse ele.

Logo depois de chegarmos a Maputo, Moçambique, para gravar a sequência final de *Ali*. Com JL, Charlie Mack, Darrell Foster e Bilaal Salaam.

Fiquei impressionado com o quanto eu intuitivamente entendia Muhammad Ali. Notei o quanto nosso senso de humor era parecido. Nosso gingado era fluido e relaxado. O ator em mim pensou: *Caramba! Acho que eu consigo fazer isso...*

Um dos pontos altos da minha vida: Papa, Trey e Sheree conhecendo Nelson Mandela. À direita, o diretor de *Ali*, Michael Mann, e a esposa dele, Summer.

"Que olhar é esse?", perguntei certa vez a Nelson Mandela. Ele me analisou como se estivesse decidindo se eu acidentalmente havia feito uma boa pergunta ou se, caso tivesse perguntado intencionalmente, estaria pronto para ouvir a resposta. "Se você vier passar algum tempo comigo eu mostro a você", respondeu Madiba.

Eu, Jada e JL em Aspen.

Durante o resto do ano, Jada era como sua personagem Peaches em *Um tira sem-vergonha* — uma estrela do gueto —, mas bastava o primeiro jingle sobre sinos de trenó para ela se transformar numa senhora branca de meia-idade do Meio-oeste dos Estados Unidos.

Com Jada e Mãe-Mãe. Estou segurando a bebê Willow.

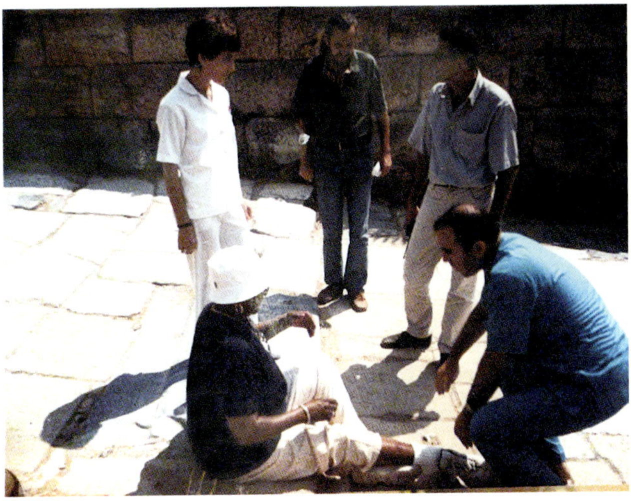

Logo depois de Mãe--Mãe tropeçar e fraturar o tornozelo nas ruínas de Éfeso, na Turquia.

Jada no palco do Ozzfest com sua banda, Wicked Wisdom. #tanquinho

Eu e Jaden desmaiados no set de *À procura da felicidade* em São Francisco, 2005. É ou não é a melhor atuação de alguém dormindo que você já viu?

Eu e Willow no set do clipe de "Whip My Hair".

No palco da 40ª edição dos prêmios Grammy, em 1998. Existem poucas coisas mais explosivas no mundo do entretenimento do que a junção de um filme de sucesso e um hit musical.

Jay-Z, Jada, Willow, eu e Beyoncé no dia em que Willow assinou o contrato com a gravadora Roc Nation.

Caso você esteja se perguntando, eu estava tocando "Gin and Juice" do Snoop Dogg.

Scoty Sardinha foi o primeiro "segurança" que eu tive que usava chinelo.

Com Michaela Boehm. Ela é uma mulher de 1,52m com uma cabeleira cacheada ruiva. Seu sotaque austríaco confere a tudo o que ela diz uma autenticidade psicanalítica.

Essa é a minha pose "nada de mais, só estou aqui no Taj Mahal". Só preciso de alguns milhares de dólares no chão à minha frente.

Eu e Papa no set de *Homens de preto 3*.

Papa em seu apartamento à beira mar em Philly.

Dia dos Pais, em 2021.

Mãe-Mãe com todos os filhos e a maior parte dos netos. Da esquerda para a direita: Jade, Ashley, Trish, Jaden, Dominic, Skylar, Mia, Willow, Langston, eu, Mãe-Mãe, Caila, Pilar, Kyle, Pam, Trey, Sabrina, Ellen, Dion, Eddie, Harry, Sheree e Tyler.

se assentava no estômago, Madiba começou a contar em detalhes os horrores do apartheid e seus 27 anos na prisão, 18 deles em Robben Island.

— Como encarcerados, assistíamos a um filme uma vez por mês, filmes do mundo todo, mas o cinema americano era o meu favorito. Tinha um filme chamado *No calor da noite*, com Sidney Poitier. E no meio do filme havia uma falha estranha. Eu podia perceber que o filme tinha sido cortado. Fiquei tão intrigado... Usei todos os meus estratagemas e conexões do lado de fora para descobrir o que tinha sido retirado do filme. Demorou semanas, mas finalmente fui informado de que Sidney Poitier dava um tapa na cara de um homem branco. Algo no meu espírito foi energizado. Se os negros no cinema americano estavam no mesmo patamar que os seus iguais brancos, então era só uma questão de tempo. O filme me empoderou, me inspirou.

Ele fez uma pausa, me olhou nos olhos e falou:

— Nunca subestime o poder do que você faz.

Depois do jantar, elenco e equipe estavam jogando conversa fora. A noite se aproximava do fim. Madiba e eu compartilhamos um instante de silêncio. Ele estava sentado calmamente, observando o cômodo. Eu me peguei encarando. Ele tinha no rosto o mesmo sorrisinho e feição de transe que Gigi exibia todo domingo na Igreja Batista da Ressurreição — o leve subir nos cantos da boca traindo a serenidade invencível.

Meu coração acelerou com aquela percepção. Ele logo pescou meu olhar e voltou sua atenção para mim. Eu perguntei, meio de brincadeira, mas com toda a seriedade:

— Que olhar é esse?

Ele me analisou como se tentasse decidir se eu tinha feito uma boa pergunta acidentalmente ou se, caso tivesse perguntado intencionalmente, estaria pronto para ouvir a resposta.

— Se vier passar um tempo comigo eu mostro a você — respondeu Madiba.

Se vier passar um tempo comigo eu mostro a você.

As palavras de Madiba ressoaram na minha cabeça enquanto nos preparávamos para gravar as cenas finais de *Ali* — a "Luta na Floresta", Ali contra Foreman. Num exemplo perfeito de vida imitando a arte, essa foi a luta mais difícil da carreira de Ali, e também a cena mais difícil de ser filmada. A sequência levou duas semanas para ser gravada; Michael Mann tinha reformado um estádio inteiro e colocado mais de 20 mil figurantes nas arquibancadas. Com as luzes e a umidade, o ringue chegava a uma temperatura de quarenta graus, e eu perdi quatro quilos no primeiro dia de gravação. Isso significava que eu precisava dobrar as porções de peito de frango, brócolis e arroz integral que vinha "saboreando" havia meses.

Num certo fim de semana, estávamos todos sentados na casa que tínhamos alugado nos arredores de Maputo. Eu vinha treinando com Darrell e os outros lutadores havia mais de um ano, e tudo caminhava para aquela sequência final.

A experiência na África era o cume da minha jornada. Os meus chegados Bilaal Salaam, Dave Haines e Mike Soccio voaram até lá e levaram uma faísca de energia da qual eu desesperadamente precisava na época. Mas, enquanto todos viam aquilo como uma filmagem comum, Darrell enxergava como um campo de batalha.

O meu mano Bilaal Salaam acabou perdendo 45kg durante o treinamento e as filmagens. Dave Haines era meu dublê de corpo — na linguagem de Hollywood, isso significa que ele ficaria nas posições de cena nas quais eu estaria para que a equipe pudesse ajustar as luzes, as tomadas e preparar tudo. Dave impressionou tanto Michael Mann que acabou ganhando o papel do irmão de Ali, Rahman, no filme. Eu acidentalmente causei uma concussão em Dave durante uma sessão de treino.

Meu parceiro Mike tinha sido roteirista em *Um maluco no pedaço*. Eu o tinha contratado para documentar em vídeo toda a nossa experiência africana. Até onde ele sabia, ele estava ali como civil, e, como tal, tinha levado uma caixa de chocolates Snickers de Philly.

Darrell explodiu.

— Negão, cê tá comendo a porra de um Snickers? — reclamou, o que confundiu Mike por dois motivos: um, na cabeça de Mike ele era apenas um cinegrafista, e dois, ele é branco. — Will está prestes a entrar num ringue com um filho da puta de 106kg socando a cabeça dele. Esse é o desafio da vida dele. Todo mundo aqui tá se beneficiando do sofrimento dele e você aí agarrado na porra do princípio do prazer. Ele não precisa ficar vendo você se acabando em porra de chocolate nenhum! Ou você ajuda ou atrapalha. E se não estiver comprometido em ajudar, pode levar sua bunda de volta pra porra da sua casa.

(Nota africana nº 1: Mike por fim treinou até ganhar a melhor forma da sua vida, graças a Deus, porque, embora fosse um grande roteirista, como cinegrafista ele falhou miseravelmente: em certa ocasião fomos perseguidos por um elefante num safári, e Mike ficou com tanto medo que não conseguiu manter a câmera erguida e tudo o que restou foi o áudio... de Mike gritando, e Charlie Mack dizendo "É a porra de um elefante, caralho!" onze vezes seguidas.)

Darrell e JL estavam em perfeita sincronia. JL sabia bem o tamanho daquela empreitada. Ele vinha lutando por aquele nível de ordem fazia anos. O pai de Charlie tinha sido boxeador; Charlie tinha frequentado academias durante toda a vida — ele entendia o conceito de apoiar o campeão para garantir a vitória coletiva (Charlie e Dave até começaram a me chamar de "campeão"). Omarr nunca confiava em ninguém mesmo, então adorava o fato de Darrell estar defendendo o território.

Essa mentalidade de campo de batalha, de apoiar o campeão, se tornou a nova lei do grupo. *Todo mundo* tinha que correr oito quilômetros às cinco da manhã; *todo mundo* tinha que treinar na academia; *todo mundo* tinha que se alimentar direito; *todo mundo* tinha que ler, estudar e apresentar novas ideias. *Todo mundo* tinha que levar uma vida regrada, buscar a melhor versão de si mesmo, e se fosse de outra forma teriam que ir embora. A missão coletiva de contar a história de Muhammad Ali estabeleceu uma nova forma de ser que iria se estender no nosso grupo para muito além do período de produção de *Ali*.

* * *

A infraestrutura de Moçambique naquela época não dava conta de uma produção do tamanho de *Ali*. Tivemos que reconstruir e reformar hotéis e moradias para acomodar o elenco e a equipe. A maior parte dos funcionários e dos equipamentos teve que vir do país vizinho, a África do Sul. Isso criou uma tensão sutil: um contingente de produção de maioria branca vindo da África do Sul, trabalhando para um elenco e uma equipe de maioria afro-americana, com uma equipe de apoio 100% negra de Moçambique. As tensões raciais e entre as nacionalidades estavam presentes desde o primeiro dia.

Mas uma camaradagem imediata se formou entre os membros afro-americanos do elenco e os moçambicanos. Jamie Foxx chegou bem perto de se tornar local — ele saía toda noite; Jeffrey Wright passou todo o tempo livre com artistas, poetas e músicos — ele sempre levava para o set alguém que o tinha maravilhado. (Nota africana nº 2: O meu barbeiro, Pierce, acabou por se apaixonar e se casar com uma bela moçambicana chamada Iva. Eles têm duas lindas crianças, Madiu e Gaelle.)

Todos nós gostamos muito de um jovem assistente de produção chamado Jorge Maciel. Ele estava com seus vinte e poucos anos e tinha uma dessas personalidades inesquecíveis. Todo mundo gostava dele, o que o transformou no verdadeiro líder dos assistentes de produção moçambicanos. (Nota africana nº 3: Jorge nos contou que queria se mudar para os Estados Unidos. Falamos para ele: "Claro, Jorge, se você conseguir chegar lá, a gente te ajuda." Seis meses depois do fim das gravações de *Ali*, Jorge apareceu em Los Angeles; ele foi morar com Pierce, e eu financiei uma empresa de limpeza da qual ele foi dono e gerenciou por cinco anos, até achar que tinha ganhado conhecimento empresarial o suficiente para voltar e abrir uma na sua terra natal, Moçambique. Nós financiamos a empresa de caminhões da qual ele é dono até hoje.)

A experiência na África foi espiritual, transformadora e profundamente emocionante para todos nós.

Um dia, Jorge foi até Charlie Mack e o informou de que um dos caras brancos da equipe de produção sul-africana tinha agredido um jovem assistente de produção moçambicano. O sul-africano branco era responsável pela limpeza e pela manutenção dos banheiros no set; o garoto moçambicano tinha supostamente deixado respingos de urina no assento da privada. O membro da equipe foi atrás dele, o agarrou pela nuca, o levou de volta até o banheiro e, supostamente, limpou o assento da privada com o rosto do garoto.

Charlie entrou furioso no meu trailer.

— Aí, vem comigo agora, os filhos da puta estão viajando.

Eu não sabia quem eram os filhos da puta e nem de que viagem ele estava falando, mas eu conhecia Charlie há tempo o bastante para saber que não era coisa boa. A história do incidente estava se espalhando pelo set, e uma multidão começou a se formar em frente aos banheiros. Quando chegamos também, havia dez de nós. À esquerda estavam 15 assistentes de produção moçambicanos, e à direita trinta brancos sul-africanos da equipe. Charlie Mack caminhou direto até o meio.

— Quem fez isso? — disse ele.

Os moçambicanos apontaram para o acusado da equipe de produção. Todos nos viramos para encará-lo.

— Aí, você colocou a cabeça de alguém na privada? — disse Charlie, crescendo para cima do cara.

— Isso não tem nada a ver com você — disse o homem.

— Ah, mas tem *tudo* a ver comigo. Eu quero que você coloque a *minha* cabeça no vaso — desafiou Charlie, invadindo o espaço do cara.

Incomodado com a proximidade, o homem deu dois passos para trás, o que fez Charlie dar três passos para a frente. Agora estávamos perfeitamente alinhados com os sul-africanos, cada um escolhendo com quem sairia no braço se a briga começasse.

— O que eu preciso fazer pra você enfiar a *minha* cabeça no vaso?

Outros membros da equipe tentaram acalmar os ânimos.

— Vamos todos relaxar um pouco...

E isso só serviu para fazer com que Charlie ficasse ainda mais irritado.

— Eu quero a minha cabeça enfiada na privada! O que eu preciso fazer pra que alguém enfie a minha cabeça na privada? A sua mãe é

A PORRA DE UMA VADIA! ISSO É O BASTANTE? — gritava Charlie bem na cara do acusado. — A SUA MÃE É A PORRA DE UMA VADIA FILHA DA PUTA! ISSO VAI FAZER A MINHA CABEÇA SER ENFIADA NA PRIVADA? VOCÊ GOSTA DE ENFIAR A CABEÇA DOS FILHOS DA PUTA NA PRIVADA! COLOCA A *MINHA* NA PRIVADA! SÓ ME DIZ O QUE EU TENHO QUE FAZER! SE EU ARRANCAR O SEU DENTE DA FRENTE NA PANCADA, *ISSO* VAI FAZER A MINHA CABEÇA SER ENFIADA NA PRIVADA?

Foi nesse momento que Michael Mann chegou. Ficou sabendo sobre a desavença que havia se formado, e provavelmente era a única pessoa em Moçambique (com exceção, talvez, de Nelson Mandela) que conseguiria apagar aquele incêndio. Michael apontou para mim e em seguida para o chefe da equipe sul-africana.

— Você e você, na minha sala, por favor. O resto de vocês, volte a trabalhar.

— Aquele cara precisa ir pra casa. Agora — exigi.

— Não é assim que funciona — disse o porta-voz designado da equipe. — E, com todo respeito, isso não tem nada a ver com você. Vamos lidar com isso internamente.

— Você pode lidar com isso onde quiser — argumentei —, mas vai ter que lidar com o seu amigo racista longe daqui. Ele está demitido. Ele não vai ficar aqui.

— Concordo — disse Michael. — Não vou tolerar esse comportamento no meu set.

— Vocês, norte-americanos arrogantes, e essa bobagem de racismo — desdenhou ele. — Nem todo conflito se encaixa na concepção infantil de vocês de raça.

— Então espera um pouco, deixa eu entender: está dizendo que ele teria feito a mesma coisa se fosse um membro *branco* da equipe? — perguntei.

— Estou dizendo que você não entenderia a complexidade do que está acontecendo aqui.

— Certo. Então, que tal isso aqui: aquele filho da puta está demitido apenas por ser um babaca.

— Bom — rebateu o homem —, se *ele* for embora, *todos nós* vamos embora.

O "todos" a que ele se referia eram os quase cem membros da equipe sul-africana. Se eles fossem embora, isso travaria a nossa produção — dezenas de milhões de dólares indo pelo ralo. Aquela era uma ameaça potencialmente catastrófica. Meu coração bateu mais forte; eu tinha prometido a Muhammad Ali que levaria a história dele para o mundo. Se eu deixasse a equipe se demitir, o projeto poderia naufragar.

Mas então um pensamento me acertou feito um cruzado de direita vindo dos céus: isso é Ali. Esse momento é o objetivo de tudo. Muhammad Ali desistiu de *tudo* justamente por esse propósito. Foda-se o filme. Ali jamais iria querer que o filme dele chegasse às telas às custas da cabeça de um garoto negro de 17 anos enfiada na privada.

Eu fui direto.

— Então todos vocês, filhos da puta, podem ir pra porra da casa de vocês. Vou gastar cada centavo do meu pagamento para trazer uma equipe dos Estados Unidos. Mas o que a gente não vai aceitar é que a cabeça de alguém seja enfiada numa privada num filme sobre Muhammad Ali. Vá embora!

Tendo dito isso, saí do escritório de Michael.

Michael me apoiou inteiramente. No fim, só uns 20% da equipe foram embora. Michael e eu acabamos dividindo os custos extras. Foram alguns milhões de dólares compartilhados entre nós, mas não pensamos duas vezes. Eu estava começando a entender o significado por trás do propósito.

Propósito e desejo podem parecer similares, mas são bem diferentes, e algumas vezes são inclusive forças opostas.

O desejo é pessoal, limitado, tem um alvo específico e possui uma tendência a autopreservação, autogratificação e ganhos e prazeres de curto prazo. O propósito é maior, mais amplo, com uma visão de longo prazo que inclui o benefício dos outros — algo para além de si mesmo, pelo qual você está disposto a lutar. Em muitos momentos da minha vida agi motivado pelo desejo, mas me convenci de que estava sendo guiado por um propósito.

Desejo é o que você quer; propósito é o desabrochar daquilo que você é. O desejo tende a enfraquecer com o tempo, enquanto o propósito se fortalece quanto mais você se dedica a ele. O desejo pode ser exaustivo porque é insaciável; o propósito é empoderador — é um motor mais potente. O propósito tem toda uma forma de contextualizar os sofrimentos inevitáveis da vida e torná-los significativos e válidos. Como Viktor Frankl escreveu: "De certa forma, o sofrimento deixa de ser sofrimento assim que encontra um significado, tal qual o significado de um sacrifício."

Um objetivo nobre engendra sentimentos positivos. Quando vamos atrás daquilo que acreditamos ser um objetivo válido e profundo, isso desperta o melhor em nós e nos outros.

Eu não sou um homem dado a arrependimentos. Mas, todo ano, pelo resto da sua vida, Nelson Mandela me mandou uma mensagem me chamando para passar um tempo com ele. *Sou um homem velho, não espere demais.*

Mas parte de mim se sentia indignado; o *mundo* precisa de Nelson Mandela — quem era eu para tomar mais um segundo do tempo daquele homem? Estive com Madiba várias vezes ao longo dos anos — um evento de caridade aqui, uma premiação ali, sempre cinco ou dez minutos toda vez.

No dia 5 de dezembro de 2013, eu estava numa turnê promocional em Sydney, Austrália. Estava assistindo à TV quando o atual presidente da África do Sul, Jacob Zuma, apareceu na tela.

— Caros sul-africanos — disse Zuma —, nosso amado Nelson Rolihlahla Mandela, o presidente fundador da nossa república democrática, nos deixou.

Nelson Mandela morreu em Johanesburgo, África do Sul, pouco antes das 21h, horário local. Estava cercado pelos familiares e amigos mais próximos; tinha 95 anos de idade.

Madiba tinha partido. Esse foi um dos momentos de maior arrependimento da minha vida.

Como pude não aceitar a oferta dele? Ao longo dos anos, refleti profundamente acerca dessa pergunta. Ele tinha por mim o maior apreço e a mais pura afeição. Eu achava isso assustador. Ele enxergou em mim algo que eu mesmo ainda não tinha visto. Acho que, inconscientemente, eu não queria passar um período de tempo muito grande com ele por medo de não corresponder à impressão que ele tinha de mim. Talvez eu tivesse pensado que ele fosse me pedir para fazer alguma coisa ou mudar algo na minha vida que eu não conseguisse ou quisesse mudar.

Madiba me achava especial — eu não queria mostrar a ele que estava errado.

Desde então ele apareceu para mim várias vezes em sonhos, sempre com o mesmo sorriso astuto — a energia dele parecendo dizer:

Eu ainda vou estar aqui quando você estiver pronto.

Capítulo 17

PERFEIÇÃO

Ano	Filme	Estreia	Arrecadação nos EUA (em dólares)	Arrecadação global (em dólares)
2002	*MIB: Homens de preto II*	1º	190.418.803	441.767.803
2003	*Os Bad Boys II*	1º	138.540.870	273.271.982
2004	*Eu, robô*	1º	144.801.023	348.629.585
2004	*O espanta-tubarões*	1º	161.412.000	371.741.123
2005	*Hitch: Conselheiro amoroso*	1º	177.784.257	366.784.257
2006	*À procura da felicidade*	1º	162.586.036	307.311.093
2007	*Eu sou a lenda*	1º	256.393.010	585.532.684
2008	*Hancock*	1º	227.946.274	624.234.272

Eu ia colocar a soma total, mas achei que seria divertido se você fizesse as contas. A tabela que você está vendo acima mostra, talvez, a maior sequência de sucessos na história de Hollywood. (Nota: o meu editor me forçou a acrescentar, contra a minha vontade, a palavra “talvez”.)

Eu estava levando a vida como num acampamento de batalha. Darrell se tornou não apenas o meu treinador, mas meu mentor e meu protetor. *Ali* tinha sido a minha primeira indicação ao Oscar — e a validação do estilo de vida do acampamento de batalha.

(Curiosidade sobre a família Smith: a indicação por *Ali* seria outra cerimônia de premiação da qual eu não participaria. Willow tinha 1 ano na época e estava em casa com Gammy. Ela precisou ser levada às pressas para o hospital com uma febre de 39 graus; era uma infecção no ouvido. Jada e eu saímos correndo da premiação seis minutos antes do anúncio da categoria de Melhor Ator. Ao sairmos de lá, vi Denzel receber o meu prêmio pelo telão.)

Pelos dez anos seguintes Darrell nunca saiu do meu lado. Ele me incentivou, motivou e defendeu o meu espaço psicológico durante todo o meu auge cinematográfico. E ele colocava *qualquer um* na linha.

Durante esse período, a minha equipe estava com tudo. Ninguém era como nós. As pessoas em Hollywood tentavam descobrir como conseguíamos ser tão produtivos e ter tantos sucessos consecutivos.

Meu grupo principal — Harry, JL, Charlie, Omarr, Darrell; minha gerente de equipe Jana Babatunde-Bey; meus sobrinhos Kyle e Dion; meu cunhado Caleeb Pinkett; meu gerente familiar Miguel Melendez; minha assistente executiva Danielle Demmerella — todos adotaram a filosofia do acampamento de batalha. Estávamos construindo nossa vida, buscando a perfeição, exigíamos excelência uns dos outros e de todos ao nosso redor, e, assim como a Junior Black Mafia, ou você fecha com a gente ou deita no chão. De relações profissionais a família e amigos — Mia Pitts (gerente de propriedade), Fawn Boardley (diretora criativa), Judy Murdock (maquiadora), Pierce Austin (barbeiro), Robert Mata (stylist) — e até os caras que cuidavam dos carros, todo mundo tinha que lutar para subir ou não poderiam estar ali.

Eu sou um sonhador e um construtor. Idealizo grandes cenários, e depois crio maneiras de concretizar essas visões no mundo. Essa é a minha linguagem do amor. Quero ajudar as pessoas a construírem vidas extraordinárias para si mesmas. Mas isso exige que elas se disponham a lutar e a sacrificar coisas e, mais importante, elas precisam *confiar* em mim. E quando não fazem isso, fico achando que estão rejeitando o meu amor.

A equipe começou a se apelidar de "A Turma Pra Vida". Eles estariam juntos até o fim. É impossível construir algo que seja feito de uma qualidade maior do que a qualidade das pessoas ao seu redor.

* * *

Existe um paradoxo estranho e perturbador ligado ao sucesso. Quando você não tem *nada*, sofre com o medo e a dor de trabalhar e talvez nunca alcançar seus objetivos. Mas, quando você tem *tudo*, sofre com o terrível e recorrente pesadelo de perder tudo.

Eu tinha a esposa; eu tinha família; eu tinha uma propriedade com nome. Eu era o maior astro do cinema mundial, mas comecei a notar uma "doença sutil", um tipo velado de mentalidade de pobreza. Eu estava mais ansioso e amedrontado do que nunca. Tudo parecia super frágil — bastava um tropeço, um escândalo ou um filme fracassado e eu teria que voltar para Philly. *E se o crash da bolsa de Nova York voltar a acontecer?* Só existe um medo pior do que o de não conseguir aquilo que se deseja: é o medo de perder o que se alcançou.

E os fins de semana de estreia são os piores de todos: um verdadeiro inferno. É como a noite de eleição presidencial, todo mundo andando de um lado para o outro, tentando fazer análises cruzadas entre os resultados parciais das 18h vindos de Miami e os das 19h45 vindos de Pittsburgh. Os resultados da Costa Leste chegam primeiro — então você prende a respiração enquanto espera por Chicago, depois Houston, e não importa quão boa tenha sido a pesquisa de opinião feita previamente, ou quão confiante você esteja, lá no fundo você sabe que tudo pode acontecer: uma tempestade de neve no Meio-Oeste numa noite de quinta-feira fecha centenas de cinemas, acabando com 12% da sua bilheteria de estreia. E se, dependendo do gênero, os críticos Siskel e Ebert detonam o seu filme? Lá se vão 6% da bilheteria pelo ralo.

O axioma costumava ser: *O fim de semana de estreia reflete o astro do filme, o faturamento final reflete o filme em si*. Por isso, ainda que haja muitos outros fatores envolvidos e que muita gente seja demitida caso o filme não tenha uma boa estreia, o rosto estampado no pôster é que leva o maior golpe. Não importa o tamanho do sucesso do seu filme anterior, se o próximo não for ainda maior, significa que você está acabado; significa caminhões de mudança estacionados do lado de fora do Lago Dela, e caixas e mais caixas chegando com etiquetas com o nome de "Robert Downey Jr.".

* * *

Quando eu tinha uns 9 anos, Papa me levou num serviço com ele até o porão do supermercado Shop 'n Bag que fica na esquina da Forty Eighth Street com a Brown. Tenho certeza de que muitos de vocês nunca estiveram no porão de um supermercado. Não sei se consigo descrever muito bem o que acontece lá embaixo, mas vou tentar: imagine uma escada de madeira velha, que range, um ou dois degraus sempre faltando. Papa indicava onde eles estavam, mas para a minha mente jovem essas falhas infinitas não eram apenas um risco de tropeço — elas eram os próprios portões do inferno.

Os degraus levavam até uma masmorra parcamente iluminada de onde a comida velha nunca mais voltava. Eu estava com a lanterna — precisávamos dela porque a fileira de lâmpadas era errática e piscava como se fosse mal assombrada. Aquele era o tipo de lugar que aparece em todo filme de terror, e tanto Papa quanto eu éramos pretos, então um de nós definitivamente não sobreviveria. Nossos calçados rangiam e guinchavam a cada passo no chão grudento. Décadas de vidros de ketchup quebrados, enlatados vazando, pacotes apodrecidos de ervilhas descongeladas há tempo demais: um repositório para o invendável.

Esses depósitos costumam ser mal ventilados e terrivelmente quentes. O cheiro se impregna na roupa e no cabelo... mas Papa gostava disso. Para ele, aquele era o cheiro de trabalho pesado. *Esse é o cheiro de alguém que está fazendo o que precisa para alimentar a família.*

Duas fileiras de compressores — as máquinas que levam energia para os refrigeradores e freezers no andar de cima — cobriam as laterais daquele porão abismal. Apontei a lanterna para os números quase completamente cobertos de poeira acima dos compressores.

— Ali, número 19 — disse Papa.

Havia d-CON espalhado por todo lado. O d-CON é um forte veneno para ratos — os roedores comem esse veneno, e isso basicamente queima a parede interna do estômago e o trato intestinal deles, deixando para trás uma carcaça estripada bem nojenta. E bem debaixo do compressor nº 19 estava a metade superior de um rato que evidentemente tinha se empanturrado de d-CON. Sem hesitar por um segundo, Papa se abaixou, pegou o rato morto com as mãos e o jogou para o lado. Deu dois tapas na lateral dos jeans — provavelmente para desinfetá-las por completo — e se deitou para trabalhar, colocando a cabeça no lugar exato onde meio rato tinha passado seu último mês de vida. Forçando meu almoço a permanecer no estômago, eu me lembro nitidamente de pensar que aquele rato era por *mim*, pelo meu irmão e pelas minhas irmãs, pela minha família. Mas também me lembro nitidamente de pensar que, se tivesse dependido de mim ali, meus filhos não teriam comido naquela noite.

Acredito que a incerteza e o estresse causados pelas dificuldades financeiras de Papa ao longo de toda a vida tiveram um papel importante na sua incapacidade de sustentar a família emocionalmente. Após descartar um rato com as próprias mãos e deitar a cabeça no mesmo lugar onde ele estava, você não quer ouvir ninguém falando sobre como o seu dia foi difícil.

Testemunhar as dificuldades dos meus pais me marcou com essa ideia de que a estabilidade financeira era *essencial* para o amor e a família terem a chance de florescer.

Eu estava com tudo — a maior sequência de recordes de bilheteria da história de Hollywood. Trabalhava de setenta a oitenta horas por semana; feriados, fins de semana e até mesmo "férias" se tornaram momentos para progredir. Notei que a maioria das pessoas voltava das comemorações de Natal mais pesadas e fora de forma. Então, para *mim*, as festas de fim de ano viraram uma oportunidade para aumentar minha vantagem diante da concorrência.

Eu me comprometi a sempre voltar cada novo ano em melhor forma do que no anterior. Eu me exercitava e às vezes me abstinha da ceia de Natal como num ato de disciplina pessoal. Darrell adorava e elogiava a minha austeridade. "Se você não vai comer, então também não vou", dizia ele. Eu passava os dias estudando e escrevendo, lendo algum livro ou reescrevendo algum roteiro, participando brevemente de toda e qualquer atividade festiva na qual as outras pessoas estivessem.

Decidi dar enormes festas de Natal e Ano-Novo. Todo mundo saía ganhando. Jada e as crianças teriam os amigos, primos e familiares na cidade para uma semana inteira de diversão. Eu atraía meus parceiros de negócios para viagens de esqui com tudo pago por mim. No fim, eles teriam uma viagem com tudo pago para eles e suas famílias. E eu teria toda a minha equipe comigo num lugar remoto — uma plateia cativa —, para reuniões estratégicas diárias que me ajudariam a ganhar vantagem sobre a concorrência no ano que começava.

Eu estava mandando ver, estava vencendo em tudo — e vencer, para mim, significava que tudo na minha vida devia ser perfeito e que todos ao meu redor deveriam estar felizes.

Mas não era bem assim e eles não estavam.

Em meu relacionamento com Jada, as manhãs sempre foram o momento em que ficávamos juntos, conversávamos e nos conectávamos. Acordávamos antes do nascer do sol e ficávamos conversando por horas. Compartilhávamos os sonhos que tivéramos na noite anterior, revelações, novas ideias; conversávamos sobre as crianças e qualquer outro assunto relacionado à nossa família.

Mas naquela época notei que algo estava mudando. Jada tinha crises de choro quase diárias. Agora, nas nossas manhãs, ela acordava em prantos. Chegou a um ponto em que ela chorou por 45 dias seguidos.

— Então, Will, ao que você atribui seu sucesso estratosférico?

— Bom, eu me considero bem mediano em termos de talento. Acredito que tenho vantagem quando se trata da minha disciplina inflexível e implacável e da minha ética de trabalho. Enquanto o outro cara está comendo, eu estou trabalhando. Enquanto o outro cara está dormindo, eu estou trabalhando. Enquanto o outro cara está fazendo amor... bom... eu também estou fazendo amor, mas estou trabalhando duro nisso.

Os repórteres amavam essa resposta, e, ainda que eu estivesse "brincando", a matemática era bem simples para mim: se eu pudesse acordar e começar meu dia uma hora mais cedo que todo mundo, *e* trabalhasse por uma hora a mais do que todo mundo, *e* trabalhasse durante meu horário de almoço, eu ganharia 15 horas extras toda semana em relação à minha concorrência. Isso dá mais de 780 horas produtivas a mais que o outro cara — o que equivale a um mês. Se eu tiver a dianteira de um mês em cima de qualquer um, ninguém *nunca* vai me alcançar. E se meu concorrente precisar de fins de semana e férias para curtir o sono de beleza, descansar e manter o precioso "equilíbrio entre trabalho e vida pessoal", então ele sempre ficará para trás.

Era noite de Natal.

Tínhamos alugado uma casa em Aspen, no Colorado. As duas semanas antes e depois do Natal eram a motivação de Jada para o restante do ano. Ela só tinha duas exigências não negociáveis: a família inteira devia estar presente por duas semanas, e tinha que ser em algum lugar com neve. Passávamos essas semanas em lugares diferentes, dependendo da probabilidade de precipitação da neve. Não havia nenhum feriado, comemoração, nenhuma reunião ou evento que se comparasse ao valor emocional que Jada depositava durante o Natal passado em família. Os Natais dela durante a infância tinham sido "pouco festivos", para dizer o mínimo. E ela iria compensar o tempo perdido com a própria família. (Nota: Sheree passa todo Natal com a gente há quase duas décadas. Quincy estava certo.)

Todo mundo tinha que vestir as roupas de Natal que Jada escolhia. Pijamas com pantufas, suéteres feios; orelhas de rena; passeios especiais de trenó puxados por cavalos, cantar canções natalinas. Tudo isso era obrigatório. Luminárias do Papai Noel preto em cada quarto, Rudolphs com sensor de movimento que assustavam pra caralho quando tudo o que você queria era um biscoito natalino no meio da noite; e uma árvore de Natal de 12 metros alojada no canto da nossa sala, parecendo o Shaquille O'Neal dentro de um Prius.

Durante o resto do ano, Jada era como sua personagem Peaches em *Um tira sem-vergonha* — uma estrela do gueto —, mas bastava o primeiro jingle sobre sinos de trenó para ela se transformar numa senhora branca de meia-idade do Meio-Oeste norte-americano.

Naquele ano, Jada e eu decidimos que iríamos jogar Monopoly em família. Só para oferecer um contexto aqui, eu sou um *mestre* do Monopoly. Não é brincadeira; não estou fazendo graça; não é uma hipérbole. Eu estudei, trabalhei com instrutores profissionais — já tive intenções sérias de participar de torneios internacionais de Monopoly. Quando os dados rolam, eu não preciso contar quadradinhos; eu sei que a States Avenue fica a seis quadradinhos da New York Avenue — eu simplesmente pego o peão e vou pra lá. Eu também sei que, se você parar num "Siga em frente" quando tem muitas propriedades, não vai querer tirar um 7 nos dados porque pode cair em "Sorte" e sabe que sempre vai vir a carta de "Avaliação de Propriedade"; e você odeia aquele 9 quando está na Kentucky Avenue, porque isso joga você de volta na cadeia e você precisa vagar pelo tabuleiro sem coletar os seus 200 dólares.

Nos sentamos todos e o jogo teve início. Eu me encontrei na posição nada invejável de estar empacado com os títulos de propriedade Boardwalk e Park Place. Amadores podem achar que essas são propriedades de grande valor; o que eles não percebem é que o preço delas está fora da margem de manejo. O valor das propriedades sobe conforme você avança no tabuleiro a partir de "Siga em Frente" — Boardwalk e Park Place têm os maiores preços de compra e venda, e são as mais caras para se construir. E, como só há duas delas, você tem uma probabilidade 40% menor de alguém parar na sua propriedade enquanto os outros jogadores avançam pelo tabuleiro. Você investe todo esse dinheiro e demora mais tempo para construir — então fica parando nas propriedades dos outros antes mesmo de as suas estarem prontas para servirem de ponto de parada. Resumindo, Boardwalk e Park Place são péssimas propriedades. Elas forçam você a tomar medidas desesperadas no fim do jogo, torcendo por um grande acerto.

E era nesse lamentável purgatório do Monopoly que eu me encontrava naquela noite.

Willow tinha 7 anos — ela estabeleceu o primeiro monopólio: Illinois Avenue, as propriedades vermelhas. Eu tinha Virginia e States (as roxas), Boardwalk e Park Place, e três das ferrovias. Mas eu estava quebrado. Jaden estava desconfiado das minhas habilidades em

Monopoly, por isso se mostrava meio hesitante em negociar comigo. Ele tinha 9 anos e recusava toda abordagem e oferta que eu apresentava para comprar St. Charles dele e completar o meu monopólio roxo. Jada tinha a Pacific line — as peças verdes — mas ela também não tinha dinheiro nenhum para construir, por isso não representava qualquer ameaça. Trey tinha a Baltic Avenue e a Mediterranean Avenue — são as peças cor de ameixa perto de "Siga em Frente" — e toda a fileira da Connecticut Avenue, as peças azul-bebê. Ele tinha conseguido uma quadra inteira; torrou a maior parte do dinheiro para conseguir isso, mas ele é da guerrilha no tabuleiro. (Nota: ter uma quadra inteira ou uma esquina é o Santo Graal do Monopoly — já que em todas as rodadas alguém vai passar pela sua propriedade.)

Conforme as casas e os hotéis foram aparecendo no tabuleiro, a fragilidade da minha posição em Boardwalk e Park Place começou a ficar exposta. O nó competitivo estava apertando o meu pescoço; a jogada desesperada era agora ou nunca.

Jada parou na Pacific Avenue.

— Isso! — gritei, batendo palmas, fazendo o Rudolph com sensor de movimentos se virar lentamente para ver de onde vinha o barulho.

Pacific era propriedade *da Jada*, por isso ninguém entendeu como aquele poderia ser um momento tão empolgante para mim. Para os olhos leigos, ela simplesmente tinha parado na própria propriedade. Mas eles eram inexperientes, e eu era um mestre. Acho que também devo ter assustado Jada com a minha empolgação.

— Por que isso foi tão empolgante pra você? — perguntou ela.

— Bom, você acabou de parar na Pacific! — falei alegremente.

Eu estava empolgado para explicar a minha lógica e levá-los até a minha elevada esfera de conhecimento em Monopoly.

— A Pacific fica a seis quadradinhos de Park Place, e a oito de Boardwalk. Além do 7, 6 e 8 são os números mais comuns numa ro lagem de dados. O número 6 tem cinco possibilidades em potencial: cinco-um, quatro-dois, três-três, dois-quatro e um-cinco. Assim como o número 8: seis-dois, cinco-três, quatro-quatro, três-cinco e dois-seis. Da próxima vez que você pegar esses dados, existe uma probabilidade de 13,89% de você tirar um seis, a mesma porcentagem de um 8, o que leva a uma probabilidade de quase 30% de que, quando você rolar esses dados, irá tirar um 6 ou um 8! E, quando fizer isso, vou ter três casas em cada, e você, minha jovem, estará ferrada... não vai conseguir pagar pela estadia.

Rapidamente comecei a hipotecar todas as minhas outras propriedades — 100 dólares cada pelas ferrovias, 70 dólares pela States, 80 dólares pela Virginia — o suficiente para aumentar o meu número de casas em Boardwalk e Park Place de duas para três, o que em Monopoly é o crescimento exponencial: quando você vai de duas para três, você maximiza o retorno no investimento.

— Tem certeza de que quer fazer isso? — perguntou Jada calmamente.

— Com certeza! — respondi, meus olhos crescendo cheios de expectativa. Entreguei para Jaden (o banco) os 400 dólares para completar a minha transação desesperada. — Você *certamente* vai tirar um 6 ou um 8!

Jada permaneceu resoluta, sem tirar os olhos de mim.

— Então, você tem *certeza* de que quer tirar a sua *esposa* do jogo de Monopoly *em família* com os seus *filhos* na *véspera de Natal*?

Finalmente me virei e os meus olhos encontram os dela. Eu tinha *certeza* de que queria fazer isso *antes* de ela colocar ênfase naquelas palavras-chave — *esposa*, *família*, *filhos* e *véspera de Natal* —, mas agora minha condição tinha mudado para *quase* certeza.

— Se você não aguenta o calor, é melhor ficar fora da cozinha do Monopoly, Jada — falei brincando.

Jada assentiu, lentamente colocando os dados na mão, os sacudindo por tempo demais, logicamente dando a mim uma chance de mudar de ideia. Mas eu já estava decidido.

Ela soltou os dados no meio do tabuleiro. Os místicos 13,89% de probabilidade se tornaram uma fria certeza de 100%.

Quatro-dois.

Jada entregou as propriedades dela para o banco (Jaden), beijou Willow, tocou no cabelo de Trey e foi para a cama.

Sim, querido leitor, querida leitora, *hoje* é óbvio. Mas naquela época eu estava numa frequência completamente diferente. Minha mentalidade era: *você luta do mesmo jeito que treina*. Eu sentia que Jada e a minha família precisavam que eu pensasse assim. Eles precisavam que eu cultivasse e mantivesse uma mentalidade de vencedor. Precisavam que eu nunca destreinasse o meu instinto de guerreiro. Eu sou um homem negro em Hollywood. Para conservar a minha posição, não posso ser pego de bobeira, nenhuma vez.

Eu tinha que ser perfeito o tempo todo.

Demorei anos para me dar conta de que Jada não estava jogando Monopoly. Ela estava se conectando, formando laços e se divertindo em família. Aparentemente eu era a única pessoa que estava verdadeiramente *jogando* Monopoly. Desde então atualizei minha programação e criei uma nova regra: *Nunca seja pego jogando Monopoly*.

Papa me ensinou a jogar xadrez quando eu tinha 7 anos. No verão a gente jogava quase toda noite. Ele montava o tabuleiro na varanda dos fundos e ficava revezando entre o jogo e a churrasqueira. Às vezes ele jogava com o Sr. John, nosso vizinho; não jogava de forma diferente comigo. Papa não acreditava em pegar leve com crianças. Ele achava que lhes dar vitórias falsas era um grande desserviço para o crescimento e desenvolvimento delas — até mesmo para sua habilidade de sobreviver no mundo. Ele me destruía jogo após jogo, todo mês — um xeque-mate brutal seguido de outro — ano após ano, até os meus 13 anos.

Jamais vou esquecer aquele momento. Ele tinha me ensinado a abertura Giuoco Piano. Eu jogava aquela abertura e resposta religiosamente havia anos. Mas, sozinho, comecei a treinar a abertura Ruy Lopez, e ele não conhecia muito bem aquela. O jogo corria calmamente da abertura até o meio; minha posição era forte. E Papa sabia disso. Sem idas até a churrasqueira, nenhum gole do Chivas Regal. O Tareyton 100 intocado no cinzeiro.

Silêncio total. Atenção total em cada movimento.

O estilo de Papa era o do ataque implacável. "Enfie as peças na garganta do oponente, enfie goela abaixo", ele dizia. Mas não naquela noite. Primeiro, ele recuou o bispo e em seguida voltou o cavalo para proteger seu rei.

Era a minha jogada. E eu consegui ver algo.

Mas ele não.

Eu estava paralisado.

Eu me inclinei sobre o tabuleiro, meu coração batendo acelerado, os minutos passando. Não conseguia me obrigar a fazer o movimento fatal.

— Ah, merda — disse Papa.

Ele viu.

Papa olhou bem nos meus olhos. Ele sabia que a minha hesitação não era por eu não estar vendo. Ele sabia que era porque eu tinha medo de executar o movimento.

— Anda, move a peça — falou ele.

Peguei o meu cavalo, colocando-o timidamente na sua posição final. O feltro na parte de baixo da peça de xadrez parecia uma guilhotina macia.

— O que é isso? — disse ele.

Eu não conseguia me obrigar a dizer as últimas palavras.

— Hummm, xeque...? — falei.

— Você sabe muito bem que não está assinando cheque nenhum. O que é isso?

— Xeque-mate?

— Por que você está colocando um ponto de interrogação aí? Diz!

— Xeque-mate.

— É, bom jogo.

Papa apertou a minha mão, pegou o cigarro e a bebida dele e entrou em casa.

Nunca mais jogamos xadrez. Durante anos eu achei que fosse porque ele era um mau perdedor. Mas, conforme comecei a entendê-lo melhor, percebi que ele queria que a minha última memória de um jogo de xadrez com o meu pai fosse perfeita. Ele queria que a minha mente fosse programada para vencer e saborear a vitória. O treinamento dele comigo no tabuleiro de xadrez estava completo; era um rito de passagem mitológico, e ele não queria manchá-lo.

— **N**ada no nosso mundo é meu — disse Jada. — Eu não queria viver assim. Queria uma fazendinha e uma vida calma.

— Eu entendo — respondi —, mas aqui estamos nós. Então, como a gente conserta? Você pode fazer qualquer coisa, querida, então, o que você quer fazer?

Jada tinha sido muito fã de heavy metal na adolescência. Ela tem um dos ouvidos mais ecléticos que já conheci. Ela sempre sonhou em ter uma banda, mas me pegou de surpresa quando anunciou que estava montando uma banda de *heavy metal*.

Jada é uma poeta e uma pensadora brilhante. A profundidade das letras dela sempre me cativou e emocionou. Eu estava tentando demonstrar todo o meu amor e apoio, por isso acompanhei em silêncio a sua jornada. Então um dia ela me deu um livro chamado *Mulheres que correm com os lobos*, de Clarissa Pinkola Estés. Jada tinha marcado uma história chamada "*La Loba*" ("A Loba"):

> *O único trabalho de* La Loba *é coletar ossos. Ela coleta e preserva especialmente aquilo que está em risco de ser perdido para o mundo (...) Quando ela reúne um esqueleto inteiro (...) ela... ergue os braços por cima dele e canta (...) tão profundamente que o chão do deserto estremece, e, enquanto canta, a loba abre os olhos, salta para o alto e corre para longe (...) a loba de repente é transformada numa mulher gargalhante que corre livre na direção do horizonte.*

> *Um esqueleto desmantelado que repousa sob a areia. É nosso trabalho recuperar essas partes (...) procurar pela força indestrutível, os ossos (...)* [é] uma história de milagre *(...) uma história de ressurreição (...) se vamos cantar a canção, podemos invocar os restos psíquicos da alma selvagem e cantar até que ela encontre a sua forma vital outra vez.*

Soprar vida na coisa enferma ou que precisa ser restaurada, descendo ao mais profundo estado de espírito de grande amor e sentimento, e então falar a própria alma (...) isso é cantar por sobre os ossos. Não podemos cometer o erro de tentar despertar esse grande sentimento em um amante, porque o trabalho dessa mulher, de encontrar e cantar o hino da criação, é um trabalho solitário, um trabalho executado no deserto da psique.

A ideia de que *La Loba* tinha que cantar para os ossos a fim de ressuscitar as partes mortas de si mesma era tremendamente relevante para mim. Se você matar um aspecto da mulher, você a mata por inteiro. *La Loba* reúne o "esqueleto desmantelado" do feminino estilhaçado e começa a trazê-lo de volta à vida graças ao canto. Jada tinha matado partes de si mesma para sustentar a nossa família. E a sua banda, Wicked Wisdom, era a forma de Jada libertar *La Loba* para se ressuscitar por completo.

Mas eu não estava pronto para o Ozzfest.

— Eu consigo fazer isso, papai.

Jaden costumava deitar na cama comigo enquanto eu lia roteiros, decidindo qual novo mundo eu habitaria em seguida. Ele amava *ouvir* as histórias tanto quanto eu amava contá-las para ele. Ele me encarava e me observava enquanto a minha mente dançava, experimentando o personagem.

— Consegue fazer o quê, cara? — perguntei.

— Eu ouvi você falando com o homem mais cedo.

"O homem" era Gabriele Muccino, um diretor italiano que tinha acabado de ser contratado para fazer *À procura da felicidade*. Gabriele não falava inglês — precisamos de um tradutor na nossa primeira reunião. Os maiores diretores de Hollywood estavam sendo considerados para aquele filme, mas Gabriele era a primeira opção...

Todd Black, um renomado produtor de Hollywood, tinha enviado a JL uma matéria do programa *20/20* sobre um cara chamado Chris Gardner. Chris tinha ido de sem-teto, morando com seu jovem filho nas ruas de São Francisco, para um corretor de ações de sucesso. O roteiro era incrível; era uma jornada do herói perfeita.

Podíamos escolher entre a nata da nata dos diretores, mas eu tinha amado *O último beijo*, de um diretor chamado Gabriele Muccino, por isso pedi a JL para agendar uma reunião com ele. Tinha certeza de que ele acabaria não dirigindo o filme, mas eu tinha aprendido há muito tempo o poder e a importância de procurar e conhecer. Reuniões gerais com artistas de alcance mundial se tornaram o procedimento-padrão.

A reunião foi terrível. Gabriele não queria usar o intérprete; ele estava tentando falar inglês, mas ele não falava inglês. JL e eu nem tentamos falar italiano, porque não falamos italiano. Mas a paixão artística de Gabriele culminou em duas ações que mudaram tudo: primeiro, ele nos deu um filme italiano, *Ladrões de bicicletas*, de Vittorio de Sica, que foi agraciado com um Oscar de Melhor Filme Estrangeiro em 1950, e, por meio do tradutor, ele falou: "Esse é o filme que eu quero fazer." E então ele me fisgou ao dizer: "Se você não me escolher para dirigir o filme, por favor, não escolha um cineasta americano, porque americanos não entendem a beleza do sonho americano."

Gabriele estava dentro.

— **E**ntão, o que te faz pensar que consegue fazer isso, cara? — perguntei a Jaden.

Jaden tinha 6 anos na época, e, além dos filmes caseiros que criou, ele nunca tinha demonstrado qualquer interesse pelo ramo cinematográfico.

— O homem fica dizendo que não consegue encontrar um garoto para interpretar o seu filho. É porque *eu* sou o seu filho, papai.

— É, isso é verdade — admiti rindo. — Mas isso aqui seria atuar, faz de conta.

— Ué, mas é só fingir ser seu filho, papai! Eu sou seu filho todo dia!

Gabriele Muccino estava com dificuldades para escolher o ator perfeito para interpretar o meu filho. Ele tinha visto mais ou menos quinhentas crianças. Gabriele é um artista instintivo, intuitivo — as coisas precisam despertar a *sensação* de que estão certas para ele. Jada e eu decidimos deixar que Jaden fizesse um teste.

— *Grazie, grazie, grazie*! — exclamou Gabriele. — Eu queria Jaden para esse papel desde que o vi pela primeira vez, mas o estúdio me proibiu de te pedir isso.

— Hã? Por quê?

— O estúdio achou que seria uma sentença de morte para o filme do ponto de vista do marketing. Eles acham que as pessoas não conseguiriam suspender a descrença se vissem Jaden e você num filme como pai e filho.

O estúdio também achou que pareceria nepotismo, e por isso nos deixou no escuro desde a primeira menção a essa possibilidade. Atendendo aos pedidos de Gabriele, o estúdio concordou em permitir que Jaden e eu gravássemos um teste de química em cena.

Era um assunto tão espinhoso no estúdio que Jada e eu nos retiramos do processo de tomada de decisão. Deixamos que Gabriele seguisse adiante com a sua visão e escolhesse quem ele quisesse. Como éramos os produtores e eu ia estrelar o filme, havia conflitos de interesse para todo canto que olhávamos. Então, Jada e eu concordamos em não falar sobre o assunto — seríamos apenas os pais.

Jaden acabou fazendo nove testes, um número sem precedentes. O estúdio simplesmente não queria lidar com os problemas que seriam causados pela participação dele. Mas teste após teste, em toda a sua glória inocente de 6 anos de idade, ele se provou o ator certo para o papel. Depois do nono teste de Jaden, no entanto, o estúdio pediu um décimo.

Jada tinha chegado ao limite dela. Ela informou a Gabriele e ao estúdio que Jaden não estava mais disponível para o papel. Nesse momento, Gabriele — sendo o artista vivaz e apaixonado que é — concluiu que era emocionalmente incapaz de fazer o filme sem Jaden.

O estúdio deu o braço a torcer e ofereceu o papel de Christopher Jr. em *À procura da felicidade* para Jaden.

Para mim, aquilo era a perfeição — estaria no set, no trabalho, com o meu filho. Era assim que eu queria ser pai: no campo de batalha da vida, correndo riscos reais, com resultados reais, lutas reais. Eu poderia corrigir os erros em tempo real, e poderia oferecer ensinamentos em situações da vida real.

Era assim que eu definia o amor de pai.

Ozzfest é um festival itinerante de heavy metal. Criado por Ozzy Osbourne e sua esposa, Sharon, o evento teve sua primeira edição em 1996 e era formado por todo tipo de metal: thrash, industrial, hardcore, deathcore, metalcore, post-hardcore, alternativo, death, gótico e nü. Sharon tinha visto a banda de Jada tocar e algo dentro dela compreendeu. Ela e Jada se tornaram amigas, e Sharon convidou o Wicked Wisdom para o Ozzfest do verão de 2005.

Ozzfest é o evento menos afro-americano que existe, com exceção daquele negócio com uma vassoura e um enorme disco de hóquei das Olimpíadas de Inverno.

— Querida, tem certeza de que não quer tocar um R&B? — perguntei suavemente, mas eu estava falando sério.

— Essa é a música que eu sinto — respondeu Jada suavemente, mas ela estava falando sério.

Então pegamos as crianças e seguimos pela estrada de tijolos pretos que levava à terra de Ozz.

Eu nunca tinha visto aquele lado de Jada.

La Loba estava com tudo. O público de Ozzfest é purista, e o que teve início como ceticismo e rejeição a cada show se transformou primeiro em silêncio e, no fim, em respeito. A energia criativa de Jada estava sendo reavivada. Ela estava tendo ideias para seriados e filmes que gostaria de escrever e dirigir; enchendo cadernos com poesia e arte. Era empolgante ver os ossos lutando para se reanimarem. A cada cusparada, xingamento e rosnado, Jada parecia ganhar vida.

Jada e eu concordamos no início do nosso casamento que nunca iríamos trabalhar ao mesmo tempo. Um de nós sempre estaria disponível em tempo integral para as crianças. As filmagens de *À procura da felicidade* estavam agendadas para começar no outono de 2005. A participação de Jada no Ozzfest fez tanto sucesso que o Guns N' Roses convidou a Wicked Wisdom para abrir os shows da banda em sua próxima turnê. Mas a turnê estava confirmada para acontecer no meio das gravações de *À procura*.

Naquela época eu achava que Jada tinha opções — contaríamos com Mãe-Mãe e Gammy, e eu estaria presente durante todo o processo. Jaden e eu iríamos dividir um trailer — todas as cenas dele eram comigo.

Eu consigo enxergar o dilema de Jada: ela se deparou com uma terrível realidade, e não havia nenhuma versão sua que permitiria que o filho de 6 anos ficasse sem a mãe durante seu primeiro trabalho cinematográfico.

Jada disse não para o Guns N' Roses.

À procura da felicidade estreou em 2006 e foi um sucesso de crítica e de bilheteria, e me rendeu a minha segunda indicação ao Oscar. Se eu já me sentia invencível antes, agora eu sentia isso *de verdade*. Eu tinha feito um filme sobre um cara negro que arruma um emprego nos anos 1980, e *ainda* assim tinha batido a bilheteria de todos os outros filmes daquela temporada.

Eu não conseguia errar.

A sequência de vitórias continuava: *Eu sou a lenda* quebrou a banca no primeiro fim de semana, arrecadando a maior bilheteria de todos os tempos para um filme lançado em dezembro. Era um filme comigo sozinho — contracenando com um cachorro —, e arrecadou por volta de 600 milhões de dólares.

Então *Hancock*, escrito por Vince Gilligan (famoso por *Breaking Bad*), sobre um super-herói alcoólatra, foi lançado e arrecadou pouco mais de 600 milhões de dólares seis meses depois de *Eu sou a lenda*.

Ninguém conseguia me parar. Era a maior sequência de sucessos de qualquer ator na história de Hollywood. Eu me tornei o ator de maior arrecadação da *história*. E ainda nem tinha chegado aos quarenta.

O problema era que eu tinha confundido o sucesso com ser amado e feliz.

São três coisas diferentes.

E tendo confundido as três, acabei sofrendo de uma versão ainda mais insidiosa da "doença sutil", que eu posso descrever como "mais, mais, mais, mais".

Se eu tiver mais sucesso, eu serei mais feliz e as pessoas vão me amar mais.

Eu estava tentando preencher um vazio emocional interior com conquistas materiais exteriores. A verdade é que esse tipo de obsessão é insaciável. Quanto mais você consegue, mais quer, o tempo inteiro sem conseguir aplacar essa comichão. Você acaba tendo a mente consumida por aquilo que *não* tem e que *não* consegue, incapaz de aproveitar aquilo que *tem*.

Eu sou a lenda teve a maior bilheteria de estreia no mês de dezembro de todos os tempos. Quando JL me ligou para falar dos resultados do fim de semana, ele estava animado de uma forma pouco característica dele.

— Os três dias renderam 77.211.321 dólares em 3.600 cinemas. Isso é mais de 21 mil dólares *por* estabelecimento. Ninguém nunca fez isso, jamais.

Fiquei quieto por um momento e então reconheci uma sutil insatisfação.

— Por que você acha que a gente não chegou a oitenta? — indaguei.

— O quê? — disse JL.

— Quer dizer, você acha que foi o final? Talvez se a gente tivesse feito aquele ajuste no final, sabe, se a gente tivesse deixado mais parecido com *Gladiador*...

— Você tá falando sério? — disse JL. — É a maior estreia de todos os tempos. *De todos os tempos*.

— Eu sei, J, só estou fazendo uma pergunta.

Essa foi a única vez em que James Lassiter desligou na minha cara. *De todos os tempos*.

Eu estava sentado com Wayne Gretzky e Joe Montana. Os filhos deles, Trevor e Nick, estavam em campo com Trey. E nos alto-falantes o locutor do jogo gritou: "Montana faz uma enfiada para Smith... touchdown!"

Trey jogava como wide receiver no time de futebol americano número um do ensino médio no sul da Califórnia, o Oaks Christian. E o filho de Joe Montana, a lenda do futebol americano, tinha acabado de fazer um passe de touchdown para o meu primogênito. Se a minha vida fosse um filme, eu teria olhado direto para a câmera, quebrado a quarta parede e dito: "Quem foi que escreveu essa merda?"

Então, deixa eu ver se entendi: você quer que a gente acredite que o meu personagem cresceu ensacando gelo em West Philly, ganhou o primeiro Grammy dado a um rapper; se tornou um astro da televisão, depois se tornou o maior astro do cinema mundial, quebrando recordes de bilheteria toda vez que lança a porcaria de um filme, e aí o maior jogador de hóquei na história do esporte, Wayne Gretzky, acabou de dar um tapinha nas costas dele porque o filho do meu personagem acabou de receber um passe de touchdown do filho de Joe Montana, o maior quarterback na história *daquele* outro esporte?

Isso é inverossímil; não vou gravar uma só palavra dessa merda; Liga pro Aaron Sorkin. A gente precisa reescrever essa porcaria imediatamente. E vejam se o Robert Downey Jr. está disponível!

Não sei se era pela minha falta de habilidade atlética na juventude, ou a energia mágica das luzes dos jogos das noites de sexta-feira, ou o surpreendente desenvolvimento dos talentos e habilidades físicas de Trey, mas não havia nada de que eu gostasse mais na vida do que ver aquele menino jogar futebol. Trey estava sendo sondado por olheiros das principais universidades — Wayne e Joe estavam me orientando naquele processo. Conforme nossos filhos cresciam, parecia que Jada e eu costumávamos jogar uma defesa corpo a corpo, mas tínhamos que mudar para uma defesa por zona. Cada filho tinha alguma coisa importante acontecendo o tempo todo. Enquanto Trey se preparava para a temporada de futebol do último ano do ensino médio, Jaden tinha sido escolhido pelo estúdio para estrelar *Karatê Kid* com Jackie Chan. A família ficou em êxtase.

Foi quando percebemos: gravar o filme significava ficar três meses em Pequim. Os jogos de Trey eram no sul da Califórnia. Todos concordávamos que era uma oportunidade que Jaden não poderia perder. Nós, como família, iríamos apoiá-lo. Mas no ano anterior todos os membros da família tinham comparecido a todos os jogos de Trey. E pensar em Trey jogando sem a família na arquibancada era inconcebível.

Durante esse período, ficava cada vez mais evidente que a probabilidade de a Wicked Wisdom voltar aos palcos diminuía a cada momento da Perfeição da Família Smith™. Mas na minha cabeça ainda havia uma solução para todos os problemas. Teríamos que dar duro, teríamos que fazer sacrifícios, todos nós teríamos que sofrer um pouco, mas eu tinha uma visão, e se todo mundo seguisse a minha liderança continuaríamos vencendo, e todos seríamos felizes. Estávamos ganhando até nas arquibancadas: eu tinha Jada à minha direita, e Sheree à minha esquerda. Éramos o retrato da família mista perfeita. Ninguém era capaz de fazer o que fazíamos. (Nem mesmo nós.)

Minha forma de resolver problemas era priorizando. Eu decidia qual dos problemas em nossa lista eram os mais urgentes e focava neles — mas o que eu não tinha percebido era que todo mundo tinha uma lista diferente.

Jada, Willow, Jaden e eu fomos para Pequim em junho de 2009; Trey voltou para a escola em setembro daquele ano. Todos os dez jogos de Trey cairiam durante a gravação principal de *Karatê Kid*.

E então a graça de Deus se manifestou na forma da Linha Internacional de Mudança de Data. De Pequim a Los Angeles é um voo de doze horas. Um voo saindo de Pequim às 22h na sexta-feira cruza a linha de data, pousando em Los Angeles às 10h na sexta-feira, a tempo de ir para casa, descansar um pouco e chegar no jogo de Trey às 18h na noite de sexta. Um voo às 16h no sábado no sentido contrário chega às 4h em Pequim, bem a tempo de voltar para o trabalho. Jaden e eu fizemos essa viagem por dez semanas seguidas, de Pequim a Los Angeles, ida e volta, sem perder um jogo de Trey.

Eu estava amando a vida. Eu me sentia um mestre.

Oprah Winfrey nos convidou para ir ao programa dela — eu, Jada, Trey, Jaden e Willow, até mesmo Sheree e o marido dela, Terrell. Um episódio inteiro dedicado à Perfeição da Família Smith™. Eu era o maior astro do cinema mundial. *Karatê Kid*, o primeiro filme de Jaden tendo ele como protagonista, estava prestes a se tornar o número um no mundo. A primeira temporada do novo seriado de Jada, *Hawthorne*, tinha estreado, com ela como protagonista. Willow tinha acabado de assinar com a Roc Nation para gravar o seu primeiro disco. Trey era o astro do time de futebol americano em seu colégio. E, além de tudo isso, ali estava a minha ex-esposa, falando sobre o quanto ela e Jada se ajudavam na criação dos filhos.

Eu finalmente tinha tudo — minha própria versão de *Dallas*. O retrato estava completo, e era perfeito. Eu tinha construído um império familiar — isso superava tudo com que eu já tinha sonhado.

— Eu me sinto como J.R. Ewing — falei brincando para Jada.

Ao que ela respondeu:

— Você sabe que J.R. levou um tiro, né?

Capítulo 18

MOTIM

Hop up out of the bed, turn my swag on
Pay no attention to them haters
Because we whip 'em off...[14]

"Whip My Hair" chegou a platina, recorde no mundo inteiro. Michael Jackson e Stevie Wonder eram os únicos artistas na história a terem um single em posição mais alta e com menos idade do que Willow Smith. A música foi lançada duas semanas antes do seu aniversário de 10 anos. Garotinhas ao redor do mundo estavam sacudindo os próprios cabelos — tínhamos que aproveitar aquela oportunidade.

Jada e eu nunca pressionamos nossos filhos a entrarem para o meio do entretenimento. Era verdade que a fama e a fortuna deixavam Jada desconfortável — ela nutria sentimentos conflitantes quanto à ideia de os nossos filhos serem celebridades. Mas parte da minha visão para o Lago Dela era que fosse um campus criativo, um oásis para artistas. Eu queria diminuir a distância entre alguém que tivesse uma ideia e a capacidade de criar arte. Construí um estúdio musical; havia câmeras e baias de edição; havia blocos de anotações em todos os quartos, materiais de pintura e lápis para todo lado; e, em determinado momento, até a nossa

14 *Pulo para fora da cama, aciono meu estilo / Não ligo pros invejosos / Porque a gente detona eles...*

sala de estar virou estúdio para a gravação do programa de Jada, *Red Table Talk*. O fato é que as crianças simplesmente cresceram ao redor de tudo aquilo, então não havia pressão para que seguissem esse caminho. Cresci trabalhando na oficina de Papa. Me parecia normal que os filhos fizessem aquilo que os pais fazem. Meu pai vendia gelo, por isso eu ensacava. De forma parecida, para Trey, Jaden e Willow, não havia nada de inusitado em estar num set de filmagem ou num estúdio de gravação. Era o negócio da família — uma experiência habitual para eles.

Então, não, eu não forcei os meus filhos a entrarem para o ramo do entretenimento por ser um pai louco ou autoritário. Foi só depois de eles decidirem entrar nesse meio que me tornei um pai louco e autoritário.

No caso de Willow, aos 8 anos ela começou a gostar muito de cantar. Isso não é incomum para uma garota de 8 anos. Garotinhas dessa idade em todo o mundo amam cantar e sonham em se apresentar no palco.

A única diferença era que a maioria dos pais colocaria a filha no coral da igreja, ou talvez a matriculasse para uma ou duas aulas de canto.

Eu não sou esse tipo de pai.

Minha mentalidade na época era de que não havia motivo para fazer *qualquer coisa* a menos que estivesse preparado para tentar ser o melhor do mundo naquilo. Eu acreditava que sempre devemos sonhar alto, nos esforçar para chegar ao topo da montanha. Nada deveria ser feito pela metade.

Willow foi chamada para uma turnê europeia de trinta dias abrindo para Justin Bieber. Esse foi um grande momento para a nossa família. A nossa bebê estava entrando de cabeça (cabelo) naquela indústria. A empolgação ao redor de "Whip My Hair" foi uma loucura. Aparições na TV, capas de revista, tapetes vermelhos, tapetes laranja, sessões de fotos — ela foi ao programa de Jimmy Fallon, na Ellen, recebeu ampla cobertura por toda a Europa. A família inteira foi para a Inglaterra para assistir ao primeiro show de Willow com ingressos esgotados, na Birmingham National Indoor Arena, nas Midlands britânicas. Ela mandou ver.

Em seguida foi a vez de Dublin, na Irlanda. A mesma coisa. O mesmo setlist. Mais uma vez, ela mandou ver. Outro show esgotado, um tsunami sincronizado de tranças ruivas — nunca antes e nunca depois tanto cabelo foi sacudido na República da Irlanda.

A turnê continuou — noite após noite eu a via crescer. Sua voz estava ficando mais potente, sua presença de palco ganhava vida, ela ia aprendendo a interagir com grandes plateias, conseguia entrar e sair das sequências de dança.

Eu me sentia um gênio.

Jada tinha voado de volta para Los Angeles, então eu estava na função de pai em tempo integral. Na última noite da turnê, Willow desceu do palco, em toda a sua glória pós-apresentação e pulou nos meus braços.

— Filha, você *arrasou*!

— Obrigada, papai! — Ela deu um gritinho.

— Foi divertido?

— Sim, papai, eu vi todas as garotinhas na frente e até lá no fundo! Elas sabiam todas as letras!

— Isso mesmo, elas sabiam, isso é louco, não é? — falei, me lembrando da sensação que tive em Detroit, quando o público cantou "Parents" junto comigo. — Certo! Vamos para casa por alguns dias, então vamos começar a gravar o disco. E a equipe do Justin ama tanto o que você está fazendo que chamou você para fazer a mesma coisa... *na Austrália!*

— Eu já acabei, papai! — disse ela com tanta alegria que quase não captei a mensagem.

— O que você falou, Feijãozinho?

— Eu falei que *acabei*, papai... estou pronta pra ir pra casa.

— Bom, sim, você acabou por uns dias, querida, mas na verdade só está começando. Você ainda tem mais algumas semanas de shows pela frente — expliquei, no típico tom parental de quem não está levando os filhos a sério.

— Não, não, papai, eu acabei.

— Sim, terminou essa parte, Feijãozinho, mas você prometeu ao Sr. Jay-Z que iria gravar o resto do álbum e faria mais videoclipes...

— Não, papai! *Você* prometeu ao Sr. Jay-Z… — disse ela, sorrindo ao perceber que tinha acabado de pegar o pai.

— Querida, *nós* prometemos *juntos*. E quando você começa uma coisa, precisa terminar.

— Mas eu ter acabado não importa pra você, papai? — argumentou Willow.

— É lógico que *importa*, querida, mas não é *possível* que você tenha acabado.

— Por quê, papai? Eu me diverti e agora acabei.

— Entendo, mas você não pode acabar até terminar o que prometeu fazer.

Essa era uma ideia tão alheia a ela. Ela me encarou sem malícia, sem raiva — apenas uma sutil confusão. E então desistiu.

— Tudo bem, papai.

Voamos para casa.

A Conquista Europeia da Família Smith tinha sido um megassucesso. Comecei rapidamente a organizar a próxima fase: dominação mundial. Certa manhã, no Lago Dela, eu tinha saído de uma ligação com Jay-Z quando Willow veio saltitante até a cozinha para o café da manhã.

— Bom dia, papai! — falou Willow alegremente, dando pulinhos até a geladeira.

Meu queixo quase se deslocou, desencaixou e se partiu no chão da cozinha: minha futura estrela global que sacudia o cabelo enquanto dominava o mundo estava *totalmente careca*. Durante a noite Willow tinha raspado a cabeça. Minha mente disparou e ficou confusa — como ela iria sacudir o cabelo se não tinha cabelo nenhum? Quem diabos iria pagar pra ver uma criança qualquer bater a cabeça pra frente e pra trás?

Mas antes que eu pudesse responder a esses questionamentos, senti uma ideia se formando, se movendo, até se encaixar com um estalo: num momento de conexão divina e revelação ela havia me tocado. Eu não estava com raiva; eu estava *abalado*, o sentimento que alguém teria caso estivesse olhando distraidamente para o celular e pisasse fora da calçada, na frente de um ônibus, e, no último segundo, alguém o puxasse de volta para a segurança.

Willow era a minha pequena apanhadora no campo de centeio. Eu me inclinei para baixo, olhei bem nos olhos dela e falei:

— Eu entendi. Me desculpa. Eu te vejo.

Por mais estranho que possa parecer, naquele momento eu descobri os *sentimentos*.

Mas eu ter acabado não importa para você, papai?

Eu sei que parece insano, mas a pergunta de Willow criou uma rachadura do tamanho daquela do Sino da Liberdade na minha visão de mundo. Não passava de uma pergunta inocente feita a um pai por sua filha, mas de alguma forma eu sabia que era mais do que isso. O que ela realmente estava me perguntando era: "Você não liga para como eu me *sinto*?" Era a pergunta mais profunda, existencial e humana de todas. Pode ser a pergunta mais importante que nós, como seres humanos, fazemos uns aos outros. *Você se importa com meus sentimentos?*

Embora ela tivesse apenas 10 anos e a minha escolha de abandonar aquela empreitada tivesse respondido à sua pergunta de maneira afirmativa, eu fiquei me perguntando: *Qual é a minha resposta sincera?* Busquei de maneira profunda, implacável e autorreflexiva em minhas crenças o que eu pensava dos sentimentos. E a minha verdade me assustou.

Eu nunca teria dito isso em voz alta, mas uma resposta sincera para "Você se importa com meus sentimentos?" teria soado mais ou menos assim:

Não muito, querida — os sentimentos entram em *sétimo* lugar na minha lista:

1. Comida
2. Abrigo
3. Segurança
4. Inteligência
5. Força
6. Produtividade

Primeiro de tudo, me importa que você esteja alimentada... todos os dias. Segundo, me importa que você tenha onde morar. Terceiro, me importa que você esteja em segurança. Quarto, me importa que você seja inteligente, e que a sua mente esteja treinada para resolver os problemas da sua vida. Quinto, me importa que você seja forte, porque o mundo é difícil. E sexto, me importa que você seja produtiva — eu quero que você contribua com a família humana. E acredito que, se você tiver todas essas coisas, elas vão fazer você se sentir bem.

Acredito que, se eu cuidar do número um ao seis, o número sete se resolve sozinho.

Esse não é um pensamento que aplico apenas a você: eu não ligo nem para como *eu mesmo* me sinto. Muitos dos meus sentimentos são inimigos dos meus sonhos e da nossa prosperidade. Eu não *sinto* vontade de correr oito quilômetros às 5h; não *sinto* vontade de trabalhar oitenta horas por semana; não *sinto* vontade de ser vaiado no palco, tendo fezes e bombinhas atiradas na minha cabeça. E sei que, se parar para me preocupar com os meus sentimentos, não vou ser capaz de alimentar, vestir, abrigar e proteger a minha família. Quando determino alguma ação para a nossa sobrevivência e prosperidade, não me importa se estou com vontade de fazer isso ou não. Se for uma ação óbvia de benefício supremo, então que se danem os meus sentimentos. Quando as pessoas se preocupam demais com os sentimentos, elas nunca se sentem da forma como gostariam.

Nota: Para qualquer um dos meus leitores horrorizados, eu não ligo para como vocês se sentem.

É brincadeira, pessoal. Foi só uma piada.

A questão é a seguinte: eu vi as emoções negativas do meu pai tomarem conta do seu enorme intelecto, destruindo uma bela parte da nossa família repetidas vezes. Eu também estava na igreja uma vez, quando o Espírito Santo desceu sobre a Sra. Mammie e ela foi tão tomada pela "emoção positiva" que saltou do banco da igreja em êxtase, girou a mão direita de forma descontrolada e quase quebrou a porcaria do meu nariz. (E nem sequer percebeu.)

Ainda que minhas opiniões acerca dos sentimentos tenham evoluído e se elevado, ainda sofro quando emoções muito fortes surgem em mim ou nos outros. Sentimentos são ferramentas extremamente valiosas para existirmos e nos expressarmos no mundo. São como fogo — podem ser usados para cozinhar, aquecer e purificar. Mas, quando as emoções saem do controle, a minha experiência é que elas acabam por incinerar nossos sonhos.

Infelizmente, naquela época eu não era nem sábio e nem articulado o bastante para evitar muitos dos incêndios descontrolados que estavam prestes a consumir a minha vida.

O ato de protesto de Willow deu início a um período em nossa família que chamo de "O Motim". A pressão vinha aumentando com o passar dos anos; eu estava tentando desviar dela; mas tudo estava prestes a desmoronar.

Estávamos sentados na cozinha, eu, Jada e Willow. Nossa filha estava tomando sorvete de doce de leite, a mão esquerda brincando com a minha barba, uma colher cheia de Häagen-Dazs na direita.

Ela falou de forma tão doce, mas, às vezes, da boca das crianças...

— Mamãe?

— Sim, querida?

— É tão triste! — disse Willow.

— O quê, querida?

— O papai tem a imagem de uma família na cabeça dele. E não é *a gente*!

Eu estava no topo da montanha. Estava vivendo de uma forma que superava tudo o que eu tinha sonhado. Todos os objetivos tinham sido alcançados, todos os obstáculos vencidos. E um pouco mais.

Mesmo assim, todo mundo ao meu redor estava infeliz.

O papai tem a imagem de uma família na cabeça dele. E não é a gente!

Willow me olhou nos olhos com imensa compaixão. Ela genuinamente se sentia mal por mim, o doce de leite escorrendo pelo braço dela. Jada desviou o olhar num gesto de misericórdia, fingindo ter visto algo de extrema importância na parte de baixo do freezer.

Willow simplesmente continuou acariciando meu rosto.

— Está tudo bem, papai. Você vai ficar bem.

Até hoje sorvete de doce de leite é proibido na minha casa.

Comecei a notar sentimentos em todos os lugares. Eu estava em alguma reunião de negócios e alguém dizia: "Não é nada pessoal... são só negócios."

E eu pensei: *Ah, caralho, não existe esse lance de "só negócios"* — tudo é *pessoal*. As pessoas ficam furiosas, animadas, frustradas, esperançosas, desesperançosas, decepcionadas, amedrontadas, envergonhadas, tudo isso nos confins das reuniões "de negócios". Todo mundo se perde nos próprios sentimentos, toma decisões o tempo todo se baseando *apenas* em como se sentem. Até a minha aversão a sentimentos extremos... é baseada em como eu me sinto com relação a sentimentos. Eu me senti como um Cristóvão Colombo, que tinha descoberto esse "novo" lugar onde já havia gente nele (desculpa aí pela construção da frase, Mãe-Mãe). Tudo relacionado a política, religiões, esportes, cultura, marketing, alimentação, compras, sexo — tudo se baseia em como as pessoas se sentem.

Então a verdade me acertou como uma bola rápida a 145km/h: ninguém dá a mínima para nada *além* de como se sentem. Sentir-se bem é o mais importante para todo mundo, em todo lugar, o tempo *todo*. Escolhemos as nossas palavras, ações e comportamentos para alcançar um sentimento que consideramos positivo. Não há nada mais importante do que nos sentirmos como queremos nos sentir. E as pessoas decidem se você as ama ou não pela forma como elas acham que você honra seus sentimentos.

Esse tem sido um dilema problemático na maioria dos meus relacionamentos da vida adulta. Eu sempre me preocupei menos com os sentimentos imediatos das pessoas ao meu redor do que com o bem-estar geral delas. As pessoas na minha vida com frequência reclamavam de se sentirem ignoradas por mim, e quando não abordávamos o assunto, a coisa acabava piorando até o ponto em que elas não se sentiam amadas.

Eu andaria em brasas pelas pessoas que amo. Estou mais do que pronto para morrer pela minha família. Mas, não — eu nem sempre me concentrei nos sentimentos delas. Eu não confio em sentimentos; sentimentos vêm e vão e mudam assim como o clima. Não é possível fazer planos baseado neles. Só porque alguém sente alguma coisa, não torna isso verdade; só porque os seus sentimentos são intensos, não significa que você esteja certo — na verdade, quanto mais intensos forem os seus sentimentos, mais provável é que estejam distorcidos.

As pessoas ligam menos para fatos, verdade, probabilidades ou intenções do que para como se *sentem* e quão bem você demonstrou que se importa com esses sentimentos. Então, quando começamos frases com "O fato é..." a outra pessoa está pensando: *Eu acabei de falar por dez minutos... eu te falei qual é o fato*. Ou se dissermos "Olha, a verdade é a seguinte...", a outra pessoa está pensando: *Bundão... eu acabei de te falar qual é a verdade*. Outra ofensa clássica inclui "Para ser sincero..." e "No fundo..." e "Eu entendi, mas o mais provável..." e "Eu entendo, mas olha só..." e "Quer a minha opinião sincera?". Use qualquer uma dessas frases, e você estará ferrado. As pessoas tomam isso como uma completa negação do que acabaram de falar e um desprezo total pelos sentimentos delas.

As pessoas não ligam para o que *você* pensa e para o que *você* sente. Elas ligam para o que *elas* pensam e o que *elas* sentem. Foi por isso que elas falaram.

Há outras questões inerentes à pergunta *Você se importa com meus sentimentos?*. Se a resposta for sim, então a pergunta não dita que vem a seguir é: *O quanto?*

E depois: *Quais atitudes você está disposto a mudar para mostrar que se importa?*

E de quais dos seus objetivos e crenças você está disposto a abrir mão para aplicar essa energia aos meus objetivos e crenças?

Você está disposto a colocar os seus pensamentos e sentimentos de lado para se importar com os meus?

Basicamente, as pessoas querem que você se comporte de forma diferente para que possam se sentir melhor. Quão disposto você está a mudar provará a elas o quanto você as ama.

Trey tinha 20 anos; Jaden tinha 14; Willow tinha 12. Eu tinha começado a fazer experimentos com a minha paternidade ao reavaliar meu relacionamento com os meus filhos em termos de cuidado e preocupação com os *sentimentos* deles.

Eu era um excelente provedor e guardião. Eu era um professor incrível. Mas comecei a perceber as feridas sutis e não tão sutis vindas da infância deles. O único consolo que eu permitia a mim mesmo era que pelo menos eu percebia que vinha melhorando com o tempo. Trey tinha recebido a versão mais despreparada da minha paternidade; Jaden recebeu o Papai Will 2.0, o que foi uma leve melhora, e ainda que Willow tenha precisado raspar a própria cabeça, ela me deteve antes que chegássemos a uma situação irreversível.

Aos 11 anos, Willow, para todos os efeitos, se aposentou da indústria do entretenimento. Eu sabia que parte do motivo era a pressão intrínseca ao mercado, mas eu também sabia que uma parte ainda maior tinha a ver com ela não se sentir protegida. Ela não conseguia articular essa ideia na época, mas ficou evidente que não queria ter nada a ver com algo que tirasse o meu foco do coração dela.

Eu podia sentir a minha família se voltando contra mim, questionando a minha liderança e até o meu amor. Trey, certa vez, me perguntou durante um jantar: "Pai, no que você acredita?" Sheree tinha voltado para a igreja recentemente; ela tinha encontrado conforto e transformação em Cristo — era bonito de ver e era verdadeiro. E ainda que eu ficasse feliz por ela ter encontrado uma nova fé e direção, me ressentia profundamente por ela ter passado a questionar e a julgar as escolhas e decisões que eu tomava na minha vida. Na comunidade negra, quando alguém descobre a fé já adulto e começa a apontar as transgressões alheias e a determinar a religião como o único caminho para a salvação, chamamos isso de "rolo conversor". E há poucas coisas mais irritantes do que ter sua antiga companheira de pecado apontando para os seus pecados atuais.

Eu amava a forma como Trey tinha se voltado para a Bíblia; ele tem um dos corações mais puros que já conheci em qualquer ser humano. Eu gostava de conversar sobre Abrãao e Isaac, debater a retidão de Davi e o verdadeiro significado da história de Lázaro. Eu estava totalmente aberto a ponderar a vida de Cristo num contexto espiritual e histórico, até mesmo mitológico, se a mente dele estivesse pronta para isso. Mas eu não estava preparado e muito menos ansioso para debater quão inadequadas eram as minhas escolhas de vida com base nas Escrituras.

— Eu creio em Deus — respondi.

— Tem certeza?

— Então, o lance é o seguinte. A sua Bíblia é novinha, com páginas que você ainda nem leu. A minha está gasta e surrada, não há uma página que não tenha sido folheada. Então, por que você não gasta a sua Bíblia um pouco e então a gente conversa de novo daqui alguns anos?

Eu tinha me desviado da pergunta dele, mas não conseguia parar de pensar nela. Um dos meus trabalhos é dar entrevistas; são 35 anos de perguntas em mais de cinquenta idiomas. E a pergunta que mais me fazem é: "No que você acredita?"

E a segunda pergunta que mais me fazem é: "Tem certeza?"

Decidi que precisávamos de um projeto em família. Costumamos nos juntar quando um de nós tem algum projeto importante. Trey com o futebol americano, Willow com sua música, Jaden durante *Karatê Kid*, Jada ou eu mesmo num set de filmagem — havia algo que nos unia quando trabalhávamos juntos. *Depois da Terra* se tornou o projeto que iria nos renovar e reconectar.

Eu tinha assistido a um programa chamado *I Shouldn't Be Alive* [Eu não deveria estar vivo]. Nele eram contadas diferentes histórias sobre experiências onde havia risco de vida e encontros chocantes com a morte. Uma das histórias era sobre pai e filho que ficaram presos na natureza selvagem, a quilômetros e quilômetros da civilização. O pai saiu ferido de um acidente e o filho adolescente teve que viajar sozinho por um terreno perigoso para encontrar ajuda e salvar o pai.

Enquanto eu assistia, ficava me imaginando ferido e incapacitado, e Jaden atravessando a natureza selvagem, tentando chegar na civilização para me salvar. A situação ficou na minha cabeça — uma história de crescimento sobre um jovem tentando salvar o pai. A ideia se transformou num filme — também seria sobre um pai tentando aprender a confiar e a depender do filho. Seria uma metáfora, uma forma de curar o relacionamento deles.

Naquele tempo eu também experimentava mudar a época e o local da história: seria possível pegar uma boate em Berlim nos anos 1940 e passar para duzentos anos no futuro, mantendo as verdades humanas universais? Mandei o episódio de *I Shouldn't Be Alive* para M. Night Shyamalan. Ele gostou muito do episódio e concordou que havia um filme ali. Quando Night gostou da ideia, vi aquilo como um sinal. Night tinha se comprometido a filmar todas as cenas internas de seus filmes em apenas uma cidade: Filadélfia.

Night morava nos arredores de Philly; eu nunca tinha trabalhando num filme na minha cidade natal. Minha família imediata e a minha família estendida ficariam juntas por três meses. Meu pé estava pisando fundo no acelerador.

Eu também tinha concordado em mentorar o irmão de Jada, Caleeb Pinkett, no processo de desenvolvimento de roteiro. Ele é fanático por história, e historiadores costumam ter intuições perspicazes em relação a personagens e enredos. Ele era um aluno exemplar, e era meu cunhado. Família, família, família.

JL odiou a ideia. JL odiou o primeiro tratamento. JL odiou o timing. JL odiou tudo ligado ao projeto. "É apenas um conceito", disse JL. "Termine o roteiro. Conclua a história. Não vamos começar até sabermos o *que* estamos começando."

Mas eu não dei ouvidos. Precisava disso para salvar a minha família. E então havia a promessa secreta, meu plano secreto: fazer Jaden se sentir amado, protegido e cuidado durante todo o processo. Ele saberia, sem sombra de dúvidas, que seu pai se importava com os sentimentos dele.

Depois da Terra se passava um milênio no futuro, após a humanidade ter deixado o planeta inabitável. Pai e filho caem no lugar mais perigoso do Universo: a Terra. As tomadas internas do filme foram filmadas em Philly, e as tomadas externas seriam filmadas em Moab, Utah e Costa Rica. O personagem de Jaden, Kitai, teria que avançar por florestas, rios, planícies, cânions e correntes vulcânicas para salvar o pai ferido.

Eu estava determinado a criar um ambiente alegre e amoroso no set para Jaden. A Costa Rica era quente (tanto em temperatura quanto no outro sentido). Pedi para armarem tendas gigantescas, com ar-condicionado, em todas as locações, para que Jaden pudesse descansar entre as gravações — mesas de pingue-pongue, comida, música, um lugar para tirar um cochilo.

— Que porra é essa de tenda, caralho? — disse Darrell, me puxando para um canto.

— Está quente, D, eu só quero que ele se sinta confortável.

— Confortável? Você vai transformar esse pretinho num *folgado*. O seu personagem é o maior general do universo. Como ele vai te salvar saindo da porra de uma *tenda*? Deixa a bunda dele assar no sol que nem a de todo mundo.

Darrell vinha sendo meu mentor, meu treinador e confidente havia uma década. Ele me cutucou, socou e me motivou na direção dos meus sonhos mais loucos. Ele sabia como construir vencedores; esteve lá na luta de Sugar Ray contra Marvin Hagler; sabia criar soldados. Não sei bem o motivo de não ter contado a ele pelo que eu estava passando e o que eu estava fazendo; eu provavelmente estava envergonhado, ou talvez tenha chegado à conclusão de que ele não entenderia. Mas Darrell enxergou as minhas ações como um tipo de sabotagem. Eu estava quebrando todas as regras que tinham definido a nossa conquista vitoriosa.

Isso colocou uma barreira entre nós, que com o tempo acabou se tornando uma rusga e por fim resultou em uma separação. Paramos de trabalhar juntos. Naquela época eu não conseguia reunir coragem para me comunicar com ele de forma direta. Nossa parceria de mais de uma década, de enorme sucesso, acabou sem nem mesmo uma conversa.

Darrell mais tarde me confidenciaria: "Você partiu o meu coração e nunca nem me contou o motivo."

Quanto ao meu relacionamento com Jaden, a gravação foi perfeita. Quando eu ia até o set de *Karatê Kid*, Jaden murchava e perdia a energia — era como se o inimigo tivesse chegado. Eu era a pessoa que iria forçá-lo, incentivá-lo a repetir alguma cena, estender a gravação na China por mais um mês porque eu não estava feliz com o resultado. Mas em *Depois da Terra* não permiti que a gravação passasse um minuto para além da agenda de gravação dele. Eu era o guardião de Jaden.

Certo dia, no set — naquilo que foi o ponto mais alto da minha paternidade com Jaden —, ele estava gravando uma cena de ação em um palco sonoro e eu estava produzindo uma cena em outro. Eu não estava em cena com ele, mas tinha um monitor no qual podia ver tudo o que ele fazia. Um dos coordenadores pedia a ele que fizesse um movimento com o qual Jaden estava desconfortável. Ele tentou explicar algumas vezes que não queria fazer aquilo, mas o homem não aceitava não como resposta. Eu podia ver pelo monitor que eles estavam discordando, por isso aumentei o volume.

— Não parece realista pra mim — disse Jaden respeitosamente.

— Bom, vamos só fazer algumas tentativas — insistiu o coordenador.

E então, as melhores palavras que já ouvi saindo da boca de Jaden:

— Alguém pode chamar o meu pai, por favor?

Isso me enche de lágrimas toda vez que lembro. Eu tinha transformado o nosso relacionamento; tinha purificado a percepção que ele tinha de mim; eu não era mais o ogro que iria forçá-lo e puni-lo. Eu era a pessoa por quem ele chamava nos momentos de dificuldade. Ainda consigo vê-lo ali, confiante. Era como se ele soubesse que tinha um leão que o protegeria — ele não queria soltá-lo em cima de ninguém, mas sabia que poderia fazer isso se precisasse.

Na minha juventude eu sabia que tinha um leão, mas odiava o fato de que às vezes ele mordia *a mim mesmo*.

A gravação de *Depois da Terra* foi uma experiência mágica de conexão entre mim e Jaden. Ele tinha acabado de entrar na adolescência — o timing mitológico era perfeito. Eu tinha sido bem-sucedido em ilustrar o tamanho do meu carinho e da minha preocupação. Mas, em minha preocupação com o bem-estar dele, desviei meu típico foco hipersensível da narrativa, do roteiro e da modelagem geral do filme. Como resultado, aquela lua de mel entre pai e filho durou pouco. *Depois da Terra* foi um gigantesco fracasso de crítica e bilheteria. E o pior foi que Jaden levou a pancada. Os fãs e a imprensa foram absurdamente cruéis; falaram e publicaram coisas sobre Jaden que me recuso a repetir aqui. Jaden tinha seguido fielmente todas as minhas instruções, e eu o submeti ao pior linchamento público pelo qual ele já passou.

Nunca conversamos sobre isso, mas pude perceber que ele se sentiu traído, enganado e que perdeu a fé na minha liderança. Jaden gosta de vencer, e não se importa em sofrer um pouco para garantir uma vitória. (Isso também é um problema inerente à paternidade — não existe isso de "fórmula pronta" quando se trata da criação dos filhos. Cada filho precisa de coisas diferentes.)

Eu li o suficiente para saber que um estágio fundamental no processo de um garoto se tornar homem é o momento da individualização em relação ao pai, aquele momento em que ele se dá conta de que o pai não é o Superman. Ele é um humano falho. Aquele momento em que ele toma a assustadora decisão de se separar do pai e viver e morrer à sua própria maneira.

Assim como Papa com o tabuleiro de xadrez, é algo por que todo pai espera. Mas aos 15 anos, quando Jaden pediu para ser emancipado, o meu coração se partiu. Ele no fim acabou desistindo da ideia, mas é uma merda quando você machuca seus filhos.

Naquela época cheguei à preocupante conclusão de que buscar o sucesso com empatia era impossível, e que só seria possível se preocupar com os sentimentos das pessoas *ou* vencer.

Era preciso escolher *uma* das duas coisas.

Na noite do 37º aniversário de Jada, eu tive uma visão. Vislumbrei a 40ª festa de aniversário dela — era gigantesca, intensa. Seria o Taj Mahal das festas de aniversário. Algo do qual ela nunca se esqueceria: uma demonstração pública do meu amor e do meu carinho que iria consertar tudo.

Planejei a festa por três anos.

Eu amo planejar eventos, orquestrar espetáculos e momentos emocionantes. Na minha mente, uma vida feliz depende da qualidade das suas memórias, por isso estou sempre atrás da memória mais vívida que puder criar.

Jada tinha sido muito próxima da avó, que tinha morrido alguns anos antes. Em segredo, entrei em contato com Karen, tia de Jada, que era a arquivista da família. Karen tinha fotos, vídeos e cartas da avó de Jada, e ela recentemente tinha descoberto microcassetes nos quais a avó de Jada tinha gravado os pensamentos dela durante suas últimas semanas de vida. Ninguém na família tinha ouvido as fitas ainda.

Elas seriam as peças centrais da minha apresentação de aniversário para Jada.

O conceito era brilhante. Eu faria um documentário curto sobre a vida de Jada. Contratei uma equipe de produção para pesquisar a genealogia da família dela, rastreando sua linhagem até a escravidão. Então contratei um diretor para compilar as informações e fazer o filme.

Mas o filme por si só não seria Taj Mahal o bastante.

Jada amava Santa Fé, no Novo México, e o cenário artístico de lá. Seria um fim de semana surpresa de três dias. Fechei um hotel na cidade, convidei nossos amigos mais próximos e familiares. Teríamos jantares gourmet ao ar livre todas as noites, seguidos por um evento surpresa. Sexta-feira à noite seria uma apresentação artística particular; na manhã de sábado haveria uma peregrinação espiritual (uma caminhada até Picacho Peak). Consegui que os pintores favoritos de Jada viessem e fizessem pinturas personalizadas e dessem aulas para a família. Mary J. Blige amava Jada e aceitou fazer uma apresentação no sábado à noite. E a cereja do bolo daquele fim de semana seria a revelação do documentário sobre a vida dela.

Esse seria o meu grande triunfo, a forma pela qual conquistaria novamente o coração da minha esposa.

A primeira noite foi perfeita — um jantar íntimo à luz de velas num terraço rústico do lado de fora. Havia umas vinte pessoas. Eu queria que fosse pequeno o bastante para Jada, mas grande o bastante para mim. Um violoncelista tocou enquanto jantávamos; o clima era calmo e amoroso. Todos recontaram suas histórias favoritas sobre Jada. Tudo correu perfeitamente. A noite de sexta serviu como preparação para o que viria no dia seguinte; agora o sábado chegaria com tudo.

No sábado de manhã o restante dos convidados chegou. Eu tinha várias atividades planejadas — golfe, caminhada, brunch, tratamento spa. Queria que todos ficassem livres para fazer o que quisessem até o sol se pôr, então seria a *minha* vez de brilhar.

O jantar estava marcado para às 18h. Agora havia em torno de quarenta pessoas.

O jantar aconteceu sem nenhum problema. Todos comentavam sobre como a decoração estava linda, como a comida estava deliciosa; eu até escutei algumas mulheres provocando os maridos.

"Quando eu fizer 40 anos é melhor você planejar uma Festa do Will para mim."

"Bom, meu aniversário de 40 anos passou batido, mas mesmo assim continuei com você, então que pelo menos o meu aniversário de 50 anos seja assim."

"Será que Will e Jada precisam de uma esposa?"

Eu era o marido perfeito. E eles nem notaram que eu estava só começando. O jantar tinha sido mais do que aquilo que todo mundo podia esperar — uma demonstração singular de amor que o imperador Shah Jahan teria aprovado. Pouco antes da sobremesa, comecei a bater minha colher na taça de vinho. (Eu tinha visto isso em filmes, mas nunca tinha feito na vida real. Funciona!) "Bom, primeiro eu gostaria de agradecer a todos vocês por virem até aqui celebrar os 40 anos de Jada. Se vocês assim permitirem, comeremos a sobremesa no jardim."

Conduzi a todos de forma cerimoniosa. Um corredor de flores de vinte metros de comprimento tinha ficado oculto durante todo o jantar. A revelação atraiu suspiros da multidão. O interior do arco era forrado com fotos de Jada, uma galeria celebrando o seu poder, sua beleza e a sua contribuição para nossa vida, uma iluminação perfeita não só para as fotos, mas também para a qualidade e a abundância do meu amor.

Na outra extremidade do arco havia um palco ao ar livre. Mais uma vez, a multidão reagiu com admiração. Jada parecia estar se divertindo, mas estava quieta — não consegui fazer uma boa leitura dela. Mas não importava, porque eu sabia que o documentário seria um gigantesco acerto emocional.

Escoltei Jada até o assento dela na primeira fila. Gammy também não tinha visto ou ouvido nenhuma das gravações da mãe dela, por isso eu a sentei do lado de Jada. O restante dos convidados se misturou enquanto tentava pegar os melhores assentos possíveis. Eles podiam sentir que algo especial estava para acontecer.

Eu tinha rastreado a família de Jada até a escravidão. Tinha encontrado fotos e histórias de heróis de guerra do Exército da União, homens de negócios da Wall Street negra, escravizados, médicos, artistas, todos tinham sido ancestrais dela. Eu tinha voado em segredo com Jaden até a igreja na Jamaica onde os bisavós dela tinham se conhecido e se casado.

O ponto alto e cômico do filme era o encontro entre mim, Jaden, o irmão de Jada, Caleeb, e um descendente da família que tinha sido dono da família de Jada durante a escravidão. Então, imagine que você é um gentil contador de 67 anos num pequeno subúrbio nos arredores de Cleveland, Ohio. É uma quarta-feira normal na sua vida normal; você está assistindo *Jeopardy!* com a sua esposa amorosa. Você acabou de elogiá-la pela carne assada que ela preparou, então escuta uma batida na porta, e lá está Will Smith e o Karatê Kid. E o tio do Karatê Kid.

E uma equipe de gravação.

O homem e a esposa entraram na brincadeira. Por acaso ele calhava de ser o "historiador" da família dele; conhecia as histórias, os nomes e as pessoas de quem estávamos falando. Ele nos mostrou fotos e objetos, e por fim nós o fizemos se desculpar formalmente na frente da câmera.

— Feliz aniversário, Jada — disse ele. — Desculpe pelo mal-entendido!

O público estava se matando de rir. As pessoas não conseguiam acreditar quão longe eu tinha ido. Ouvi pessoas dizendo "o Will é um bobão" e "Eu nunca vi nada desse tipo!" e "O que diabos ele vai fazer no ano que *vem*?".

Eu ainda não tinha terminado.

O ambiente ficou em silêncio conforme a amada avó de Jada começou a falar. As gravações tinham sido direcionadas a membros específicos da família, muitos dos quais estavam presentes. Pela primeira vez desde a morte da avó, Jada ouvia a voz dela falando diretamente com ela.

Eu já tinha assistido ao vídeo umas cem vezes, por isso me concentrei em observar Jada. O lugar inteiro em lágrimas — a família dela, a minha família, todos. Menos Jada. Ela ficou imóvel, se recusando a fazer contato visual comigo. O vídeo terminou — familiares e amigos explodiram em aplausos.

Então a tela subiu, revelando Mary J. Blige.

Voltamos para o quarto de hotel. Jada ainda não tinha falado nada: nem um "obrigada", nem um "amei". Nada. Ela foi tomar banho. Eu fiquei sentado ali, esperando.

Depois de uns trinta minutos, Jada saiu do banheiro.

— Eu não quero fazer nada amanhã — disse ela. — Pode cancelar tudo o que tiver planejado.

Eu estava confuso.

— Tudo bem — falei, sufocando a minha crescente decepção. — Já está tarde, vamos só esperar até amanhã e ver como você se sente.

Para o dia seguinte, eu tinha agendado uma aula de pintura em grupo com uma das pintoras favoritas dela, Beth Ames Swartz, que eu tinha levado de avião até lá especificamente para esse evento.

— Estou te dizendo como me sinto. Não quero fazer isso — disse Jada.

— Bom, você não sabe o que é, então não tem como saber se quer fazer isso ou não.

— É o *meu* aniversário... só cancela! — irritou-se Jada.

— Eu vou cancelar *de manhã*. Vamos dormir e você vê como se sente amanhã — falei irritado de volta.

— CANCELA AGORA! — gritou Jada.

— Qual é a porra do seu *problema*? — indaguei.

— Aquela foi a exibição de ego mais *nojenta* que eu já vi em toda a minha vida! — disse ela.

— Ego? *Ego?* Você é a mais ingrata... eu *nunca, jamais,* farei *merda nenhuma* pra você de agora em diante.

— Ótimo. Eu também não *quero* merda nenhuma vinda de você!

Estávamos os dois gritando a plenos pulmões, o que era bem incomum. Nós dois tínhamos lutado para transcender as agressões verbais dos nossos lares de infância. Aquela noite foi diferente de todas que vieram antes e depois. A panela de pressão da nossa fotografia perfeita estava prestes a explodir.

Ficamos tão imersos na briga que tínhamos esquecido que estávamos compartilhando a suíte com Willow. Havia um loft minúsculo acima do nosso quarto. Willow estava ouvindo o tempo todo.

Willow surgiu devagar, assustada, tremendo, chorando, as duas mãos agarrando as orelhas.

— *Parem com isso! Parem! Por favor, parem!*

Foi o pior que já me senti como pai. Eu imediatamente me acalmei e fui tentar consolar Willow. Ela se encolheu, se recusando a deixar que eu encostasse nela.

— RESOLVAM ISSO! Os dois, resolvam isso!

Tendo dito isso, Willow saiu e foi dormir com Jaden.

Jada e eu não voltamos a nos falar em Santa Fé. Não conversamos no voo de volta para Los Angeles. Não nos falamos por dias depois de chegar em casa.

Nosso casamento não estava dando certo. Não conseguíamos mais fingir. Nós dois nos sentíamos péssimos, e estava evidente que algo tinha que mudar.

— Eu desisto — falei. — Desisto de tentar fazer você feliz. Você está livre. Você precisa sair e fazer a si mesma feliz e me provar que isso é possível. Mas eu desisto... você vai cuidar da sua vida e eu vou cuidar da minha.

Jada e eu estávamos padecendo da morte brutal das nossas fantasias românticas, a destruição da ilusão idealizada do casamento perfeito e da família perfeita.

Nenhum de nós queria o divórcio; sabíamos que amávamos um ao outro, e alguns aspectos da nossa união eram mágicos. Mas a *estrutura* da vida que tínhamos estabelecido estava sufocando nós dois. Tínhamos nos casado durante os nossos vinte anos e agora tínhamos quarenta. Nossas crianças interiores feridas estavam sufocando uma à outra. E isso precisava parar. Nós dois tínhamos coisas para mudar, e concordamos que essa fase não seria vivida em conjunto. Houve um despertar doloroso para a realidade de que éramos dois indivíduos em jornadas independentes, próprias. Tínhamos simplesmente escolhido caminhar juntos durante aquele período.

Choramos feito crianças, nos abraçamos e concordamos em nos soltarmos um do outro.

Doai os vossos corações, mas não aos cuidados um do outro.
Pois apenas a mão da Vida pode conter vossos corações.
E uni-vos ainda que não muito próximos:
Pois os pilares do templo se mantêm afastados.

Jada me enviou esse trecho de Kahlil Gibran e repetiu de novo e de novo: "O que é real permanece."

Tínhamos chegado à conclusão de que ninguém tem o poder de *fazer* o outro feliz. Você pode fazer o outro sorrir; pode criar um momento que o ajude a se sentir bem; pode contar uma piada que o faça rir; pode criar um ambiente no qual ele se sinta seguro. Podemos e *devemos* ser prestativos, gentis e amorosos, mas se o outro é *feliz* ou não está completamente fora do nosso controle. Todos precisamos travar uma guerra interna solitária em busca da própria alegria.

Concordamos que a felicidade de Jada tinha que ser responsabilidade dela, e a minha felicidade tinha que ser minha responsabilidade. Iríamos buscar nossa alegria interior separadamente, e então voltaríamos e nos apresentaríamos já felizes para o relacionamento e um para o outro — não vindo até o outro mendigando com copos vazios, exigindo que o outro preenchesse nossas necessidades. Sentimos que esse modelo de relacionamento vampiresco era injusto, fantasioso, destrutivo — até mesmo abusivo. Colocar a responsabilidade pela sua felicidade em outra pessoa que não você mesmo é uma receita para a frustração.

Capítulo 19

RETIRADA

Eu tinha alcançado tudo aquilo com que tinha sonhado: carreira, família, negócios, saúde, superestrelato, uma casa com um nome. Na verdade, era *melhor* do que eu tinha sonhado. Mais dinheiro, mais fama, mais propriedades, mais sucesso. *E* eu fiz tudo do jeito certo. Eu tinha chegado ao topo da montanha — depois descobri que as nuvens tinham ocultado um pico ainda maior, e então escalei *aquele* também. Tirando ressuscitar uns manos do além, o que mais eu poderia fazer? Fiz tudo de forma grandiosa, ousada e brilhante, como nenhuma outra pessoa jamais o fizera. Ou provavelmente *fará*.

Por que diabos todo mundo está tão irritado? Como é possível que a minha vida esteja desmoronando... *de novo?!*

O que não estou percebendo?

Sou só eu ou *todo mundo* que passa por um término ou uma fase difícil no relacionamento liga para a ex?

Acho que, de alguma forma, conversar com alguém que te odeia menos do que antes traz alívio. Essa pessoa já processou o desapontamento dela e a decepção, refletiu com a distância e o tempo, subtraiu do total os 12 ou 15% que *agora* enxerga como sendo culpa dela (na verdade é algo mais próximo de 50%), fazendo com que os "bons tempos" fiquem marcados na memória dela e uma pontada prazerosa de nostalgia surja quando o seu número aparece no identificador de chamadas. (E não nos esqueçamos: elas agora odeiam o *atual*, então você nem parece assim tão ruim.)

Tanya tinha se mudado para Trinidad depois do nosso término. Ela queria sair de Los Angeles — muito barulho, muitas lembranças, provavelmente até mesmo muito Will. Mas ficamos de boa e eu a ajudei a se mudar. Não a via fazia alguns anos — ela estava casada agora, com dois lindos bebês ilhéus bronzeados, Marley e Sekai.

A voz dela soava diferente ao telefone, diferente de um jeito praiano: uma suavidade adocicada pelo sol, uma transformação que influenciara até o seu nome. Ela tinha passado a usar o nome Tyana, Ty para encurtar — uma mudança exterior para manter a essência de quem ela era, ao mesmo tempo que indicava o expurgo de antigos venenos.

Ty e a família estavam de volta a Los Angeles para o feriado de Ação de Graças. "Você precisa conhecer Scoty!", disse Ty. "Estou te falando, vocês iriam se dar bem." Ela me dizia isso havia anos.

Seu marido, Scoty Sardinha, era um artista de Trinidad e Tobago, e bem diferente dos executivos, jogadores do Lakers e rappers/atores com quem ela costumava se relacionar. Scoty era diferente (ah, e ela não o odiava — na verdade, era bem o oposto disso). Eu vinha ouvindo falar sobre ele e a beleza de Trinidad por amigos em comum que Ty tinha hospedado em seu novo paraíso na ilha. Queen Latifah tinha acabado de voltar, e estava falando maravilhas sobre o local. Queen tem gosto requintado, e é muito exigente com as acomodações, então, quando ela fala que um lugar é bom, saiba que é bom mesmo.

— Preciso pegar o seu marido emprestado — falei.

Não sei por que eu falei assim — eu devo ser muito dramático. Amo chocar as pessoas e gosto da diversão que é tatuar uma frase na memória de alguém. Acho que isso quebra o gelo para mim; se eu falar do jeito certo, a coisa fica tão chocante que dissipa o choque da bobeira chocante que acabei de dizer.

— Ih, caramba — disse Ty —, por quanto tempo você precisa dele...? E, mais importante, para que vai *usá-lo*?

A gente sempre se divertiu juntos.

— Eu nunca estive em Trinidad — falei. — Queen disse que é incrível.

— Ah, isso é perfeito! — disse Ty, animada.

Dava para perceber que ela já estava visualizando as festas na praia e as exposições de arte para as quais iriam me levar.

— Vamos mês que vem, para o Natal — sugeriu ela.

— Quero que ele me leve amanhã — respondi firmemente. — Preciso sair de Los Angeles.

— Caralho, negão, amanhã é o Dia de Ação de Graças!

Ty me conhece há tempo o bastante para saber quando estou com algum problema. E ela me amou por tempo o bastante para querer ajudar.

— Quer dizer, tá bom, vocês podem *comer*... Vamos *depois* do jantar — falei de forma apaziguadora.

— Eu não posso ir amanhã — respondeu Ty.

— Eu quero ir só com o Scoty.

Silêncio.

Silêncio.

Silêncio.

— Alô?

Scoty Sardinha nunca tinha pisado num jato particular antes. E já fazia quase 15 anos que eu não ia a lugar algum sem um segurança.

— Isso, cara — disse ele com seu sotaque caribenho gingado, dreadlocks presos para trás. — Sem problemas, cara. É a *minha* ilha. Eu conheço *muita* gente lá. Confia em mim. Vai ficar tudo bem. Não se preocupa.

Scoty definitivamente *não era* o tipo de cara com que eu costumava andar. Ele era tranquilo e se sentia confortável deixando as coisas acontecerem ao redor dele. Eu estava acostumado a lutar e moldar o universo à minha vontade por meio de disciplina pura e esforço. Scoty parecia feliz em deixar o universo se dobrar na direção que bem entendesse e então se sentar, *inspirar* e dar uma risada.

— Vou mostrar a você como é uma verdadeira experiência em Trini — disse Scoty em algum lugar acima do golfo do México.

Décadas haviam se passado desde que eu tinha ido a qualquer lugar sem que o lugar recebesse um roteiro e um briefing.

— Tem certeza de que vai estar tudo bem quando pousarmos? Eu sou meio famoso — comentei.

— De boa, cara! Tô te falando: o povo de Trini é gente boa. Vai ser o período mais tranquilo da sua vida! Eles não analisam demais as pessoas. Não vão nem ligar pro fato de você ser Will Smith. Vai dar tudo certo, confia em mim.

Pousamos no Aeroporto Internacional de Piarco por volta das 14h.

A confusão teve início.

Toda a equipe do aeroporto estava na pista de pouso. Seguranças do aeroporto me cercaram e me escoltaram até uma sala particular. Scoty estava chocado — ele nunca tinha visto uma coisa daquelas.

— Não sei por que eles estão agitados desse jeito. Estão agindo como se fosse uma coisa de outro mundo. Que confusão!

Scoty pegou o telefone para ligar para Jason, o contato dele que iria nos buscar.

Scoty não sabia nenhuma das Regras das Estrelas de Cinema™, especialmente a regra 4a, seção II: *Planeje-se com antecedência para todas as chegadas e partidas.* É difícil conduzir astros do cinema no meio da multidão. Nota: você deveria ligar para o amigo que vai buscar você e o astro do cinema *antes* de pousar no aeroporto.

— Jason! Não, maaaano! — gritou Scoty no celular. — Eu te falei que a gente tava chegando! Nããão, Jason! Eu quis dizer que estava no avião... te liguei do avião. Se liga, cara! Era um avião pessoal. *Particular!* Cadê você, cara? Em quanto tempo você chega? Jason! Nããããão. Isso é tempo demaaaaais. Dirige mais rápido!

A essência do charme de Scoty é que ele não enxerga as pessoas como "alguém e ninguém" — todo mundo é alguém. Não me lembrava da última vez que tinha carregado a minha própria bagagem. Por mais tolo que isso pareça, estar num país estrangeiro, sem seguranças, sem assistentes, para mim era uma aventura épica, intimidante.

Quarenta minutos depois, a segurança do aeroporto nos escoltou até a SUV de Jason. Entramos no carro e fomos para a casa de infância de Scoty.

Eu não sabia bem o que estava buscando, mas eu tinha falado para ele: "Nada de hotéis, motoristas, planos formais." Eu queria estar na *vida* dele, na casa *dele*, com os amigos *dele*, fazendo tudo que fossem fazer normalmente caso o Fresh Prince não estivesse ali.

Um dos seus amigos de infância, Che Lovelace, era um pintor de 43 anos que vinha de uma proeminente família de artistas de Trinidad. Ele tinha uma exposição naquela noite. Largamos as nossas malas na casa da mãe de Scoty e fomos para a apresentação de Che na Aquarela Galleries. Scoty estava dirigindo.

— Só relaxe e sinta-se em casa, cara! — disse Scoty. — A *minha* turma não vai te causar problemas. Todo mundo aqui vai respeitar seu espaço.

— Sei não, Scoty. Nunca estive aqui antes, mas talvez a gente devesse se preparar para o povo ficando meio animado.

— Nããão, cara, aqui não. Cenário diferente! Esse é o *meu* povo, e eles não são daquele jeito. O meu pessoal não gosta disso.

Chegamos na exposição — dois passos fora do carro e nos deparamos com a cena de uma multidão caótica. Algumas centenas de pessoas gritando, empurrando, agarrando, berrando. Era uma demonstração de amor, mas é como dizem, às vezes o amor machuca. Multidões animadas podem ser perigosas. Scoty agora tinha incorporado completamente o papel de segurança, tentando atravessar a multidão eletrizada do "pessoal dele".

Foi a primeira vez que tive um "segurança" que usava chinelos.

Também foi a primeira vez desde que me tornei famoso que eu não tinha apoio. Nenhum segurança, ninguém para chamar; eu não sabia onde estava, onde eram as saídas, onde ficava a embaixada dos Estados Unidos. Nada. Até parecia que eu não falava o idioma. É o que um bebê deve sentir ao ser expelido da segurança do útero.

Eu era um recém-nascido de 42 anos de idade.

Cruzamos a galeria. Agora seguros na área VIP, conheci Che e sua família: a irmã mais nova, Asha "Lulu" Lovelace; o filho de Che, Roscoe; e as filhas de Lulu, Ila e Eva. Existe alguma coisa no sol de Trini que torra as crianças até a perfeição — essas eram as crianças mais bonitas que você pode imaginar.

Che é um artista figurativo — o trabalho dele mistura realismo e abstração. Ele costuma pintar figuras do Carnaval local, usando tintas em tons pastel e pigmentos vibrantes, capturando vividamente a animação da vida caribenha. Eu me perdi nos olhos de uma representação dele de uma jovem mulher numa pintura que ele batizou de *Dancehall Queen*. Foi como se ela estivesse me recebendo na ilha. A exposição estava bem movimentada e aquela junção de pessoas, que formavam o caldeirão cultural que era Trinidad, era por si só uma tela.

Em determinado momento, voltamos para a casa da família Lovelace. Uma varanda coberta; música, comida, conversas. Aninhada numa área verdejante conhecida como Cascade, o exterior verde da casa fazia a construção quase desaparecer na florestava que a circundava. Uma curtição (a palavra usada em Trini para se referir a uma festa/reunião) aconteceu na varanda de madeira coberta, que era aberta na frente e nas laterais, dando para o jardim em declive e o Cascade Valley. Havia uma mesa de jantar, cadeiras Morris e o meu lugar favorito, a rede típica de Trini.

A família Lovelace é uma família de artistas, poetas, intelectuais. Earl Lovelace, o patriarca, é um renomado romancista, jornalista, dramaturgo e poeta. Lulu é professora de Cinema na Universidade das Índias Ocidentais; Walt, o irmão mais velho, é diretor de fotografia; a casa estava cheia das artes de Che. A conversa era animada e expansiva.

— Que cheiro doce é esse? — perguntei.

— Essa é a árvore ilangue-ilangue — disse Lulu. — O aroma é melhor nessa época do ano, quando as brisas vêm do oeste.

Eu nunca tinha ouvido a música da playlist de Lulu — os cantores senegaleses Ismaël Lô, Baaba Maal e Youssou N'Dour, tudo em harmonia com o balanço da árvore ilangue-ilangue, me transportando para uma doce melancolia. Comida deliciosa, brisa caribenha, crianças de pele acastanhada e dourada correndo para todo lado.

— Você vai dormir aqui? — perguntou Ila, do alto de sua inocência dos 6 anos de idade.

Eu ri aquela risada adulta que adultos riem quando não estão rindo de verdade.

Bem, Ila, com exceção daquela única noite na Suíte Lincoln, depois da cerimônia de posse de Bill Clinton, eu não durmo na casa de ninguém desde os meus 12 anos. Eu não durmo nem na casa dos meus pais quando vou pra Philly. Sei que você só tem 6 anos, Ila, mas você precisa entender que existem dificuldades logísticas para transportar em segurança um "ícone global" ao redor do mundo. Para começar, eu viajo com um mínimo de dez pessoas, o que significa que precisamos de ao menos onze quartos. E se pelo menos isso for possível, por motivos de segurança, a minha equipe vai ocupar um andar inteiro dos melhores hotéis no mundo. Evidentemente, meu *quarto é sempre aquele no fim do corredor; o quarto com as portas duplas...*

Sem mencionar o fato de que eu não conheço nenhum de vocês; eu mal conheço Scoty. Estou sozinho aqui, e eu nunca *fiquei sozinho. Então, a ideia de passar a noite com estranhos — ainda que sejam estranhos tão gentis e belos quanto a sua família — me assusta pra caramba.*

Então, sim, Ila, sim, eu vou dormir aqui.

— E onde fica o meu quarto? — perguntei a ela.

Meu quarto tinha sido apelidado de "Masmorra". Era uma área de depósito com uma vibe de garagem convertida em quarto de hóspedes. Livros, discos antigos de vinil e cerâmicas por todos os lados. A única mobília era uma cama baixa de madeira feita à mão que mais tarde eu descobriria ter sido feita por Scoty. Um lençol branco esticado por cima da janela sem vidro, de ferro forjado: os 26 graus das noites caribenhas não pediam mais nada.

Minha bagagem ainda estava na casa da mãe de Scoty.

— Amanhã venho trazer — disse Scoty, ao *ir embora*, largando o maior astro do cinema mundial sem nem mesmo uma escova de dentes na casa de um estranho.

Quando concordei em ficar ali, pensei que estava claro que eu estava concordando por mim *e* Scoty. *Eu não acredito que esse palhaço me deixou aqui... Charlie Mack vai enfiar a cabeça de Scoty na privada quando descobrir.*

Eu sempre sei o meu caminho. Era uma exigência de Papa. A qualquer momento, durante a minha infância, ele perguntava "Onde está o norte?" ou "Aponte para o leste". Ele deixava explícito que o passageiro em qualquer veículo é o navegador. O motorista tem a última palavra sobre o rádio e a temperatura — o passageiro/navegador cuida do mapa e diz se é para virar à direita ou à esquerda (e lanches — precisávamos alimentar Papa enquanto ele dirigia).

Naquela noite, no entanto, eu não conseguia ver a lua e tinha me distraído durante o trajeto até a casa. Eu certamente não estava sob as minhas constelações estelares de sempre. Ao me deitar trinta centímetros acima do piso de concreto em algum lugar do Caribe, comecei a dar risadinhas — minha típica reação para o trauma e a ansiedade. Minha risadinha se transformou em riso, meu riso se tornou uma gargalhada e a minha gargalhada se transformou em pura histeria.

Onde estou? O que estou fazendo? O que está acontecendo? Como a minha vida chegou aqui? Eu nem sei onde aqui *é. Ninguém que eu amo sabe onde estou. Seria o momento perfeito para alguém me matar; não que alguém fosse querer me matar — quer dizer,* As loucas aventuras de James West *não foi* tão *ruim assim.*

E se uma mulher entrasse aqui agora? E se ela estivesse usando um longo vestido branco transparente? E se ela colocasse o dedo nos lábios — shh. *E se ela me beijasse? E se ela me dissesse que eu estava no caminho certo?*

E se eu acreditasse nela?

* * *

Dormi por umas 12 horas.

Tinha ido dormir com 42 anos — quando acordei senti como se tivesse 28. Teria dormido mais, mas o cheiro de tomate choka, arenque defumado, pão sada roti, pão caseiro e frutas locais que não reconheci me atingiram como uma dose adocicada de sais de cheiro. Depois de passar vergonha comendo três pratos cheios e acabando com o pão que Ila tinha comido pela metade, Scoty finalmente apareceu.

Ainda sem a escova de dentes.

— O meu chegado, Jonathan, tem um iate Bertram — anunciou Scoty. — Estamos vendo de dar uma DPI.

Toda a família Lovelace soltou suspiros e bateu palmas — obviamente DPI era uma coisa boa.

— O que é DPI? — indaguei.

— Descida pelas ilhas.

Partimos por volta das 9h — eu, Scoty, Che, Lulu, Roscoe, Ila, Eva e Jonathan. Depois de uns quarenta minutos, adentramos uma gruta deserta, nos arredores de Chacachacare Island. Scoty, Che e Jonathan já estavam na água antes mesmo que a âncora tocasse o fundo do mar. Eu estava tentando permanecer acordado, mas possivelmente o leve balanço do Bertram ou o meu ataque glutão às sobras de Ila me enviavam de volta para a terra do cochilo.

Duas horas depois, acordei e encontrei o barco vazio. Todo mundo estava dentro da água agora, exceto talvez por Roscoe, o filho de 5 anos de Che. Ele comia uma manga madura, ou, para descrever mais fielmente, parecia vesti-la, ou a fruta o devorava — o garoto estava coberto de pedaços e suco de manga.

Gritei para Scoty e o grupo:

— Aí! Qual é o plano?

— O que você quer dizer, cara?

— Estou falando dos planos de hoje… o que vamos fazer?

— Tamos aqui — disse Scoty, apontando na direção do horizonte.

— Eu sei, mas o que estamos *fazendo*?

Todos se entreolharam. *Do que ele está falando?*

— Quer dizer, vocês têm alguns jet-skis ou coisa do tipo? — falei. — Tipo, o que tem por aqui? No que estamos nos metendo?

— Olha ao seu redor, cara — gritou Scoty de dentro da água —, estamos nos reconectando e curtindo.

O que caralhos é "reconectando" e "curtindo"?

Roscoe e a manga dele assistiam à interação. Voltei para dentro, deitei no sofá e fechei os olhos por mais trinta minutos.

Esses palhaços querem mesmo ficar sem fazer nada o dia inteiro. Eu estava morrendo. Meu telefone estava sem sinal, então nada de mensagens ou ligações. Nós estávamos a uma hora de distância da terra firme e a noventa minutos do aeroporto. Eu estava preso; me sentia como um animal enjaulado. Estava ficando... com fome. *Como ousam desperdiçar meu tempo valioso desse jeito?*

Eu me levantei e voltei para o convés. Eles ainda estavam no mesmo lugar, simplesmente boiando e tagarelando. Eu não conseguia entender o que estavam fazendo. Eu estava agitado, andando de um lado para outro, olhando a hora no meu telefone. E então eu percebi: notei a turbulência dos meus pensamentos e sentimentos, que estavam em total contradição com tudo ao meu redor, e pensei: *Ah, merda, isso é comportamento de noiado.* Eu *não* conseguia ficar parado. Minha mente estava agitada, eu precisava de uma atividade, um alvo, uma missão, uma atividade, uma aventura. Alguma coisa, *qualquer* coisa para *fazer*.

Meus olhos se encontraram com o de Roscoe, olhando por sobre o contorno de outra manga — essa era maior que a cabeça dele. Ele estava ali, olhando para mim de um jeito doce, como se dissesse: "Você sabe que parece *maluco*, né?"

Tudo lentamente voltou ao foco: eu sou um viciado? Não uso drogas, eu nem bebo direito, não sou viciado em sexo que nem uma daquelas hienas do gueto. Mas eu *não sei* como parar, ou ficar parado, ou ficar quieto, ou sozinho. Sou viciado na aprovação dos outros, em obter a aprovação deles. Eu me tornei viciado em *vencer*. E, para garantir e manter o meu fluxo de enormes vitórias, eu me tornei viciado em trabalhar, ralar e buscar a perfeição de forma obsessiva.

Mas havia um sentimento mais profundo em jogo. Eu via o tempo livre como meu inimigo, um lugar no qual você perde coisas. Quando deixei espaço entre Melanie e mim, ela me traiu. Papa via os espaços entre as atividades na oficina como preguiça. Darrell nunca quis que eu me sentasse na academia — ele via o tempo de descanso como a rachadura pela qual o princípio do prazer envenenaria todo o nosso trabalho duro. Eu nunca quis que Jeff colocasse interlúdios nos nossos discos porque via o intervalo entre as faixas como o espaço vago que faria o público parar de ouvir. Eu não queria deixar espaço nenhum entre o meu seriado, o filme seguinte e o meu próximo disco, porque não queria dar a oportunidade de as pessoas se apaixonarem pelo The Rock durante a minha ausência.

Mas o aspecto mais perturbador da minha necessidade de preencher cada segundo era que isso me impedia de sentir.

Minha mente voltou para a minha ligação com JL falando sobre *Eu sou a lenda*. O filme tinha quebrado recordes mundiais, mas mesmo assim eu não estava satisfeito. A doença sutil estava se tornando bem menos sutil. Eu me perguntei: *Quanto* Eu sou a lenda *precisava arrecadar para que eu me sentisse feliz? Quanto teria sido o bastante? De quantos filmes nº 1 de bilheteria consecutivos eu precisava? Quanto dinheiro seria necessário para que eu me sentisse seguro e protegido? De quantos Grammys ou Oscars preciso para me sentir amado e valorizado? Quão saudáveis os meus filhos precisam ser? Quantas vezes Jada precisa dizer "eu te amo"? Quando o bastante vai ser o bastante?*

O problema é que, quanto mais você tem, mais você quer. É como beber água salgada para matar a sede. Desenvolvemos uma tolerância que nos faz precisar de mais só para obter o mesmo sentimento.

Comecei a reconhecer o jogo, o truque, a insanidade, a cenoura na ponta da vara. Nunca gostei de filmes de vampiros, mas de repente entendi o mito por trás deles — são uma metáfora para o insaciável desejo humano, a sede eterna e a insatisfação crônica —, a tentativa de preencher um vazio espiritual com coisas externas.

Se vencer de forma incomparável e alcançar tudo aquilo com que sonhei não garantem a felicidade perfeita e a alegria definitiva, então o que faria isso?

Olhei para Roscoe. Até onde ele sabia, a chave para a felicidade era a manga.

— Entra! A água está quente! — gritou Lulu.

— Eu não sei nadar — respondi.

Evidentemente, eles nunca tinham ouvido um humano de verdade falar isso. Primeiro, todos riram, então se deram conta de que eu não estava zoando com a cara deles. E então todos me olharam como se eu estivesse estrelando um comercial da Unicef: "Por favor, ajude este nosso chegado, um típico afro-americano urbano... com apenas um dólar por semana você pode ajudar este palhaço a aprender a nadar."

Sempre temi o mar — ele parecia grande e imprevisível. Podia ser calmo e belo num minuto, e violento e monstruoso no outro. Mesmo quando criança eu ficava longe da água nas viagens em família para Atlantic City.

Eu me lembro de estar no Grand Canyon e Mãe-Mãe dizer: "Esse cânion inteiro foi feito pela água."

Aquela afirmação era assustadora para mim. O oceano e a água — a gente não se dava muito bem.

Uma das minhas memórias mais traumáticas de infância foi a de quase me afogar numa piscina pública. Ainda consigo me ver debaixo da água, desorientado — eu não conseguia descobrir como voltar para a superfície. Estava sufocando e sabia que ia morrer. Mãe-Mãe saltou da cadeira dela e mergulhou na piscina. Pude ver a mão dela vindo na direção do meu rosto. Ela me pegou por debaixo do braço e me levou para a borda da piscina.

Anos mais tarde, ao recontar a história do meu encontro com a morte para uma das amigas de Mãe-Mãe, o rosto da minha mãe se retorceu em confusão. Ela estava tentando me entender. Já estivemos nessa situação muitas vezes, mas ela percebe que há algo diferente agora.

— Você sabe que isso nunca aconteceu, não sabe? — indagou Mãe-Mãe gentilmente.

— Como assim? — respondi.

— Willard, isso nunca aconteceu — disse ela, agora com um pouco mais de urgência.

— Eu me lembro de tudo, mãe — respondi.

— Você nunca entrou numa piscina, você nunca entrou no mar. Matriculamos você na aula de natação uma vez, e você nem colocou o pé na água.

— Mas, mãe, eu consigo ver tudo. Você tinha um black e estava usando um maiô azul.

— Bom, deve ter sido a sua *outra* mãe, porque esta aqui nunca teve essa experiência.

Comecei a examinar a minha memória nos mínimos detalhes. E então me dei conta: *Se eu estava debaixo da água, como vi Mãe-Mãe pular na piscina?* Então a minha experiência cinematográfica entrou em ação: me dei conta de que os ângulos da minha lembrança visual não eram do meu ponto de vista. Na visão da minha mente, via o incidente como se estivesse observando da borda da piscina. Os dois ângulos meus e de Mãe-Mãe são impossíveis de coexistir na minha cabeça — é uma memória falsa. Mas toda a minha ansiedade com relação ao mar, meu medo e aversão à água, é totalmente real.

Essa revelação me choca. A minha memória é realmente tão pouco confiável? Será que sonhei com aquilo? Inventei tudo? Seria uma experiência de vida passada? Mas se for, o que diabos Mãe-Mãe fazia lá, e por que ela tinha um black?

Mas não fazia diferença: eu ainda odiava o mar.

* * *

A memória não é um registro perfeito daquilo que aconteceu. Não é um vídeo da sua experiência. Não é nem mesmo uma foto. É a sua representação artística, psicológica. É mais uma pintura abstrata impressionista do que aconteceu do que um retrato puro, sem filtros. *E* não é imutável — a pintura muda, desbota ou se expande com o tempo. De vez em quando você acrescenta cores a uma memória que não estava ali um ano atrás, ou cinco anos atrás, ou até mesmo mistura múltiplas memórias e as une numa só.

O problema é que a maioria de nós confia na memória sem pensar duas vezes. Nossas memórias são a base da nossa percepção da realidade. Então nos comprometemos com essas conclusões, liberando as emoções, ações e comportamentos correspondentes a elas. Seguimos pelo mundo apegados a nossas crenças falhas, despejando sobre nós mesmos as consequências cósmicas de ideias equivocadas.

Eu *confio* na memória de que quase me afoguei — na verdade, sou completamente comprometido com a verdade daquela história. A água é perigosa e tentou me matar quando eu era criança. Então, quando o meu irmão e as minhas irmãs estavam brincando no mar, eu estava sozinho na praia. Já adulto, não deixava os meus filhos entrarem sozinhos no mar. O medo e a ansiedade assumiram o controle na minha mente e então restringiram a minha capacidade de aproveitar a beleza de 70% da face da Terra.

— **É** só relaxar, cara!

Eu mal estava a nove metros da costa, mas o mar estava agitado. A água batia na minha cintura. Quando Scoty se sentou, a água batia no pescoço dele.

— Dê um mergulho e relaxe — disse ele. — A água não está cobrindo nem a cabeça.

— Aí, mano, tem alguma merda encostando nas minhas pernas — falei.

— Algas marinhas, cara! Sargaço! É um problema que ainda estamos resolvendo. Só entra na água.

Scoty enfiou a mão no fundo e agarrou um punhado do que quer que seja sargaço e jogou para longe de mim — aparentemente, o fato de que aquilo agora estava a dois metros de distância deveria me tranquilizar. Respirei fundo e me sentei. O mar estava quase translúcido, e quente feito água de banho. As ondas batiam em mim e me balançavam, me jogando de um lado para o outro.

— Não lute contra isso, cara — disse Scoty. — É um fluxo. Ela vai te levar pra lá, mas também vai te trazer de volta.

Scoty estava boiando calmamente, em total harmonia com o ritmo do mar, e eu estava sendo sacudido feito um imbecil. E ainda que nunca tenha conseguido me sentir completamente confortável, comecei a entender o relacionamento humano com o mar.

Reconectar e curtir.

O puxo e o repuxo da maré são como o batimento cardíaco do planeta. Quando as pessoas passam o dia inteiro no mar, elas estão entrando em sintonia com a frequência do planeta. Esse alinhamento, para Scoty, era a maior das experiências humanas. Quando passa tempo com alguém que ama, ele quer passar esse tempo no mar — surfando, pescando, passeando de barco, esquiando na água, nadando, reconectando e curtindo.

Quando fomos embora de Trinidad, eu tinha uma certeza: eu sabia que estava perdendo alguma coisa — alguma coisa da vida, alguma coisa sobre os relacionamentos, talvez até sobre mim mesmo.

Só não sabia o que era.

Mas não estava mais defendendo minhas antigas crenças com unhas e dentes. Eu estava aberto à ideia de que *talvez* a mentalidade de campo de batalha, na vida pessoal, não fosse o modelo de relacionamento ideal. Eu ainda não sabia quais seriam as novas ideias, mas tinha certeza de que haveria alguma.

Por que você teme o silêncio?

O silêncio é a raiz de tudo.

Se você espiralar no seu vazio, centenas de vozes ribombarão mensagens que você deseja ouvir.

— *Rumi*

Odeio quando as pessoas me mandam frases de Instagram que deveriam soar profundas. Elas sempre vêm com uma borda elaborada, e o fundo é sempre num tom de malva e a frase está com uma fonte de caligrafia ilegível — e as mais apelativas acrescentam a foto de algum homem asiático muito, muito velho.

O silêncio é a raiz de tudo não fazia o menor sentido para mim. Eu ganho a vida fazendo barulho. Eu estava bastante confuso, então respondi a mensagem: Que porra é essa???????

Meu telefone tocou na mesma hora. Era o meu chegado Antoine.

— Cara, não fica me mandando essas baboseiras pseudomotivacionais de Buda — falei. — Se vai me mandar alguma citação, me manda letras do Talib Kweli.

— É que acabei de voltar da Índia — disse ele, morrendo de rir, ciente de que não tinha nada que ficar me mandando aquelas besteiras de Rumi.

— Isso não é desculpa — respondi. — O que você tava fazendo na Índia?

— Fiz um negócio chamado Vipassana. É um retiro *silencioso* de dez dias... nada de televisão, nada de telefones, nada de conversa. Foi insano. Você *precisa* fazer isso.

— Ficar sem falar por dez dias? Qual é o nome disso mesmo?

— Vipassana... significa "ver as coisas como realmente são".

Antoine e eu não nos falávamos fazia mais de um ano, mas acho que ele precisava de alguém para conversar.

É esquisito como as pessoas podem sentir quando você está buscando algo — a curiosidade parece emitir energia numa frequência diferente. Assim que você se abre para coisas diferentes, é como um grito cósmico num megafone energético: *Aí! Cadê vocês? Não tão vendo que tô com dificuldades aqui?*

— É, cara, não sei se estou pronto para a Índia — confessei. — Mas gosto da ideia de ver as coisas como realmente são.

Durante toda a minha infância dividi um quarto com Harry. Se criássemos uma linha do tempo que fosse desde o dia em que conheci Melanie, aos 14 anos, até o meu casamento, nos dias atuais, só fiquei solteiro por 15 dias. Odiava ficar sozinho.

Queria dar espaço para Jada em Los Angeles, então decidi passar algumas semanas sozinho, apenas eu, eu mesmo e eu próprio — queria ver se nós três nos daríamos bem. Sem televisão, sem telefone, sem outras pessoas.

Sem falar.

Fui para a nossa casa nas montanhas em Utah. Totalmente isolada; a 2.500 metros de altitude. Dei um jeito para que comida fosse deixada na porta, mas sem contato humano. Com a exceção de uma solitária caminhada matinal, não sairia de casa por 14 dias seguidos.

Antoine só tinha feito dez, então eu *tinha* que superá-lo.

O primeiro dia foi empolgante. Nenhuma mensagem, nenhum e-mail, nenhuma ligação. Eu estava preparando as minhas próprias refeições pela primeira vez em trinta anos — eram horríveis, mas me senti bem só de tentar. Nada de televisão, computadores, com a exceção do meu iPad, que eu tinha enchido de livros. Pela primeira vez na vida li um livro inteiro em um dia: *Quando tudo se desfaz*, de Pema Chödrön.

Os dias dois e três pareceram ter 39 horas cada um, o que teria sido suportável não fosse o falatório incessante do povo que mora na minha cabeça.

Os dias quatro e cinco quase acabaram comigo. Eu estava subindo pelas paredes. Cheguei a pensar em tomar algo para dormir durante o dia para ter algum alívio. Só que de alguma forma sabia que Ny-Quil não era uma substância aprovada para o Vipassana. Eu tinha me comprometido a fazer 14 dias, e aprendi há um bom tempo que posso até quebrar uma promessa que fiz a você, mas jamais quebrarei uma promessa feita a mim mesmo.

No dia seis eu me vi diante do espelho com uma pinça, arrancando pelos da minha sobrancelha. Sabia que estava com problemas.

Por volta do dia sete, eu tinha sobrancelhas belamente esculpidas e descobri que existe um nome para essa condição: tricotilomania, também conhecida como o transtorno de arrancar os próprios cabelos. Eu sabia que não tinha isso, mas sempre haveria o dia oito.

Dia oito:

É isso, preciso ligar para alguém.

Merda, não, não vou fazer isso.

Por que sinto que vou chorar?

Vipassana é idiota pra caralho.

Espera aí, que horas eu comecei? Estou contando um dia a partir da meia-noite ou da hora exata em que comecei? Então, hoje é o dia oito ou nove?

Antoine é um idiota do caralho.

Rumi também.

No dia nove, notei que meus sonhos estavam se tornando mais vívidos e ideias estavam fluindo. Comecei a encher um caderno depois do outro com rimas e canções, pensamentos, opiniões, filmes e poesia.

Também comecei a ler sobre meditação e fiquei intrigado com a ideia de "observar a minha mente". Foi a primeira vez que entrei em contato com palavras como "auto-observação", "autoinvestigação", "consciência" e "percepção". Senti o gostinho passageiro daquilo que mais tarde eu viria a reconhecer como sendo "paz". Não durou muito, mas era um rastro que eu aprenderia a seguir.

Esse tempo sozinho em Utah deu início ao maior período de leitura da minha vida, um período que duraria pelos próximos anos. Como uma lista muito parcial, eu devorei: *A autobiografia de Malcolm X; Bhagavad-Gita: A trilha menos percorrida; Dom Quixote; A alma indomável; Os ensinamentos de Buda; A odisseia; Moby Dick; Como fazer amigos e influenciar pessoas; As cinco linguagens do amor; O homem é aquilo que ele pensa; Oneness; A arte cavalheiresca do arqueiro zen; A república* de Platão; *O caminho do homem superior; João de Ferro; A mensagem; Eu sei por que o pássaro canta na gaiola; The Power Path; O homem em busca de um sentido*; e mais e mais e mais e mais. Eu devo ter lido uns cem livros nos anos seguintes.

O dia dez foi a primeira vez que tentei meditar.

No dia onze desisti da meditação. Parecia que a minha mente estava me atacando.

No dia doze tentei dar uma segunda chance para a meditação.

Li *Meditation: How to Meditate: A Practical Guide to Making Friends with Your Mind* [Meditação: Como meditar: Um guia prático para fazer amigos usando o poder da sua mente], também de Chödrön. *Eu gosto de fazer novos amigos*, pensei. Comecei a tentar ouvir e observar o que se passava na minha cabeça, e uma dolorosa conclusão atravessou minha mente: eu não estava gostando de ficar sozinho comigo mesmo. Na verdade, eu queria fugir de mim o mais rápido possível.

E então percebi: *Se* eu não quero ficar comigo *mesmo, por que diabos* outra *pessoa iria querer ficar comigo?*

Capítulo 20

ENTREGA

— O que te faria feliz? Não estou falando de "Will Smith", porque ele vem com muita bagagem. Mas *você*... se você pudesse ser o mestre do universo e ter a vida que quisesse num estelar de dedos, como ela seria?

Aquela era uma pergunta bem complicada.

Michaela Boehm é uma mulher de 1,52m com uma cabeleira cacheada ruiva. Seu sotaque austríaco confere a tudo o que ela diz uma autenticidade psicanalítica. Ela é autora, palestrante e terapeuta com mais de três décadas e 35 mil horas de atendimentos nas trincheiras. Sua formação em psicologia junguiana, trauma e terapia de casais é temperada com uma especialização em sexualidade tântrica.

Só a busca no Google já tinha feito eu me sentir exposto e vulnerável, então, quando ela entrou carregando uma bolsa de couro marrom com detalhes prateados, usando um casaco de pele de origem indeterminada, e sua primeira pergunta foi "O que te faria feliz?" fiquei logo desestabilizado. *O que ela quer dizer com isso? O que a faz pensar que não sou feliz?* (Tirando todo o lance de "Você pode vir me ajudar porque não estou feliz".)

Para mim, era uma blasfêmia até mesmo *imaginar* qualquer coisa diferente da vida que eu tinha criado. Minha imaginação costuma ser um passeio por uma corredeira aquática de possibilidades e potencial. Mas, por algum motivo, essa pergunta me levou a uma área do meu mundo interior com placas de perigo espalhados para todo lado, fitas de isolamento amarelas passando onde quer que eu olhasse. A resposta teria que ser extraída daquele lugar onde só as crianças mais desobedientes vão, as regiões tenebrosas, pantanosas e sombrias da nossa psique. Eu sequer me permito *pensar* de dentro daquele perímetro, então não havia nenhuma chance de eu me permitir *falar* a partir dali.

Quer dizer, e se eu arrancar todas as tábuas, barreiras e barricadas e o demônio que estiver ali dentro tomar conta de tudo? E se eu não conseguir prendê-lo outra vez? E se eu gostar dele solto, do lado de fora?

Mas eu me aproximei do lugar sombrio. Queria ver o que havia ali. Eu me abaixei e passei pela primeira barreira de fita amarela. O que ela realmente estava me perguntando?

Que tipo de vida eu criaria se ligasse o foda-se?

E então a sombra falou:

— Eu teria um harém.

A vulnerabilidade de expor as minhas fantasias sem qualquer filtro me encheu primeiro de vergonha, depois de raiva — como se ela tivesse me enganado.

Talvez Michaela seja uma bruxa. Como ela me fez revelar o meu mundo sombrio e nojento tão depressa?

Michaela não reagiu. Ela pegou um caderno e uma caneta da bolsa encantada cheia de brilho e falou:

— Certo, um harém. Interessante. Então, quem está nele?

— O que você quer dizer? — falei.

— Quem está no seu harém? As mulheres. Diga os nomes delas.

Michaela estava segurando a caneta acima do caderno, esperando a minha resposta para a sua pergunta.

Isso é algum tipo de truque mental jedi, algum tipo de feitiço de possessão tântrica psicológica junguiana. Ela não vai me pegar desse jeito.

— Não fique aí sentado como se não tivesse uma resposta — disse Michaela. — Você sabe exatamente quem são essas mulheres, essa não é a primeira vez que pensa nisso, você já passou e repassou essa ideia na sua mente... Quais são os *nomes* delas?

— Eu só não... Quer dizer, eu só não entendo por que você precisa saber quem são elas.

— Eu preciso saber porque vou comandar o seu harém — comunicou ela, como se eu devesse saber que esse é o tipo de trabalho que as pessoas fazem. — Olha, você é Will Fodão Smith. Uma das pessoas mais ricas, mais amadas da Terra. Se *você* não consegue ter a vida que deseja, o resto de nós está ferrado.

— Misty Copeland — falei, tentando rebater o blefe de Michaela. — É aquela bailarina negra...

— Eu sei quem é Misty Copeland — reagiu Michaela enquanto anotava o nome. — Quem mais?

— Halle — acrescentei, impassível.

Vamos brincar, bruxa, o que mais você quer?

— Você sabe que haréns não são apenas para sexo — disse Michaela. — Haréns são feitos para inspiração. Você precisa de uma médica, de uma pintora, uma arquiteta, algumas advogadas, uma musicista, uma poeta. E não apenas dos Estados Unidos. Seu harém deveria ser formado pelas mulheres mais singulares, brilhantes e poderosas do mundo inteiro. A sua responsabilidade será de oferecer recursos e devoção para o crescimento e desabrochar individual delas. E, em troca, elas irão te alimentar e te banhar com seus dotes femininos e te devolver ao mundo, restaurado e inspirado.

Pelas duas horas seguintes Michaela escreveu fervorosamente. Ela pegou o laptop — *ela está mais para uma bruxa moderna* — e me mostrou fotos, vídeos e TED Talks das mulheres mais dinâmicas e talentosas do globo. Eu andava de um lado para o outro, rindo e inspirado. Estava dançando na zona sombria. E, de alguma forma, os demônios dentro de mim que pareciam sombrios e malignos demais para sequer pensar neles não pareciam tão assustadores sob a luz da aceitação de Michaela. Quando tudo terminou, tínhamos cerca de 25 nomes; tínhamos rotas de viagem; eventos globais para participar, como o Carnaval do Rio e o Holi, festival hindu das cores na Índia; tínhamos uma lista de pessoas que o meu harém e eu deveríamos conhecer. Michaela e eu nos parabenizamos e concordei em começar a fazer contato com aquelas mulheres já na segunda de manhã.

Tive um intervalo de algumas noites para dormir e pensar a respeito, e mais ou menos na terça-feira, no fim do dia, eu já tinha pulado fora.

A cada hora que passava o meu entusiasmo diminuía. Toda a equação do harém na minha cabeça continuava crescendo até formar uma imagem infernal. Se eu não conseguia cuidar de uma única mulher extraordinária e estimulá-la, o que diabos me fazia pensar que daria conta de 25?

— Eu não quero um harém — falei.

— Não quer mesmo — retrucou Michaela. — Mas por que achou que quisesse?

— Acho que pensei que se tivesse mulheres o bastante, sempre seria capaz de encontrar pelo menos uma que gostasse de mim.

— Enquanto fizer as coisas buscando a aprovação de uma mulher, você nunca será livre. Isso é uma descida ao inferno. E vou te dizer... quando uma mulher vê que consegue te dobrar, ela perde a confiança em você. Precisamos que você seja consistente; precisamos que o seu "sim" seja um sim, e o seu "não" seja um não. Enquanto ficar se moldando e se vendendo pela aprovação dos outros, sempre será indigno de confiança.

Michaela passou a se referir a esse meu lado de cara legal como o "Tio Fofo". Ele era aquela minha faceta interior que sempre tentava agradar, estava sempre sorrindo, não importando como eu estivesse me sentindo — fazendo coisas a contragosto só para manter a paz. Ele não tinha permissão para ficar de mau humor ou ter um dia ruim. O Tio Fofo odiava conflitos, a ponto de mentir para evitá-los. Ele assinava *todos* os autógrafos, apertava *todas* as mãos, beijava *todos* os bebês. Tio Fofo era jovial, talentoso, inteligente, generoso. Precisava que todos gostassem dele.

Eu sou tão bom, tão legal e criativo, você não precisa se preocupar; sou inofensivo, você pode confiar em mim. Eu vou cuidar de todas as suas necessidades.

O Tio Fofo nasceu da minha personalidade estratégica da infância. Se eu fosse engraçado o bastante, doce o bastante, inofensivo o bastante, cativante o bastante, eu não me machucaria, minha mãe estaria segura e a minha família estaria feliz — ninguém nunca iria me abandonar.

O Fofo quer aprovação. É o único tipo de segurança que ele consegue conceber. Como adulto, ele se tornou a minha armadura e o meu escudo.

Eu estava sufocando a minha verdade na esperança de me sentir seguro, ser validado e amado.

— Quero que você tenha a experiência de existir sem a necessidade de aprovação — disse Michaela. — Quem é você *de verdade*? O que o seu coração *verdadeiramente* quer? Quais são os seus valores *mais profundos* e os seus objetivos mais *autênticos*? O problema com o Tio Fofo é que você nunca está livre para tomar uma decisão, que seja sincera e verdadeira para você. Você é sempre forçado pelo Tio Fofo a ceder e a fazer aquilo que for para receber mais aprovação, likes ou dinheiro. A criatividade de Will é deturpada pela necessidade de aprovação do Tio Fofo. Quais são os sentimentos do *Will*, as opiniões do *Will*, as necessidades do *Will*, as ideias do *Will*?

Eu conseguia enxergar o argumento dela de que tinha criado uma identidade quando criança — que tinha decidido que havia uma determinada forma de existir para sobreviver e crescer no meu ambiente. Também podia ver que esse comportamento geralmente batia de frente com a verdade daquilo que eu realmente pensava e sentia.

Mas o Tio Fofo fez algumas coisas lindas. Construiu o Lago Dela. Deixou Willow parar de sacudir o cabelo quando ela disse que tinha acabado. Implorou a Jeff e JL que se mudassem para Los Angeles. Dobrou a pensão de Sheree quando Trey foi morar com Will. Participou de uma audição na casa de Quincy Jones quando *Will* estava assustado demais para fazer isso e queria ir embora. O Tio Fofo foi convencido pela sua admiração por Muhammad Ali a fazer o filme que *Will* temia.

— O Tio Fofo tem sido um grande amigo — disse Michaela. — Ele só precisa trabalhar a *seu* favor, não o contrário.

O Tio Fofo foi criado com base numa mentira, projetado seguindo a falsa premissa de que havia algo de errado comigo, que eu era um covarde. O trabalho dele era eternamente se desculpar pelas minhas falhas e garantir que eu estivesse sempre seguro e que sempre fosse amado. E mesmo quando passei a ter consciência de que, talvez, ele já tivesse vivido por tempo demais, a verdade era que o Tio Fofo pagava as contas.

* * *

A existência do Fofo era agravada por sua contraparte sombria, que Michaela chamou de "General". Quando Fofo tinha exaurido suas reservas de charme e generosidade e mesmo assim não tinha obtido sucesso em sua tentativa de obter adoração, ele invocava o General. O trabalho do General era colocar a bandeira no topo da montanha a qualquer preço, e secretamente (ou não tão secretamente assim) punir aqueles que ousassem discordar dele, até eu mesmo. Basicamente, quando suprimia as minhas verdadeiras necessidades de forma tão perfeita e por tanto tempo e mesmo assim não conseguia a aprovação e adoração que eu buscava, minha angústia se expressava na forma do General.

Como o Tio Fofo mascara os meus verdadeiros sentimentos (com os quais nem tenho contato), quando o General aparece as pessoas ficam chocadas e confusas. É tudo doçura, doçura, doçura, e então azedume, azedume, azedume.

— Essas personas tecem um universo no qual você está aprisionado — disse Michaela —, uma teia de exigências, obrigações e expectativas. E se você ousar pisar fora dos limites de tais regras, recebe exatamente o desdém e a desaprovação que tanto teme. Mas nenhuma dessas identidades é *você*. A verdadeira pergunta é: você é capaz de encontrar segurança em si mesmo e não de uma fonte externa de aprovação? Você é capaz de se tornar um Homem Independente?

Michaela e eu trabalhamos juntos durante os anos seguintes. O currículo dela era centrado na ideia de se tornar um Homem Independente. Em sua essência, um Homem Independente é autoconsciente, autossuficiente, automotivado, autoconfiante e totalmente indiferente à aprovação ou desaprovação das pessoas. Ele sabe quem é, ele sabe o que quer. E por isso doa suas consideráveis habilidades ao serviço dos outros.

"Você precisa se sensibilizar com a sua paisagem interior e mapear o terreno de quem você realmente é, seus verdadeiros desejos e suas verdadeiras necessidades — disse Michaela. — Quando alguém pergunta como você está, não dê uma resposta qualquer, típica do Tio Fofo... pense na resposta. Narre os seus sentimentos, pelo menos internamente."

Michaela estava tentando me fazer colocar a franqueza e a autenticidade *acima* da minha necessidade de aprovação, como forma de cultivar a confiança em mim mesmo e me tornar digno dos outros.

No começo, eu ainda perdia o controle diante da desaprovação alheia; era difícil ver a insatisfação no olhar das pessoas ou sentir a raiva delas direcionada a mim se me recusasse a realizar seus desejos. Eu estava tentando aprender a ser franco comigo, não trair a mim mesmo e não sobrecarregar os meus sentimentos. Era insuportável tentar parar de dizer sim quando eu queria dizer não e parar de dizer não para as coisas que eu realmente queria.

Uma das primeiras coisas que começamos a desconstruir foram minhas crenças ligadas à fama, de que se estivesse em público eu não tinha a permissão de responder negativamente a nenhum pedido vindo de um fã. Se alguém quisesse uma foto, um autógrafo, um aperto de mão, um abraço — não importava se estivesse comendo, conversando ou me sentindo mal; eu me obrigava a cumprir a promessa da minha imagem.

Em 2017, eu estava no júri do Festival de Cinema de Cannes junto com o diretor espanhol e roteirista Pedro Almodóvar, a diretora alemã Maren Ade, a atriz chinesa Fan Bingbing, o *auteur* sul-coreano Park Chan-wook, a atriz Jessica Chastain, a atriz e diretora francesa Agnès Jaoui, o diretor italiano Paolo Sorrentino e Gabriel Yared, compositor franco-libanês. Durante esse período, eu estava praticando a mudança comportamental de definir e honrar os meus limites pessoais. Iria dizer às pessoas a verdade sobre como eu me sentia; iria dizer não quando quisesse dizer não, e sim quando quisesse dizer sim.

Era o quinto dia e nós já tínhamos assistido a 14 filmes, dez deles com legendas, e seis "experimentais". As deliberações dos jurados foram a maior educação cinematográfica da minha vida, mas assistir e debater três filmes por dia era exaustivo física e mentalmente.

Com mais um filme para assistir antes do jantar, eu precisava de um momento para relaxar e me recompor. Tinha trinta minutos para ir à academia antes de voltar e me juntar ao júri. Precisei dizer a mim mesmo que aquele era o *meu* momento, para mim; tinha feito a promessa de que não iria permitir que ninguém interferisse.

Entrei na academia e ela estava completamente vazia. *Graças aos céus.* Fui até a máquina de abdominais — eu faria 15 minutos de core, quinze minutos de cárdio e sairia. *Perfeito.*

No meio da minha segunda série, um cara negro de trinta e poucos anos com um sotaque britânico entrou e logo me notou. Ele tirou o telefone do bolso enquanto se aproximava, tentando começar a gravar.

— Ei, Will — disse ele, colocando o celular na horizontal —, dá um oi pro meu primo!

Quando ele ficou a alguns centímetros do meu rosto, eu ergui a mão, colocando-a por cima da lente da câmera e empurrei o aparelho para baixo.

— Ei, foi mal, cara — falei —, estou treinando agora.

— É só um vídeo rápido, Will — disse ele. — Meu primo tem síndrome de Down. Ele te ama. Prometo que vai ser rapidinho. *Um maluco no pedaço* é a única coisa que faz ele sorrir.

Tio Fofo: Will, só grave o vídeo e pronto. Nem é pra ele. É para uma criança com síndrome de Down.

Eu: Mas prometi a mim mesmo, este é um momento particular. E ele não pode começar a me filmar sem nem pedir.

Tio Fofo: Ele estava empolgado. Ele evidentemente é um grande fã. Um maluco no pedaço *é a única coisa que faz a criança sorrir. Não seja um babaca.*

Eu: Não estou sendo um babaca. Estou tentando honrar as promessas que fiz a mim mesmo. Tenho a permissão de não gravar um vídeo se não quiser. Será que não existe nenhum espaço sagrado para mim?

Tio Fofo: Existe, sim... a sua mansão, o seu serviço de limusine, a sua suíte na cobertura, os seus jatinhos particulares. Todas as merdas que a gente não teria se eu deixasse esse seu novo "sentimento próprio" cuidar das coisas...

— Will, não tem ninguém aqui — disse o cara. — É só a gente. Por favor, só diga oi...

Eu sei que eu parecia maluco pra caralho para aquele cara. Ainda estava segurando o telefone dele para baixo com um olhar distante nos meus olhos, à medida que a guerra continuava rolando dentro de mim.

— Me desculpa, cara — falei —, mas a resposta é não.

A dor nos olhos daquele homem está gravada na minha memória. Isso me traz lágrimas até hoje. Ele me olhou sem acreditar — *Este não é Will Smith...*

— Mas por que não?

Fiz uma pausa. Procurei dentro de mim a resposta mais profunda, mais sincera.

— Porque eu não quero.

O homem sacudiu a cabeça decepcionado, se virou e saiu da academia. Eu sabia que tinha feito a coisa certa por mim, mas odiava saber que alguém — uma pessoa inocente — tinha ficado no meio do fogo cruzado da minha guerra interna.

Não cheguei a fazer cárdio. Voltei para o meu quarto e não conseguia parar de chorar.

Durante os dois anos seguintes Michaela e eu estávamos sempre juntos. Ela repetia o tempo todo: "Explore. Vivencie. Experimente. Amplie." Ela libertou o explorador de mente selvagem que havia em mim, cuja visão tinha sido estreitada pelas obrigações e expectativas de ser "Will Smith". Michaela me encorajou a tentar "coisas novas" e "conhecer pessoas novas" — reacender o meu espírito de exploração e aventura. Comecei a colher novas amostras dos frutos da experiência humana.

— Conforme você sai dos limites estreitos de "Will Smith" — disse Michaela —, vamos examinar a fundo todas as crenças, conceitos e paradigmas aos quais você se apegou. Tem uma coisa que ouvi você dizer algumas vezes: 99% é o mesmo que zero.

— É — respondi. — Papa costumava dizer isso o tempo todo.

— Bem, você sabe que, matematicamente falando, 99% está tão distante de zero quanto possível.

Tinha usado aquela frase milhares de vezes na minha vida, mas, por algum motivo, quando Michaela falou, eu realmente a ouvi pela primeira vez. Esse tinha sido um axioma fundamental e estável que tinha guiado a minha existência. Mas a falsidade daquilo ficou tão óbvia que me abriu para reavaliar e reexaminar *todas* as minhas crenças. Se 99% não é o mesmo que zero, o que é 72%, ou 23%, ou 84,69%? Diabos, o que é zero? Em vez de enxergar todas as situações como algo binário, de repente as possibilidades se tornaram infinitas.

Eu me dei conta de que tinha visto o mundo, mas nunca de férias. Então comecei a viajar, sem uma programação ou um objetivo. Passei tempo com pessoas que eu admirava e que queria conhecer, sem nenhum resultado financeiro ou de negócios em vista. Visitei a famosa arquiteta britânica-iraquiana, a "Rainha das Curvas", Zaha Hadid. Me tornei amigo do pianista de jazz-rock Eric Robert Lewis. Ele me contou que treinava piano clássico e que os limites rígidos daquela disciplina o tinham levado a um colapso nervoso. Enquanto esteve num hospital psiquiátrico recebeu a visita espiritual de Bruce Lee e que o exortou a usar o piano para lutar contra os seus demônios. "ELEW", como ele é conhecido, desenvolveu uma técnica para tocar piano no estilo das artes marciais. Ele se livrou da banqueta, se armou com luvas de aço nos braços, fez a pose de kata e começou a tocar em seu estilo livre e singular.

Mas a iniciativa mais importante de Michaela veio quando ela descobriu que eu não sabia nadar.

— Não sob meu comando — disse ela numa das únicas vezes em que consegui surpreendê-la.

Quando disse a ela que queria um harém, ela nem piscou — mas ao descobrir que eu não sabia nadar ela escreveu loucamente para a minha relações-públicas, Meredith O'Sullivan-Wasson, que, por acaso, é amiga da nadadora tetracampeã olímpica mundial Janet Evans.

— Você irá desenvolver um relacionamento com o oceano, a Grande Mulher — disse Michaela. — O oceano é a mulher definitiva, um magnífico ambiente feminino. Se você puder entendê-la, irá entender a todas nós. O oceano carrega toda a glória caótica da Mãe Natureza, e nenhuma quantidade de poder ou intelecto jamais será capaz de controlá-la ou manipulá-la. Ela não liga para como você se sente ou para como você quer que ela seja. Tudo o que acontece na psique e no corpo de uma mulher é análogo ao oceano. A beleza, as tempestades, o cuidado, o perigo, os humores e os padrões de clima, nascimento e morte. A Grande Mulher não será conquistada ou subjugada; a sua única esperança de aproveitá-la verdadeiramente é amando-a, respeitando-a e se entregando.

"Eu gosto muito disso porque você será obrigado a ter uma mente de iniciante. Você terá que lidar com os humores e as emoções dela, e precisará saber quando se afastar."

Comecei a seduzir a Grande Mulher. Nosso primeiro encontro foi a uma hora de Lizard Island, na Grande Barreira de Coral.

Aprendi a nadar e comecei a mergulhar. Quando aumentamos a dificuldade, fui para as Maldivas e me vi em um cenário que parecia saído de *Procurando Nemo*. Quando quis explorar a faceta mais agressiva dela, mergulhei com tubarões-tigre de 4m e 317kg em Tiger Beach, nas Bahamas. E quando me senti pronto para conhecer o gosto das suas profundezas, entrei num submarino OceanX da Triton para além da zona abissal, abaixo da faixa de bioluminescência, a 914m de profundidade, o que parecia ser outro planeta. Havia criaturas nas profundezas do mar que desafiavam a minha definição de vida, que pareciam ter sido criadas por um outro Deus.

Comecei a ver a personalidade da Grande Mulher como a personificação instrutiva do fluxo da vida. Eu me dei conta de que se quisesse aproveitar suas beleza e recompensas — e evitar ser destruído por ela —, precisava estar completamente em sintonia, atento e comprometido em entendê-la. Aprendi a aceitar a minha impotência, o que, de forma muito estranha, me libertou.

"Entregar-se" sempre foi uma expressão negativa para mim — significava perder, falhar ou desistir. Mas a minha crescente relação com o oceano estava expondo quão ilusória era a sensação de controle que eu tinha. A entrega deixou de ser uma palavra que sinalizava fraqueza e se tornou um conceito de poder infinito. Sempre fui parcial ao valorizar a ação — insistir, forçar, lutar, resistir, *fazer* — e comecei a me dar conta de que o oposto da ação era igualmente poderoso — inação, receptividade, aceitação, não resistência, *existência*. Parar era tão poderoso quanto avançar; descansar era tão poderoso quanto treinar; o silêncio era tão poderoso quanto a fala.

Desistir era tão poderoso quanto insistir.

Para mim, "entrega" não significava mais derrota — tinha passado a ser uma ferramenta igualmente poderosa de manifestação. Perder poderia ser tão poderoso quanto vencer, quando se tratava de crescimento e desenvolvimento.

Comecei a entender uma frase desconcertante que Gigi costumava usar: "Deixe as coisas partirem e deixe Deus ficar." Isso sempre pareceu errado para mim. Parecia uma absolvição das suas responsabilidades, algo parecido com o que as pessoas dizem quando são preguiçosas demais para fazer o necessário para construir a vida que desejam. Mas, de repente, aquilo ganhou um novo e mágico significado.

Existe uma energia que trabalha enquanto você dorme — a energia que faz o sol queimar, que move os oceanos, que faz o seu coração bater. Você não precisa *fazer* tudo; na verdade, a maior parte das coisas que são feitas não têm nada a ver com você. Na verdade, é ótimo que você estivesse dormindo, porque se estivesse acordado provavelmente teria estragado tudo.

E então uma nova versão do axioma de Gigi surgiu na minha mente. Não é só "Deixe as coisas partirem e deixe Deus ficar" — na verdade é "Deixe as coisas partirem e deixe Deus *trabalhar*". O surfista e o oceano são um time; a montanha e o alpinista são parceiros, não adversários. O Grande Rio fará 99% do trabalho — o seu 1% é estudá-lo, entendê-lo, respeitar o seu poder e dançar criativamente dentro de sua corrente e suas leis.

Aja quando o universo estiver aberto para isso, e descanse diante da impossibilidade.

* * *

Eu nunca tinha ouvido isso antes. Nunca fumei maconha, nunca usei cocaína nem tomei outras drogas, e com exceção de uma vodca com cranberry de vez em quando, passaria até no teste de urina da competição de ciclismo Tour de France. Então, quando a minha amiga Veronica fez a sugestão, eu ri educadamente e falei:

— Obrigado, mas não, obrigado. Eu não me meto com drogas.

— Eu também não — disse ela. — Ayahuasca não é uma droga. É um *remédio*.

Conheço Veronica há anos. Nunca transamos, mas discutimos como se tivéssemos essa intimidade. Discordávamos sobre tudo; eu ficava exasperado com o pessimismo dela, e ela, por sua vez, zombava do meu otimismo. Nunca tivemos a ideia de simplesmente conversar com outras pessoas. Acho que nós meio que usávamos um ao outro para testar o impacto das nossas teorias sobre a vida. Um sabia que o outro jamais concordaria com saídas fáceis; então, quando uma ideia passava pelo crivo do outro, sabíamos que era digna de ser mantida.

Mas havia algo novo. O olhar dela estava diferente, a energia era de não resistência, flexível. Veronica tivera uma infância difícil, o que certamente contribuiu para a formação da sua atitude combativa. Mas agora ela estava calma, estável — transmitia uma alegria inegável. Estava cheia de novas percepções e da paixão de quem esteve em um lugar extraordinário e foi totalmente transformado.

Eu me vi prestando atenção em cada palavra que ela dizia. Ela era a personificação de uma nova sabedoria. Seu coração sempre parecera fechado e impenetrável, mas agora ela estava aberta, afetuosa, acessível. No passado, eu me sentia como uma figura paterna para ela, tentando fazer uma criança teimosa enxergar a realidade. Agora me sentia como Matt Damon ouvindo Robin Williams em *Gênio indomável*. Eu tinha sido fisgado. Estava intrigado. Curioso.

— Bom, seja lá o que você tiver feito, eu quero também — falei.

Veronica riu a risada que os iniciados dão para os não iniciados. Ela fez uma pausa, e então tentou explicar o inexplicável:

— Ayahuasca mudou a minha vida — disse ela.

— Então, como funciona?

— Bom, é uma cerimônia que vai do pôr-do-sol até o amanhecer. Tradicionalmente acontece nas florestas da América do Sul... hoje em dia é mais no Peru. Mas aonde quer que você vá, a cerimônia é liderada por um xamã. Começa com a ingestão do chá mais estranho que você conseguir imaginar. Depois de mais ou menos uma hora ele faz efeito, e então...

Ela balançou a cabeça e estremeceu, como se tivesse visto coisas que jamais conseguirá esquecer.

— E então... o quê?

— Bom, ele te pega na sua mente.

— Isso não parece *nem um pouco* divertido — disse eu.

— Qualquer problema com que você esteja lutando, o remédio vai direto nele — disse ela —, e o traz para a superfície, fazendo você olhar para ele, experimentá-lo e, no fim, curá-lo. Nunca te contei isso antes, mas, quando era adolescente eu fiz um aborto. Foi a escolha mais devastadora que já fiz em toda a minha vida. Fui assombrada e muito ferida por isso... fiz terapia durante décadas, mas nunca consegui me livrar da vergonha.

"Na minha cerimônia de ayahuasca, conheci meu filho. Ele estava no céu. Estava tão feliz, tão doce, tão lindo. Chorei e me purguei por horas. Ele me perdoou... até me pediu para dar um *nome* pra ele. Eu o batizei de Zion. E, numa única noite, me livrei de uma vida inteira de culpa."

Eu podia sentir o desejo dela de compartilhar os frutos da jornada, mas havia uma hesitação.

— É intenso pra caralho — disse ela. — Tudo termina em revelação e cura, mas a viagem passa pelos lugares mais sombrios da mente. É duro, mas vai te ajudar a encontrar aquilo que você busca.

Ayahuasca é uma "infusão sagrada." É usada há um milênio pelos povos indígenas da floresta amazônica em cerimônias espirituais e rituais xamânicos. É uma espécie de chá feito das cascas e caules de uma videira tropical da América do Sul, às vezes misturando outras plantas psicotrópicas.

O nome vem da língua quechua, na qual *aya* significa "alma" e *huasca* significa "vinha" (tradução: "vinha da alma"). Ayahuasca contém um composto que altera a mente chamado dimetiltriptamina (DMT) e é considerada um medicamento sagrado, utilizado por buscadores espirituais sérios, não para uso recreativo.

As propriedades curativas da ayahuasca atualmente vêm sendo usadas no tratamento de transtorno de estresse pós-traumático, vício em drogas, depressão e ansiedade, além de muitos outros sofrimentos físicos e psicológicos. (Não apoio nem sugiro o uso de ayahuasca ou qualquer outra substância sem prescrição e supervisão médica. Tive receio até de compartilhar minha jornada com a ayahuasca neste livro — o único motivo de eu estar contando isso aqui é porque é a verdade da minha experiência.)

O quarto estava escuro. Era uma pequena cabine — um quarto e um banheiro. Cantos peruanos ancestrais e melodias sagradas soando etéreas saíam de um pequeno alto-falante. Imagens de divindades cobriam as paredes. Instrumentos feitos à mão rodeavam um altar de madeira. Cobertores, almofadas, tapetes e travesseiros cobriam o chão.

A xamã vive ali. Seu nome é Beata; tem quarenta e poucos anos. Ela me lembra Meryl Streep (se a Meryl tivesse se mudado para o Peru no seu aniversário de 21 anos para estudar botânica e cura espiritual). Ela me entregou um balde e um copinho de argila.

O cheiro da ayahuasca já respondia sozinho a pergunta que eu ia fazer sobre o balde.

Beata se sentou em seu lugar na frente do altar. Conversamos muito pouco, e eu já começava a temer que ela talvez não soubesse que eu nunca tinha feito nada parecido antes. Eu tinha seguido as instruções básicas, sem medicamentos, drogas ou álcool nas duas semanas anteriores; nada de comida depois das 14h, nada de bebidas depois das 17h. Cheguei às 19h30, usando roupas largas, e a cerimônia começava às 20h. Mas parecia que ela precisava falar mais. Aquilo parecia grande demais para ela estar conduzindo aquela merda toda de forma tão tranquila. *Ei, dona, eu tô só meio assustado aqui.*

— Eu não sei muito sobre ayahuasca — falei. — Fiz uma pesquisa por conta própria, mas tem alguma orientação para o processo ou procedimento...?

Beata deu o sorriso do iniciado ao não iniciado.

— Não — respondeu ela docemente.

Para não dizer outra coisa, aquela resposta me deixou um pouco insatisfeito.

— Eu só queria esclarecer como... e o que devo esperar — gaguejei.

— A vinha vai te guiar — falou Beata de modo reconfortante. — Apenas se entregue. Permita-se ser guiado. Eu só estou aqui para te ajudar a passar pela jornada.

— Entendi — falei, não entendendo muito bem. — Então, qual é o meu próximo passo?

Ela apontou para o copo laranja.

— Quando você estiver pronto...

Bebi a infusão.

Dez minutos... nada.

Vinte e cinco minutos... nadinha.

Quarenta minutos... necas.

Talvez não funcione comigo.

Com uma hora, a novidade da espera desapareceu — achei que era imune àquilo. Já eram 21h e me dei conta de que tinha concordado em fazer aquela merda até o nascer do sol. Meu tapetinho no chão era confortável, então liguei o foda-se e fui dormir.

Quando acordei, estava flutuando no espaço sideral.

Conforme fui me recompondo, me dei conta de que estava a trilhões de anos-luz de distância da terra. Estava tão distante que sabia que nunca mais veria nada ou ninguém que eu amava. Era ali que eu ficaria por toda a eternidade.

Enquanto tentava digerir a magnitude da minha situação, comecei a pairar pela infinidade das estrelas. Notei que elas não eram como as conhecemos. É como se Picasso tivesse pintado o espaço sideral. Cores, cubos e ângulos — eu de repente me vi sobrecarregado pela majestade do meu entorno. Era o lugar mais belo em que já estive em toda a minha vida. Enquanto me deixava levar pelo assombro, senti uma presença atrás de mim.

Era uma mulher. Eu me virei para enxergá-la, mas ela não era visível. Podia sentir o calor da sua energia, bem atrás de mim, tão perto quanto poderia estar sem me tocar. Ela estava feliz por eu estar ali, e eu via que ela nunca me abandonaria. De alguma forma eu sabia que ela estava esperando por mim.

A voz dela estava diretamente atrás do meu ouvido direito, como se os seus lábios estivessem a milímetros de distância. Eu me virei de novo, desejando um único vislumbre daquela deusa beatífica, mas quando me mexia, ela se mexia — percebi que não era meu destino vê-la. Mas eu estava bem com isso, porque cada segundo com ela saciava a minha sede de uma vida inteira.

Ela era tudo: amante, professora, mãe, protetora, guia. Ela era tudo com que sempre sonhei e desejei. Eu via que ela sabia de tudo o que preciso saber e como chegar aonde quer que eu queira chegar. Ela é o meu objetivo, minha solução, minha resposta. Ela é o topo da montanha, e o céu acima disso.

— Onde estamos? — disse suavemente para ela.

— O que você quer dizer, tolinho? — responde ela, num tom que leva tudo embora, exceto a paz.

— Este lugar é lindo! — observei.

— Isso não é um lugar, tolinho.

Ela continuava a me chamar carinhosamente de tolinho.

— Nunca vi um lugar mais bonito do que esse — falei.

Ela riu.

— Por que isso te faz rir? — indaguei.

— Isso é *você*, tolinho!

— Hum? O que você quer dizer?

— Isso não é um *lugar*, isso é *você*.

Meu coração começou a bater mais rápido enquanto olhava ao redor, testemunhando a grandeza daquele paraíso infinito.

— Espera um minuto — disse eu. — Tudo isso sou *eu*?

— Sim, tolinho.

— Eu sou bonito *assim*?

— *Claro* que é — respondeu ela.

As palavras dela destrancaram as comportas emocionais dentro de mim. Comecei a chorar e a me purificar — uma vida inteira de inseguranças, dúvidas e inadequações fluíram violentamente para fora de mim. Ao mesmo tempo, a revelação da minha beleza interior preencheu o meu coração e a minha mente com possibilidades.

— Se eu sou bonito assim, não preciso de filmes liderando as bilheterias para me sentir bem comigo mesmo. Se eu sou bonito assim, não preciso de músicas de sucesso para me sentir digno de amor. Se eu sou bonito assim, não preciso de Jada nem de ninguém para me validar. Se eu sou bonito assim e tenho esse santuário interno para onde sempre posso voltar, não preciso da aprovação de ninguém. *Eu* me aprovo. Eu sou o bastante.

Esse foi o meu primeiro gostinho de liberdade. Um jugo invisível foi removido do meu pescoço. Toda a urgência, o apego, a carência, a cobiça, a exigência, as artimanhas, a busca e o desejo — todos os desejos insaciáveis que me mantiveram refém numa rodinha de hamster de tristezas estavam indo embora. Eu não precisava mais perseguir a cenoura na ponta da vara.

Eu não estava mais sedento.

Em meus mais de cinquenta anos neste planeta, essa foi a melhor sensação que já tive, de longe.

* * *

Nos dois anos seguintes, participei de 14 cerimônias. Em oito delas, a mulher que eu viria a conhecer como a "Mãe" apareceu, sempre com conselhos e instruções detalhadas. (Três das vezes em que ela *não* apareceu estão entre as experiências psicológicas mais infernais pelas quais já passei.)

Na minha segunda cerimônia, a Mãe repetiu, pelo que pareceram cinco horas seguidas: "Pare de falar." Ela disse isso tantas vezes que eu queria bater a minha cabeça no chão. Ela se referia ao constante diálogo interior que acontece incessantemente na minha cabeça — planejando, fazendo estratégias, debatendo, avaliando, criticando, julgando a mim mesmo, questionando, duvidando. Ela me martelou com a frase, milhares de vezes: "Pare de falar."

E em determinado momento, pouco antes do nascer do sol, eu notei: silêncio. Meus colegas de quarto da mente tinham parado de falar. Foi um momento de euforia. A Mãe deixou que eu me banhasse na paz da minha quietude interna por uns quarenta minutos. Então, sem usar palavras, ela me explicou por que eu precisava parar de falar.

Em suma, ela me falou que eu deveria ficar parado e deveria ficar calado, para melhor observar e entender as pessoas e circunstâncias ao meu redor. Ela tinha me visto sofrer por tantos anos, tentando impor o meu Will, a minha verdade, ao mundo. O argumento dela era que, se eu parasse de falar e pensar tanto, poderia ver e sentir as marés universais e alinhar minhas energias a elas e alcançar duas vezes mais longe com metade do esforço. Ouvi o eco das palavras que Gigi me disse tantos anos antes: "Sabe, se você não falasse tanto, talvez tivesse visto aquele golpe chegando."

Minimizar a minha fala se tornou a minha prática para ampliar a minha atenção. Sempre vi o mundo como o meu campo de batalha; agora entendia que a verdadeira zona de batalha era a minha mente.

CAPÍTULO 21

AMOR

Doença de obstrução pulmonar crônica. Insuficiência cardíaca idiopática. Doença arterial coronária. Fibrilação atrial. A fração de ejeção do coração costuma ser de 55 a 60%. A de Papa caiu para 10%. Seu longo histórico de fumante, a inalação de gás refrigerante e a exposição a produtos químicos tóxicos, tudo isso aliado a uma vida inteira de consumo excessivo de álcool...

— Então, quanto tempo? — falei.

— Você deveria vir pra casa.

A Dra. Ala Stanford era a médica da nossa família há alguns anos. Ela vinha insistindo com Papa para que ele fizesse mudanças drásticas no estilo de vida para preservar e estender a qualidade de seus "anos dourados". Papa tinha sobrevivido a dois ataques cardíacos durante a minha infância; ele contava essas histórias como se fossem medalhas de honra. Em seu segundo ataque, ele falou que conseguiu sentir que ia acontecer. Seu braço esquerdo perdeu a força, então ele dirigiu até o hospital usando só o braço direito. Quando a Dra. Ala implorava a ele para mudar seus hábitos, Papa dizia: "Merda, se eu parar de fumar e beber, provavelmente vou sair de casa e acabar sendo atropelado por um ônibus."

— Então, quanto tempo, Ala? — indaguei.

— Seis semanas.

* * *

Eu tinha acabado de filmar *Beleza oculta.* É um filme sobre um pai que precisa lidar com a morte da filha. Como parte da minha pesquisa para o personagem, tinha passado os últimos cinco meses mergulhado nos rituais espirituais, psicológicos e culturais e nas práticas de cura que ajudam as pessoas a enfrentar o sofrimento profundo que é perder alguém. Eu me encontrei com padres, imames, xamãs, rabinos, gurus; e li vários livros sobre a morte: *Sobre a morte e o morrer*, de Elisabeth Kübler-Ross; *O livro tibetano do viver e do morrer*, do professor budista tibetano Sogyal Rinpoche; *A última grande lição*, de Mitch Albon; *O ano do pensamento mágico*, de Joan Didion.

Ao aceitar o papel, eu me sentia bem preparado e confiante de que conseguiria retratar adequadamente o arco triunfal que ia da perda trágica até a cura completa. Eu tentava encontrar a solução para a agonia da perda do meu personagem, mas agora eu era forçado a encontrá-la para mim mesmo.

Papa sabia que estava morrendo.

O corpo dele estava frágil; os músculos tinham deteriorado. A pele estava flácida sobre os ossos feito uma mortalha, sua poltrona reclinável azul-chumbo na posição intermediária de sempre, o programa de Don Lemon no mudo, Tareyton 100 na mão, menos de uma caixa de cigarros restava em sua vida. Papa tinha dito à Dra. Ala que pararia de fumar *ou* de beber, e ela poderia escolher. Com base nos medicamentos que ele tomava, ela escolheu a bebida.

— Ei, cara! — disse ele, se animando ao me ver entrar.

— E aí, Papa?

Eu me aproximei dele para executar o que tinha se tornado o nosso cumprimento habitual: ele se inclinava para a frente, eu colocava a mão na sua cabeça e beijava sua careca. (Cinco anos antes, o ponto calvo na cabeça tinha ficado tão proeminente que implorei para que raspasse a cabeça. "Se liga, pai, você tá parecendo Homie, o Palhaço, esse visual não fica legal." Ele resistiu por um ano, até o dia em que o encurralei no set de *Homens de preto 3*, o obriguei a sentar numa cadeira de barbeiro e raspei sua cabeça. Ele amou e usou esse estilo pelo resto da vida.)

O livro tibetano do viver e do morrer apresenta os princípios mais importantes para apoiar e acalmar a transição de um ente querido para a morte. O primeiro conceito que me chamou atenção foi que uma pessoa que está morrendo precisa de "permissão para morrer". O livro argumenta que essa pessoa pode lutar e resistir para permanecer viva por ter a impressão de que você não ficará bem sem ela. Isso pode resultar em últimos dias de vida terríveis e dolorosos. Para que nossos entes queridos se libertem e partam pacificamente, eles precisam ter a garantia explícita de que ficaremos bem quando forem embora, que realizaram um bom trabalho com a vida deles e que conseguiremos lidar com tudo dali em diante.

De maneira similar, Rinpoche afirma: "Uma pessoa em seus últimos dias de existência precisa receber o amor mais incondicional possível, livre de expectativas." Esses conceitos cristalizaram a missão na minha mente. Eu iria colocar de lado preferências, traumas e questões e direcionar todas as minhas energias para a transição mais compassiva e misericordiosa que pudesse oferecer ao meu pai.

Por volta da terceira semana, cheguei até ele; o beijo habitual na cabeça. Fiquei sentado no chão. Hoje era o programa de Chris Cuomo no mudo. A habilidade de comer de Papa estava se deteriorando. Ele tinha um prato com macarrão com queijo, carne assada e brócolis intocado à sua frente. Se Papa não estava comendo macarrão com queijo era porque realmente não devia estar se sentindo bem.

— Ei, pai — falei meio nervoso. — Você fez um bom trabalho.

— O que você quer dizer? — perguntou ele.

— Com a sua vida.

Acho que ele não esperava ouvir aquilo. Ele deu uma tragada no Tareyton 100, olhou para a TV outra vez. Não parecia pronto para falar sobre isso ainda. Mas eu estava.

— Estou dizendo que você fez um bom trabalho com a vida. E quando você estiver pronto para ir, quero que saiba que está tudo bem. Você me criou bem. E eu posso assumir daqui em diante. Vou cuidar de todo mundo que você ama.

Papa balançou a cabeça, mantendo a pose estoica. Os olhos dele se encheram de lágrimas, sem nunca se desviarem da CNN. Mas eu sabia que ele tinha me ouvido.

O soldado tinha desaparecido.

O ogro mal tinha forças para erguer a própria colher. Ele precisava da minha ajuda até para ir ao banheiro. Como um ato final para manter as aparências de sua dignidade militar, ele me deu instruções detalhadas sobre como travar sua cadeira de rodas, colocá-la na posição perfeita ao lado de sua poltrona, tomando o cuidado de levantar o apoio para o pé esquerdo, deixando o direito abaixado para que ele apoiasse o pé, e a importância vital de apoiar o meu joelho esquerdo na lateral externa do seu joelho direito e o meu joelho direito entre as suas pernas para erguê-lo e movimentá-lo com segurança, minha bochecha direita contra a dele, dando um passo para trás a 45 graus para virá-lo e colocá-lo na cadeira de rodas.

Certa noite, enquanto eu delicadamente o empurrava na cadeira do quarto até o banheiro, uma escuridão surgiu em mim. O caminho entre os dois lugares passava pelo topo das escadas. Quando criança, sempre dizia que iria vingar a minha mãe. Que quando eu fosse grande o suficiente, forte o suficiente, quando não fosse mais um covarde, eu iria matá-lo.

Parei no topo das escadas.

Eu poderia facilmente empurrá-lo, e ia me safar facilmente.

Eu sou Will Smith. Ninguém acreditaria que matei meu pai de propósito.

Sou um dos melhores atores do mundo. Minha ligação para a emergência seria digna de um Oscar.

Conforme décadas de dor, raiva e ressentimento correram por mim e depois recuaram, sacudi a cabeça e segui empurrando a cadeira de

Papa até o banheiro. Graças a Deus somos julgados apenas pelas nossas ações, não por nossas explosões internas motivadas pelo trauma.

Eu fui visitá-lo toda semana pelo mês e meio que se seguiu. Existe algo estranhamente esclarecedor e purificador em olhar dentro dos olhos de alguém que aceitou sua morte iminente. A certeza da morte oferece profundidade e tira tudo o que não é importante do caminho. O caráter definitivo da situação faz todo momento parecer infinitamente significativo. Todo "oi" parecia um presente de Deus. Estávamos os dois cheios de gratidão pela possibilidade de nos vermos mais uma vez. E, então, toda despedida era completa e perfeita porque nos despedíamos sabendo muito bem que poderia ser a última vez. Toda risada, toda história ganhava peso e significado por causa desse simples fato. A morte tem um jeito de transformar em mágico aquilo que é trivial.

Chegadas e partidas deveriam ser assim em nosso cotidiano, porque a verdade é que o amanhã não é *garantido*. Comecei a abraçar todo oi com gratidão e a nunca tomar um adeus como certo. O grau de dedicação, franqueza e compaixão que Papa e eu compartilhamos se tornou um modelo de demonstração do amor em minha vida.

Papa tinha recebido uma expectativa de vida de seis semanas, e acabou vivendo por três meses. Eu me lembro de viajar para visitá-lo na nona semana. Nossos encontros tinham sido alegres e emocionantes, mas naquele dia ele estava num humor estranhamente desanimado. Sem camisa; Tareyton 100 na mão; encurvado em cima da bandeja dobrável marrom amadeirada; comida intocada.

Beijo habitual na careca.

— Papa, o que está rolando?

Ele abaixou o cigarro, olhou pensativo para a ponte Ben Franklin curvada sobre o rio Schuylkill.

— Cara — começou Papa —, você fala pros filhos da puta que vai morrer em seis semanas, e nove semanas depois ainda está aqui. Que merda vergonhosa!

Essa provavelmente foi a segunda maior risada que eu e Papa demos juntos.

"Corta!"

Cerca de dez dias depois eu estava no set de *Bright*, um filme de fantasia e ação policial da Netflix, dirigido por David Ayer. Estávamos filmando no centro de Los Angeles. Joel Edgerton, que contracenava comigo, estava no volante de uma viatura; ele era o meu parceiro no filme.

David Ayer se aproximou da janela.

— Mano, você precisa ligar para o seu pai agora mesmo — disse ele suavemente. — É uma emergência.

Ainda que esperemos esse tipo de ligação, as coisas não ficam menos alarmantes. Meu coração disparou. Liguei para o celular de Papa. Ele atendeu.

— Ei, cara.

— Ei, Papa, o que foi?

— Eu acho que é hoje — disse ele.

As palavras dele me acertaram como uma carga de mil volts.

— Tudo bem — respondi calmamente.

O livro tibetano do viver e do morrer falava sobre a importância de criar um espaço tranquilo para a transição das pessoas amadas.

— Você quer fazer um FaceTime? — perguntei.

— Sim. Mas, caralho, eu não sei fazer isso...

— Eu resolvo... eu faço o FaceTime com você — falei. — Você só precisa atender.

— Ellen, vem cá fazer esse tal de FaceTime, o Will vai ligar...! — gritou ele para a minha irmã, que tinha acabado de chegar na casa dele. Meu primo Ricky, um bombeiro da Filadélfia que estava cuidando de Papa, segurou o telefone.

Duas horas da manhã num estacionamento vazio em Los Angeles. Fiquei sob o poste mais iluminado que encontrei. Queria que ele conseguisse me ver.

Apenas olhamos um para o outro. Vinte minutos em silêncio.

Por fim, escutei a minha irmã Ellen no fundo sussurrar para Papa:

— Pai… você só está olhando. Você não tem nada para dizer ao Will?

Papa buscou uma última pérola de sabedoria. Um último tijolo. Mas não havia nada. Ele balançou lentamente a cabeça, uma entrega final.

— Puta merda, se ainda tem alguma coisa que eu não falei pra esse filho da puta, não vai ser hoje que ele vai tirar de mim.

Demos uma última risada, nos despedimos, e 45 minutos depois Papa se foi.

Um dos conceitos mais centrais e importantes do cinema é "saiba o seu final". Quando você entende a conclusão moral, filosófica e emocional do seu filme, é capaz de trabalhar melhor tudo o que leva até o seu desfecho. A compreensão da estrutura narrativa e dos objetivos temáticos permite que você faça a engenharia reversa e crie uma jornada mais ressonante e agradável para o público. O final de um filme é parecido com o clímax de uma piada — você quer que o sentido exploda nos corações e mentes assistindo. Imagine começar a contar uma piada sem saber o final dela.

A vida é assim. Você nasce no meio de vários personagens, todo mundo está olhando para você, você não consegue se comunicar, não consegue andar, não consegue se alimentar sozinho, e ainda assim todo mundo parece animado para ver o que você vai fazer. Então você começa a contar a sua piada, sem fazer a menor ideia de qual será o clímax dela. Você observa o público — às vezes eles riem, às vezes vaiam, mas lá no fundo eles torcem para que você acerte a piada. Algumas pessoas nascem no meio de um público amoroso e apoiador, e outras caem no palco com uma plateia de críticos ferozes. A maioria de nós recebe um pouco de cada.

Nos seus últimos dias, Papa não estava preocupado com a ACRAC. Ele não estava preocupado com dinheiro; ele nem se preocupava mais em comer. Ele tinha uma única pergunta em relação ao seu fim: *A minha vida foi útil?* Papa precisava saber se nossa vida tinha sido melhor porque ele estava ali. Queria ser tranquilizado de que, apesar de todas as suas deficiências, falhas e erros, na análise final, seus ativos tinham superado seus passivos e sua vida fora valiosa.

Quando Gigi morreu, foi uma experiência completamente diferente. Ela estava tão certa do seu trabalho de amor e contribuição para a família e a comunidade e do seu compromisso para com os filhos de Deus que estava *empolgada* de ir para o Céu. Para Gigi, "Deus" e "amor" eram sinônimos; eram inseparáveis e indistinguíveis. Ela adorava a Deus ao amar os outros. O amor era o único mandamento que importava — para ela, se você fosse amoroso não precisaria dos outros mandamentos.

Não houve nenhuma energia negativa em relação à passagem dela. Gigi estava tão completamente realizada que eu nem mesmo chorei. Ela estava pronta para ir e sentia que seu trabalho aqui estava terminado.

Tive o meu primeiro vislumbre do segredo do "Sorriso". Tinha entendido errado o funcionamento da felicidade suprema. Pensava que, ao ganhar, vencer, alcançar, conquistar, adquirir e ser bem-sucedido, estaria trilhando meu caminho para o amor e a felicidade. Oito filmes nº 1 consecutivos, 30 milhões de discos vendidos, quatro Grammys e centenas de milhões de dólares fazem você feliz, não é? Fazem com que as pessoas gostem de você, não é? O erro fundamental dessa teoria é a crença de que o "Sorriso" vem de fora, que é adquirido ou alcançado por fontes ou condições externas. Que alguém amará tanto você, que vai adorá-lo tão profunda e completamente, que isso será capaz de preenchê-lo com a benção do "Sorriso".

Alerta de spoiler: nenhum relacionamento, carreira ou casa com um nome pode preencher esse vazio. Não há nada que você possa receber do mundo material capaz de criar paz interior ou plenitude. A verdade é que o "Sorriso" é gerado a partir daquilo que você coloca *para fora*. Não é algo que você *obtém*, é algo que cultiva a partir do ato da *doação*. No fim, não vai fazer a menor diferença o quanto *você* foi amado pelos *outros* — você só terá o "Sorriso" baseado no quanto *você* amou *os outros*.

O funcionamento do amor e da felicidade não são intuitivos. Enquanto estivermos presos à necessidade de receber — no ciclo de nos apegar, insistir e exigir que as pessoas e o mundo atendam às nossas necessidades — estaremos fadados a decepções, raiva e sofrimento. O doce paradoxo é que nos sentimos completos a partir do ato da doação, que aquilo que damos nos conduz à plenitude interna — dar e receber se tornam ações simultâneas. Amar e ser amado é a maior recompensa humana e a maior sensação de êxtase que podemos experimentar. Permitir que o melhor em você aja a serviço e desperte também o melhor das outras pessoas é o mais intenso dos prazeres humanos.

Quando digo "amor" estou falando de descobrir, cultivar e compartilhar dons únicos com o propósito de elevar e empoderar as pessoas que amamos. O "Sorriso" é uma combinação de *reconhecimento* do tesouro único que temos dentro de nós e da *conclusão* de que esse tesouro é multiplicado quando o compartilhamos.

Todos estão lutando uma batalha. Todos estão enfrentando dificuldades. A vida pode ser brutal, caótica, confusa e agoniante. Nossos corações estão famintos. Amar, doar, ajudar, servir, proteger, nutrir, empoderar e perdoar são os segredos do "Sorriso". Consegue imaginar como seria se alguém o amasse, lhe desse tudo de que você precisa, o ajudasse, servisse, protegesse, nutrisse, empoderasse e perdoasse?

Para muitos de nós, a resposta para essa pergunta é não. Mas o que Gigi sabia, o que Nelson Mandela sabia, o que Muhammad Ali sabia — e o que Papa soube em seus últimos momentos — é que precisamos dar para receber.

Papa tinha depositado todas as suas qualidades em mim. E, no fim da vida, ele percebeu que eu tinha usado todas elas para construir a minha vida. Ele se sentiu preenchido pelo que me deu, e, apesar de todos os seus defeitos, ficou feliz pela forma como me amou. E então, pela graça de um benevolente criador, em seus últimos dias — quando ele não tinha mais nada — fui abençoado por poder depositar as minhas qualidades nele.

* * *

Nascimentos, casamentos e velórios possuem a capacidade de retirar o ouro da terra e das pedras. A morte de Papa serviu como um alerta para mim. Enquanto Jada e eu estávamos no velório dele, eu me tornei muito consciente do fato de que um dia um de nós se despediria do outro, e então me perguntei: *Como eu queria que fosse o nosso fim?*

O tempo que passamos separados nos ajudou a descobrir o poder de amar sendo livres. Estamos ao mesmo tempo 100% juntos e 100% livres. Concordamos que ambos éramos indivíduos imperfeitos, fazendo o nosso melhor para descobrir como ser felizes neste mundo. O que precisávamos obter um do outro era amor incondicional e apoio — sem julgamentos, sem punições, mas devoção, completa e inabalável para com o bem-estar e crescimento um do outro.

Começamos a enxergar nosso casamento como uma disciplina espiritual — aquilo que Bhakti Tirtha Swami chamou de a "escola do amor" definitiva. Esse relacionamento é a nossa sala de aula. Estamos aprendendo a cultivar cuidado, preocupação e compaixão nas circunstâncias mais íntimas e adversas. Há poucas coisas na vida mais desafiadoras do que estar casado. A intimidade tende a remexer e expor nossas emoções mais nocivas.

Se conseguirmos aprender a amar aqui, conseguiremos amar em qualquer lugar.

A pergunta é: será que somos capazes de amar o outro *incondicionalmente*? Ou será que o nosso amor depende de a outra pessoa agir *exatamente* conforme nossas expectativas? É fácil "amar" uma pessoa quando ela faz o que você quer que ela faça, exatamente como você quer que ela faça. Mas como você se comporta quando ela o machuca? São esses momentos que determinam se você realmente ama alguém.

O amor é difícil. É preciso muita coragem para reabrir um coração ferido para a possibilidade do êxtase do amor. É como Charlie Mack sempre fala: "Dinheiro amedrontado não faz mais dinheiro." O amor exige coragem, uma disposição de arriscar tudo.

Mas coragem não significa *ausência* de medo. Coragem é aprender a seguir em frente mesmo quando você está aterrorizado. Jada e eu concordamos que seguiríamos juntos nesta vida, apesar de qualquer desafio.

O SALTO

— Estamos prestes a testemunhar algo que nunca foi feito antes. Você já leu sobre isso, já tuitou sobre isso, e finalmente chegou a hora. Eu sou Alfonso Ribeiro e este é "Will Smith: O Salto" chegando até você direto do Grand Canyon.

— Hoje, em seu aniversário de 50 anos, ele vai enfrentar seus medos e saltar de heli bungee sobre este desfiladeiro monumental. Agora, só para não deixar dúvidas, ele vai saltar de bungee jump de um helicóptero a 550m acima do chão. Eu fico arrepiado só de pensar. Isso é loucura...

— Aí, Alfonso, para de falar essas merdas desse jeito! — bradou Charlie Mack.

— Charlie, estou no ar agora. Ao vivo — sibilou Alfonso.

— Tô pouco me fodendo, Alf, para de fazer parecer que vai dar errado! Como se fosse muito perigoso...

— Além disso, o clima aqui no Grand Canyon pode ser perigoso. Tivemos tempestades de raios durante todo o dia de ontem, mas contamos com uma equipe experiente e um time aéreo que está mapeando os ventos e a temperatura.

— Ok, estamos fora do ar, Alfonso! — gritou o produtor.

— Sério, Alf, não tô curtindo a sua energia...

— Charlie, estou fazendo o meu trabalho! Will me pediu para ser o apresentador! — disse Alfonso, gesticulando com a mão direita sobre a esquerda. — Ele quer que eu crie suspense!

— Não crie um suspense que faz parecer que ele vai morrer!

— É daí que vem o suspense, Charlie!

Então, por que você está fazendo um salto de heli bungee acima do Grand Canyon?

Quando ouvi essa pergunta em voz alta pela primeira vez, pensei: *É óbvio! Estou no abraço maldito de uma anaconda chamada crise de meia idade*. Mas eu estava ao vivo no YouTube, então não podia responder isso.

Aqui está o que eu realmente falei:

— Eu tive um relacionamento interessante com o medo durante toda a minha vida. Passei por todo o espectro das reações ao medo, indo da mais completa paralisia à inspiração e, de vez em quando, caindo na mais pura tolice. Mas, quando a ideia de saltar acima do Grand Canyon de heli bungee apareceu, eu não fiquei paralisado e certamente não me senti inspirado... Tudo que eu consegui pensar foi: *Isso é muito idiota.*

Minha viagem de infância ao Grand Canyon foi uma experiência profundamente significativa. Eu sempre me lembro de como tudo era lindo, mas também de como fiquei apavorado demais para caminhar até a borda. Harry chegou perto o suficiente a ponto de deixar seu tambor cair, mas eu fiquei longe, assustado demais para absorver toda aquela imponência.

Eu me dei conta de que, por algum motivo, Deus colocou as coisas mais lindas da vida na ponta oposta dos nossos maiores medos. Se não estivermos dispostos a enfrentar o que nos afeta profundamente e cruzar a linha invisível pela terra do medo, não vamos experimentar o que a vida tem a oferecer de melhor.

Por isso tenho feito um esforço consciente para encarar de frente tudo aquilo que me assusta. E aquilo era assustador. Quando a Yes Theory me desafiou a pular de heli bungee, meu coração deu um pulo. E comecei a reconhecer aquele sentimento como um sinal de que tinha diante de mim um grande presente. Assim que o meu coração dá um pulo, eu estou dentro — preciso fazer aquilo. Mas também não posso ficar para trás, então, quando a Yes Theory disse "Heli bungee", eu acrescentei: "No Grand Canyon… e no meu aniversário de 50 anos."

Todo mundo estava lá: Mãe-Mãe, Jada, Sheree, Trey, Jaden, Willow, Harry, Ellen, Pam, Ashley, Kyle, Dion, Gammy, Caleeb, JL, Charlie Mack, Omarr, Scoty e Ty, e assim por diante. Enquanto observava a desafiadora paisagem de amigos, familiares e do Grand Canyon e via o rosto da próxima geração — os filhos de Harry, os filhos de Ellen, de Pam, de JL, de Charlie, de Omarr, de Caleeb, de Scoty e Ty — me dei conta: estou no meio do meu sonho. Isso é o que eu sempre quis: todo mundo que amo está aqui, junto, como uma família, e eu os levei até o Grand Canyon para testemunhar a morte terrível e sem sentido do tio Will. Já podia ouvir as notícias: "Will Smith, naquilo que acredita-se ter sido um surto causado por drogas, saltou para a sua morte num bizarro acidente de heli bungee acima do Grand Canyon no início da tarde de ontem. Ele deixa a esposa, a mãe do seu filho mais velho, três crianças, uma penca de sobrinhos e sobrinhas, familiares e amigos e um trilheiro que ficou se perguntando qual seria a causa de todas aquelas sirenes… Ele tinha apenas 50 anos. Numa declaração liberada por executivos do YouTube, Smith foi descrito como um 'verdadeiro lunático norte-americano'. Fecha aspas."

Mas outra coisa aconteceu: as crianças *entenderam*. Elas pareciam entender a necessidade de confrontar e superar aquilo que mais as aterrorizava. Minha sobrinha Caila segurou na minha perna quando me aproximei do helicóptero. E depois, do ponto no qual ela não podia mais me seguir, ela gritou: "Eu vou ser corajosa que nem você quando eu crescer, tio Will!"

Alfonso: Willow, como você se sente com o seu pai fazendo isso?

Willow: Eu só quero que ele faça o que o deixa feliz. E, obviamente, estou nervosa, mas é isso que ele quer, e todos nós estamos aqui para apoiá-lo, e eu só quero que ele faça o que ama.

Trey: Eu estou muito feliz que ele esteja fazendo o que deseja. Quer dizer, saltar de bungee jump de um helicóptero acima do Grand Canyon... Não posso dizer que já ouvi falar de alguém que já tenha feito isso, então estou curioso. Ele nos ensinou a simplesmente superar o medo.

Jada: Você quer aterrorizar os seus filhos?

Will: Não, não, não, não. Meus filhos não sentem medo...

Alfonso: Qual é o maior medo do papai?

Jaden: O maior medo dele é ter medo.

Alfonso: Will, você está nesse ramo há muito tempo. Tem muitos fãs e também tem alguns fãs bem famosos, e todos eles querem falar algumas coisinhas para você. Então, olha só...

LeBron James: Você está prestes a saltar de bungee jump de um helicóptero acima do Grand Canyon. Cara, você chegou longe demais na vida pra fazer uma coisa dessas.

Michael Strahan: Só porque você fez 50 anos não quer dizer que precisa pirar. Se estiver precisando conversar com alguém, pode falar comigo a qualquer momento.

Jimmy Fallon: Eu não quero que você faça isso. Ainda dá tempo. Você pode dar pra trás. Jogue um manequim do helicóptero. Faça qualquer coisa do tipo!

Quincy Jones: Feliz 50 anos, irmão.

DJ Jazzy Jeff: Agora você precisa ir ao médico e deixar que ele enfie o dedo no seu cu. Porque é isso que acontece quando você faz 50 anos. Eu sei.

Alfonso: Sim. Certo. As palavras sempre inspiradoras de Jazzy Jeff.

Eu não queria saber de nada antes da hora. Eu queria andar até o helicóptero, receber as informações e saltar. Eu queria descobrir em tempo real, junto com o público, como tudo iria acontecer.

— Ei, Will, eu sou T.J., seu coordenador de acrobacias. Vou te passar o básico: você vai saltar em uma corda elástica ativa de 60m. Temos vários equipamentos de segurança reserva: um no peito, dois na cintura. Essa corda é uma maravilha da engenharia, feita de centenas de fios individuais de borracha revestidos para reduzir o atrito e o desgaste. Seu peso corporal é de 90kg, certo?

Bem, tirando os oito quilos de fluidos e outras substâncias que estou soltando no momento por causa do terror debilitante que estou sentindo, sim.

— Você vai colocar 3*g* de força na corda, o que, ao multiplicarmos pelo seu peso, significa que você vai aplicar 272kg de força aqui. No ponto de alongamento máximo, você terá caído 170m, então vai para cima e para baixo várias vezes antes de terminar pendurado cerca de 100m abaixo do helicóptero. Em seguida, vamos trazê-lo de volta para o crash pad, desenganchar você, todo mundo vai cantar "Parabéns" e vamos para casa. Alguma pergunta?

— Espera aí... eu acabei de pensar uma coisa horrível — falei. — Depois que essa corda de bungee esticar, não vai me atirar de volta nas pás do helicóptero?

— Espero que não! — disse T.J., rindo. — Estou brincando... isso é impossível. Conforme você acelera sob a força da gravidade, ganha energia cinética. A corda de bungee estica, absorvendo essa energia, mas apenas *uma parte* dela. O resto é dissipado em forma de calor, por conta da fricção e da resistência do ar. Isso significa que o rebote *jamais* será tão potente quanto a queda inicial.

— Tá bom, legal. Imaginei que fosse totalmente seguro mesmo...

— Bom... existem fundamentos para o bungee jump, mas isso é heli bungee jump, então surgem algumas sutilezas que o tornam potencialmente um pouco mais perigoso. Para começar, em vez de uma posição estável, o helicóptero está em movimento. As condições meteorológicas têm de ser adequadas e não podemos estar muito perto de paredes ou saliências. Mas *você* é o fator com o qual estou mais preocupado. Esta corda elástica pesa mais de 90kg. Quando estivermos no ar, haverá três caras segurando a corda para manter o peso dela longe de você.

Mas, quando eles o soltarem, haverá cerca de 362kg de tração, então você vai sair deste helicóptero, querendo ou não. A única maneira de você se machucar é se, quando eles soltarem a corda, você não sair deste passarinho. Vou fazer uma contagem regressiva a partir do número cinco e, quando chegar a um, você *deve* pular. Se aquele cabo te agarrar, *tudo* vai dar errado.

Eu não vou pular. Mas provavelmente serei processado. Eu me pergunto quanto custará o julgamento. Um filme custa em média uns 40 milhões de dólares, então é impossível o YouTube estar gastando mais do que 2 ou 3 milhões montando esse evento. Além disso, mais o quê, 1 milhão em danos? Então, se eu for embora agora, provavelmente será uma decisão de 4 milhões de dólares.

Posso viver com isso.

Mas a essa altura T.J. estava prendendo a corda de bungee no meu peito.

— Espera um segundo... não vai prender nas minhas costas ou nas minhas pernas? Todo bungee que eu já vi era preso na perna das pessoas.

— Nós temos mais ou menos a mesma idade — disse T.J. — Você se lembra daquela propaganda do salto da Nestea, aquele comercial em que as pessoas saltavam de costas, braços abertos, numa piscina?

— Sim, eu me lembro disso de quando eu era criança — respondi.

— Quando eu chegar no 1, preciso que você dê o seu melhor pulo da Nestea.

— Eu tenho que pular de costas???

Estou amarrado, checagens duplas, triplas, foram feitas. O zumbido das hélices do helicóptero aumenta lentamente. Eu me movo para sentar no helicóptero.

T.J. me detém.

— Por causa do peso da corda de bungee, eu vou te manter do lado de fora, no trem de pouso — diz T.J.

— Então eu vou ficar DO LADO DE FORA? Quando decolar? — digo, me contendo, me dando conta de que sou um herói de ação internacional.

— Sim. É só firmar bem os pés no trem de pouso. Você segura nessas duas alças, e eu vou te segurar numa corda. — T.J. fala como se isso devesse me tranquilizar em relação ao fato de ficar pendurado do lado de fora de um helicóptero enquanto ele decola e voa acima do Grand Canyon.

Minha próxima e talvez maior surpresa veio quando o helicóptero começou a decolar. Existe algo extremamente desconcertante em se segurar do lado de fora de um helicóptero enquanto ele decola. Estamos a apenas dois metros do chão quando o helicóptero gentilmente tomba para a direita. Olho para baixo para confirmar que meus pés estão firmemente plantados no trem de pouso quando o chão de repente desaparece, e um desfiladeiro de 548m de altura se revela. Meus joelhos se dobram. Aperto com mais força as alças de metal presas no piso do helicóptero.

— Eu ia te dizer pra não olhar pra baixo! — gritou T.J. com um sorriso.

Eu pensei: *O que mais ele se esqueceu de me dizer?*

Há uma luz vermelha do meu lado esquerdo. Uma cacofonia de termos militares nos vários rádios abertos. Todo mundo gritando por cima do estrondo das hélices do helicóptero e dos tímpanos percussivos do meu coração acelerado. Consigo entender uma palavra aqui e ali: "altitude", "câmbio", "desligo", "vento", "verificar", "tempestade".

Tempestade? Seria terrível fazer um salto perfeito e então ser acertado por um raio...

E então, "luz verde".

A luz vermelha do helicóptero, que tinha sido a barragem Hoover contendo o dilúvio daquela insanidade coletiva, desaparece e em seguida fica verde. T.J., a 15 centímetros do meu rosto, para ter certeza de que não haveria nenhum erro de comunicação, me faz o sinal universal de siga em frente: polegares erguidos. E então ele grita:

— Estamos prontos! Entendeu? Estamos prontos!

Balanço a cabeça afirmativamente para ele. E T.J. começa a contagem regressiva.

— CINCO! — T.J. comanda, mostrando cinco dedos agressivamente.

É mesmo verdade que a sua vida inteira passa diante dos seus olhos quando você acha que vai morrer.

E se eu saltar para a minha morte na frente dos meus filhos? Isso seria uma forma muito bosta de morrer, e o pior aniversário de todos os tempos. Provavelmente seria o maior especial do YouTube da história, então também tem isso. Eu provavelmente deveria ter pensado nisso antes.

O que será que os meus filhos diriam no meu velório?

— QUATRO!

Eu e Jada acabamos de começar a jogar golfe juntos. Ela adora — ela se veste toda para a partida antes mesmo de o sol nascer. Depois de todos esses anos, encontramos algo novo que amamos fazer. Deveríamos jogar amanhã, eu gosto de jogar com ela mais do que com qualquer outra pessoa.

Ela é a melhor amiga que eu já tive.

— TRÊS!

Por que ele está contando tão rápido?

— DOIS!

Olha, das duas uma, ou eu morro ou eu não morro. Se Deus me quiser hoje, não tem nada que eu possa fazer sobre isso. Se eu morrer, eu nem vou saber. Então, a grande pergunta é, como eu quero viver?

— UM!

AGRADECIMENTOS

Esta é a página mais difícil do livro inteiro. O número de pessoas que eu gostaria de agradecer é astronômico. Inúmeros anjos me carregaram, guardaram, nutriram, resgataram e me empoderaram ao longo desta jornada. Num esforço para fazer a minha pequena contribuição na preservação ambiental, se eu não citei você no livro, vou manter uma lista de agradecimentos no meu Instagram. Te vejo no IG.

CRÉDITOS DAS IMAGENS

Encarte 1

Paginas 1 a 6: Carolyn Smith

Página 7, acima: Cortesia do autor

Página 7, abaixo: James Lassiter

Página 8, acima: Cortesia de Sony Music Archives. Fótografo: Douglas Rowell.

Página 8, abaixo, e página 9, acima: Charlie Mack

Página 9, abaixo: Fotografia de Lydell Johnson, cortesia de Charlie Mack

Página 10: Charlie Mack

Página 11, acima: Barry King/Alamy Stock Photo

Página 11, abaixo, e página 12: © 1990 NBCUniversal Media LLC. Utilizado mediante autorização.

Página 13, acima: Sheree Zampino

Página 13, abaixo, e página 14, acima: Cortesia do autor

Página 14, abaixo: Ron Galella, Ltd./Getty Images

Página 15: Cortesia do autor

Página 16, acima: Bei/Shutterstock

Página 16 / abaixo: BAD BOYS © 1995 Columbia Pictures Industries, Inc. Todos os direitos reservados. Cortesia de Columbia Pictures.

Encarte 2

Página 1, acima: Cortesia do autor

Página 1, abaixo: Charlie Mack

Página 2: Cortesia do autor

Página 3, acima: Donyell Kennedy-McCullough

Página 3, abaixo, e páginas 4 e 5: Cortesia do autor
Página 6, acima: Darrell Foster
Página 6, no centro: Charlie Mack
Página 6, abaixo: REUTERS/Alamy Stock Photo
Página 7, acima: Sheree Zampino
Página 7, abaixo: Dave M. Benett/Getty Images
Página 8: Cortesia do autor
Página 9, acima: Carolyn Smith
Página 9, abaixo: UPI/Alamy Stock Photo
Página 10, acima: À PROCURA DA FELICIDADE © 2006 Columbia Pictures Industries, Inc. e GH One LLC. Todos os direitos reservados. Cortesia de Columbia Pictures.
Página 10, abaixo: Fotografia de Alan Silfin, cortesia do autor
Página 11: Timothy A. Clary via Getty Images
Página 12: Fotografias de Alan Silfin, cortesia do autor
Página 13, acima e no centro: Cortesia do autor
Página 13, abaixo, e página 14, acima: Fotografia de Alan Silfin, cortesia do autor
Página 14, abaixo: Fotografia de Mike and Moni, cortesia do autor
Página 15, acima: Cortesia do autor
Página 15, abaixo: Fotografia de Max Goodrich, cortesia do autor
Página 16: Fotografia de Alan Silfin, cortesia do autor

Página 442: Santiago Lozano

Este livro foi composto na tipologia New Century Schoolbook LT Std,
em corpo 10/15, e impresso em papel off-white,
no Sistema Cameron da Divisão Gráfica
da Distribuidora Record.